短线操盘术

麻道明◎编著

中国宇航出版社
·北京·

内 容 简 介

本书全面系统地讲解短线操盘基础知识、短线看盘技巧、短线选股技巧、短线追涨停技巧、短线买卖技术精髓、短线操作核心要素，以及依据量能、均线、K 线、指标、形态、趋势线炒短线的实战操作方法，对股民短线操作提供一种思路和方法，引导大家正确掌握短线操作技能，构建一套适合自己的短线操盘体系，全面提升短线操盘能力和技术分析水平，具有较强的指导意义。

图书在版编目（CIP）数据

短线操盘术 / 麻道明编著. -- 北京 : 中国宇航出版社, 2019.7(2024.12重印)
ISBN 978-7-5159-1645-3

Ⅰ. ①短… Ⅱ. ①麻… Ⅲ. ①股票交易—基本知识 Ⅳ. ①F830.91

中国版本图书馆CIP数据核字(2019)第114743号

策划编辑 田芳卿
责任编辑 白希国　　**装帧设计** 宇星文化

出版发行 中国宇航出版社

社　址 北京市阜成路8号　**邮　编** 100830
(010)60286808　(010)68768548
网　址 www.caphbook.com
经　销 新华书店
发行部 (010)60286888　(010)68371900
(010)60286887　(010)60286804(传真)
零售店 读者服务部
(010)68371105
承　印 北京厚诚则铭印刷科技有限公司

版　次 2019年7月第1版
2024年12月第8次印刷
规　格 787×1092
开　本 1/16
印　张 20.25
字　数 442千字
书　号 ISBN 978-7-5159-1645-3
定　价 59.00元

让资金快速滚大

（代前言）

股市中很多人喜欢短线交易，因为短线交易是一条快速获利的途径。如果短线操盘技术过硬，时机把握得当，再加上几分财运，投资者确实可以在短时间内让财富迅速滚大。

短线操作是交易技术的最高境界。短线操作需要综合运用多种技术分析方法，需要具备扎实的技术分析功底，丰富的交易经验，良好的心理素质，否则很难达到预期的效果，甚至适得其反。

短线搏杀，需要弄枪使棒，一剑封喉，十八般武艺样样精通。只有身怀绝技，戈矛一体，短线出击才能做到“快、准、狠”并稳操胜券。熟练掌握短线操盘方法与技术，是短线狙击快速获利的关键。但是有了技术不等于就能确保短线交易获利，还要有敏锐的观察和果断的行动。短线买卖只在一念之间，机会稍纵即逝，短线交易者要有眼观六路、耳听八方的市场嗅觉，不能顾此失彼，因小失大。

不少投资者盲目短线操作，结果满仓被套，甚至以惨剧收场，成为市场搏杀的牺牲品。短线交易的风险远大于中长线投资，经验不足或技术分析不过关的人，最好不要频繁进行短线操作。

根据多年的实盘操作和市场检验，笔者写成这本《短线操盘术》，旨在为散户短线操作提供一种思路和方法，引导大家正确掌握短线操作技能，构建一套适合自己的短线操盘体系，全面提升短线操盘能力和技术分析水平，让资金快速滚大，最终实现自己的财富梦想。

全书以各种技术分析理论为基础，注重实战分析，突出实用技巧，力求使投资者提高独立的市场判断和分析能力，构建可持续稳定盈利的交易系统，掌握和巩固捕捉短线机会的操作技能。书中讲解的内容，对临盘操作具有十分重要的指导意义，希望能为短线交易者带来切实的帮助。

麻道明

2019 年 5 月于中国楠溪江畔

目 录

第一章　短线操盘概述

第一节　构筑短线操盘体系

一、短线投机机会

短线操作是一种短期获利行为，如果操作得当，很短时间（一两天或几周）就可以获得可观的收益。由于这是一种典型的投机行为，所以交易中看重的是个股的技术面强弱，不太理会个股基本面好坏，只要所选个股在短期内有投机机会，就可以进行短线操作。

为什么说短线操作能快速获利？市场总是离不开上升、下降、横盘这三种运行模式，根据这三种运行模式的盘面特征和市场节奏进行高抛低吸，就可以让财富快速滚大。

市场处于上涨行情时，虽然股价上涨不会一帆风顺，但是大多会出现震荡上扬。每次回调都是短线入场良机，交易者要把握住获利机会。

那些从底部开始持有股票的中长线投资者，可以不必理会股价上升途中的波动，只要大趋势没有发生改变，一路持股就行了。在上升途中介入的投资者，如果坚持以中长线操作，那么承担的风险要远远大于早期低位进入的投资者，因为持仓成本远高于底部区域买入。如果能转换思路，制定短线操作策略，就可以利用股价上涨途中的震荡进行短线波段操作。这种短线交易可以不必理会个股的基本面好坏，也不必理会大盘的震荡，只要掌握好买卖时机就可以获利。

市场处于下跌行情时，股价并不会一路下跌，总会出现若干次幅度大小不一的反弹行情，有些还具备较大的盈利空间。如果能抓住一波反弹行情，获利并不逊于一轮中级行情。对套牢者来说，还可以短线操作反弹行情，不断降低持仓成本，积极寻求解套机会。

对技术不够熟练的投资者来说，在下跌行情中进行短线操作，无异于刀口舐血。下跌行情中，很多反弹都是庄家设下的诱多陷阱，目的就是引诱那些喜欢抢反弹的交易者入场接盘。抢反弹的交易者一旦进入，庄家就会把股价快速打压下去，将抢反弹的交易者套牢。那些舍不得割肉止损的交易者，就会由浅套变成深套，由短线操作变成中长线持股。

横盘震荡阶段是短线技术高手发挥优势的黄金时期。在横盘过程中，股价频繁上下震荡，低点与高点比较明显，短线操作比较顺手。但在操作中，只有按照一定的原则和标准寻找高低点进行买卖，才能获得短线盈利。

当然，进行短线操作时，一定要选对趋势，选对时机，选对个股。很多股票属于大盘蓝筹股，每天价格波动幅度非常小，只有一两个点甚至不到一个点的波动，基本没有或极少有短线操作机会。只有那些盘子较小、股性活跃、每天波动幅度大的个股，才适合短线操作。大体说来，每天震荡幅度至少有四五个点的个股，才有短线获利的机会。

二、短线操盘模式

股市中有多种获利方式，有人擅长炒作新股，有人习惯追逐涨停股，有人则喜欢低位吸纳，耐心持有。选取哪种操作思路和风格，取决于哪种操作模式更适合自己。

一个天生喜欢追逐风险的人，肯定不适合低位吸纳并持股待涨的中长线投资方式。如果是一个工作繁忙的上班族，肯定不适合频繁短线进出。投资者必须选择并确立一个适合自己的操作模式。笔者曾尝试过“追涨杀跌”，但实盘效果不佳，后来改用“上升趋势回调买入”，收效就很明显，这就是个性使然。

进行短线操作时，交易者要建立一套适合自己的操盘系统。比如，利用分时线与均价线的关系进行操作，根据量价关系指导买卖，利用各项短期指标把握机会，完全凭个人的悟性操作。只有建立适合自己的操盘系统，才能锁定利润并达到最大化。

股市行情千变万化，投资者不可能了解各种庄家的操作手法。如果投资者没有自己的操盘模式，今天换一种操作方法，明天换另一种，频繁更换，那么成功的概率几乎为零，资金就会不可避免地缩水。当然，笔者并不反对大家尝试新的操作方法。总之，把握住能够确认的机会，这要比盲目追逐未知的风险更重要。

三、短线操作计划

股市中充满诱惑，股价的大幅波动，铺天盖地的评论消息，都会影响投资者的判断，使其仓促做出决定。在这种情况下，事先做好操作计划特别重要。

操作计划主要来自盘后工作，由于盘后的时间较为充裕，分析结果会更客观。晚上做好次日的操作计划，中午做好下午的操作计划，这样就能在盘中做到心中有数，不至于临盘时手忙脚乱。

当然，因为能力所限，有计划未必就能完全规避风险，但至少能将风险控制在一定范围内。一般情况下，除非有突发的利好或利空，制定了计划就要坚决执行。盘后制定操作计划，因为外界干扰较小，所以分析结果比较客观。实盘操作中，交易者往往会受到盘中因素的影响而出错。

在制定操作计划时，必须结合个人资金实力、风险承受能力、临盘应变能力、个人工作生活情况以及技术熟练程度等因素综合考虑，这样才能避免盲目操作。

四、短线盈利目标

既然是短线操作，那么盈利目标就不能定得太高，一天或两三天获利 3~5 个点就可以了，目标太高容易出错。下面介绍几种常见的短线操盘获利方式。

（1）处于启动形态的个股，盈利 2% 就走。个股升跌是由惯性决定的，处于涨势状态的个股，短期一般会惯性上升。当个股股价处于启动阶段时，惯性上涨概率较大。虽然有时巨量不涨或少涨、浮动筹码沉重会严重限制股价进一步上涨，但上涨2%~3% 是有可能的，该类个股可以少量参与。

（2）周线突破的个股，一般盈利 10%~20% 可出局。股价经过长期调整后，调整到周线形成多头排列，均线处于黏合的位置时，若成交量极度萎缩或有逐波放量的迹象，证明大的变盘机会就在眼前，这时获利盘、解套盘压力小，浮动筹码轻，上涨较为容易，该类个股可重仓介入。

（3）成长绩优小盘股，一般盈利 10%~30% 可出局。一波行情启动后，小盘股肯定是一个热点。无论市场牛熊，成长股一定会受到追捧，通过企业财务报表以及技术分析，可以找出这类股票。

（4）超跌股抢反弹，一般可盈利 5% 以上。有些个股虽然不是热点，但长期下跌后会出现一种跌不下去的状态。如果短期均线在 30 日均线下方形成金叉，收出一根启动形态的小阳线，证明大的反弹就在眼前。

（5）追涨停板个股。能够涨停的个股，第二天大多会有冲高的动作，这也是短线获利的一种方式。一般来说，强势市场中大多可获利 5%~8%，弱势市场大多在 3% 左右。

五、保持良好心态

交易者若想在股市中持久获利，除了要有相应的专业知识和分析能力，还要有正确的投资心态。良好的投资心态是从长期实践中不断磨炼出来的，不但要提升选股和操作的技能，还要提升心态素质。

在股票操作上，失败的心态主要有两种：一种是恐惧心态，表现在操作上是患得患失，过于保守，不肯冒险，结果一再错过良好的投机获利机会；一种是怨恨心态，表现在操作上是过分冒进，急于求成，爱走极端，要么过分看好，要么过分看淡，敢于承担风险却失之草率。这两种投资心态都会导致事与愿违的结果。

缺乏经验的交易者，在市场中的心态或是惊喜，或是沮丧，或是惊慌，或是后悔。做出交易决定并证明错误之后，往往归咎于“心态不稳”。交易成功后则会感到兴奋异常，急躁冒进，接着导致失败。笔者给各位投资者的忠告是：炒股要保持良好的心态。

其实，炒股就是炒心态。良好心态是操作成功的必要条件。投资者既不能因为一笔交易成功而感到兴奋，也不能因为一次失败而感到沮丧。在进行短线操作时，如果见涨就追，见跌就杀，完全不顾技术形态的变化，那么操作风险将会大大增加。庄家最喜欢追涨杀跌的散户，追涨杀跌的人多了，庄家才能轻易出逃或捡到便宜筹码。

在选择短线操作的个股时，不能见到股价上涨就追，要仔细观察这种上涨是否真实。只要确认是真正的拉升，并且后期上涨空间打开，哪怕介入价格偏高，也能很快获利。如果这种上涨只是庄家的一种诱多行为，那么贸然追进只会增加被套风险。

如果手中持有的个股出现快速下跌走势，只要股价前期没有太大的涨幅，或只是处于上涨初期，那么就要想到这种下跌是不是一种诱空行为。如果因为慌乱盲目割肉，那么就会把便宜筹码白白送给庄家。如果股价在上涨后期有明显的见顶迹象，就要果断割肉，及时止损，尽可能保住本金。一味捂股不放，只会错上加错。

有些投资者原本想做短线，由于贪婪而改变初衷，打乱原来的操作计划，一旦被套，获利转为亏损，会大大影响后面的操作心态，这是极不可取的。长期按计划进行操作，可以养成良好的操作习惯，形成稳定的操作思路，对长期在股市生存是有很大益处的。

六、吸取失败教训

若想炒股盈利，单靠天资聪明是远远不够的，还需要长期的实践锻炼。智者千虑，必有一失。短线操作不可能全部正确，难免会有失误的时候，所以定期回顾一下自己的操作情况是有必要的。总结成功经验，吸取失败教训，才能不断进步。

股市中有些投资者因为亏损而感到沮丧，打不起精神，甚至产生畏惧心理。其实，损失绝对不是梦魇，而是黎明前的曙光。成功的投资者总会在损失之中有所收获。问问自己为什么失败？以后如何避免？只要弄清楚这些问题，就能不犯同样的错误。

成功的投资者都会经历“失败—学习—成功”这样一个过程。在这个过程中，失败无疑是出发点。出现了损失，就要找出问题并解决问题。

第二节　短线操作的基本原则

短线操作就是利用股价的短期波动赚取利润。短期波动方向较难把握，市场风险大，操作要求高，实战中需要遵循以下几条原则。

一、顺势而为

炒股既不能做死多头，也不能做死空头，要随行就市，见风使舵。顺势而为，是短线交易的基本原则。顺应股价运行的大趋势进行买卖，对于短线操作以及中长线投资都是非常重要的。

在大势总体向上的基础上，巧妙地选择回调介入的时机，以买进做多和持有为宜。在趋势下跌时，则卖出手中股票，然后持币观望。凡是顺势交易，获利概率就会大大提高，亏损概率就会大大降低。逆势而为，在大势下跌之时入场抢反弹，或个股股价已在高位做顶时买入，一旦操作不当，很容易被套牢。

顺势操作必须的前提是涨跌趋势明确且能够及早确认，如果满足不了这个条件，就不要盲目入场。需要指出的是，这种股价涨跌趋势是一种中长期趋势，而不是昙花一现的短期趋势。只有在大趋势明确的前提下进行短线操作，才能实现快速获利的目的。当大势上涨时，可以放大利润，不必过早卖出；当大势下跌时，应当见好就收，不要贪婪。

对散户来说，只有在股价处于中长期上涨趋势中，顺势买卖才能获利。在股价短期趋势中，应谨慎使用这种方法。当股价确认处于短期涨势时，可能已到涨势边缘，此时若顺势买进，极有可能抢到高价，没法将筹码获利卖出。当股价确认处于短期跌势时，可能已接近回升之时，若这时顺势卖出，极可能卖在最低价。

短线操作要对市场大趋势有个先期判断。只要是上涨趋势的股票，在什么点位介入都不怕，市场上大多数散户亏损，是因为做下降趋势中的反弹造成的。只要能预测大势或个股的后期趋势，就能将投资风险降到最低。

二、慢进快出

短线操作不是“快进快出”，而是“慢进快出”。笔者坚决摈弃“快进快出”这一说法，这一说法不知出自哪位高人，关键是其误导中国散户长达 30 年，希望投资者对此有所警惕。

投资者在做短线交易时，要坚持“慢进快出”的原则。所谓“慢进”，是指入场前必须对股价走势进行认真分析，在符合自己的操作模式时才进场，不符合自己的操作要求决不买进。虽然市场机会稍纵即逝，但这不是玩命，错失一个机会不要紧，股市中从来不缺少机会。如果贸然介入，造成账户亏损，那么以后的市场机会就跟自己无缘了。所谓“快出”，是指获利之后或见势不妙时，要抓住时机快速离场。卖出时要果断，不能拖泥带水。

短线操作只是市场趋势不明显的震荡行情中的一种交易方式和策略。短线操作并非是交易者不想赚大钱，而是不参与走势中不确定因素太多的回落调整。市场中的不确定因素是交易者无法把握的风险，短线操作尽量避开这种风险。只要一只股票向上攻击的动力消失，无论它是否下跌，都必须离场观望，所以“慢进快出”才是短线操作的基本原则。

慢进，进什么？弱势市场的一个重要特征是没有热点，没有领涨板块。但是，弱势市场也有强势股。万绿丛中一点红的个股，大多属于强势股，参与这类股票能够避免受大盘急跌带来的伤害。

慢进，何时进？弱势市场的一个重要特征是下跌的时间多，上涨的时间少，强势股也不例外。弱势市场买入股票时，一不要追涨，二不要满仓，要安下心来，挑只好股票，选个好时机，以较低的价位买进。在大盘连跌 3 天，特别是市场参与者惊慌失措，恐慌盘杀出时，强势股也会随之下跌，这时就是短线入场的好时机。

短线交易，最关键还是快出。买进的股票获利了，如果没有卖出，盈利只是账面上的数字，也就是所谓的“浮盈”。只有及时卖出，才算真正赚了钱。弱势市场炒股票，要牢牢记住“快出”这条原则。不快出，赚到的只是浮动利润，一个急跌，很快就使你的盈利烟消云散。也就是说，只有做到快出，才能真正赚到钱。

要做到快出，要求一不贪心，二不留恋。在弱势市场，获利的期望值不能太高。想在一只股票上赚几档（几元）是很不现实的，到了设定价位，就应坚决跑掉。弱势市场中，每次反弹都是出货的好机会。只有做到快出，卖掉股票，手中持币，日后才有抄底和买入强势股的机会。否则，就等着乘电梯吧，从哪里来又到哪里去，套你没商量。

三、学会空仓

短线投机要有耐心，能气定神闲地等待投机时刻的到来，最忌心浮气躁，瞎猜乱撞。心浮气躁，瞎猜乱撞，会使人丧失理智和判断力，导致决策失误。在等待期间，大家并不是无事可做，而应时时注意行情变动，时时分析思考。该出手时就出手，不该出手时不乱出手，做到静如处子，动若脱兔，亦静亦动，动静相谐。

（1）行情下跌时要学会空仓。在下跌趋势中，行情有太多的不确定因素，没有十分把握不要轻易出手，选择空仓观望是最好的操作策略。下跌行情中，所有的“看涨信号”都会大打折扣，甚至有可能是错误的。静观其变，以静制动，以空间换时间，以时间换空间，这是短线操作应当遵守的原则。

（2）出现亏损时要学会空仓。如果在股市中遭受到重创，一定要懂得离场休息，不要负气待在股市里，非得赚钱后才走不可。暂时离开股市，可以调整心态，反思自己当初的操作，分析失败的原因，总结成功的经验，从一个旁观者的角度冷静观察股市的动荡起伏，以免下次犯同样的错误。

（3）工作和生活中不顺心时，要学会空仓。不要将工作和生活中的负面情绪带到股市中，也不要同股市赌气，股市不是出气筒。

长时间在股市中搏杀，会让自己的精神变得高度紧张，也容易产生疲劳，导致分析决策失误。一张一弛，文武之道。适当地空仓休息，放飞心灵，做到张弛有度，才能看清市场真相，把握交易机会，这对再战股市有益无害。

四、见好就收

就短线操作而言，稳定获利比短期暴利更加现实，所以要积少成多，见好就收，没有十分把握不要长时间持股。短线交易要用这一原则来约束自己，尽量科学地管理资金。

对于技术分析的准确率和操作品种的选择，短线投机高手和一般人其实没有多少差别，要说差别，大概体现在交易细节、交易经验和随机应变能力方面。短线高手虽然把风险放大了，但随着市场的变化能够迅速做出仓位调整，果断应对市场中的风险因素。这样就能使自己交易时实现大赢、小赢、小亏，杜绝大亏，达到积少成多，吃小亏赚大钱，实现整体盈利、累计盈利的交易目的。

谁都想快速致富，但往往欲速不达，身边有不少短线交易者都成了“短命客”。短线交易不是天天买卖。超短线交易叫日内交易，日内交易的风险更大。今天赚了 1000 元，不要期待明天也赚 1000 元。短线交易就好比做小买卖，能多赚则多赚，不能赚就不赚，不要勉强。短线交易如同上山打猎，不必天天满载而归，也有可能一无所获甚至徒费弹药。幻想靠短线交易快速成为富豪，有点儿异想天开了。

五、把握点位

短线操作的买卖点位非常重要，不像中长线操作那样不必计较一两个点。短线操作，获利空间可能就在这小小的一两个点之中。

股价波动是短线获利的前提条件。从理论上讲，所有个股都有获利的可能，重要的是操作时的买入点位和卖出点位。尤其是短线操作，由于持股时间短，收益率低，如果买入时高了 2%，卖出时低了 2%，再去掉 1% 的交易成本，即便买入后是盈利的，卖出后收益也所剩无几。

追逐黑马股是短线收益最大化的利器，但对分析研判水平要求非常高，实现的概率较小，伴随的风险却是最大的，一般交易者很难把握。从这个意义上讲，正确把握买卖点位，远比追逐黑马股更重要。

如果买入股票的时机不正确，可能把获利的交易变成亏损的交易。相反，在正确的点位和时间买入不那么正确的股票，说不定也有赚钱的机会。每次成功的短线操作，都取决于一个重要的因素：什么时间在什么价位买入。作为普通散户投资者，应该选择更现实的操作思路。

六、设定止损

回避风险的最佳办法就是止损。短线投机一旦失败，就要果断止损出局，这是铁的交易纪律。买入股票时，就应设置好止损位并坚决执行。止损没有统一的标准和模式，因盘势、价格波动规律以及个人承受亏损的能力而定。

一盘情况下，短线操作的止损位可设在 –5% 左右。技术上，如果股价跌破 5 日均线或低于前两三天的收盘价，就要注意止损。

需要注意的是，要区别低位补仓救援与高位斩仓止损的关系。

（1）高位看错必须严格止损，低位看错可以大胆补仓。

（2）实盘中，股价处于高位，后市下跌空间大，获利机会已经消失，就必须止损。如果在低位被套，正确的做法是补仓，不是止损。

（3）止损是为了规避下跌风险，不适用于技术性回调走势。若股价尚在循环周期的低位和上升通道中，要在支撑位附近补仓待变。若股价运行在下降通道中，下方无重要技术支撑，则严禁补仓，只能果断斩仓止损。

总之，短线操作要遵循一些基本原则。交易者必须注意："顺势而为"不等于追涨杀跌，"慢出快进"不等于频繁出入，"追逐热点"不等于盲目追高，"空仓观望"不等于远离股市，"见好就收"不等于胆小怕事，"把握点位"不强求最低价和最高价，"设立止损"不等于盲目杀跌。

第三节 短线操作的基本要求

一、技术娴熟

短线操作是交易技术的最高境界，是一个比较职业和高水平的金钱游戏，也是普通投资者失误率最高的交易形式，短线操作要具备扎实的技术功底。交易经验不足，技术分析不过关，最好不要频繁短线操作。

短线操作是各种分析技术和交易方法的综合运用，交易者需要“十八般武艺”。熟练掌握短线操作方法与分析技术，是短线操作获利的关键，这就要求交易者形成一套属于自己的技术分析操作系统。

短线操作必须学会看盘，学会分析盘面走势，读懂盘口语言，辨认各种 K 线及 K 线组合的含义，懂得使用均线、趋势线，会识顶，会认底，这样才能对大盘或个股走向有个大致的判断。即便操作不那么熟练，只要学会辨认趋势方向，就可以制订正确的操盘计划。在此基础上，熟练掌握一两种短线操盘技术，就可以在市场中轻松获利。

如果对短线操作技术掌握得不够熟练，建议不要进行实盘交易，最好用模拟盘演练。虽然模拟操作和实盘操作在心态上有很大的差别，但至少可以熟练掌握操作技术。只有当操作技术达到一定水平，才能进入实盘操作，这也是提高短线操作技能的一种途径。

实盘操作中，能听到很多不同的市场声音。有人认为 K 线、均线、指标等分析技术没用，说它们只能反映股价前期走势，是马后炮，那么什么才有用呢？K 线和均线等一些技术工具虽然反映的是前期走势，但是股市是有规律性和重复性的，可以利用前期走势预测今后的走势。

K 线图中一些比较典型的起到预示见顶见底作用的 K 线形态、K 线组合，以及均线分析技术，它们的效力是有目共睹的，这些是最简单、最实用的分析技术。如果什么都不看，什么都不信，那么用什么去判断行情的发展趋势，用什么作买入和卖出的依据呢？靠凭空猜测显然不切实际。短线交易者要掌握一些一剑封喉的操盘技术，娴熟技术分析，三分靠感觉，七分靠技术，这是短线交易的起码要求。

二、反应敏捷

短兵相接，要求交易者反应敏捷，行动果断，具有敏锐的嗅觉和观察力，能做到眼观六路，耳听八方，不顾此失彼。股市不是所有时间都适合短线操作的，短线狙击手就是耐心等待目标出现并进入伏击圈，然后迅速出击，一招毙命，不能漫无目标地乱放炮。“短、快、准、狠”是短线交易的基本功，很多时候买卖就在一念之间，机会稍纵即逝。

从交易行为角度而言，短线交易成败的时效性极强，输赢短时间内立见分晓。不论盘面走势是涨是跌，看对看错，止盈止损，短线交易都讲究眼疾手快，这样才能做到少损失，多盈利。那些患得患失，迟疑不决，优柔寡断的投资者，不适合做短线交易，也不要与自己的本性作对。

“短”有两层意思，一是持股时间短，二是行情持续时间短。“持股时间短”很好理解，一轮交易持续三五天甚至是 T+0 交易，避免短线长做。“行情持续时间短”，这句话理解起来要复杂一些。既然是短线操作，短时间内可以不考虑基本面和后市股价涨跌，只要短时间内有机会，哪怕明后天下跌，今天完全可以做一把 T+0 短线差价。或者明知这里是头部区域，但价格波动有短线差价可做，那么也完全可以把这个钱赚了再说，后面的涨跌随它去。

现实中，有些投资者原本想做短线，介入个股后见到账面获利，马上就产生追求更大利润的心理，因此改变自己的初衷，也打乱了原来的短线操作计划。随后股价下跌，资金被套，账面由盈利转为亏损。由盈转亏，会大大影响交易者的操作心态，这对短线操盘是十分不利的。长期按计划操作，能够养成良好的操作习惯，形成稳定的操作思路，对交易者长期立足股市是有很大益处的。

快：看盘的速度要快，买卖决断要快。从集合竞价到开盘只有 15 分钟时间，从开盘到交易只有 5 分钟时间，要在这有限的时间内完成一系列工作，如查看涨幅榜，寻找强势股，确认买卖点位等，速度必须要快。特别是股价快速上冲或快速打压时，买卖就是三五秒钟之内的事儿，没有更多的时间让交易者缜密思考。行情不等人，机不可失，失不再来。

准：买进股票要准确。平常对任何股票形态和分析技术都要了如指掌，不能根据单一分析结果研判一只股票的走势，必须用多个分析工具综合分析，相互印证，比如利用均线组合、K 线组合、技术形态以及技术指标等进行综合研判。

狠：下单的时候要狠，不要计较一两分钱，否则失之大焉。买进卖出的时候不要有撤单行为，可以以高于买档的价格或低于卖档的价格下单，力求快速成交。

三、精算细账

短线操作要精算细账，重点算好以下几笔账。

（1）成功与失败比。

分析成功概率是短线交易的重要一环。一个有六面的骰子从 1 到 6，三个偶数三个奇数，偶数算赢，奇数算输。长期掷骰子，奇偶概率大约各半。短线交易买入后，通常涨跌概率也是各半。那么短线交易如何才能赢呢？答案是赢的时候赚 1 元，输的时候赔 0.5 元。

100 次交易中，赢 50 次赚 50 元，输 50 次赔 25 元，最后可以赚 25 元。这是短线交易的致胜策略，别无其他良方。短线进场后，方向做对了让利润多跑一下，方向做错时要立即出场，没有考虑去留的余地。

（2）风险和收益比。

买入一只股票，前提是潜在收益大于潜在风险，量化比例起码要达到3:1。具体策略就是，在一只股票接近主要支撑位的位置买入，止损位在这个支撑位的下方一点，止损空间就是潜在风险。假如一只股票上方阻力位与这个买入点的获利空间是止损空间的 3 倍或者更大，就可以大胆介入。实战中能够做到这一点的人很少，为什么？因为很多时候大家在做买卖决定时，感情代替了理智，想当然地认为这只股票 100% 会在下一时刻上涨，然后就忘记了风险收益比，毅然决然地杀了进去，结果被套。

（3）资金与仓位比。

根据自身的资金实力和实际情况，调整好资金与仓位的比例。若有充足的后备资金，可以放松地满仓操作。若没有后备资金，那么就得好好算算账了，不要被瞬间的行情波动冲昏头脑，一冲动满仓介入，结果就是被套。全仓被套，后续操作会十分被动。

（4）时间与盈利比。

介入一只已出现过暴涨的个股是不切实际的操作，其风险远大于收益。介入一只横向窄幅震荡的个股则是不经济的，计算时间与盈利比就能得出该结论。短线操作的时间成本很重要，参与横向调整，无疑加大了时间成本。如果介入之后股价一直处于横向震荡走势，交易者又不肯退出，短线交易就变成了中期持股。一两个月股价仍然原地踏步，那么时间与盈利就不成正比了，这其实是一种无形的损失。不少投资者在股市中输得起钱，却输不起时间。当势头不对时，不管持有时间长短，该换股就得换股，不要在一只股票上吊死。

短线选股时，往往会忽略公司的质地、价位及基本面。如果买入后股价不涨反跌，在计划好的持有期内遭受损失，就必须承认自己看走了眼，要及时采取相应的补救措施。如果价位已高，自己对公司并不了解，只是想跟一次庄，结果发现庄家已出货，或短期并没有拉升走势，应果断卖出。这样操作可能会遭受损失，但也会避免更大损失。资金回笼后，可以寻找别的机会来弥补。如果不卖出，后市也许还有很长时间的下跌或盘整，这时看到别的股票上涨，自己却无资金买入，就会干着急。被套时间越久，心态越难保持平衡，又会影响其他操作。

另一种情况是，本来想做短线的股票，碰巧是一只质地不错、股性较好的中短线皆宜的股票，如果资金情况许可，可以试着中线持股。但在决定改变持股期之前，一定要有充足的理由。

四、时间充裕

短线交易很辛苦，获利也很不容易。短线交易不仅要有深厚的技术分析功底，还要有充足的时间看盘，包括盯盘时间和复盘时间。开市期间，要密切注意盘面细节，否则会错失买卖良机。从这方面来讲，短线交易仅适合时间充裕的专业投资者，不适合上班族。业余投资者只能做中长线投资。

（1）准备阶段。

晚上要查看目标个股的股评和公告信息，业内人士对大势的预测，对股市有重要影响的事件的进展情况，必要的话再看看龙虎榜信息。收盘后要择时做一下复盘工作，从大单入手寻找大资金意图，把消息面、基本面理出个思路。查看当日股市涨跌排行榜，分析大盘及个股涨跌情况，注意成交最大的个股排行榜及涨幅最大的股票群，看机构大户是在抛货还是进货。晚上要在家做功课，尤其周末，要阅读有关证券投资的报道，分析宏观面、基本面及技术面信息，分析本周大盘走势与个股走势，预测未来走势，确定买卖或捂股方案。

第二天早上，要看有没有影响市场走势的突发事件和消息，顺便回忆一下昨天晚上看过的信息，根据公告信息分析一下今天可能封涨停的股票，做好交易的心理准备。

（2）交易阶段。

9:15—9:25，这是集合竞价时段，短线交易者要密切关注目标个股的集合竞争和开盘情况。集合竞价是每个交易日第一个买卖股票的时机，庄家有时会借集合竞价跳空高开拉高抛货，或跳空低开打压进货，这是集合竞价阶段经常出现的现象。

开盘价一般受昨日收盘价的影响。若昨日以最高价位报收，次日开盘往往会跳空高开，即开盘价高于昨日收盘价，出现跳空高开缺口。相反，若昨日以最低价位报收，次日开盘往往低开。

跳空高开后，若股价走低，开盘价成为当日最高价，散户手中持有该股，开盘不久即可挂高于或等于昨日收盘价的价格卖出。若持有的股票昨日收盘价低于今日最高价，价格已出现回落，则可以略低于昨日收盘价的价格抛货。

此外，若准备以最低价抓暴跌的热门股抢反弹，也可以参与集合竞价。因为昨日暴跌以最低价收盘的股票，今日开盘价可能是今日最低价。当然，也可以在集合竞价时卖出热门股，买入超跌股。倘若热门股、超跌股仍有上（下）行空间，同时有利好消息（或利空消息）及大成交量配合，可能突破上档阻力位（下档支撑位），就不要参加集合竞价抛货（进货），待观察开盘后走势再做决定。

9:25 集合竞价出现开盘价时，若发现手中持有的热门股高开缺口很大（一般价格高开 5% 以上），且伴随巨大的成交量，应立即以低于开盘价的价格抛货卖出，以免掉入多头陷阱被套牢。此时一般也不要追涨买入热门股。相反，热门股集合竞价高开跳空缺口不大，成交量较大，经分析仍有上行空间，又有利好消息和传言配合，股价有可能冲破上档阻力位，那么可以考虑在冲破阻力位后追涨买入，或回档至支撑位时买入。若开盘价靠近支撑位，可以立即买入。若目标股随大盘节奏涨跌，应分析股指开盘点位是靠近支撑位还是阻力位，以及股指上行对目标股的影响。

（3）盯盘阶段。

开市交易后，要对走势保持高度警惕，准备卖出的股票要盯住盘面，随时准备卖出。要经常查看涨幅榜，密切关注可能出现的目标股，查看其基本面情况（流通盘、市净率、市盈率）。要计算好涨停价格和准备买进的数量，做好买进的准备，该提前做好委托的先做好委托，随时准备确认委托。

如果已经委托但没有成交，要估计自己的买单排队情况。如果成交希望很大，可以坚持排队等待成交；如果成交希望不大，又有新的目标股出现，则可撤单并重新委托。已经成交的，在今天剩余的交易时间里可以多休息，只要不时看看已经买进的个股走势表现即可。

如果出现感觉特别好的个股，可以做好交易准备。如果出现想买进的个股却无法买进，之后出现新的买进机会，比如涨停板打开后又被迅速封住，盘中可以依据具体情况做好买进准备。

开盘后，短线交易者要经常观察委托买进笔数与委托卖出笔数的多寡，研判大盘究竟会涨还是跌。一般而言，如果开盘委买单大于委卖单 2 倍以上（如买单 10 万手，卖单 5 万手），则显示买气十分旺盛，短线可以考虑买进，待股价拉高后以高价抛出获利。相反，若卖单大于买单 2 倍以上，则代表空方卖盘十分强大，当日抛空比较有利，开盘可立即卖出手中持股，然后再逢低补回。

判断大盘气势强弱，可翻看涨跌幅排行榜，观察涨停板或跌停板的家数以及增减。国内股市常有追涨杀跌的投机风气，越涨越抢，越跌越抛。当发现大盘涨停家数由几十家迅速增加至百家以上，则代表大盘走势强劲，上涨有力，收盘有大幅上涨的可能，可以立即择机抢进。相反，如跌停家数迅速增加，且卖单大于买单，很快就会有多家甚至数十家以上个股下跌，表明大盘走势极弱，必须立即抛出手中持股，以锁定利润或免遭套牢，回笼资金以后可以择机再行入市。

观察开盘即涨停或跌停的个股，密切注意和追踪其价格走势和价量变化。如果此时大盘买单大于卖单，上涨家数大于下跌家数，则代表大盘偏多（买气较强），此时短线交易可考虑以市价买入选中的个股，次日拉高至平盘即抛出 1/2，再拉高则清空出场，这样操作即可短线获利。

（4）总结阶段。

收盘后，把符合条件的个股放进自选股，为第二天跟踪观察做好准备。对于准备买进的股票，根据当天的盘面走势和大盘情况，估计明天的开盘价位和可能出现的高点位置，提前预设明天准备卖出的价格区域，确定好卖出方式和出现意外情况的应对办法。

五、更新理念

股市千变万化，要不断更新理念，尽可能适应市场的新变化。任何神奇的操盘方法用久了也会失效，任何交易经验用多了也会失手。

实盘操作中，要注意以下几个方面。

（1）爱捡便宜。散户喜欢买市价低的股票，认为股价便宜。殊不知低价有低价的原因，高价有高价的理由。其实，股价高低与盈亏无关，只和资金介入筹码的供给相关，只有供给小，股价才会上涨。

（2）频繁交易。快进快出不是频繁交易，做短线也不是天天买卖。不少人相信自己每天可以获利 1%，几年下来能够赚多少，从而进入了过度交易的误区。

（3）暴富心理。希望在短时间内发大财（期盼过高的短期获利）或天天有钱赚。股市不是自己的银行，股神告诉我们年利 20% 左右就已经很不错了，不要相信自己比股神做得更好，因为结果很可能恰恰相反。

（4）喜欢满仓。大家都知道“二八定律”，就是说你犯的 20% 的错误，可能损失你 80% 的资金。在牛市中也忌满仓，谁能保证自己不会出错呢？很多股民就是因为操作错误导致本金不断缩水。如果把本金分成 10 份，只能拿出本金的 60% 去交易。

（5）盲目补仓。不少散户喜欢在下降趋势中做补仓操作，买入股票后向下摊低成本。在下降趋势中补仓，会导致越补越亏。牛市中正确的做法应该是向上加仓，也就是说，应该向上摊高成本，而不是向下摊低成本。

（6）依赖技术。有的散户掌握了很多技术，自以为K线涵盖一切。其实大道至简，掌握太多的技术，很可能会出现矛盾的信号，导致买卖时犹豫不决。放弃过多的分析工具吧，炒股比拼的是综合实力。

（7）打听消息。有的人不相信市场走势，反而相信内幕消息，认为靠消息能战胜市场。明明个股趋势向下，很多散户更愿意相信这是机构在洗盘，随着股价越跌越低，自己的损失也越来越大。

（8）迷恋市场。天天泡在股市里，研究每一个小道消息。每天9:00上班，15:00下班，到了夜里还要加班。其实交易者应当与股市保持一定的距离，做到“手中有股，心中无股”。天天操作，很可能不是放跑了黑马，就是踩响了地雷。

（9）喜欢数钱。有些散户在牛市里被盈利冲昏了头脑，天天忙着数钱，却不知风险正在降临。股市中，浮盈只是“纸上富贵”，撤出来才能收获真金。

（10）过于自信。自信是一种美德，但在股市里过分自信，有时就会成为固执与偏执。“打死都不卖”只会让你输得更惨，牛市里也不是所有个股都会上涨。

（11）盲目换股。每轮行情都有自己的节奏，不同的板块会出现轮动。很多人总认为自己手中的个股涨得太慢，都想追入涨得快的个股。结果追入之后，却发现股价停滞不动了，卖出的个股却开始疯一样地上涨。自己持有的个股本身就是牛股，却还要到处找牛股，这样换来换去，一波上涨行情快结束了自己却还没有赚到钱。牛市中大家不要盲目追涨，更不要频繁换股。

第四节 短线资金和仓位管理

短线操作风险比较大，如果股价处在底部区域或在上涨行情中，频繁短线操作，所得利润很可能不及长期持有。如果介入错误的股票，还会出现短线被套的情况，导致资金损失。持有一些强势股时，由于总担心股价会随时调整，很可能做出赚点钱就跑的决定，导致踏空一段行情。很多个股在上涨途中攻势非常凌厉，一旦踏空，就会失去享受股价快速拉升的乐趣。

一、资金管理

操作一只股票，可以将资金分成三部分：第一部分逢低建仓；第二部分在股票急跌时低位补仓，做“T+0”操作；第三部分则是“救命”用的，当第二部分资金做“T+0”失败时，就用第三部分资金进行补救。

如何保护收益并控制风险，这是每个投资者都很关心的问题。问题的答案取决于如何理解“利润”这个概念。很多人搞不清账面利润与真实利润之间的差别，一旦市场走势发生变化，就会损失很多钱。

理解银行账户中的钱与股市中的钱存在不同，是在金融市场中生存的第一步。股市能为大家迅速带来不错的账面利润，也能让账面利润很快消失。在股市中交易，关键不在于赚取账面利润，而在于把账面利润变成现金或存进银行账户。

这里向大家介绍一种“无风险均衡法”的资金管理方法，它可以保护交易本金，并让利润继续成长。这里有一个悖论：为了赚钱，必须把资金投放到金融市场；为了留住利润，必须将资金从金融市场转入银行账户。

无风险均衡法的具体操作方法是，在接近升势顶端时卖掉足够多的股票以回笼原始资金，只把利润留在股市中面对风险。等股价回升时，再将这些资金重新转入市场。这样做有三个优势：交易资金能够受到切实保护；若价格持续上涨，利润也会随之增长；若价格下跌，也能在总损失中保证利润。

比如，用10万元资金买入股价10元的个股1万股，当股价涨到15元时，就卖掉6700股，套现的10.05万元作为本金存进银行账户。若股价下跌，只损失4.05万元利润中的一部分；若股价继续上涨，利润也随之放大。回笼的10万元本金还可以投资其他适合的个股，这样可以有其他获利的机会。

持续上升的多头趋势中，采用无风险均衡法管理资金和仓位，可以保护交易本金并让利润继续成长，在多变的市场中是有效的防卫策略，能够防止优柔寡断导致的资金损失。这也是帮助交易者安全渡过市场下跌时期有效的资金管理方法，并且在新一轮长期上涨中仍有资金可以投入并获利。

二、仓位管理

短线操作一定要严格控制仓位。短线交易可能获利很多，但一旦做错方向，亏损也很大。投机所用资金的上限要根据能够承受的最大损失来确定，不要冒险把全部资金都用来做投机交易。如果有1万元闲散资金，可以都把它用来做投机交易。但有100万元资金时，情况就不一样了，同时损失20%，前者实际损失只有2000元，而后者则是20万元。当最多只能承受20万元的损失时，那么最多只能用20万元做短线投机。

短线交易采取分批入场的原则为好。在没有十足把握的情况下，交易者可以分批买入或分散买入，这样可以大大降低交易的风险。分散买入的股票品种不要太多，一般以5只以内为宜。

短线严禁满仓操作，可以把仓位标准定为最高85%左右，原因是每天都有好股票和好机会，没有可用资金，有看好的股票也没有钱买入。股市中机会总是很短暂的，在筹备资金的时间里，可能股价已经拉起来了，只能眼睁睁地看着机会错过去。比如2015年6月4日、5日剧烈的“蹦极”走势中，不少散户就因为满仓持股，从而失去了急跌时的短线入场机会。

那么如何管理仓位呢？一般采用“三个1/3”法，即1/3基本仓，1/3短线仓，1/3保留现金，这样可以保持进可攻、退可守的主动姿态。

分仓操作的意义不仅是将风险分散到几个篮子里，一个很重要的原因在于能够平稳操作心态。风险有两种，一种是下跌的风险，另一种则是上涨的风险。前者大家都知道，这里主要谈一下后者。

牛市中可以挖掘出很多优秀的个股，但不可能准确预测哪只个股买入后会立刻大幅上涨。假设选择了三只目标个股，满仓买入其中一只个股，结果没有买入的另外两只个股上涨，买入的这只个股却出现滞涨，这将会严重影响持股心态。虽然这时自己并没有亏损，但看到大盘涨幅远远超出自己所持个股的涨幅，定力不足的人可能会在某天无法忍受，抛出换股。牛市中换股操作，很可能错过原来持有个股的上涨波段。

定力足够的人可能在持股中产生动摇，但能坚定持股直至主升段到来，不过这已经不是短线操作，而是中长线投资了。改变操作模式，将会削弱交易者的敏锐度。所以，分仓操作是短线交易较好的方式。

当然，重仓与轻仓、集中与分散都是相对的，盲目集中或分散都属于滥用资金。实盘中不要套牢了就补仓。一路下跌一路补仓，结果越补越多，越套越深，最后严重套牢，无法动弹。实盘中也不能看到这个股票好就买一点，那个股票好再买一点，最后自己的股票账户成了杂货铺。

总之，用好资金，管好仓位，精心研判目标个股的上涨潜力，用心来操作，才是短线高手最重要的实盘操作原则。

第五节 短线操作的弊端

短线操作最大的优点是回报率高，因为它操作的是波段行情。即使股价在大的下跌趋势中，只要出现一个短暂向上的反弹行情，短线交易者都可以进场获取短线利润。尽管下跌行情中每次反弹的幅度并不太大，但对短线交易者来说，只要能确保短线获利就可以进行交易。如果是中长线投资者，就不可能参与下跌趋势中的反弹行情。

短线操作也有其自身的劣势。

（1）容易错失大的上涨行情。短线操作讲究见好就收，落袋为安，这很容易错失一轮大行情。特别是在牛市初期，获得一点小利就把筹码抛掉了，之后股价节节拔高，此时又不敢追涨买入，结果错过了一轮大行情，大牛市中只抓了一撮“牛毛”。

（2）容易因小失大。短线交易有一个弊端，就是很难把握趋势。如果股价处于下跌趋势，此时倘若出现一个向上的反弹行情，一般来说这个反弹行情都是暂时的，随后会继续下跌。如果短线交易者进场抓反弹行情，必须要在反弹结束前卖出股票，否则当股价继续回跌时，就容易被套或产生巨额亏损。预测这种短期的反弹走势，要比把握大的上涨或下跌行情难很多。在反弹行情中，如果卖出不及时，就容易因小失大，偷鸡不成蚀把米，捡了芝麻，丢了西瓜。

（3）增加交易费用。股价上下波动幅度比较大，频率比较快时，短线交易者会有很多进出场机会。如果能在短线交易中获得收益，那么不必在乎微小的交易手续费。但是如果没有把握好进出场时机，本身每次交易的盈利就不多，甚至可能出现微亏，这时候交易手续费就会成为一个负担。特别是一些波动幅度不大的个股，来来回回地交易，赚到的钱还不够手续费，可谓得不偿失。

第二章　短线看盘技巧

第一节　短线功夫修炼

一、短线看盘能力训练

专业炒手总是把自己的每次行动，不管是分析研判还是买入卖出，都制定出一种标准化的程序，这样操作就不会显得混乱。每次交易都按这个程序来操作，就不会有遗漏或是忽略的地方。

专业化的短线操作程序，包括如下几个方面。

（1）用专业的方法发现机会，包括看盘方法以及看大盘、看个股、看热点。发现机会以后，要分析这次出击的成功率和风险比率，最后确定自己的操作规模是满仓、半仓、1/3 仓还是空仓。

（2）下定决心以后，要确定以哪种技术体系作为操作依据来规范进出。这里着重强调大级别制约小级别，月线制约周线，周线制约日线，日线制约分时线，分时线制约即时线。用这个次序来分析研判走势，可以使研判结果在方向上不会出现大的失误。反过来，需要用短周期技术信号如金叉、死叉、背离等来确定买卖点，展开实盘操作。

这里有一个制胜的方法，月线、周线、日线 KDJ 在低位，分时指标也在低位，如果它们出现协同共振，那么买进股票是必然盈利的。在月线 KDJ 处于低位时买进股票，半年的时间内至少会有 30% 的涨幅，成功率达 90% 以上。反之，月线、周线、日线 KDJ 在高位，卖出股票肯定不会错。低位对应着大底部，高位对应着大头部。

买卖操作可以依据 60 分钟、30 分钟、15 分钟、5 分钟、1 分钟 K 线图走势，从中寻找最佳买点、理想买点、满意买点。错过了最佳买点，还要考虑资金该怎么配置。临盘出击时，资金配置有以下三大原则：尝试性仓位进场，保护性仓位负责救援，追击性仓位用于扩大战果。

专业炒手的操盘次序就这么几条：评估风险收益比，操作技术保障，技术分析依据，临盘实盘展开。这几个规范化程序可以设计成表格。

二、短线实盘技巧训练

（1）专业炒手怎样训练自己呢？每天打开涨跌幅排行，涨幅前十名的即时波动走势每天都要去体会，去跟踪，反复体会庄家的做盘意图。还要了解跌幅前十名的即时波动走势，深刻体会和理解庄家的出货手法，不再上庄家的当。下跌可能是庄家出货、调整、打压、洗盘，反复体会，不断跟踪，就能做到很容易识别庄家的操盘手法。日积月累，大概一个月以后，短线交易技术就会突飞猛进。

（2）掌握上涨的几种常见结构和模式。如三浪上涨，五浪上涨，多浪上涨这些模式，都要反复体会，熟记各种上涨态势、下跌态势和横盘态势。出现某种态势时，能知道其后续将发生怎样的变化。

（3）对具有典型意义的标志性K线图形，要进行记忆和深刻理解。如某只股票首次放量突破30日均线，这种标志性的K线图形就意味着要进入升势，通过量价、大势、周期等快速分析判断后，就可以进行短线操作。

三、实盘心理素质训练

刚开始交易的时候，要训练看盘能力和操盘能力，接下来则训练心理素质。出现买卖信号时不能犹豫，不能患得患失，另外还要做到不贪婪，不恐惧，这些心理素质也需要训练。每次交易结束后，还要对自己的操作进行总结和点评，分析是因为什么成功的，这里面是否包含了运气成分。失败了要寻找原因，为什么这样做会失败，要想办法去克服。每次操作，哪怕只是买进一两百股，也要进行精细化的操作，这才是专业的态度。专业的本领只有通过苦练才能得来。

市场不是投资者的敌人，庄家不是投资者的敌人，自己才是自己最大的敌人，战胜自己才是真英雄。要想在交易中获利，就要遵守纪律，战胜人性弱点和自己的个性弱点。

对真正的短线交易者来说，交易不是一种零和游戏，市场遍地是金子，到处皆有发财的机会。在市场允许的情况下，交易量越大越好，交易时间越短越好，这样才能在短时间和低风险的情况下获得更多的盈利。一次赚一点，一点一点地赚，积少成多，聚沙成塔，最后将会积累出巨大的财富。

对一个短线交易者来说，赚钱了，要走；不赚，也要走；赔了，更要走。永远不要持有任何亏损的仓位，永远在赚钱的仓位上加码。从一定意义上说，这是短线交易的全部真谛。

四、短线盘面感悟训练

慢盘炒来回，快盘做方向，这需要盘感。什么叫盘感呢？就是一眼看上去，对盘面走势有一种直觉，也就是观察盘面即时走势时心理上的第一反应。要做好短线交易，盘感和直觉功不可没。当然，盘感不能代表一切，但是拥有好的盘感，做短线则会取得更好的效果。

如果市场正如预料的那样运行，则加码。如果没有按事先预料的那样运行，则止损。这里要说的是，不能被动地等待市场证明是对的才去追抢筹码，因为此时买入往往成本较高，利润大大缩小。同样，也不能等待市场证明是错的才动手退出，此时往往损失已经较大，为时晚矣。可见，买入不一定非要等到市场证明是正确时，卖出也不一定非要等到市场证明是错误的。盘感非常重要，这是短线功夫所在。

短线盘感是一手一手练出来的，单子一进去，几秒钟内就有抬轿子的，说明有了短线操作的基本功。出现突破行情时，要敢于追进，盘子一停就跑。一段一段地做，持仓时间短，相对来说更安全，但也不能指望短期获取暴利。炒短线时，亏损不可避免，千万不能跟盘子赌气，感觉不对的单子要尽快做好砍仓的准备，不要等真的走坏再砍仓，那样会误事。对行情不要有先入为主的判断。

第二节　短线快速看盘

看盘是短线交易的基本功，短线交易的目的在于通过不断更换走势强劲的个股以获取最大的收益。寻找有短线获利机会的个股，唯一途径就是看盘。那么如何快速看盘呢？这里为大家提供一些思路。

一、快速判断当日大盘强弱

任何个股都处于上涨攻击、横盘蓄势、下跌溃败态势之中，短线高手要快速抓住市场热点，判断目标股的实际运行状态，以便展开高水平的实盘交易。

1. 第一板个股涨幅

通过交易软件快速查看第一板个股的排序情况。涨跌龙虎榜第一板可以直接告诉大家当日、当时市场中走势最强、交易最活跃的个股。如果连力量最强大的庄家都不敢出来表现，那么可以立即判定市场较弱。

（1）如果第一板中的股票全部涨停（刚上市新股、次新股除外），则市场处于超级强势状态，可以根据目标个股的情况坚决果断地展开短线操作。此时，大盘背景为个股的表现提供了良好条件。

（2）如果第一板中所有个股的涨幅都大于 4%，则表明市场处于强势状态，可以根据目标个股的强弱情况适当展开短线操作。此时，大盘背景为个股的表现提供了一般条件。

（3）如果第一板中没有涨停个股，并且涨幅大于 5% 的股票少于 10 只，则表明市场处于弱势状态，此时应根据目标个股的强弱情况谨慎展开短线操作。此时，大盘背景没有为个股的表现提供条件。

（4）如果第一板中所有个股的涨幅都小于 3%，则表明市场处于极弱势状态，当天必须停止短线操作。由于市场基本没有提供获利的机会，因此观望和等待是最好的策略。

（5）如果第一板中有 3 只涨幅 5% 以上的个股属于同一板块，则表明该板块是当日或近日的市场热点板块，可以在热点板块中寻找短线操作机会。

图 2-1 展示的是沪市 2019 年 4 月 30 日的开盘情况。在第一板中涨停的个股只有中创物流（603967）1 只股票（另有两只 ST 股涨停），且该股是上市仅一天的次新股，其他涨幅在 5% 以上的个股只有 3 只股票，且不属于同一板块，说明市场比较凌乱，板块不集中，没有领涨龙头热点。这种情况下，如果在盘中不能形成新的市场热点，那么当天短线操作

就要谨慎了。之后，当天虽有 24 只个股封于涨停，但同样有 21 只个股处于跌停，大盘全天以窄幅震荡走势为主，指数微涨 15.84 点收盘。

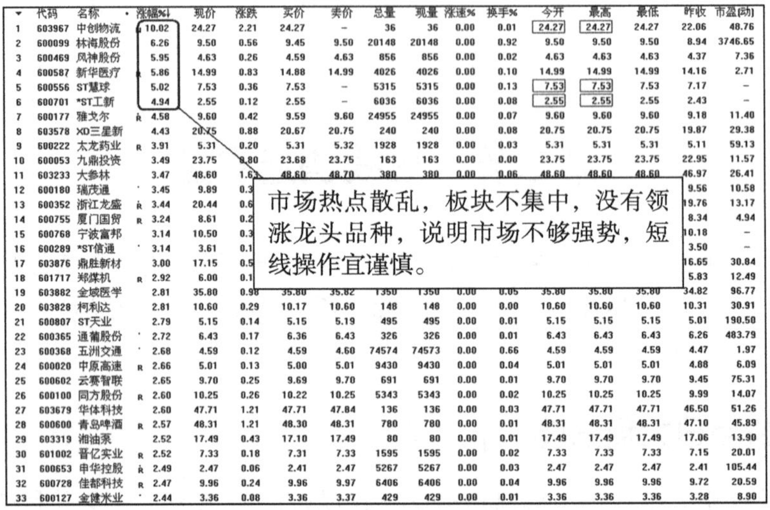

	代码	名称	·	涨幅%↓	现价	涨跌	买价	卖价	总量	现量	涨速%	换手%	今开	最高	最低	昨收	市盈(动)
1	603967	中创物流		10.02	24.27	2.21	24.27	–	36	36	0.00	0.01	24.27	24.27	24.27	22.06	48.76
2	600099	林海股份		6.26	9.50	0.56	9.45	9.50	20148	20148	0.00	0.92	9.50	9.50	9.50	8.94	3746.65
3	600469	风神股份		5.95	4.63	0.26	4.59	4.63	856	856	0.00	0.02	4.63	4.63	4.63	4.37	7.36
4	600587	新华医疗	R	5.86	14.99	0.83	14.88	14.99	4026	4026	0.00	0.10	14.99	14.99	14.99	14.16	2.71
5	600556	ST慧球		5.02	7.53	0.36	7.53	–	5315	5315	0.00	0.13	7.53	7.53	7.53	7.17	–
6	600701	*ST工新		4.94	2.55	0.12	2.55	–	6036	6036	0.00	0.08	2.55	2.55	2.55	2.43	–
7	600177	雅戈尔	R	4.58	9.60	0.42	9.59	9.60	24955	24955	0.00	0.07	9.60	9.60	9.60	9.18	11.40
8	603578	XD三星新		4.43	20.75	0.88	20.67	20.75	240	240	0.00	0.08	20.75	20.75	20.75	19.87	29.38
9	600222	太龙药业	R	3.91	5.31	0.20	5.31	5.32	1928	1928	0.00	0.03	5.31	5.31	5.31	5.11	59.13
10	600053	九鼎投资		3.49	23.75	0.80	23.68	23.75	163	163	0.00	0.00	23.75	23.75	23.75	22.95	11.57
11	603233	大参林		3.47	48.60	1.63	48.60	48.70	380	380	0.00	0.06	48.60	48.60	48.60	46.97	26.41
12	600180	瑞茂通	·	3.45	9.89	[illegible]	[illegible]	[illegible]	[illegible]	[illegible]	[illegible]	[illegible]	[illegible]	[illegible]	[illegible]	9.56	10.58
13	600352	浙江龙盛	R	3.44	20.44	[illegible]	[illegible]	[illegible]	[illegible]	[illegible]	[illegible]	[illegible]	[illegible]	[illegible]	[illegible]	19.76	13.17
14	600755	厦门国贸	R	3.24	8.61	[illegible]	[illegible]	[illegible]	[illegible]	[illegible]	[illegible]	[illegible]	[illegible]	[illegible]	[illegible]	8.34	4.94
15	600768	宁波富邦		3.14	10.50	[illegible]	[illegible]	[illegible]	[illegible]	[illegible]	[illegible]	[illegible]	[illegible]	[illegible]	[illegible]	10.18	–
16	600289	*ST信通	·	3.14	3.61	[illegible]	[illegible]	[illegible]	[illegible]	[illegible]	[illegible]	[illegible]	[illegible]	[illegible]	[illegible]	3.50	–
17	603876	鼎胜新材		3.00	17.15	[illegible]	[illegible]	[illegible]	[illegible]	[illegible]	[illegible]	[illegible]	[illegible]	[illegible]	[illegible]	16.65	30.84
18	601717	郑煤机	R	2.92	6.00	[illegible]	[illegible]	[illegible]	[illegible]	[illegible]	[illegible]	[illegible]	[illegible]	[illegible]	[illegible]	5.83	12.49
19	603882	金域医学		2.81	35.80	0.98	35.80	35.82	1350	1350	0.00	0.05	35.80	35.80	35.80	34.82	96.77
20	603828	柯利达		2.81	10.60	0.29	10.17	10.60	148	148	0.00	0.00	10.60	10.60	10.60	10.31	30.91
21	600807	ST天业		2.79	5.15	0.14	5.15	5.19	495	495	0.00	0.01	5.15	5.15	5.15	5.01	190.50
22	600365	通葡股份	·	2.72	6.43	0.17	6.36	6.43	326	326	0.00	0.01	6.43	6.43	6.43	6.26	483.79
23	600368	五洲交通	·	2.68	4.59	0.12	4.59	4.60	74574	74573	0.00	0.66	4.59	4.59	4.59	4.47	1.97
24	600020	中原高速	R	2.66	5.01	0.13	5.00	5.01	9430	9430	0.00	0.04	5.01	5.01	5.01	4.88	6.09
25	600602	云赛智联		2.65	9.70	0.25	9.69	9.70	691	691	0.00	0.01	9.70	9.70	9.70	9.45	75.31
26	600100	同方股份	R	2.60	10.25	0.26	10.22	10.25	5343	5343	0.00	0.02	10.25	10.25	10.25	9.99	14.07
27	603679	华体科技		2.60	47.71	1.21	47.71	47.84	136	136	0.00	0.03	47.71	47.71	47.71	46.50	51.26
28	600600	青岛啤酒	R	2.57	48.31	1.21	48.30	48.31	780	780	0.00	0.01	48.31	48.31	48.31	47.10	45.89
29	603319	湘油泵		2.52	17.49	0.43	17.10	17.49	80	80	0.00	0.01	17.49	17.49	17.49	17.06	13.90
30	601002	晋亿实业	R	2.52	7.33	0.18	7.31	7.33	1595	1595	0.00	0.02	7.33	7.33	7.33	7.15	20.01
31	600653	申华控股	R	2.49	2.47	0.06	2.41	2.47	5267	5267	0.00	0.03	2.47	2.47	2.47	2.41	105.44
32	600728	佳都科技	R	2.47	9.96	0.24	9.96	9.97	6406	6406	0.00	0.04	9.96	9.96	9.96	9.72	20.59
33	600127	金健米业	·	2.44	3.36	0.08	3.36	3.37	429	429	0.00	0.01	3.36	3.36	3.36	3.28	8.90

图 2–1

2. 即时波动线形态势

（1）大盘即时走势图中的波动低点不断上移，高点一波高于一波，股指波动线（白线）和成交均价线（黄线）均处于向上的态势，属于多头完全控盘的强势态势，也是典型的单边上扬走势，出现这种走势可以大胆展开短线操作。

（2）大盘波动重心不断上移，高低点偶有重叠。这种走势表明大盘处于上扬之中，属于典型的震荡上扬走势，此时可视目标个股的强弱状态展开短线操作。

（3）大盘波动重心横向移动，高低点反复重叠。这种走势表明大盘处于震荡之中，属于牛皮整理态势，此时可以根据目标个股情况小心展开短线操作。

（4）大盘波动重心向下运动，高低点逐级下移。这种走势表明大盘处于跌势之中，走势较弱，应当停止短线操作。当大盘走弱时，千万不要逆大势而动，火中取栗很可能被套牢。

图 2–2 展示的是上证指数（000001）2019 年 2 月 11 日的分时走势图。当日指数小幅低开后，出现近半个小时的震荡走势，然后市场企稳上行，股指逐波走高，低点不断上移。盘中高点不断刷新，股指呈单边上扬走势，说明多头气势旺盛，此时可以寻找目标个股大胆进行短线操作。

3. 个股涨跌家数对比

涨跌家数对比，能够反映大盘涨跌的真实情况。

（1）大盘上涨，同时上涨个股家数多于下跌个股家数，说明大盘上涨自然，涨势真实，大盘处于强势之中，可以积极进行短线操作。大盘上涨，但下跌个股家数反而多于上涨个股家数，说明有人在拉抬权重指标股，指数失真，涨势为虚，大盘走强为假象，此时短线操作要小心。

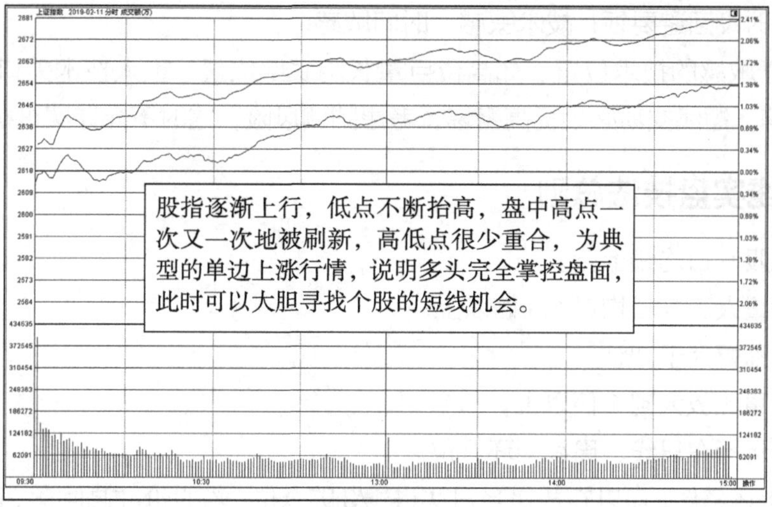

图 2-2

（2）大盘下跌，同时下跌个股家数多于上涨个股家数，说明大盘下跌自然，跌势真实。大盘弱势，应停止短线操作。大盘下跌，而下跌个股家数反而少于上涨家数，说明有人在打压权重指标股，跌势为假，大盘走弱为假象，此时可视个股情况小心展开短线操作。

4. 大盘涨跌量价关系

大盘涨时有量，跌时无量，说明量价关系健康，可积极进行短线操作。大盘涨时无量，跌时有量，说明量价关系不健康，场内有人在诱多，应停止或小心进行短线操作。

5. 相关市场连动呼应

在资本市场中，齐涨共跌是正常现象。如果股市与期市（股指期货）产生联动呼应，则是最佳的短线买卖时机。若股市与期市共涨，可大胆展开短线操作；若两者齐跌，短线操作风险大；若两者涨跌互现，走势背离，短线操作要小心。

目前，期市有三大股指期货可供参考，即沪深300股指期货（IF）、上证50股指期货（IH）、中证500股指期货（IC）。此外，还可以结合外围市场涨跌情况进行分析。

二、快速发现当日短线机会

（1）个股攻击力度要求：涨幅、量能。

如果当日盘中第一板个股涨幅都没有超过5%，则可以判定多数庄家都不敢出手拉高，因此不具备短线操作机会。量比排行榜上没有量比数值大于3倍，且涨幅也没有大于3%的个股，则说明当日不具备短线操作机会。

（2）群庄协同、分化情况：热点。

当日盘中涨幅榜第一板的股票所属板块散乱，不能形成横向或纵向关联，也就是说热点散乱，市场群庄不协同，则当日基本不具备短线操作机会。这种状况反映盘中大多是游击散庄在活动，大资金处于观望状态，此时短线交易者也应该在场外观望。

（3）敏感时段回避要领：技术敏感、时间敏感。

当大盘处于敏感的技术位置，如高位巨量长阴底部位置、重大技术关口位置以及关键变盘时间窗口等，短线交易必须提高警惕，考虑回调风险，这时不允许买进操作。

三、个股短线实盘技法总则

（1）目标股5日均线上行。

（2）成交量大于5日均量1.5倍以上。

（3）股价涨幅大于3%。

（4）盘中量比放大到1倍以上。

（5）股价运行在日线、周线循环低位。

如果符合上述条件，可以在放量当日买进1/3的仓位。若股价冲高回落，既可获利出局，也可在回落2天后补仓。

四、快速捕捉当日短线黑马

盘中交易时间有限，个股最佳获利机会稍纵即逝。如何快速、准确地捕捉交易机会，是实盘操作质量好坏的关键。

下面介绍专业化、程序化的看盘、操盘模式。

1. 黑马股盘口语言

（1）市场要素。

价、量、时空（速度、角度）、参与的交易者，这四大要素的盘中变动及其相互关系，是看盘时发现获利机会和回避风险的关键。

价格变动情况，可以通过涨跌幅排行功能以最快的速度了解。排在涨幅排行榜前面的股票，说明庄家正在向上拉抬做盘。排在跌幅排行榜前面的股票，说明市场中有人在抛售，庄家在出货或区域性减仓，亦或是震仓洗盘。

成交量变动情况，可以通过量比排序功能，以最快的速度予以了解。排在量比排行前面的股票，说明该股今日放量，参与的投资者较多。排在量比排行榜后面的股票，说明今日该股缩量，参与的投资者较少。

其他市场要素可以通过观察资金流向成交金额排序、相对强弱排序以及委比排序予以了解，以便更全面地掌握市场的真实情况。短线交易者如果熟练掌握各种看盘和分析技术，就能以最快捷的方式完成分析和操作。

（2）经典快速看盘程序。

通过81、83综合排序功能，可以快捷地观察市场中各大要素最强和最弱的个股情况，这是市场中各种力量最典型的汇聚之地。研究综合指标排行榜，能够为投资者提供获利机会和快速出击暴发性黑马股的机会，因此也叫“黑马窗口”。

（3）捕捉黑马股的规范方法。

框定黑马股静态图表的条件：一只股票成为大黑马，必然是大资金对它进行连续操作的结果。从 K 线图表价量关系上看，该股必然具备大资金有计划地持续吸筹、操盘的动作特征，这是无论多狡猾的庄家也必然要露出的马脚。大黑马的产生，绝对不是小庄家临时游击、赚小钱的操作行为。从静态 K 线图表看，一只大黑马的诞生，必然是做盘的庄家用资金控制了该股绝大部分的流通筹码，只有这样，庄家才能对该股进行随心所欲的价量操纵。

黑马股在暴发前，必然具有庄家大规模建仓的成交量特征：要么长时间慢慢建仓，要么以横扫一切的抢盘动作不计成本地拉高突击建仓，其共同特征是庄家持有该股 60% 以上的在外流通筹码，这一点在成交量分布结构上会有充分的体现。此外，庄家还必须具备充足的支持拉高再放量攻击的资金实力。

从日 K 线图表看，个股走势必须是 30 日均线走平向上，处于股价循环运动的第一阶段，盘底已经胜利结束，或是处于第二阶段上涨初中期的时候。该股短期均线系统必须全部形成向上攻击的多头排列，展现出以大成交量向上攻击的态势，量比放大 1 倍以上，5 日均线向上运行的角度大于 50°，这是黑马股的重要图形特征。

2. 快速捕捉黑马股技巧

打开行情分析软件的综合指标排名榜，用 81、83 快捷键快速看盘，按照下列步骤快速选股。

第一步：从涨幅排行榜上寻找目标股。大盘上涨时，目标个股涨幅大于 3%；大盘震荡调整时，目标个股走势强于大盘，有异常波动者。

第二步：在量比排行榜中，寻找量比放大 1 倍以上的股票，越大越要关注。

第三步：打开符合上述条件的目标个股，检查日 K 线图走势情况。要求目标股 3 日均线带量上扬，前期有一组止跌 K 线，当日该股是最近一段时期以来第一次放量。

第四步：打开目标股的周 K 线图，查看周 K 线图中 KDJ 指标是否刚刚低位金叉或正在强势区向上运动。

如果符合上述条件，大致可以确定该股已具备短线攻击条件，获利机会来临。若出现误判，一旦 5 日均线走平，失去向上攻击能力，必须马上撤退，保全资金，丝毫不能有侥幸和幻想。只有做到这一点，才能算作短线高手。

这是短线高手以涨幅、量比等盘口语言为线索，以图表最后确认目标股是否属于黑马的快速交叉选股法。

3. 盘中有不规则的震荡和巨量异动

选择黑马股的第二种方法是捕捉盘中量价大幅度异常波动的股票。

看盘看什么？就是看盘中量价异动。看盘绝对不是无目的地乱看一通，也不是看其他莫名其妙的东西。

实盘盘口中常见的量价异动有以下两种。

（1）震荡。盘中某股在较低的位置突然莫名其妙地出现巨量成交，而且成交后股价被迅速拉起，恢复原状，这种现象在股市中实在太多。对投资者来说，这种异动是一种获利的大好机会，其震荡走势隐含着以下几方面的可能：庄家利用不同分仓席位进行转仓布局；制造最低价做价格类指标的技术骗线；主力向群庄发出攻击或撤退的做盘信号。

（2）低盘、巨量、长阳。某股莫名其妙地突然大幅低开，首先想到的可能是有利空消息，盘中却不断地出现巨量成交，股价不断上行。不明真相的投资者看到这种现象，会产生恐慌心理，盘中可能匆忙出局，最终该股却以长阳报收。如此控盘，庄家就达到了洗盘、震仓和收集筹码的目的。

4. 短线操作对应的技术系统：小级别，短周期

（1）图表系统。常见的图表系统包含了价格、成交量、时间等要素，以及由此派生出来的均线、技术指标、K 线组合、技术形态和波浪运动形态。

（2）时间系统。短线操作的真正目的是不参与走势不确定的调整，只要一只股票的攻击力消失，无论它是否下跌，都要坚决离场。在这种原则下，短线操作依据的技术系统时间周期大都较短，通常使用 5 日均线、日 K 线、60 分钟 K 线、30 分钟 K 线、15 分钟 K 线、10 分钟 K 线、5 分钟 K 线及 1 分钟 K 线甚至盘中的即时走势图。

实盘分析要点是图表中的金叉、死叉和背离等常规研判方法。很多投资者还会通过多周期、多要素之间的共振来提高和确认技术信号的可靠性。

（3）攻击力度的判据及时间效力——4~8 小时。不同周期的技术信号发挥作用的时间周期不同，超短线高手往往在实盘中使用即时股价走势图，力争使自己买在股价最低点，卖在股价最高点。当然，时间周期越短，操作难度越高。

除了明白时间周期长短对应的使用难度不同外，短线高手还应该知道不同的技术系统，其发挥效力的时间也有不同。比如 60 分钟 K 线图中 KDJ 指标低位金叉，一般情况下能够支持股价上扬 8~12 小时，反之亦然。对于其他周期技术工具的时效规律，请大家自己摸索。

第三节 分时看盘技巧

股票交易既是一门科学，更是一门艺术，只有真正投身股市，才能理解其中的含义。股市交易成功与否，关键在于交易者是否有一套行之有效的分析操作方法，其中短线战术是非常重要的一部分，盘口分析技术则是实施短线战术的关键。笔者经过多年的实盘搏杀，总结了一些实盘盘口分析技巧，相信这些内容会对散户有所帮助。

一、开盘 30 分钟捉黑马

集合竞价结束到开盘交易，有 5 分钟的时间用于浏览大盘和个股情况，这是一天中最宝贵的时间，也是捕捉当日黑马的最佳时刻。

通常来说，9:30—10:00 是最佳的买卖时机。若股价开盘后高开高走，急剧上涨，最高价常出现于 10:00 以前，且该时段成交量会急剧放大，这个时间段往往也成为热门股抛售的最佳时机。若股价平开高走，随着成交量的放大，股价平稳上涨，此时可用分时图或分钟 K 线图分析股价走势，判断是否买卖。

同样，前一日暴跌的个股，往往在 10:00 以前出现最低价，此时段可以考虑是否买入抢反弹。是否买暴跌的股票，一要看股价是否跌过了头，跌到了支撑价位；二要看消息面和庄家意图，以判断暴跌股还能不能再炒起来。

运用下列操作方法，可以捕捉短线黑马股。

（1）开盘前，将可能上涨的目标股加入自选股里，进行密切跟踪和监视。

（2）开盘价出来后，判断大盘当日走势强弱。如果没有问题，就可以选择交易的目标股了。

（3）快速浏览个股，从中选出首笔量大、量比大（越大越好）的个股，并记录在案。

（4）快速查看这些个股的日（周）K 线等技术图形，并对股价走势做出评价，再复选技术上支持上涨的个股。

（5）开盘后，紧盯以上有上涨潜力的个股。如果成交量连续放大，量比也大，那么接下来要观察卖一至卖五挂出的委卖单，此时可能卖盘挂出的都是三四位数的大卖单。

（6）如果该股连续以大单成交向上攻击，立即打入比卖一更高的价格买进。高挂买单有优先买入权，且通常比挂出的买价低一些成交。

（7）通常股价开盘上冲 10 多分钟后都有回档的机会，此时看准个股买入，能弥补刚开盘时踏空的损失。

二、盘中即时捕捉买点

如何在盘中及时把握买点，在实盘操作中非常重要，尤其是短线交易者。这里介绍一种利用分时盘中即时换手率与股价即时涨幅来确定即时买点的方法。

确定买入条件如下。

（1）当天换手率达到 3% 以上，介入点在该股上涨 2% 之后（如果大幅高开，只要上涨 1% 就可介入）。

（2）开盘半小时股价上涨达 2%，可以认为是稳步上涨；开盘 10 分钟内上涨幅度超过 3%，可以认为是放量大涨。

（3）股价上涨一波后，能够在高位挺住或仅仅小幅下跌，几乎不受大盘回落的影响。当大盘企稳后再次回升时，个股出现快速上涨甚至直接拉涨停，这就是当日所谓的牛股。

如图 2-3 所示，2018 年 12 月 26 日，风范股份（601700）跳高 1.40% 开盘后，5 分钟内涨幅超过 3%，成交量显著放大，这属于强势股的盘面特征。同日，上证指数完成一波冲高后，从 9:40 开始出现震荡走势。该股不受大盘涨跌影响，不但能够在当天的高点挺住，而且出现与上证指数相反的走势。9:43 该股开始出现快速上涨，瞬间拉至涨停。这样的个股应当追涨买入，随后股价连续出现多个涨停。

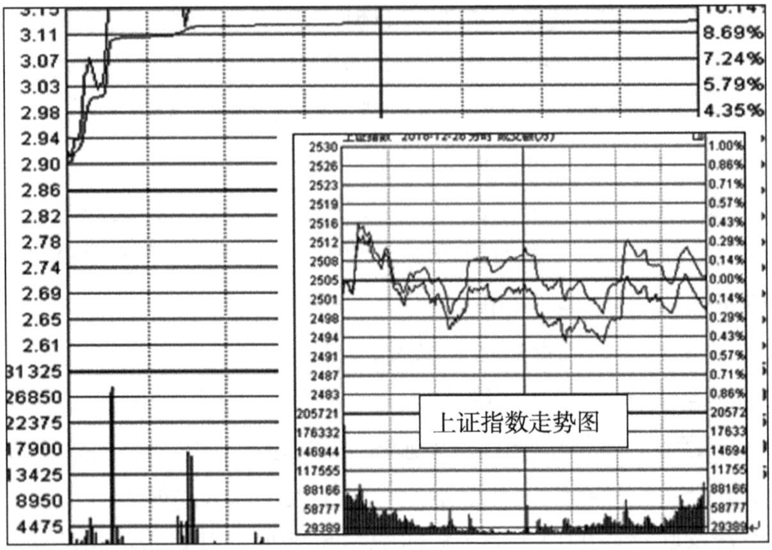

图 2-3

盘面出现以下情况时，可以即时介入。

（1）股价稳步上涨。分以下四种情况。

一是股价开盘半小时左右稳步上涨，换手率达到 0.6% 以上。

二是股价开盘一小时左右稳步上涨，换手率达到 0.8%~1%。

三是股价开盘一个半小时左右稳步上涨，换手率达到 1.2%~1.5%。

四是股价开盘两个小时左右稳步上涨，换手率达到 1.7%~2%。

（2）早盘放量大涨。分以下三种情况。

一是股价开盘半小时左右放量大涨，换手率达到 0.8%~1%。

二是股价开盘一小时左右放量大涨，换手率达到 1.2%~1.5%。

三是股价开盘一个半小时左右放量大涨，换手率达到 1.7%~2%。

（3）下午放量大涨。分以下三种情况。

下午开盘之后半小时涨幅在 2% 以上，换手率达到 1.8%~2.1%。

下午开盘之后一小时涨幅在 2% 以上，换手率达到 2.2%~2.5%。

下午开盘之后一个半小时涨幅在 2% 以上，换手率达到 2.7%~3%。

三、尾盘 30 分钟抓买点

短线操作的目的是规避中长期持股时存在的下跌风险。利用短期股价波动巧妙地买卖，可以将小利润拼成大利润。短线买进是为了一两天后卖出，无论盈亏都必须在短期内清空账户，不能参与沉闷、清淡的盘整走势。

在 T+1 交易制度下，当日买进后，一旦发生风险，当日不得卖出，因此短线交易将买入时间选择在尾市 30 分钟较好。此时间段股价不跌的话，第二天任何时间都可以获利卖出，不至于大幅亏损或被套。此举既符合“低风险”的原则，又符合“超强势”的原则。

很多情况下，一只股票早上开盘后进行长时间的横盘，在均价线附近窄幅整理，遇大盘下跌，它能坚持不动，或被大盘稍有拖累后也能迅速返回，均价线基本保持一条直线，这类股票往往会在下午耐不住寂寞，选择向上突破。但是，如果下午开盘时就突破的话，最好不要跟进（除非中午有突发利好消息），因为此时多数属于庄家的试盘动作。

真正上攻的股票，一般都会选择在 14:30 之后，特别是在 14:35—14:40 开始上攻。上攻时，要看即时线上升的角度，如果超过 80° 角的话，会显得太急，容易产生抛压。

也有个别强势股票 14:00 刚过就展开攻势，不过这时必须放巨量，以接近 90° 的角度推升并迅速拉至涨停，否则升势很容易夭折。

最理想的走势是先沿 30° 角运行几分钟，然后在大成交量的推动下改为 45° ~60° 角向上攻击，此时均价线最好也紧随股价以 30° 角以上的弧形向上运行。经过 20 多分钟的攻击，股价完全可以涨 5% 以上甚至涨停。

以上情况必须紧盯分钟 K 线图中的各项指标，特别是 60 分钟 K 线图。在横盘期间，60 分钟图上的指标如 KDJ 一旦在底部形成金叉，时间上又刚好吻合的话，就可以择机介入。

这种操作方法应严守以下纪律。

（1）不是每天都有这样的机会，轻举妄动不但没有短线利润，反而可能短线亏损。

（2）除非超强势股，一般情况下，这种操作方法只能在大盘强势时使用，这样比较安全。

（3）慎重选择个股。尽量选初涨股和热门股。

如图 2-4 所示，2018 年 11 月 26 日，东方通信（600776）开盘之后，一直处于横向震荡状态。从 11:01 开始，股价以接近 90° 角向上放量拉升 7 个多点，然后进入强势整理。当天股价坚挺在高位运行，14:48 开始股价放量拉至涨停。同一天上证指数运行弱势，由此可见该股盘面气势之强盛，庄家操盘手法之凶悍。遇到这种走势的个股，短线交易者应不惜追高买进，之后股价出现了大涨行情。

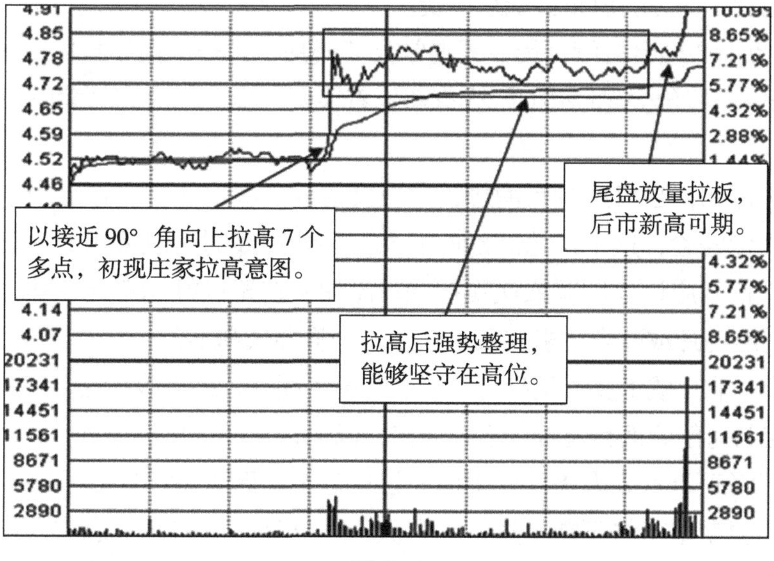

图 2-4

这种盘面走势要警惕庄家借技术指标骗钱，临收盘故意拉高股价，次日跳空高开，以达到次日拉高抛货的目的。

识别骗钱主要有以下两点。

一看有无大成交量配合。高位收盘若成交量过小，无论抛货还是进货，均为“陷阱”。

二看有无利多或利空消息。如有市场传言配合，要分析传言的真伪，然后结合成交量和其他技术指标，初步确认市场是多头市场还是空头市场，据此考虑买入或卖出股票。为防止上当受骗，实盘中既不要满仓，也不要彻底空仓。

四、尾盘消息影响

尾市是做短线的极佳交易时间。股市中波幅最大的时间段，就是临收盘前的近半个小时，庄家最喜欢在这段时间兴风作浪。有时个股全天都在盘升，但临到收盘数分钟，股价变成了“跳水”走势；有时个股全日都在下跌，但收盘时戏剧性地以飙升收场，由此可以看出，尾盘是日内最重要的交易时刻。

尾盘交易理论要根据市场规律研判市场短期走势，特别在 T+1 交易制度的市场中更具有实盘意义。

尾盘应依据下述理由操作。

（1）如果某日临盘之前的一段时间突然出现利好消息，将会刺激购买欲望。但已临近收盘，买方全力买入也买不到多少，一旦收盘，就要等到明日开盘才可以入市购买。

（2）第二天一开盘，昨天尾盘意犹未尽的购买欲，将体现在开盘就上升的走势上，因为大家唯恐踏空，昨日买不到，今早一开盘就会买入。短线市场笼罩着利好消息和乐观气氛，所以往往昨天尾市扫货收场，今早一开盘多数也会出现高开继续扫货的现象。

（3）如果某日尾盘有一些坏消息，以致人心惶惶，个个争先恐后抛售，互相践踏，到收盘还没有出完货，那么明日将会继续出货。

（4）这些恐惧心理会持续，第二天通常会“低开”，一开盘就能见到出货现象，唯恐手中筹码卖不出去，股价会越跌越凶，大家争抢着快人一步在相对高价卖出，以免落在人后，加重损失。

从尾盘理论可知，当日尾盘有消息，效应会延续到次日一早，这是一个十分合乎逻辑的推论。根据实盘经验，这个理论准确性很高，是炒短线时可以采用的策略。若当日尾盘有消息，理论就指示应该立即采取买卖行动。比如，在尾盘好消息之下买入，次日在利好消息仍然发酵时趁高开或冲高之机立即平仓出局，将会获利不菲。

当然，世事并非一成不变，尾盘利好消息使尾盘狂升，如果收盘之后证实是“流言”，那么次日盘面走势可能会面目全非。但只要持之以恒，长期运用尾盘理论，盈利是肯定的。

这里提醒读者千万不要太贪。如果前一日尾盘上升时入货，次日高开，根据理论要立即获利回吐，不要期望市势不断上扬，因为次日尾盘又可能有坏消息流入市场。用这个理论做隔夜市，无论赚或亏都要平仓了结，否则一旦看错，死不认错，可能会越错越深，不赚反亏，而且越亏越心寒。有钱赚时又希望能赚更多，市势却突然转变，原本可以赚钱的交易就会变成亏本。

如果做中长线买卖，则应参考其他理论。

第四节　短线看盘方法

一、热点板块轮动节奏

看盘的重点是看板块和热点个股的轮动规律，进而推测行情的大小和持续时间。比如，每天开盘应注意是否有涨停个股，如果有，就说明庄家资金在努力选择突破口。如果两市开盘都有几十只以上的涨停个股，则说明市场处于多头气氛中，人气比较旺。低于这个标准，则说明市场人气不佳，投资者应该当心大盘继续调整的风险。

如果每天盘面都有跌停板，并且是以板块方式出现，那么应该警惕新一轮中级调整行情可能已经展开。在热点上，如果前一交易日涨停的个股或是上涨比较好的板块难以维持两天以上的上涨行情，就说明热点属于短炒性质，这类个股或板块不能成为一波行情的领头羊，同时也意味着这轮上涨属于单日短线反弹。反过来讲，如果热点板块每天都有两三个以上，平均涨幅都在 2% 以上，并且出现轮番上涨，则属于值得期待的中期向好行情。比如 2014 年下半年开始的一轮牛市中，银行券商、航天军工、矿产资源、互联网 +、节能环保和新兴产业等板块交替上涨，就产生了一轮大级别的上涨行情。

大涨买龙头。如何发掘龙头？其实，在市场大跌气氛里很容易判断龙头股，应密切注意涨幅榜中始终位居前几位的逆市红盘股。特别是价格处于低位，离底部区域不足 50% 的空间，在大盘大跌当日或随后几天时间里，果断用长阳反击 K 线收复前期长阴失地的，则有望成为反弹龙头。

市场永远是“强者恒强，弱者恒弱”。出现中级以上上涨行情时，交易者要善于提前发现谁是龙头，并果断追进，抓稳抓牢，不要因为一时的盘面震荡而轻易下马。通常洗盘洗得越凶，后期飙涨概率越大。炒股抢占先机很重要，有的股票难当龙头，最好在行情启动初期果断放弃这些股票，不要跟自己过不去。

二、观察成交量变化

看盘应该注意成交量。根据两市目前市值情况看，沪市大盘成交量小于 3000 亿元应理解为震荡整理，1500 亿元以下为缩量，小于 800 亿元可以理解为地量，超过 4000 亿元应理解为放量，15000 亿元以上可以理解为巨量。

地量背后往往意味着反转。例如，2018 年下半年以来，大部分交易日成交量低于 1000 亿元，说明市场离底部已经不远了。这时，场外资金应为自己重新进场做好准备。

如果大盘摆脱下降趋势，走出一个缓慢的筑底过程，成交量温和放量，交易者可以用不超过半仓的水平买入持股。如果股价持续上涨，成交量放大，换手率超过 10%（中小板、创业板个股，特定条件下可以放宽到 20% 左右，另外新股、次新股、限售股、转赠股、配股上市一周内不在此列），5 日、10 日均量线开始死叉向下，那么短线应考虑逐步抛售。

对短线交易者来说，看盘技巧更重要，要能够从盘口变化分析庄家的动向，进而决定自己的操盘方法。据实盘经验，短线操作重在观察成交量变化、买卖挂单变化以及短线波动指标走势（KDJ、W%R 等技术指标最灵敏），用以判断个股的后期走势。

需要提醒的是，不要一看到放大量就跟进，有时放量也是很危险的。放大量时，如果均价线向下，则不能买入，这种走势说明成交量是假买进真抛出形成的量。

当股价跌到一定程度时，若发现抛盘加大，股价却不随着抛盘下跌，此时就可以大胆买入了。同样是大量，要仔细对比，才能做到恰当操作。盘中还要注意一点，那就是一般散户的交易量都很少，三四位数买卖单只有庄家才有。有时庄家也不用整数买入，而是化整为零，散单操作。这些看起来酷似散户的买卖单，其实是庄家掩盖自己操盘痕迹的一种行为，这种情况一般出现在高位对敲盘中。

无论是做中长线还是做短线，如果突发巨量，尤其是在高位，此时就要警惕了，要判断和识别股价是否到顶了。若在底部放大量，大可不必担心，看好自己关心的股票，瞄准买点就行。

三、暴涨暴跌中选择机会

不管什么品种的股票，如果经过短期暴跌，跌幅超过 50%，那么下跌角度越大，短线操作的价值就越高。当某天突然缩量，短线买进的机会就来了。因为短线急跌、暴跌后，成交量突然萎缩，说明杀跌盘已经枯竭，此时肯定会出现反弹，短线交易者要坚决地战胜自己的恐慌情绪，积极进场抢反弹，赚一把就走人。

比如，2018 年 10 月—11 月大盘调整期间，恒立实业（000622）、市北高新（600604）、民丰特纸（600235）等股票，阶段性跌幅都超过了 50%。在跌势后期，这些股票出现了缩量下跌现象，说明短期杀跌动能已经枯竭，这是短线入场的好时机。随后股价反转向上，出现一轮飙升行情，短时间内股价涨幅均超过 1 倍。

同样，如果股价接连上涨了很长时间，而且高位开始频繁放量，可是股价始终盘旋在某个小区域，连续用小单在尾盘直线拉高，制造高位串阳 K 线，筹码密集峰明显扩散，则说明庄家在高位出货，中短线必须坚决清仓。比如，2018 年下半年以来的贵州茅台（600519）、京东方 A（000725）、格力电器（000651）等股票，都出现了这种高位放量出货的走势。

四、分析 K 线组合形态

实盘操作中，不要小看低位的三连阳，也不要漠视高位的三连阴，这些都是潜在的转势信号。

一般来讲，股价接连下跌一段时间后，某天突然不再狂跌，而且 K 线图上接连出现见底 K 线组合，股价波动幅度也不是那么大，股价一冲上去就被卖单砸下来了，此时应注意，这往往是庄家悄悄收集筹码的表现。

反过来亦然。涨势持续一段时间后，股价已经大幅脱离庄家的建仓成本区，这时出现高位几连阴，股价重心开始下移，尤其在快要收盘时，庄家突然用几笔单子把股价迅速拉回到前一日收盘价附近，随后的几天里经常出现同样的手法，K 线图上收出长下影线，那么庄家出货的概率在 80% 以上。庄家控盘的这些动作，都是为了麻痹经验不足的散户。如果某天股价跌破 5 日、10 日、30 日均线，不管是赚是赔，都应坚决离场。

五、不要轻视冷门股

在涨势中不要轻视冷门股、问题股，只要它涨得好，涨得牛就行。“涨时重势，跌时重质”，说的就是这个道理。通常来说，在大势不好的情况下缩量封涨停板，其中肯定另有蹊跷。在熊市里，很多低价中小盘股经常出现这样的无量快速涨停。这种走势非常考验短线交易者的看盘功力，因为这样的走势留给人们思考、判断和下单的时间往往只有十几秒钟。一般这类股票很容易出现连续涨停，甚至是“一”字形涨停。

冷门股是指交易量小，流通性差，股价变动幅度小，很少被投资者关注的股票。对于受外部因素影响导致交易清淡的冷门股，如果股票具备以下条件，可以适当加以关注。

（1）公司经营没有出现重大危机，成长前景没有出现恶化的迹象。

（2）市盈率比同行业其他股票低。

（3）成交量逐渐放大，有走出低迷状态的迹象。

热门股是指在特定时间内走红，经常位于涨幅榜前列，被众多投资者关注的股票。在搜索和捕捉热门股时，一定要关注以下两个重要问题。

（1）股价上涨能够维持多长时间。

（2）未来的上涨空间还有多大。

第三章　短线选股技巧

第一节　选股的套路

一、根据基本面选股

一般情况下，短线操作不需要太多的基本面分析，要更多地关注技术面走势，但是也不应全盘抛弃基本面因素。单纯依据技术面操作，很容易落入庄家设下的技术陷阱。退一步讲，哪怕短线选错了股，如果有基本面保证，也不至于套得太深，所以，短线操作也离不开基本面分析。在基本面没有问题的大背景下进行短线操作，就多了一份安全保障。

基本面分析就是了解拟交易个股的基本情况，包括公司的经营情况、管理情况、财务状况及未来发展前景等，由研究公司的内在价值入手，确定公司股票价格是否合理，通过比较市场价位与合理定价的差别，以确定该公司股票是否值得购买。

1. 公司所处行业和发展周期

任何公司的发展水平和发展速度，都与其所处行业密切相关。一般来说，任何行业都有其产生、发展和衰落的生命周期。人们把行业的生命周期分为初创期、成长期、稳定期、衰退期四个阶段，不同行业经历这四个阶段的时间长短不一。

一般来说，初创期盈利少，风险大，因而股价较低。成长期，利润大增，风险相比初创期降低，但仍然处于较高水平，行业总体股价水平上升，个股股价波动幅度较大。成熟期，盈利相对稳定但增幅降低，风险较小，股价比较平稳。衰退期的行业通常称为夕阳行业，这一阶段企业盈利减少，风险较大，财务状况逐渐恶化，股价呈跌势。通过以上分析可知，公司股价与所处行业存在一定的关联。

在选择个股时，通常要考虑到行业因素的影响，尽量选择高成长行业的个股，避免选择夕阳行业的个股。比如，现在的“互联网 +”行业近年来快速发展，其发展速度远远高于经济增长速度，是典型的朝阳行业。“互联网 +”的上市公司在股市中备受青睐，其市场定位通常较高，往往成为股市中的高价股和热门股。另外，像银行券商、生物工程、电子信息等行业的个股，源于行业的高成长性和未来的光明前景，也都受到热烈追捧。

上市公司股价更多地受到其自身发展水平和盈利能力的影响。与行业发展周期一样，任何一家公司都存在自己的生命周期。企业生命周期也可以划分为初创期、成长期、稳定期和衰退期。

以家电行业的四川长虹（600839）为例，该企业从初创到打出自己的品牌，之后经历了多年的高速成长，目前已进入成熟期。它的股价在经历多年和 10 余倍的狂飙后，现在已基本稳定下来。又如大盘股马钢股份（600808），虽然属于公认的夕阳行业——钢铁行业，但是由于自身拥有良好的经营和管理水平，净利润逐年大幅增长，说明夕阳行业中照样可以出现朝阳企业。

事实表明，行业发展周期和公司自身发展周期有时可能存在很大的差别，投资者在选股时，既要考虑行业周期，又要具体公司具体分析。

在我国，由于公司规模一般较小，抗风险能力较弱，企业短期经营思想比较明显，要想获得长期持续稳定的发展，其难度较大。上市公司往往昙花一现者较多，这从某种程度上加大了选股的难度。

2. 公司竞争地位和经营管理水平

市场经济规律是优胜劣汰。缺乏竞争优势的企业，注定要随着时间的推移逐渐萎缩甚至消亡。只有确立了竞争优势，同时不断通过技术更新、开发新产品等措施来保持这种优势，公司才能长期存在和发展，公司的股票才具有长期投资价值。

决定一家公司竞争地位的首要因素是公司的技术水平，其次是公司的管理水平，另外市场开拓能力、市场占有率、规模效益和项目储备，以及新产品开发能力，也是决定公司竞争力的重要方面。

对公司竞争地位进行分析，可以使投资者对公司的未来发展情况有一个感性认识。投资者要分析公司的经营管理情况，关注管理人员的素质和能力，企业的经营效率，内部管理制度，人才的合理使用等。

通过分析公司竞争地位和经营管理情况，可以深入了解公司的质地，这对投资者做出投资决策很有帮助。

3. 公司财务分析和盈利能力

如果说公司竞争地位和经营管理分析主要是定性分析，那么对公司进行财务分析则是定量分析。

运用基本分析方法，如每股盈利、市盈率等指标，综合考虑公司所在板块、股本大小、公司发展前景等因素，可以确定公司的合理价格。如果价格被低估，则可作为备选股票，择机买入。在此方法中，市盈率是最重要的参考指标。

究竟市盈率处在什么位置比较合理，市场上并没有一个绝对的标准。近几年来，沪深股市的平均市盈率水平在 30~50 倍的范围内波动。一般来说，30 倍左右是低风险区，50 倍以上是高风险区。

在分析市盈率时，需要注意以下几个问题。

（1）市盈率水平与公司所处行业密切相关。比如，作为高成长行业，生物医药行业的市场定位一直很高，50~60 倍的市盈率并不鲜见。又如，在 2015 年的大牛市中，创业板、中小板市盈率高得惊人，最高时平均市盈率为 130.08 倍（截至 2018 年年底，创业板有

737 家上市公司，总股本达 3267.8 亿股，总市值达 52265.2 亿元，动态市盈率 32.92）。钢铁板块的整体市盈率在 5~7 之间，但股价并没有靓丽的表现。

（2）市盈率受到股本大小和股价高低的影响。一般来说，股本越小的股票越受青睐，其市场定位和市盈率也越高，有人将此称为小公司效应。比如，创业板中的多数个股属于“袖珍”小盘股，动用少量资金就可以把股价炒起来，加之市场容量小，很容易出现股价暴涨暴跌现象。

创业板中有两种股票：一部分是高成长企业股票，即便价格很高，未来还有上涨空间；另一部分股价严重超高，已经透支了未来几十年的增长。

创业板大涨的根本原因，是因为新兴产业代表了中国未来社会发展的方向，不能简单地归结为资金疯狂炒作，所以用市盈率太高来否定创业板高估值，也是不完全正确的。

（3）公司高成长与否，对市盈率有重大影响。俗话说，炒股票就是炒未来。一只未来有良好预期的个股，其股价自然会高。公司未来前景越好，成长性越高，市盈率水平就越高。那么如何衡量这一因素呢？可用动态市盈率来分析。

从市盈率公式可以看出，市盈率是股价与每股收益的比值。每股收益的变化会使市盈率向相反方向变化。每股收益不同，可以计算出三种市盈率，即市盈率 1、市盈率 2、市盈率 3。

市盈率 1 ＝考察期股价 / 上年度每股收益

市盈率 2 ＝考察期股价 / 中期每股收益 ×2

市盈率 3 ＝考察期股价 / 预期本年每股收益

市盈率 1 假设企业考察期每股收益与上年每股收益相同，但上年每股收益不能真实地反映企业当前的实际经营情况和获利能力，因此该市盈率不能真实地反映实际市盈率水平，其作用也就大打折扣。

比如，一只市盈率 1 为 100 倍的股票，若其利润增长 1 倍，实际市盈率就降到 50 了。反之，一只市盈率 1 仅 20 倍的股票，若其盈利能力大幅滑坡，其市盈率就大大提高了。

中期业绩公布后，许多人用市盈率 2 来选择股票，这种方法缺陷也是很明显的。公司上半年收益不等于全年收益，有时可能还会存在很大的差距。由于企业未来每股收益较难预测，不确定因素太多，所以用该市盈率来为企业估值也存在缺陷。

市盈率 3 很可能与实际情况有很大出入，但是无论如何，它是人们经过综合分析得出的结论，因此具有很大的参考价值。

三种市盈率虽然各有不足，但毕竟是投资的重要依据，将三种市盈率结合起来考虑会更加全面。

从以上分析可以看出，市盈率受多种因素影响，因此要辩证地看待市盈率，而且应该把市盈率和成长性结合起来考虑。在成长性企业中，应选择市盈率低的股票。若一家企业成长性良好，即使市盈率高一些仍然可以介入。

4. 公司未来前景和利润预测

综合分析公司各方面的情况，投资者可以对公司的未来发展前景做出基本估计，分析方法主要从上面介绍的几方面加以考虑。另外，还可通过分析公司的产品产量、成本、利润率、各项费用等因素，预测公司下一期或几期的利润，以便为公司内在价值做出一个定量的估计。这项工作由于专业性较强，一般由专业分析师承担。普通投资者预测企业利润的难度较大，但可以根据自己掌握的信息做出大概的估计，这对选股决策很有帮助。

上市公司的会计报表有三个，即资产负债表、利润及利润分配表、现金流量表。

财务分析是一项专业性非常强的业务，普通投资者全面掌握这些技能有一定的难度，实战中可以关注以下几个重要指标。

（1）每股收益。每股收益是指每一普通股份究竟含有多少净利润（税后利润），指标越高越好。

（2）每股净资产。每股净资产是指每一普通股份究竟含有多少股东权益或多少公司净资产，指标越高越好。

（3）每股经营活动产生的现金流量净额。每股经营活动产生的现金流量净额是指每一普通股份究竟含有多少因经营活动产生的现金流量净额，指标越高越好。

（4）净资产收益率。净资产收益率是指每一股净资产究竟含有多少公司的税后利润，指标越高越好。

（5）资产负债率。资产负债率反映公司偿还长期债务的总能力，指标应稳定在40%~60% 的范围内。

（6）流动比率。流动比率反映公司偿还短期负债的能力，一般认为 2:1 的比率较合适。

（7）速动比率。顾名思义，速动比率是指“迅速流动”比率（酸性比率），指标越高越好。

（8）存货周转率。存货周转率反映公司销售能力的强弱和存货是否过量，比率越高越好。

（9）应收账款周转率。应收账款周转率反映公司销出商品后收到账款的速度或所用天数，当然这个天数越少越好。

（10）净利率（纯利率）。净利率反映公司每单位主营业务收入额中到底有多少纯收益，指标越高越好。

（11）资本报酬率（总资产收益率）。资本报酬率反映总资本可以获取多少纯收益，即究竟可以赚取多少纯利润，比率越高越好。

（12）净值报酬率（股东权益报酬率）。净值报酬率直接反映股东每单位的权益中究竟可以获得多少净利润，比率越高越好。

（13）营业利润率。营业利润率反映公司营业利润占主营业务收入的比率，指标越高越好。

（14）未分配利润。未分配利润是指公司实现的净利润经弥补以前年度亏损、提取盈余公积和向投资者分配利润后，留在公司的历年积存的尚未分配的利润，一般认为未分配利润越多越好。

（15）盈余公积。盈余公积是指按有关规定从净利润中提取的公积，盈余公积越大越好。

通过上述各项财务指标，可以进行如下分析。

第一，收益性分析，即对公司获利能力的分析。一家公司如何运用当前投入的资本，获利状况如何，是衡量公司有无活力和经济效益优劣的标志，也是投资者选择股票的主要依据。因为决定股息多少及股价走势的根本因素，是公司利润率的高低和利润额的大小。作为投资者，当然会选择利润丰厚、投资回报率高的公司股票。那些利润率低甚至亏损，或者投资利润率不断下降的股票，则成为市场抛售的对象。

评估公司获利能力如何，主要通过收益性比率保障机制来完成。收益性比率指标是投资者最关心的财务比率，包括资产报酬率、资本报酬率、每股收益、每股资产净值和销售利润率 5 项指标。

第二，安全性分析，即对公司偿债能力的分析。在追求高收益的同时，投资者还应注意防范风险，以确保投资安全。在某一时点上，公司的获利能力与偿债能力并不完全成正比。有的公司当前盈利不错，但资金结构不合理，偿债能力差，这样的公司就潜藏着极大的风险。公司资不抵债宣告破产之日，就是投资者血本无归之时，因此，投资者应加强对公司流动性状况及资本结构的分析。如出现偿债能力下降等情况，投资者应及时做出决策以转移风险。

分析公司偿债能力如何，主要通过安全性比率来体现，包括流动比率、速动比率、负债比率、举债经营比率 4 项指标。

第三，成长性分析，即对公司扩展经营能力的分析。投资证券是为了获得收益，因此不能只看当前或短期收益，还应注重公司未来的发展前景和盈利能力。一家公司当前盈利虽低，或者把大部分盈利转化为投资，致使目前分红派息少，但成长速度快，发展潜力大，公司股价升值速度也就快，值得投资。相反，有些公司当前盈利虽多，但分光吃完，不搞扩大再生产，股价上升潜力就会受到影响。

公司的扩展经营能力如何，主要通过成长性比率进行分析，主要指标是利润留存比率。该指标表明公司税后利润有多少用于发放股利，多少用于留存收益和扩展经营。利润留存比率越高，表明公司发展后劲越强；反之，公司发展后劲就越弱。

第四，周转性分析，即对公司经营效率的分析。一家公司经营效率高低，可通过分析财务报表各项资金和资产周转速度快慢反映出来。如果资金周转速度快，说明资金利用率高，公司经营活动顺畅，结构合理，管理得法，购买该公司股票将有利可图；反之，则说明公司经营效率低，缺乏活力。

分析一家公司经营效率如何，可用周转性比率来考察，包括应收账款周转率、存货周转率、固定资产周转率、资本周转率和资产周转率 5 项指标。

5. 公司潜在问题和重大事项

选股时，除详细分析公司上述各方面情况外，还必须分析公司年报、中报以及各类披露信息，发现公司存在的或潜在的重大问题，及时调整投资策略，回避风险。由于各家公司所处行业、发展周期、经营环境、地域等各不相同，存在的问题也各不相同，因此必须针对每家公司的情况作具体分析，没有一个固定的分析模式。

公司发生重大问题，一般集中在以下几方面。

（1）公司生产经营存在重大问题，甚至难以持续经营，出现资不抵债、濒临破产和倒闭等危机。

（2）公司发生重大诉讼案件。由于债务或担保连带责任等，公司发生重大诉讼案件，涉及金额巨大，一旦债务成立并限期偿还，将严重影响公司利润，对生产经营产生重大影响，对公司信誉也可能造成较大损害。更为严重的是，公司还可能面临破产的危险。

（3）投资项目失败，公司遭受重大损失。公司运用募股资金或债务资金进行项目投资，由于事先估计不足，或投资环境发生重大变化，或产品销路发生变化，或技术上难以实现等原因，使投资项目失败，公司会遭受重大损失。

（4）从财务指标中发现重大问题，主要有：

一是应收账款绝对值和增幅巨大，应收账款周转率过低。这种情况说明公司在账款回收上可能出现了较大问题。

二是存货巨额增加，存货周转率下降。这种情况表明公司产品销售很可能发生问题，产品积压，这时最好再进一步分析是原材料增加还是产成品大幅增加造成的。

三是关联交易数额巨大。出现这种情况，可能是上市公司的母公司占用上市公司巨额资金，或者上市公司的销售额大部分来源于母公司。在这种情况下，上市公司可能虚增利润，但是需认真分析关联交易，也许一切交易都是正常合法的。

四是利润虚假。对此问题，一般投资者很难发现，但是可以发现一些蛛丝马迹。例如，净利润主要来源于非主营业务，或公司的经营环境未发生重大改变，某年净利润却突然大幅增加。随着《中华人民共和国证券法》的实施及监管措施的进一步完善，这一困扰投资者的问题有望逐渐好转。

总之，在选择问题公司股票时，投资者必须慎之又慎，最好是敬而远之。回避问题股是运用基本分析方法选股坚持的基本原则。

二、根据技术面选股

技术分析是相对基本面分析而言的，是直接对证券市场的盘面动态进行分析，通过对证券市场过去和现在呈现的行为，用数学和逻辑方法，探索一些典型规律并以此预测证券市场未来的变化趋势，研判股市行情的阶段性底部和顶部，帮助投资者在技术上把握最佳买卖时机。

在股市投资实战中，运用基本面分析选股，主要适用于专业投资者，对广大中小投资者及业余时间炒股的股民来说，无论是时间、精力还是知识面和掌握的信息，都存在一定困难，因此该方法对广大中小股民来说具有局限性。技术分析选股不需要太多的专业知识，考虑问题比较直接，与市场联系紧密，且由于价格、成交量等技术数据和技术分析手段的获取相对容易，加之交易软件中的技术分析工具广泛普及，使得该方法的应用日益普遍。

技术分析方法一般是将选股与买入有机结合起来，选股过程就是确定买入时机的过程。

1. 从 K 线图形中选股

在技术分析中，K 线是所有技术分析的基础。换句话说就是，任何技术分析都离不开 K 线。一根 K 线蕴涵着丰富的技术含义：从 K 线的最高价、最低价、开盘价、收盘价变化情况可以看到股价运行趋势，也可以了解每日市况的波动情形。根据 K 线的阴阳关系和影线长短，可以揭示多空双方的力量强弱。利用单日 K 线或组合 K 线，以及日、周、月等周期 K 线，可以反映买卖双方的力量对比变化，分析预测股价的未来走势，把握买进卖出的最佳时机，对分析股价短期走势有一定的指导作用。

2. 从均线图形中选股

在技术分析领域里，均线是绝对不可缺少的指标分析工具，它的主要作用表现在：均线借助一定时期股票收盘价的移动走势，反映真实的股价变动趋势。运用均线与每天股价波动之间的相对位置、变动幅度、变化方向，同时配合多种均线的排列方式来预测股价未来趋势，从而决定买卖时机。

均线可以分为短期均线、中期均线和长期均线三种。短期均线通常有 5 日均线、10 日均线、30 日均线；中期均线通常有 30 日均线、60 日均线；长期均线通常有 120 日均线、250 日均线等。短期、中期、长期的概念是相对的，可以自己确定。

技术分析者利用均线来分析股价动向，主要是因为均线具有这样几个特性，即趋势性、稳定性、真实性、安全性、滞后性、助涨性、助跌性、支撑性、阻力性，这些特性也涵盖了均线的优点和缺点。

3. 从指标图形中选股

指标分析就是分析整理后的数据、在图表中的位置及演变趋势，据此判断股价的变化倾向，从而决定最佳买卖时机。当前，技术指标得到广大投资者的普遍认同，甚至有的投资者依赖技术指标判市测势。

技术指标有很多种类型，投资者没必要也没有时间和精力全部熟悉和掌握，因为在不同的时间周期和趋势行情中，很多技术指标发出的信号是相互矛盾的，当然也有一些是相互印证的。如果投资者没有形成自己的分析思路和操盘模式，学习多了反而容易导致判断混乱。依据指标图形选股，选择适合自己的分析指标尤为重要。

常用的技术指标有：移动平均线（MA）、均量线（VOL）、平滑异同移动平均线（MACD）、动量指标（DMI）、随机指标（KDJ）、相对强弱指标（RSI）、威廉指标（W%R）、布林线（BOLL）、宝塔线（TOW）、累积能量线（OBV）、变动率指标（ROC）等。这些技术指标主要通过位置、方向、突破、交叉、形态、背离等因素对股价走势进行分析研判。如果能掌握上述技术指标的计算方式、一般运行规律及优缺点，那么对把握行情和选择进出点会有很大的帮助。

4. 从形态图形中选股

形态分析是判断股票走势、所处阶段、股价潜力以及庄家意图的重要技术分析方法。形态图形可分为底部形态、顶部形态、中继形态三种。

（1）常见的底部形态有 V 形底、W 形底、潜伏底、头肩底、岛形底等。这些都是中短线关注的技术形态，一旦向上突破就可以买入。

（2）常见的顶部形态有倒 V 形顶、M 形顶、潜伏顶、头肩顶、岛形顶等。股价一旦向下突破这些技术形态，就是中短线离场信号。

（3）一般而言，中继整理形态结束后，股价大多会沿原来的方向发展。常见的中继形态有矩形、三角形、楔形、旗形等，也是中短线关注的技术形态。

5. 依据趋势线选股

（1）趋势线（也叫切线）。趋势线主要起支撑和压力作用。支撑线和压力线向后的延伸位置对价格趋势起到一定的制约作用。股价向上抬升过程中，一旦触及压力线，甚至远未触及压力线就会掉头向下。同样，股价向下滑落过程中，在支撑线附近就会掉头向上。如果触及切线后没有转向，而是继续向上或向下，就形成了突破走势，突破是中短线交易的重要买卖信号。

（2）压力线。在股价涨跌过程中，当股价上升至某一价位附近时，股价的上涨受到压制，升势开始放缓，形成短期平台或头部形态。压力线是由于卖方在此价位不断抛售造成的，空方在这一价位形成一条近乎水平的供给线，暂时止住了股价的上涨势头，对股价起到明显的压制作用。这个起着阻止股价继续上行的价位，就是阻力线所在的位置。

（3）支撑线。在股价涨跌过程中，当股价回落至某一价位附近时，由于多方在此位置积极买入，会使股价跌势企稳，形成短期底部或者触底回升，形成反转形态。由于多方在这一价位形成一条近乎水平的需求线，暂时止住了股价的下跌势头，因此对股价产生明显的支撑作用。这个起到阻止股价继续下跌作用的价位，就是支撑线所在的位置。

（4）轨道线。突破轨道线与突破趋势线不同，突破轨道线并不是趋势反转的开始，而是趋势加速的开始，即原来趋势线的斜率将会增加，趋势线的方向将会更加陡峭。轨道线和趋势线是相互合作的一对切线，先有趋势线，后有轨道线。趋势线比轨道线重要得多，趋势线可以独立存在，轨道线则不能。

需要注意的是，轨道线有提出趋势转向的报警作用。在一次波动中，股价未触及轨道线就开始掉头，往往是趋势将要改变的信号，说明市场已经没有力量继续维持原来的上升或下降趋势。

在多年的实战中，笔者还会利用黄金分割线、角度线、甘氏线等进行分析。

6. 从波浪图形中选股

波浪理论是一种价格趋势预测工具，是趋势分析的一种重要技术理论，其最大优点是能提前很长时间预计到底部和顶部。但该理论又是公认的最难掌握的技术分析方法，主要表现在数浪时很容易发生偏差。

一个完整的基本循环由八个波浪组成，其结构是：上升五浪（推动浪）和下跌三浪（调整浪）组成一个循环周期。波浪理论的分析精髓主要有三个方面，即形态、比率和时间。形态就是波浪的形状及排列。比率就是衡量不同波浪之间的比率关系，以找出目标位与调整位。时间是指波浪之间存在的时间差距关系，但波浪理论专家普遍认为时间预测的重要性相对较低。

波浪理论的优点如下。

一是利用波浪理论可以列出多个后市发展模式，使投资者对后市发展变化有一定的心理准备。面对未来可能的走向，投资者可以制定不同的交易策略。一般首先以数浪方式作蓝本确定买卖范围，一旦首选的数浪方式被否定，可以立即将次选的数浪方式提升为首选，这对确定买卖时机较有帮助。

二是波浪理论配合其他技术指标，经过推算可以找出升浪顶和跌浪底的大致位置。

三是利用神奇数字演变出来的黄金分割比率来预测升浪顶部和跌浪底部。

三、根据市场面选股

1. 从市场热点中选股

热门股是指在一段时间内走红，经常位于涨幅榜前列，被众多投资者关注的股票。它们或是成长股，或是优质股，或是供求紧张股，或是有潜力的小型股。从成交量上判断，在某天的股票成交金额排名中，热门股的成交金额一般在前 30 位以内。

热门股代表了市场的热点和焦点，也就是一般所称的“主流股”，被较多的投资者买进卖出，通常会有较大的涨跌幅度。不论是短线操作还是中期投资，热门股不失为一种好的选择。比如，“一带一路”、航天军工、金融券商、互联网 +、节能环保、“中”字头概念以及新能源、新材料、新一代生物技术等热门板块中的股票，在一轮行情中经常被反复炒作，股价涨幅明显高于市场平均涨幅。

热门股会不断更替，这是因为影响股价的因素较多，诸如政治、经济、军事、社会等方面。这些热点问题会影响到社会相应部门、行业或公司，使不同行业或企业受损或受益。这些因素反映到股市中，就会导致股价出现相应的波动。

热门股具有不断交替的特性，没有一只热门股可以永远走红。热门股主宰股市一段时间后就会退化，并代之以其他热门股。短线交易者要抛弃中线思维，及时跟进行情的最新热点。通常来说，市场热点的轮动规律是，首先是与引燃行情相同或相近的板块，其次是当年潜在的题材板块，再次是价格较低、业绩尚可的品种或板块，最后是指标股与垃圾股。在一个板块呈现明显的疲态后，不要再将精力投注到该板块，而应立即调仓换股。另外，判断行情力度大小时要注意，短线行情重消息，中线行情重题材，长线行情重业绩。

投资者选择热门股时，应该关注两个方面：第一，预测哪一类股票最近一段时间会走红；

第二，尽可能提前判断当前的热门股是否会退化，何时退化。

一只股票成为热门股有以下先兆：出现不利消息甚至利空消息时，股价并不下跌或下跌幅度很小，公布利好消息时股价大涨；股价不断攀升，成交量趋于活跃；各种股票轮流上涨，形成向上比价的情势。

应该指出的是，热门股涨得快，跌得也快，其价格往往脱离公司业绩。在选择购买这类股票时应慎重，最好不要买进太多，更不要全仓买入。同时，投资者在搜索和捕捉热门股时，一定要分析清楚两个重要问题：一是热点能够维持多长时间，二是未来的上涨空间有多大。

热门股可以分为短期热门股和长期热门股。短期热门股往往因某一特定事件和题材聚集起很高的人气。长期热门股的上涨空间较大，甚至有可能使股价节节升高。

这里顺便说一下冷门股的选择。冷门股是指交易量小，流通性差，价格变动幅度小，很少被投资者关注的股票。对于公司经营状况不良的冷门股，最好不要买入，因为股价能否上涨最终取决于公司是否盈利。投资一家经营状况不良的公司股票，很难获得预期回报。投资者更不要贪图冷门股的低价位，因为对该类股票感兴趣的人很少，其股价自然难以上涨。

当然，对于受外部因素影响的冷门股，如果股票具备以下条件，可以适当加以关注：公司经营没有出现重大危机，成长前景没有出现恶化的迹象；市盈率比同行业股票低；成交量逐渐放大，有走出低迷状态的迹象。

2. 依据股本规模选股

选股时应关注个股的股本大小。一般来说，大盘股需要更多的资金推动才能实现上涨，因而其上涨显得步履沉重，只有当股市整体走好，市场做多情绪高涨时，大盘股才有表现的空间。在实盘操作中，应尽可能规避那些股本超大的个股，尽量选择股本相对适中的个股。实践证明，在每轮牛市行情中，小盘股的平均涨幅远远大于大盘股的平均涨幅。

如何区分股本大小呢？一般认为，在目前市场中，总股本在 10 亿以下 1 亿以上的个股是较为适宜的。股本太大，推动个股所需资金太多，这样的个股难涨；反之，股本太小，不便于流通，庄家资金进出不方便，也难以获得大庄家的青睐，因此选择一些股本适中的个股较好。

股本规模大小是一个弹性的概念，特别是随着上市公司数量的不断增加，股本规模相差越来越大。在选择时，最好的办法是对比同一板块个股股本情况。若同一板块个股股本均偏大，那么选择基数应相应提高。同样，若同一板块个股股本均不大，则选择基数也应相应降低。

例如，在 2014 年下半年至 2015 年上半年的行情中，银行板块的农业银行（601288）为超级大盘股，总股本为 3247.79 亿股，累计涨幅不到 70%，而同一板块中总股本为 190.52 亿股的兴业银行（601166）属于中小盘股，累计涨幅超过 100%，其涨幅远高于农业银行，其中一个重要原因就是股本相对较小。

在市场热点出现后，盘子相对较小的中盘股，往往更容易获得庄家的炒作，也容易出现成倍上涨的黑马股。那些盘子较大的个股，单独一个庄家甚至多个庄家都难以对其进行控盘，因而其走势往往相对较弱。

3. 依据板块分析选股

无论做长线还是短线，应先选板块后选个股。也就是说，要先选定未来预期大涨的板块，然后在该板块中精选个股，做短线尤其是这样。选定板块之后，可以根据自己的风格选股。稳健的投资者可以选市盈率和市净率都较低的股票，激进的投机者可以选业绩一般但市值较小的个股。有时市盈率和市净率都较低的股票涨得更好，有时市值小的股票涨得更好。在选定的板块中，如果有市盈率、市净率和总市值都很低的股票，那么根本不用思索，可以大胆买入。

在此主要说说大盘震荡期间如何结合板块选择个股。

（1）消息面足以支撑板块走强。

所谓的消息面支撑，就是说消息非常配合。只有消息配合，板块才能出现整体强势，否则就是个股行情，非板块行情。比如“一带一路”概念，自“一带一路”政策出台之日起，就给相关产业发展带来巨大机会，相关消息也成为媒体解读的重点。某项重大举措或刺激政策的推出，都会掀起一波炒作热情，也是一段时间内最热门的话题，这就是消息面支持板块进行炒作。

（2）技术面板块指数已经见底。

板块指数与其他指数一样，都是个股价格的综合反映，只不过大盘指数是由更多个股（成分股）构成的，而板块是由少数个股构成的。既然都是指数，那么它们就具有指数的技术特征，它们的见底技术条件更相似，可以用观察大盘指数的方法观察板块指数。当然，有的板块可能仅有几只股票，所以板块指数更具有“被操控性”。但只要板块个股是联动的，就可以定义为板块行为。

如果仅仅是板块中的少数个股出现大涨，大部分股票不跟随，那么可能是个股因素造成的，板块指数会出现失真的情况。如果板块指数具有明显的见底特征，或者出现明显的技术突破特征，并且个股联动性较好，就可以判断该板块将要启动，板块中的个股可以选择介入。选择即将启动或者开始突破的板块，并选择其中的个股进行操作，胜算会更大一些，这就是“先选板块、后选个股”的原因所在。

（3）个股符合主流热点板块要求。

市场交易中，要么选择热点板块或概念，要么通过跟踪观察板块指数，从中寻找市场热点。一旦选中热点，就可以在板块中选择心仪的个股做出买入决策。但在买入之前，还应该观察所选的个股是否符合板块概念。概念贴近的个股有很多，最好选择属于主流概念的股票。

是否属于主流概念，可从三个方面进行鉴别：一是通过基本面了解，如果其主营业务符合主流概念，那么该股就是符合主流概念的；二是个股虽然主营业务不符合主流概念，但是新披露的消息使得该股“被符合”，即被市场认同，获得资金青睐，该股也是符合主流概念的；三是个股技术走势与概念板块中的强势个股出现联动，要涨都涨，要跌都跌，要休息同时休息，那么它一定是符合主流概念的股票。当然，如果选中了领涨股，那是最幸运不过的了。

（4）个股技术走势较为健康。

所谓健康，就是说个股不能出现恶劣的走势，比如破位下跌、跌势未尽、未见到底部特征等。这样的股票即便符合主流概念，也不可能成为炙手可热的股票，因为自身条件不具备。这样的股票要么是基本面出现较大利空，要么是技术面跌势未尽，选择股票时应尽量避开这样的股票。如果不是底部启动的股票，而是中途回调的股票，即便股价短期下跌也无所谓，只要中期向上趋势没有改变，那么就可以作为目标股。如果恰逢个股回调时介入，反而是绝佳的买点，这就是所谓的“小周期买点”。

有时候板块中的个股会出现个案利空，比如业绩下滑、公司出现事故、负责人被调查等，只要不是实质性的利空，不对公司构成重大威胁，股价短暂回调都是较好的介入时点。当然，最好是没有什么利空，只是技术性回调，那么回调时介入是更好的选择。

如果板块已经发力，或许市场中没有那么多低位介入的机会，只要板块指数还在上涨，个股也没有出现主升浪，那么适当追高也是可以的。

4. 依据股东变动选股

公司更换大股东通常意味着公司经营范围和经营方式发生改变，特别是在中国现有的市场条件下，更换大股东往往成为市场炒作的导火索。尤其是庄家，会采用多个账户制造股东人数增加、筹码分散的假象，以此来掩盖庄家悄悄建仓的行为。实战中，投资者要细心观察个股前十大股东持股情况，看看近期发生了什么变化。前十大股东的资料较难隐藏，投资者完全可以从中发现庄家的动向。

同时，投资者还应关注股东人数变动给市场带来的影响。通常来说，个股下跌了很久之后，股东人数减少，户均持股增加，说明有庄家在下跌过程中吃进，买入这样的股票安全性提高。个股上涨趋势确立后，股价还没有出现大涨，但股东人数减少，户均持股增加，说明庄家仍在继续吃货，这种情况下买入的安全性也较高。个股大涨之后，股东人数大幅减少，户均持股增加，说明庄家高度控盘，但这时风险也最大，股价最有可能发生暴跌。

上市公司年报、中报、配股或增发后的股份变动公告，均会公布前十大股东的持股情况。有少数公司在进行股权转让时，也会公布新的十大股东持股情况。大股东有较大的信息优势，有影响公司决策的能力，某些特定群体有相对出众的投资能力，这些股东的增持和减持行为，是非常重要的买卖信号，许多交易高手都高度重视这种信息。投资者可以用量化分析的方法，关注和分析十大股东的增持和减持行为。

（1）前十大流通股东持股超过 100 万股。

第一，前十大流通股东持股超过 100 万股，并且所有股东都是个人股东，这种股票容易成为大黑马，特别是那些低位上市的、没有经过除权的中小流通盘股票。把握这种股票的关键点是注意其低位价量关系的配合情况与趋势波动情况，以及个股重要题材消息与股价的配合情况。在股价表现积极且价格不高的时候，可以适当追高。

第二，前十大流通股东持股超过 100 万股，并且有一两个大券商或者基金重仓持有。这种股票不仅容易成为大黑马，并且安全系数也较好。操作这类股票，可以根据大盘指数的时间周期或者价格周期进行低吸，也可以在大盘出现中级以上行情时根据中线指标进入，一旦进入，不赚钱不出货，并且要尽量赚足利润。

（2）前十大流通股东持股超过 50 万股。

第一，前十大流通股东持股超过 50 万股，并且所有股东都是个人股东，其中也可以有一些法人机构。这类股票如果是中小流通股，并且人均持有流通股超过 30000 股，这类股票也是非常有潜力的股票，股价往往比较活跃。如果这类股票符合市场热点，或者面临报表公布，容易出现比较积极的走势。

第二，前十大流通股东持股超过 50 万股，并且十大股东中有一些基金或券商，这类股票如果沿上升通道规律性上涨，也是非常好的波段操作股票。特别是这类股票在基本面好转或新基金刚刚大量发行不久后开始走强，这类个股不应轻易放过，可以中途介入这类股票。

（3）前十大流通股东持股超过 10 万股。

第一，前十大流通股东持股超过 10 万股，这类股票必须是小盘股，并且有一个流通股东的持股量大于 100 万股以上，这样才会有上涨潜力。这类股票必须在股价走强时介入，多数这类股票容易跟着市场热点走。需要注意的是，这类股票容易涨停，但是属于短线行情的可能性较大，采取高抛低吸的操作策略比较合适。

第二，前十大流通股东持股超过 10 万股，且没有一个流通股东的持股量大于 100 万股，换手率没有连续超过 5% 的情况，这样的股票不要轻易买进，否则会把你急死。需要提醒的是，在牛市中，不要轻易买进那些筹码特别集中、复权股价特别高、走下降通道的股票。

这里需要注意的是，十大股东与十大流通股东是两个不同的概念，十大股东是流通股和限售股都算在一起。比如说，某股第一大股东持有的股票是暂时不能流通的，那么在十大流通股股东里是看不到这个股东的，但在十大股东里该股东是第一大股东。如果第二大股东持有的是流通股，那么该股东就是十大流通股东中的第一大股东。

我国有不少公司，除了前几名或第一名大股东所持的股票是非流通股外，其余均为流通股股东。计算这些流通股股东的合计持股数量占总流通盘的比例，可以大致推测筹码的集中程度。一般来说，前十大股东持有的流通股比率显著增加，说明筹码在迅速集中，演变成强庄股的可能性很大，将来这类股票涨幅比较可观。

在具体分析过程中，要特别注意股东人数分析存在的缺陷。

（1）股东人数数据的滞后性。股东人数数据来源受制度的限制，目前绝大多数投资者只能从年报、中报、季报中获取，年报数据往往滞后 3~4 个月，中报也要滞后 1~2 个月。分析股东人数数据时，要注意数据的时效性。4 个月的时间已足够庄家完成筹码运作的某个特定阶段(如建仓阶段或派发阶段),因此必须注意这段时间内的盘面变化,特别是量能变化,根据这些变化判断数据的有效性和价值。一般来说,如果股价波动不大,量能没有剧增,个股的股东人数数据较为有效,表明大资金没有大规模进出。

(2)股东人数的变动性。股东人数数据还会受到股本变动的影响,配股、增发都会影响股东人数的变动。送股虽然不会影响股东人数,但会影响到个人持股数量。在分析股东人数数据时,必须充分考虑这种情况并加以剔除。

(3)股东人数的混淆性。上市公司年报中公布的股东人数为总持股人数,并未单独指出 A 股股东人数和 B 股股东人数,这给含有 B 股的个股造成分析困难,在分析时一定要注意这些因素的影响。

(4)股东人数的欺骗性。随着股东人数分析技巧的提高,越来越多的投资者应用该数据,庄家也开始利用该数据误导散户,以掩护其操作的方向,具体操作方法往往是期末突击重仓或分仓。

(5)股东人数分析的片面性。股东人数增加或减少,并非是股价涨跌的唯一因素。股东人数分析研究是个股的一个方面,并没有考虑其他方面,如大盘走势、政策、资金、业绩、题材、分红、增发等因素。仅凭股东人数研判行情走势远远不够,还需要配合其他基本面因素和技术面因素,多角度、全方位、立体化地研判个股和大势,才能百战不殆。

总之,根据股东人数选股,一定要结合个股的走势,公布户均数据的时间因素,以及有没有送配股等股本发生变化的情况来分析。

5. 选股时要注意市场环境

市场需要特定的环境才能使主升浪行情更加完美。大家知道,低迷的市场适合进货或洗盘,火爆的市场适合拉升或出货。庄家在拉升或出货时,会特意制造火爆的市场气氛,以吸引场外投资者。

火爆市场分为两种:一种是大市火爆;一种是个股火爆。大市火爆时,人气聚集,交投活跃,证券交易大厅人头涌动,市场出现白热化,甚至有的个股火爆到疯狂境地。个股火爆时,一般表现为局部或个股行情,多属非主流板块或主流板块中的部分个股。

任何一个庄家都非常重视选择拉升时机。如果时机合适,拉升可以达到事半功倍的效果;如果时机不合适,可能事倍功半,难以达到预期效果,甚至造成坐庄失败。一般来说,出现以下一些条件时,庄家才会展开主升浪动作。

(1)在大市趋热、加速上升时。此时市场人气鼎沸,场外资金蜂涌入市,庄家借机拉升,可以引起投资者的注意,纷纷入市帮庄家抬轿。散户资金入场,能够起到风助火势、火借风威的效果,庄家只需花不多的资金,就可以四两拨千斤,成功地把股价做高,然后在市场狂热的背景下轻松完成出货。

(2)在重大利好消息发布时。此时鲜为人知或朦胧的题材明朗化,投资者做出积极的判断,庄家借机拉升,可使投资者更加确信自己的判断是正确的,从而踊跃跟风入场。有时一些成熟的庄家会逐步向外公布利好消息，反复炒作一个题材，以便创造多次拉升机会。

（3）在高比例送配兑现时。庄家可以利用股票除权的缺口效应，让投资者将股价走高与填权补缺口联系起来。市场中有些投资者十分热衷于炒作股票除权，认为除权股票有潜在的填权要求，同时除权后的股价比较低，尤其是经过大比例送配之后，能够产生低价效应，使投资者产生"捡到便宜货"的心理，实际上这是一种比价上的错觉。庄家利用这些除权缺口作为拉升借口，可以制造出一轮波澜壮阔的填权行情，使投资者产生较大的想象空间，成功激发市场的跟风热潮。

（4）在"美人图"精心构筑完毕时。实力较弱的庄家拉升股价时，一定程度上需要依靠市场的力量，他们往往会将图形、指标、K 线等做得非常漂亮，其目的是引起市场的注意，引诱投资者跟风入场。一般实力较弱的庄家较少在底部进行打压震仓，而是吸足筹码之后尽快将股价拉升，以便脱离成本区。这类庄家通常会通过图形以及技术指标向市场发出多头信号，吸引场外资金跟风入场，为股价上涨推波助澜。

（5）在市场热点板块形成时。大盘处于强势时，一般是热门板块中的庄股表现的黄金时间，此时如果有某只股票率先涨停，那么与该股票概念相关的庄股会迅速上涨，从而引发主升浪。

（6）新股民纷纷入市，开户人数剧增时。一旦股市上涨，出现赚钱效应时，一些没有入市的人就会跃跃欲试，拿出多年积蓄，抱着追求暴富的心理到证券公司开户入市。当新股民纷纷入市，开户人数剧增时，正是入场做短线交易的好时机。

四、根据庄家面选股

当股票具备上涨潜力时，原本可能出现一轮较为温和的上涨行情。若此时庄家有强烈的拉高激情，大量短线资金疯狂买入，那么温和的上涨往往会演变为一波短期暴涨，涨幅远远超出市场预期。在牛市主升期或热门概念股中经常出现这种情况。

从某种程度来说，股价涨不涨，就看庄家有没有拉高的激情，只要庄家有炒作兴趣，就可以使"乌鸦"变"凤凰"。比如庄家对 ST 类垃圾股非常感兴趣，就可以把股价炒得满天飞。纵观中国股市近 30 年的发展，庄家总是傲立潮头。

长期以来，中国股市存在幕后庄家，这可以说是不争的事实。特别是在投机气氛浓厚的情况下，庄家更是肆虐于市场。庄家为了达到自己获利的目的，其坐庄手法灵活多变，行迹隐蔽，盘面走势复杂，行情扑朔迷离。另外，庄家如同"变色龙"，善于变化和伪装，会不时地制造出一个个巨大的阴谋。在很多行情中，即使庄家发动了主升浪，散户也可能是只赚指数不赚钱。

在庄家盛行的时代，散户必须掌握一套制胜术，力求克敌制胜，最终获利。要通过观察盘面走势洞悉庄家意图，识破庄家阴谋，进而判断庄家在想什么，要干什么，是否要发动主升浪行情，主升浪的潜力有多大，是真正的主升浪还是庄家的诱多行为，是反弹、反转还是拉升。把准庄家意图，识破庄家阴谋，才能“笑傲股林，畅游股海”。

面对市场中的这么多股票，哪只股票有庄家或强庄，哪只股票没有庄家或只有弱庄？如果有庄家的话，目前股价处于哪个阶段？要明白这些问题，就要对该股的基本面及技术面进行全面、详细、科学的分析。

以下是几条判断个股有没有庄家的方法，供投资者参考。

（1）观察十大股东情况。如果在十大股东中有券商或者基金，他们很可能就是该股的庄家。如果券商或基金的持仓量很大，券商有几个营业部同时上榜，或同一基金管理公司的几只基金同时上榜，同一地区的几家机构同时上榜，同一资本集团的几家机构同时上榜，这只股票中肯定有庄家。

（2）从人均持股量判断。一般情况下，人均持股量在2000股以下的为弱庄或无庄，人均2000~4000股的为强庄，人均10000股以上为极强庄。最好在人均2000~4000股时介入，这时股价刚刚开始拉升，后市上涨空间大。如果人均持股量过高，该股涨幅往往已经很大，上涨空间相对较小，庄家有随时变现出货的可能，风险较大。

（3）从股东人数变化趋势判断。如果个股股东人数变少，说明有人在收集筹码，可以介入。反之，则说明有人正在派发，介入时要谨慎。

（4）从成交龙虎榜判断。如果某只股票升幅超过7%，某券商有几家营业部同时上榜，或上榜时所占的成交量比例很高，说明该股庄家正处于强势拉升中。

（5）从盘口判断。

第一，分时图上显示股价忽上忽下，盘中经常出现100手以上的买盘，委买、委卖价格差距拉得很大。委卖大于成交和委买，价格重心上移，则证明有庄家正在吃进。

第二，近期每笔成交数超过市场以往平均每笔成交股数。股价在低位长期整理后逐渐放量上攻，盘中换手非常活跃，呈增加趋势，日K线图呈缩量上升趋势，则说明有庄家正在进场。

第三，平时成交量极度萎缩，某日成交量开始逐步放大。大盘急跌它盘跌，大盘横盘它微升，大盘小涨它大涨，这类个股肯定有庄家在控盘，可以大胆入场操作。

（6）大庄家介入的技术信号。

第一，股价长期下跌末期，股价止跌回升，上升时成交量放大，回档时成交量萎缩，日K线图呈现阳线多于阴线的走势，阳线对应的成交量呈明显放大特征，用一条斜线把成交量峰值相连，明显呈上升状，这表明个股处于庄家收集阶段。每日成交明细表中可见抛单数额少，买单大手笔数额多，表明散户正在抛售，庄家这只“无形的手”正在入市吸纳筹码。

第二，股价形成圆弧形，成交量越来越小。下跌缺乏动力，庄家就会悄悄入市收集，成交量开始逐步放大。因庄家介入，股价底部会不断抬高，成交量则呈斜线放大特征，从每日成交明细表中可以发现庄家入场的踪迹。

第三，股市低迷时刻，上市公司发布利空。在这种情况下，股价一般会大幅低开，引发广大中小散户抛售。有庄家介入的个股，股价反而会上扬，成交量放大。股价该跌时反而大幅上扬，唯有庄家才敢逆势而为，根据这种走势可以确认庄家正在介入。

第四，股价呈长方形上下震荡，上扬时成交量放大，下跌时成交量萎缩。出现这种走势，表明庄家基本上已经控盘，股价震荡是庄家正在进行洗筹。经过数日洗筹后，跟风者被吓退，筹码实现换手后，股价就会放量上攻。

五、根据操作经验选股

技术面包括很多东西，大概可以分两个方面：一是纯技术分析，二是非纯技术分析。

纯技术分析，主要是指根据五大股票技术分析流派预测后市股价运行方式和趋势，即根据 K 线、指标、形态、趋势、波浪这五大股票技术分析方法，对股价后市走势进行研判。没有其他市场因素干扰下的技术分析方法，交易者所说的技术分析，就是指这种分析。

非纯技术分析其实是一种盘面感悟，是纯技术分析之外的分析方法，有时还夹杂一些人为因素，涉及的内容也非常之广。

非纯技术分析要重点关注以下几个方面。

（1）了解个股股性。市场中，几乎每只股票都有各自的波动特性。目前尚未发现两只走势完全一致的股票，这就是所谓的个股股性。股性是个股基本面、技术面、市场面、庄家面的综合反映。股性好的股票股价活跃，大势升时它涨得多，大势跌时震荡也较大。这种股票群众基础好，大家都乐意炒它，其股性也就能持续保持活跃，最适合短线操作。股性差的股票股价呆滞，只能随大市小幅波动，炒作这类股票往往赚不到什么钱。

几乎所有的热门股都有良好的市场性，这些股票的筹码锁定性好，易大起大落，交易者认同程度高，大多有庄家介入并在其中推波助浪，容易造成股价疯涨。有的股票庄家每隔一段时间总要折腾一番，似乎吃定了这只股票。庄家很熟悉长期介入的股票的市场属性，也常常选择同一只股票多次介入。这正是形成个股独特股性的重要原因。

个股股性是长期炒作形成的，由于大众对个股的看法趋于一致，一般很难突然改变。了解每一只股票的特点，需要付出大量时间和精力，每日搜集信息资料，分析、预测个股的走势态势。当全面了解个股特性后，就比较容易把握股票的各种走势了，遇到不同的情况，可以预知股价将会发生什么样的变化，这对短线操作个股十分有利。同样，如果某只股票的个性出现变化，也可以很快发现这些变化。

短线操作选择目标个股时，应该考虑个股的市场属性。落后于大势的弱势股最好不要碰，优先考虑股性活跃的热门股。某些冷门股经过长期盘整后，有可能突然爆发，也属于可以考虑和选择的对象。

当然，股性并不是永远不变的，有时庄家通过长时间的努力，或由于经济环境发生大的改变，可能会改变一些股票的特性，这就需要交易者及时发现并挖掘这些潜力股。

（2）选择波幅大的股票。既然每只股票的特性不同，自然有的波动大，有的波动小，波动大的股票最适合短线进出。当一只原本波澜不惊、股性死寂的股票突然连续数日走强时，决不能等闲视之，如果此时成交量配合，那么这只股票很可能会有一番惊人的表现。

当然，波动大的股票也意味着风险大，如何实现低买高卖，是短线操作的关键。波段操作是针对股价波动幅度大的股票的有效操作方法，它在股价跌入低点企稳时买入，在股价进入高位滞涨时卖出，随着股价一浪一浪的波动反复操作，赚取其中的波动差价。这种操作方式可以有效回避市场风险，保存资金实力，培养市场感觉，但对交易者的短线研判能力要求较高。

（3）捕捉庄家行踪。中国股市的一大特点，就是庄家对股价的影响十分明显。但是庄家并非永远站在胜利的一方，许多时候庄家炒作失误，也会陷入被动的局面。对散户交易者来讲，要识别并正确地跟踪庄家，与庄家巧妙周旋，方可避免同庄家一起被套的命运。庄家被套有时是因为操作水平不高，有时是大势所逼，有时是因为选股不当。

散户捕捉庄家行踪的方法不外乎两种，其一成交量分析，从量价关系中分析庄家意图。要做到这一点，必须加强看盘功夫的训练，全面掌握各种技术分析方法。如何从盘面看出庄家的行动，说起来是十分丰富的话题，但无论如何，散户应该掌握基本的技术分析方法。在此基础上，再熟悉一些庄家操盘套路，比如庄家洗盘、拉抬等常见操盘手法。

熟悉了庄家操盘套路，并非就是天下无敌了，还应该向更高的境界迈进。有时交易者会被庄家的花招和陷阱迷惑，或者明明知道庄家在洗盘，却因为害怕被套而抛出股票。应对诸如此类的问题，已经不是技术分析能够解决的，而主要是心理上的问题。如果操盘定力不够，信心不够，即使掌握了一些技术分析技巧和看盘技巧，仍然敌不过凶悍庄家的简单招数。因此，交易者还要注意加强自己的内功修炼。

捕捉庄家行踪的另一种方法，是从庄家制造的种种市场气氛中察看庄家的真实意图，即从市场气氛与庄股实际走势的反差中发现问题。在庄家吸货时，常常会有利空消息传出来。如果看到股评家极力唱空，但股票走势分明显示有庄家吸货的痕迹，那么庄家吸筹的意图就显而易见。庄家出货的时候，往往各种股评都会大力唱多该股，恨不得说服大家马上买入。如果这时候股价冲高回落，成交量巨大，那么庄家出货的意图就显而易见。

散户平时要加强个股的基本面分析及炒作题材分析，借以找出可能有庄家介入的个股。除了关注上市公司的各种报道之外，还需要多注意筹码流向分析，追踪盘面浮码变化。如果发现浮码日益减少，应注意密切跟踪。

散户介入每只股票之前，必须考虑风险与报酬比，股价与长期底部的距离，乖离率大小等因素。散户跟庄操作时，选择在中长期底部介入，才是最佳和最安全的策略。毕竟股价要大涨，必须有健全而完整的底部图形。筹码安全性高，将来上升的阻力才会小。底部结构不理想的个股，后期很难有上好的表现。交易者千万不要忽视完整的底部图形，更不要忽视它的威力。不信任完美图形的人，无异是与市场作对，逆行情操作是会受到重创的。

几乎所有坚实的底部，在低点或者平台部位都会出现成交量剧减的现象，这种现象表示卖压已经枯竭，持股者不愿意再杀跌。如果此后成交量一路放大，且股价收涨，就表示有一股新的力量介入，庄家进场做多的意图表露无遗。此时介入，利润必定远大于风险，交易者可以大胆跟进。

（4）“周一效应”与“周五效应”。周一收阳收阴，对全周交易的影响较大。如果多（空）方首战告捷，往往会乘胜追击，连拉数根阳线（阴线），对此应保持高度关注。周五收盘也很重要，它关系到周线收阴还是收阳。周五的股价表现不仅反映当日的多空胜负，亦反映当周的多空胜负。

一般情况下，在下跌趋势中，周五股价大多数低收，原因是股民担心周五收盘后，有关方面可能会发布利空消息，到周一抛售就晚了。所以很多短线交易者会在周五卖出股票，以回避周末利空消息的风险。上升趋势恰恰相反，周五大多会高收，这是因为很多交易者期望周末会有利好消息发布。

当然，如果有利多消息，周一开盘追入也不迟。周五弱市中，一些含权股往往表现坚挺，这是股民在搏上市公司公布送配方案。若某含权股有较好的送配方案，周一股价高开高走，可以获取短线差价。但若无送配消息，或送配消息不如预期，比如上市公司改变送股方案，搏消息的短线交易者会在周一开盘后赶紧抛出。如果搏消息“失败”，股票价格会下跌，特别是在空头市场中，人们对后市不抱希望，大多不会花钱买配股。

警惕庄家借技术指标骗钱，临收盘故意拉高或打压股价，次日跳空高开或低开，以达到次日拉高抛货或压价进货的目的。识别的方法一是看有无大成交量配合。高收盘（低收盘）时，若成交量过小（多）或空方表现无力，应小心庄家的“诱多陷阱”。二看有无利多或利空消息配合。如有市场传言配合，要分析传言的真伪，初步确认市场为多头还是空头走势，再考虑买入或卖出股票。为防止上当，短线操作既不要满仓，也不必彻底空仓。

非纯技术分析其实就是拼操作经验，涉及到的内容很广，比如买卖点位的把握。掌握好短线买卖点位，其收益有可能胜过一波大行情。又如对资讯的判断、盘面的悟性、仓位的控制等，这些非纯技术因素很难从 K 线、均线和指标中找到相对明确的答案，但在实盘操作中起着举足轻重的作用。

第二节　短线常用选股技巧

一、选股步骤和方法

选股必须与大势相结合，这才是最稳妥的选股方法。但是在大盘刚刚止跌企稳之际，要立刻判断出后市行情是反弹还是反转有一定的难度。如果等待行情发展到一定阶段，市场整体趋势已经明朗化后再选股，这时往往已经错过了一段丰厚的短线利润。如果仅仅是一波反弹行情的话，那么连参与的机会也会错失。因此，短线交易者必须掌握大盘企稳时的短线选股技巧，才能在未来的行情发展中做到游刃有余。

短线操作具体的选股步骤和操作方法如下。

1. 第一步——海选

当大盘还在延续下跌走势时，虽然此时不能参与操作，但交易者应该开始着手选股，为将来大盘企稳回升时及时参与炒作做好准备。这时要重点选择那些前期股价曾经有过大幅下跌，之后又能领先于大盘止跌企稳的个股，将它们列为重点关注的对象。

海选方法是：快速翻看两市所有个股日 K 线走势图，将其与大盘走势作比较，确定大盘下跌时逆势走强、抗跌、微跌这三类个股，快速选出并记录好。

2. 第二步——复选

海选后，不能马上介入，还要继续耐心观察。当大盘止跌企稳时，要对海选出来的个股进行复选，选择在形态上成功构筑小型底部形态的个股。形态的形成需要持续一段时间，至少要达到 3~9 天。个股企稳时间要明显长于大盘企稳的时间，而且在探底成功后，个股的走势要有一定的独立性。

复选方法是：首先对大盘走势进行分析判断。如果大盘属于上升趋势中的技术性调整，那么在阶段性调整结束继续走强时，可从海选挑选出的个股中选择率先走强、表现较好的个股作为操作目标。

如果此时属于大盘中级调整或者下跌趋势的中途，海选后必须继续耐心观察。在大盘继续下行的过程中，第一步海选出的逆势走强、抗跌、微跌三类个股，有相当一部分会在大盘继续下跌时出现破位补跌。大盘再次下跌数个交易日后，要把前期海选出的个股重新翻看一遍，把出现破位补跌走坏的个股排除。

3. 第三步——筛选

对复选后的股票进一步筛选。如果大盘继续下探，那么大盘再下一个台阶后，要进行第三次筛选，把出现补跌走弱的个股排除。遇到中级调整或者大盘反复震荡下跌时，需要在不同的下跌点位反复进行重选排除工作。

实践中，在大盘中长期大跌刚刚开始时，“海选”出来的个股数量可能有很多，经过后面反复重选排除，只剩下少数能够持续逆势走强、抗跌、微跌的品种。待到最后大盘稳定或者出现回升时，这些仍然能够保持良好走势的个股，就是千锤百炼挑选出来的目标股。

根据经验，在后市的波段上涨中，这些历经磨难的个股，大部分涨幅都会超过大盘的反弹幅度。

筛选方法是：选择那些底部成交量温和放大的个股。底部成交量温和放大，表明有短线增量资金积极介入。通过成交量放大的程度和个股走势独立性强弱，可以了解介入资金的性质和资金运作的程度。

4. 第四步——确认

当大盘已经确认止跌企稳并有转强迹象时，对于经过多次严格筛选的目标个股，当出现放量强势拉升走势时，可以确认为短线买入信号，要及时跟进买入。

大盘中级调整结束后，当市场企稳或者开始反攻时，之前一直逆势走强、抗跌、微跌的个股，此时会有 20%~40% 的个股出现快速补跌走势。因为这些股票的庄家之前一直在里面苦苦支撑，等到大盘调整结束或者开始回升时，庄家会利用市场转暖走好的时机减掉一部分仓位以回笼资金。

这一点对于实盘经验不足的交易者来说往往是致命的。部分交易者在大盘调整结束，市场企稳或者开始出现反弹时，也懂得操作这些逆势走强的抗跌股，但一般不了解这些一直逆势走强的个股，庄家是如何死守硬撑下来的。

庄家之所以死守硬撑，相当大的原因是庄家之前对大盘的方向判断失误，对大盘下跌幅度的预见性不足。之前一直没有减仓，或者减仓量太小，导致在后期的下跌中只能痛苦地硬撑着。部分庄家的操盘思维是在大势下跌时强势做盘，引起市场中大多数人的注意，待到市场重新走强时，再寻找时机撤退。当然，也有一部分是庄家非常看好目标股的长期价值，根本不担心股价下跌，因此强力撑起股价。

5. 第五步——卖出

对于买入的个股，需要把握卖出的技巧，特别是要注意把握以下两点。

第一，这种选股方法是建立在短线操作基础上的，如果个股短线上冲过快，交易者获利较丰时，切记不要贪心，要及时获利了结，落袋为安。

第二，这种选股方法是专门选择那些先于大盘企稳，先于大盘起飞的个股，当大势走强时，这类个股往往已有波段盈利垫底。将来无论行情是大是小，也无论行情是反弹还是反转，交易者都可以应对自如，在这种情况下，交易者完全可以根据对大势的研判选择卖出的时机。

二、飞针探底选黑马

股价经过一段时间的下跌调整后，庄家借助利空消息或下跌惯性进行打压，有时利用上方的某一个技术阻力位进行打压，在市场中制造恐慌，然后快速向上拉起，形成下影线较长的“飞针”诱空洗盘形态。飞针探底同时配合巨大的成交量，或者随后几天出现补量，说明股价短期将要见底了。

庄家这么做的目的是恐吓散户，造成大幅下跌的假象，让散户出局，经过快速打压之后，市场出现转势，进入上升通道。这种飞针探底走势是庄家强悍洗盘的表现，从另一个侧面暗示后市该股将会是大黑马。

分析依据：先前的快速下跌是庄家故意的打压行为，大幅打压之后又快速将股价拉起，预示后市跌势转为升势，因此是一个买入信号，起码短线是安全的。

图 3-1 展示的是微光股份（002801）的股价走势。2018 年 10 月 19 日，庄家利用下跌惯性快速打压股价，造成技术破位的假象，然后快速向上拉起收高，形成“飞针”探底下影线形态，第二天股价开始稳步向上走高。这种走势通常为庄家故意打压股价，制造市

场恐慌气氛，说明股价短期将要见底了，是一个短线入场机会。该股从这个“飞针”形态出现之后，走出了一波上涨行情，股价涨幅较大。

“飞针”探底可以出现在长期下跌的底部区域，也可以出现在上涨趋势中途的回调走势中，具有同样的技术含义。

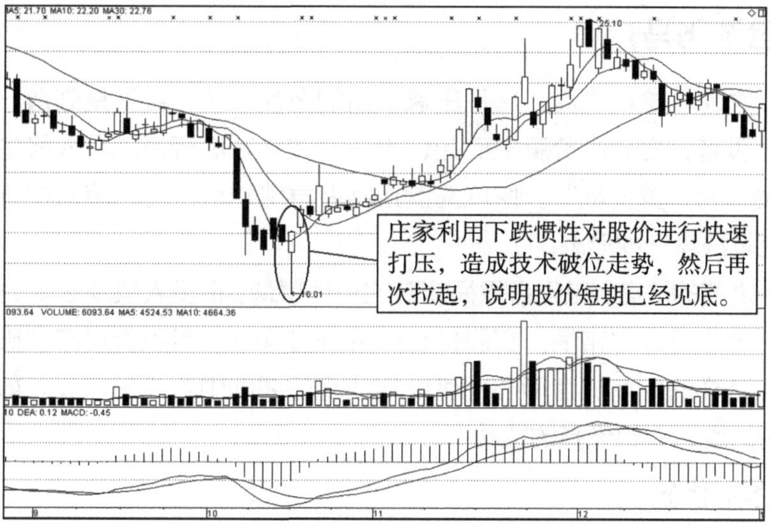

图 3–1

图 3–2 展示的是天孚通信（300394）的股价走势。该股经过充分调整后见底企稳，股价渐渐震荡走高，然后庄家展开回调洗盘走势。当股价回落到 30 日均线附近时，庄家故意制造空头陷阱。

2018 年 9 月 26 日，股价低开 3.19% 后，庄家刻意向下打压，盘中逐波走低，最大跌幅达到 9.75%，股价击穿了 30 日均线的支撑。但是随后股价渐渐回升，收盘前股价又回到了 30 日均线附近，从而形成“飞针”探底形态。

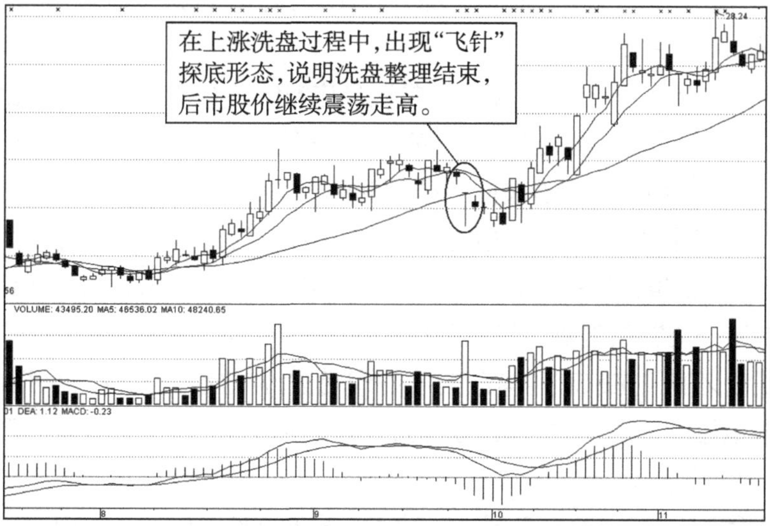

图 3–2

这种走势说明洗盘调整结束，是良好的短线入场点。只要后市股价不有效跌破“飞针”线的最低点，该形态就具有看涨技术意义。在随后几个交易日的回调中，该股未能有效击穿“飞针”线的最低点。10月10日，一根涨停大阳线拔地而起，之后随着成交量的温和放大，股价不断向上攀高。

三、挖坑洗盘选飞马

在股价拉升之前先挖坑洗盘，这是庄家常用的做盘手法，目的是制造一个空头陷阱，吓退最后一批持股者，之后股价腾空而起，走出一波主升浪行情。有人将主升浪行情启动之前的这次回调称为“黄金坑”。挖坑洗盘通常有急涨挖坑洗盘、缓涨挖坑洗盘和先向下挖坑后急拉再挖坑洗盘三种形态。

挖坑是拉升之前的洗盘，碰到它是很痛苦的一件事情，很多人很难忍受。如果忍受不了，选择止损出局，这也是人之常情。在股价止跌回升过程中，当股价再次突破时，是良好的介入时机。利用这样的挖坑洗盘形态，可以寻找到想要的中短线黑马股。如果同时结合个股的基本面情况选股，有相当高的成功率。

1. 急涨挖坑形态

主力建仓完毕后，股价经过第一波急涨后挖坑洗盘，然后再次上涨，随后开启主升浪行情。

这种形态通常先出现几个交易日的拉高走势，接下来回落调整，形成反弹结束的假象。一般回踩力度没有拉起力度强劲，但有时可能把前期的整个涨幅吃掉，再开始快速上攻。在成交量方面，先是小幅放量，然后缩量整理，最后大幅放量上涨。

这种走势的内在机理是由于时间比较仓促，庄家先快速小幅拉高吸货，之后再进行简短的打压洗盘，接着快速开启主升浪行情。

这种形态可以比喻为助跑起跳。股价先有数日助跑，接下来一个下蹲动作，之后起跳。这是主升浪形态中最常见的走势，股价上涨力度比较强，上涨速度比较快。

散户操作要点和方法如下。

股价在前期有一个盘升或横盘过程，通常这是庄家的建仓期。然后出现短暂的急拉走势，涨幅在30%左右，同时成交量放大。回落时成交量缩小，股价一般在30日均线附近获得支撑。洗盘结束后，在股价再次放量向上拉起时买入，或者在30日均线附近伏击做多（要求30日均线处于上行状态）。如果买错的话，则在股价回落到30日均线之下时止损。

图3–3展示的是广电网络（600831）的股价走势。该股庄家完成建仓计划后，故意向下打压股价，制造一个空头陷阱。然后股价企稳，慢慢向上推升，形成小的上升通道。当股价回升到前期盘区时，庄家利用盘区的压力作用进行洗盘。经过短期回落震荡后，2018年11月27日放量拉高，出现“烂板”走势，日K线构筑一个“黄金坑”形态，次日放量涨停，股价出现快速拉升。

从图中可以看出，庄家在前期盘区里吸纳了大量的低价筹码后，为了试探底部支撑力度，同时继续完成加仓计划，在 A 阶段对股价进行了无情的打压。其实，此时庄家不慎泄露了自己的秘密，从持续萎缩的成交量就能看出庄家的意图。

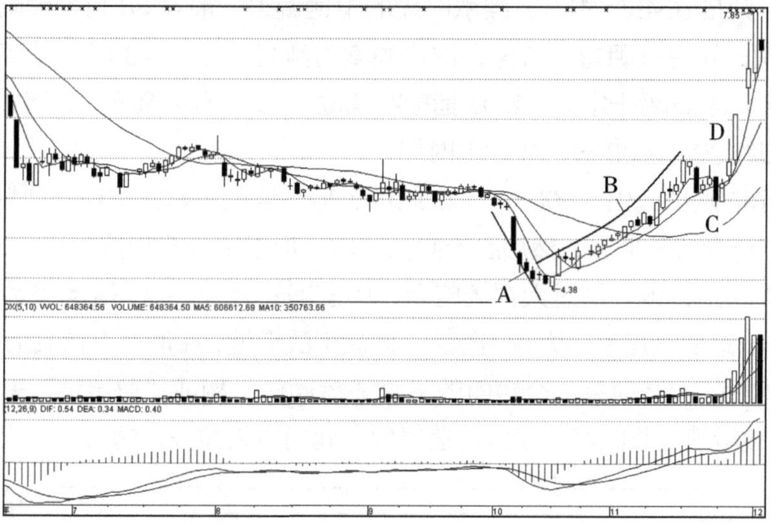

图 3–3

庄家在 B 阶段缓缓推升股价，目的是让前期套牢盘止损或解套退出，其最高点就在前期盘区之内。经历了打压之后，此时盘区有部分套牢盘筹码出现松动，部分散户选择解套离场。庄家在 C 阶段进行“挖坑”洗盘，“挖坑”成功后，在 D 处出现冲板回落。

D 处（11 月 27 日）走势反映出庄家具有高超的操盘技能，其技术意义极其丰富，可谓庄家操盘的经典之作，但是绝大多数散户看不懂。这里简要做一下技术解读：

一是这根 K 线出现于“挖坑”之后，是一根冲高 K 线，表明“挖坑”结束。

二是这是一根“烂板”K 线。庄家摸高至涨停价后，并没有封死涨停，而是让股价逐波回落，收出长上影线 K 线，目的是让最后一批浮动筹码离场。

三是对上方压力进行试探。这天有不少散户在该位置看到股价封不上涨停，不免产生担忧，普遍不看好后市，于是纷纷抛售，这正好符合庄家的用意。所以这根 K 线有突破、试盘、洗盘等多重意义。

2. 缓涨挖坑形态

股价经过一波较长时间的缓慢上涨后，快速回落挖抗洗盘，其后展开主升浪行情。

这种形态通常为前期经过一段时间的上涨或横盘，其后开始连续下跌。当跌势逐步衰竭时，股价有几个交易日快速下探，跌破某些技术支撑位，制造一个空头陷阱，其后强力拉起，形成主升浪。这种走势的内在机理为庄家连续打压吸筹，最后一跌快速洗盘，其后迅速拉高，脱离庄家成本区，形成主升浪。

这种形态可以比喻为踩弹簧，股价缓慢滑入一个有弹簧的坑中，之后踩到弹簧而弹跳跃起。这种形态还有一个特点，就是上攻初段力度非常强，其后逐步衰弱，可能转跌或需要高位中继盘整，之后重新开始新的攻势。

散户的操作要点和方法如下。

前一波缓涨幅度在 50% 以上，上涨时间最少在 3 个月以上，量价配合完美。缓涨时段要求盘升上涨，角度在 45° 左右。缓涨时段的中途调整一般在 30 日均线附近，挖坑时一般连续缩量下跌，伴有长阴短柱最佳，挖坑幅度为涨幅的 20%~30%；待回调到底部，出现 2~3 根缩量小阳线或者十字星。KDJ 指标在低位（20 左右）金叉时，可以首仓介入，其后放量收出大阳线或重返 30 日均线之上时加仓。

图 3–4 展示的是白云山（600332）的股价走势。该股庄家完成建仓计划后，股价小幅回落构筑一个“黄金坑”形态，然后股价向上突破，形成主升浪行情。

从图中可以看出，该股经过大幅调整后，庄家悄然介入，盘面出现企稳回升走势，股价缓缓向上攀升。这表明庄家实力相当强大，操盘手法稳健，在形态上构成上行式建仓路径。当庄家吸足筹码后，拉升前来一个短暂的下蹲洗盘动作，构成“黄金坑”形态。2018 年 4 月 19 日，该股放量涨停收阳线，股价快速复位，此后进入拉升行情。

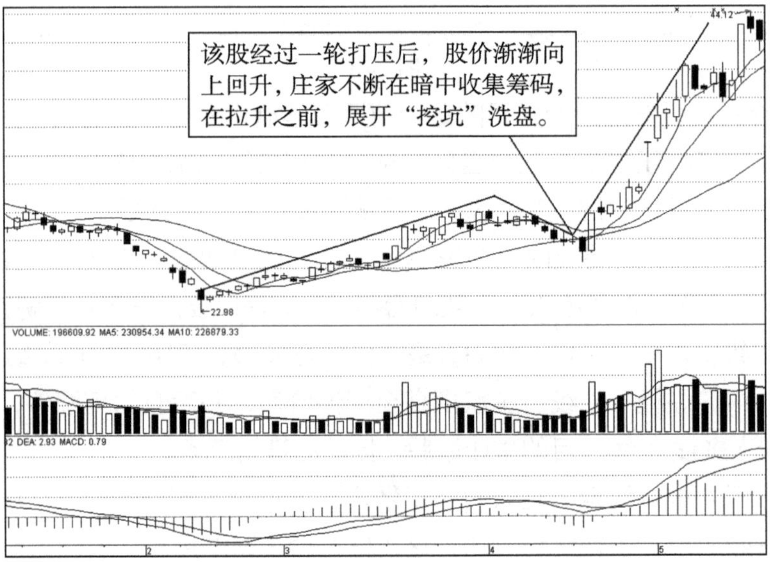

图 3–4

3. 挖坑、急拉、再挖坑形态

这种形态结合了上面两种挖坑走势，即先后出现两种挖坑洗盘方式。

实盘中经常出现这种情况，股价先是向下跌破技术支撑位，制造一个空头陷阱，然后快速小幅拉高，形成阶段性高点。此后再次回落挖坑洗盘，最后出现主升浪。

这种方式经过两次大起大落，个股的浮动筹码清洗得比较彻底，后市往往具有较大的涨幅。其操作要点和方法，可以参考上述两种盘面情况。

图 3–5 展示的是超频三（300647）的股价走势。该股经过长时间的调整后渐渐企稳，在低位形成震荡筑底走势，时间长达 7 个月。2018 年 2 月出现一波下探走势，股价跌破 30 日均线的支撑，中短期均线形成空头排列，疑似要产生一波跌势行情。可是股价并没有

出现持续下跌走势，而是创出新低后快速向上拉起，出现一波短暂的急拉行情并突破了前期底部盘整区域。然后股价快速向下回落洗盘，形成阶段性头部形态。但股价回落到 30 日均线附近时，获得了强大的技术支撑并企稳回升，从此展开了涨幅巨大的主升浪。

从该股走势图可以看出，庄家前后一共挖了两个坑：先是制造一个空头坑，然后拉高回落，再次制造一个洗盘坑。由于浮动筹码清洗得比较彻底，所以后市股价涨幅也比较大。实盘中这类个股走势非常多见，交易者可以认真总结其运行规律，之后抓住一波主升浪也就不再困难了。

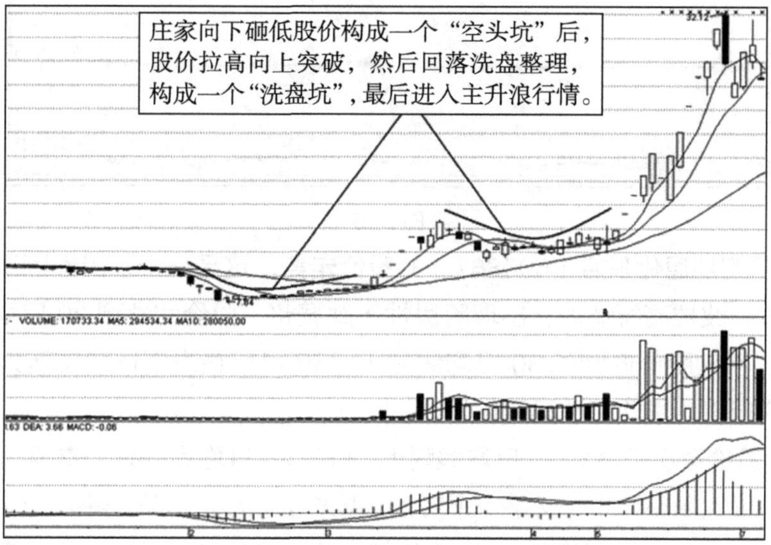

图 3–5

四、股价超跌选快马

有涨有跌是股市的基本规律。股价长期或阶段性跌幅过大，就有短线操作机会。

超跌股的选股条件有以下几条。

（1）基本面尚可的个股，一直受到基金青睐，属于业绩稳健类行业。

（2）某个时间段经历过一次大幅度调整，跌幅在 30% 以上，一般在 50% 左右。

（3）构筑一个温和放量的技术平台，此为庄家吸货区域。其中可以看到典型的庄家吸货放量现象，具有涨时放量、跌时缩量的量价表现特征。

图 3–6 展示的是鲁信创投（600783）的股价走势。该股随大盘一路下跌，累计跌幅接近 80%，之后逐渐企稳，构筑底部。在长达 3 个多月的横盘整理过程中，庄家在低位吸纳了大量的低价筹码。这类股票经过长期下跌和底部盘整，风险释放非常彻底。该股属于矿物制品行业，业绩稳定，这类超跌股投资者可以中短线关注。

庄家完成建仓计划后，2018 年 10 月 11 日向下制造一个空头陷阱，释放了最后一批浮动筹码。11 月 5 日，股价放量向上突破，此时短线高手可以立即跟进，从此股价出现一波飙涨行情。

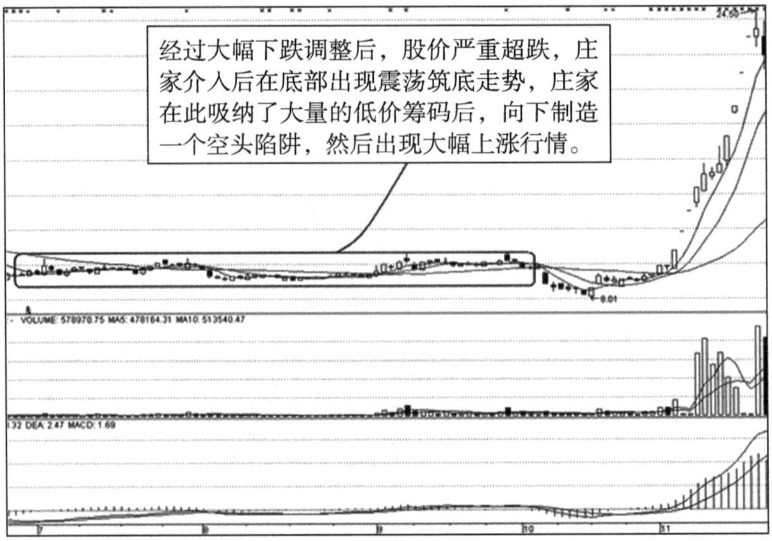

图 3-6

图 3-7 展示的是通化东宝（600867）的股价走势，这是一个阶段性回调后再度上涨的例子。该股经过一波拉高行情后，出现阶段性下跌调整，股价回落到 30 日均线之下，然后企稳横盘震荡。不久股价返回到 30 日均线之上，30 日均线由下行状态转为上行状态，预示股价出现反弹行情，由此构成买入信号。

随后不久，股价再次回落到 30 日均线附近，得到 30 日均线的有力支撑，股价再度走强。这种走势说明阶段性调整结束，又是一个短线入场机会。很快股价一举向上突破前期高点，上涨空间有效打开，买入信号明确。接着庄家对股价突破进行回抽确认，盘中收出调整后的上涨大阳线，随后股价继续向上攀高。从该股走势可以看出，阶段性下跌调整结束后就有短线操作机会，同样可以获得不错的利润。

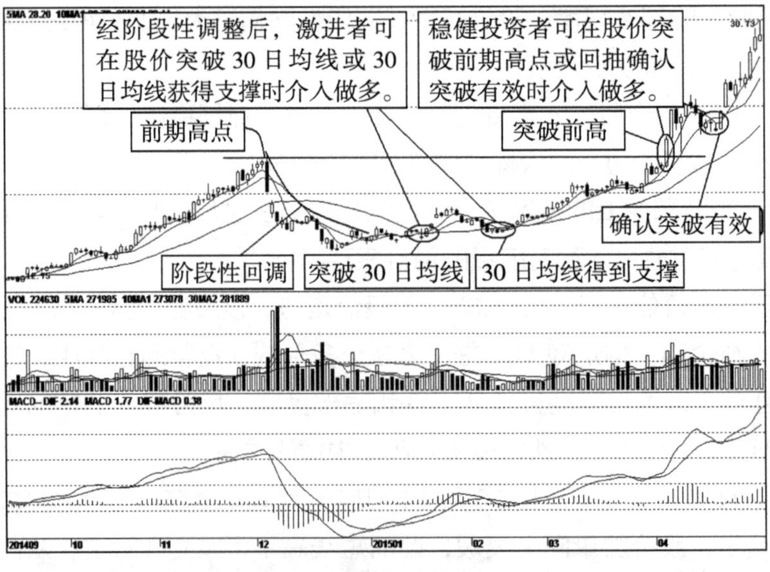

图 3-7

五、跳空缺口选奔牛

在K线运行过程中，有一种极为特殊而又重要的现象，那就是跳空缺口。缺口，往往是大资金集中做多或做空造成的。庄家为了迅速让股价脱离底部，经常会做出跳空缺口，使前一日割肉的交易者无法买回。或者是快速打压股价，使股价远离头部区域，使高位接盘的交易者深度被套。有时缺口也会出现在重要的阻力位或支撑位附近，比如向上跳空缺口可以使股价迅速摆脱前期阻力位，使抛压减轻；向下突破缺口可以快速击穿支撑位，让那些认为有支撑的交易者来不及做出卖出操作。

缺口容易演化成为支撑区或阻力区。如果出现一个向上的跳空缺口，意味着价格将进一步上升，在之后的回调中，该缺口将形成其较强支撑。若缺口被封闭，且封闭后市场抛压依然存在，则之前的上升趋势不复存在。若回落时抛压不大，缺口位置将成为一个重要的支撑区。

反之，如果出现一个向下跳空缺口，意味着市场还将进一步下降，此后价格反弹会在该缺口处遇到阻力。若向下跳空缺口被封闭，随后上涨行情持续发展，那么原来的下降趋势也随之终结。若上涨力度不强，缺口位置将成为一个重要的压力区。利用缺口这个特殊信号，可以捕捉到短线获利机会。

图3-8展示的是泰禾集团（000732）的股价走势。该股庄家顺利完成建仓计划后，2017年12月25日股价跳空高开4.17%，盘中一波行情拉到涨停板，一举向上突破底部盘区制约。收盘后，日K线上留下一个当天没有回补的向上跳空缺口，这个缺口是一个加速上涨信号。次日，股价继续跳空高开高走。

之后的两天调整中没有回补这个缺口，显示市场十分强势。此时投资者不妨做好买入准备，在股价再次放量向上拉起时积极跟进做多。实盘操作中，最好同时研究该股基本面，确定是否是中短线牛股。如果基本面优秀，可以大胆做多。

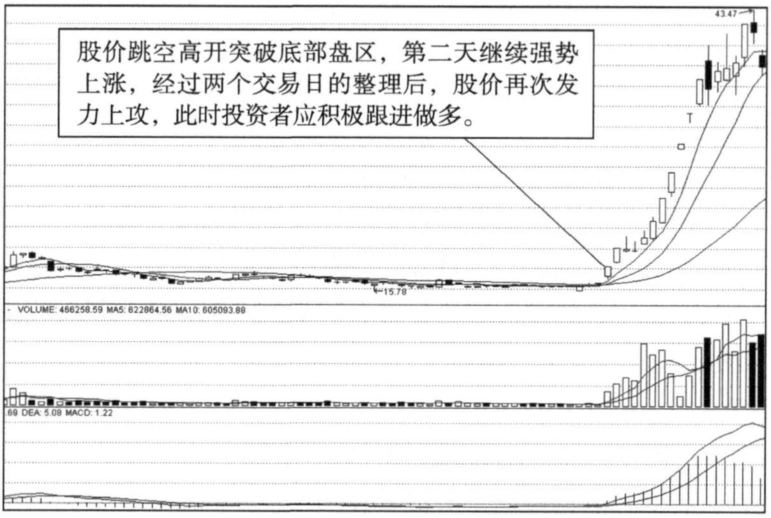

图3-8

六、技术突破选疯牛

1. 盘区突破

在市场长期运行过程中，可能会形成某些有重要意义的位置。当股价成功向上跨越或脱离这些重要位置时，说明市场出现向上的突破走势，股价蓄势整理结束，后市将有可能出现一段升势行情，此时交易者可以积极做多。

能够成为突破的技术位置有很多，比如移动平均线、趋势线（通道）、技术整理形态、成交密集区、黄金分割线、整数点位和时间之窗等。当股价突破这些重要的技术位置时，是一次中短线买入机会。

图 3–9 展示的是国金证券（600109）的股价走势，这是一个底部盘整区域突破的例子。股价反弹结束后快速回落，在低位形成横盘震荡走势，庄家开始大规模建仓，震荡幅度渐渐收窄。在整个调整过程中，成交量大幅萎缩，做空能量释放充分，股价基本跌无可跌。经过近 4 个月的横盘整理后，2013 年 11 月 21 日，一根放量大阳线向上突破了底部盘整区域，经过回抽确认突破有效，随后股价步入牛市上涨行情。

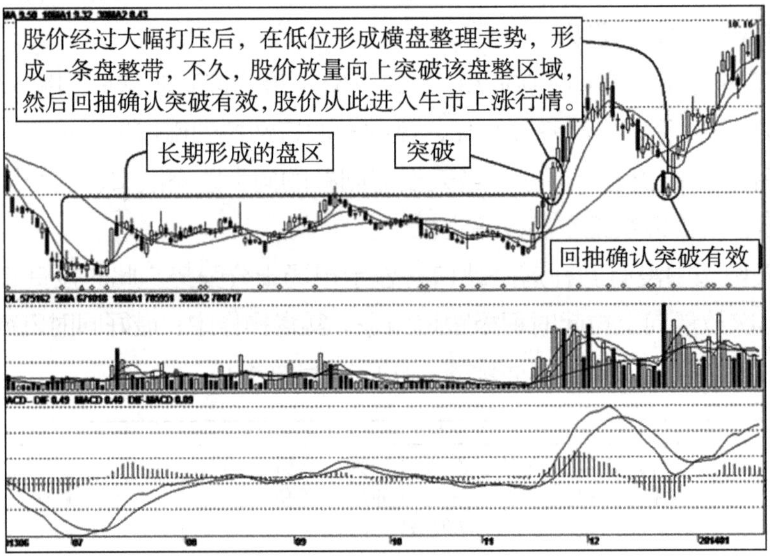

图 3–9

从图中可以看出，经过长时间的下跌调整后，股价已经处于历史底部区域。从成交量上分析，想出局的人基本已经退出了，持股不动的人大多属于看多一族，因此后市下跌空间已经被封杀。在大阳线出现之前，股价经过长时间的筑底，底部基础构筑扎实。一旦股价脱离该区域，此处就会成为中长期底部。

在大阳线出现之后，成交量明显放大，显示买盘积极，做多热情高涨，说明股价脱离底部区域成功有效。这根大阳线是底部突破性标志，交易者可以积极跟进做多。

股价在底部经过长时间的整理后，一旦有大阳线成功向上突破盘整区域，成交量积极配合，该处往往会成为一个中短期底部，后市将会出现一波持续的上涨行情，此时可以积极跟进做多。

这种突破现象可以出现在市场的任一阶段，但突破高位盘整区域时，要防止庄家拉高出货。出现大阳线突破时，要结合盘整走势进行分析。大阳线突破底部盘局，是一个标志性的做多信号。掌握了这种 K 线语言后，就读懂了盘口信息和庄家意图，随后的操作也就得心应手了。

2. 前高突破

当股价形成一个明显的阶段性高点时，该位置具有一定的技术意义和心理作用，往往成为后市较长一段时间内的阻力位。当股价向上突破这个位置时，说明后市股价上涨空间被打开，具有强烈的看涨意义。

图 3–10 展示的是世荣兆业（002016）的股价走势。股价成功探明底部后，出现小幅反弹走势，然后股价再次回落，形成一个阶段性高点。这个高点通常会对后市股价上涨构成一定的压力，而且这个位置成为一个一目了然的阻力位，具有一定的心理和技术作用。

随后该股经过一段时间的蓄势调整后，多头信心得以恢复，2017 年 10 月 31 日股价放量涨停，收出一根突破性大阳线，此后经过回抽确认突破有效，股价出现一波盘升行情。

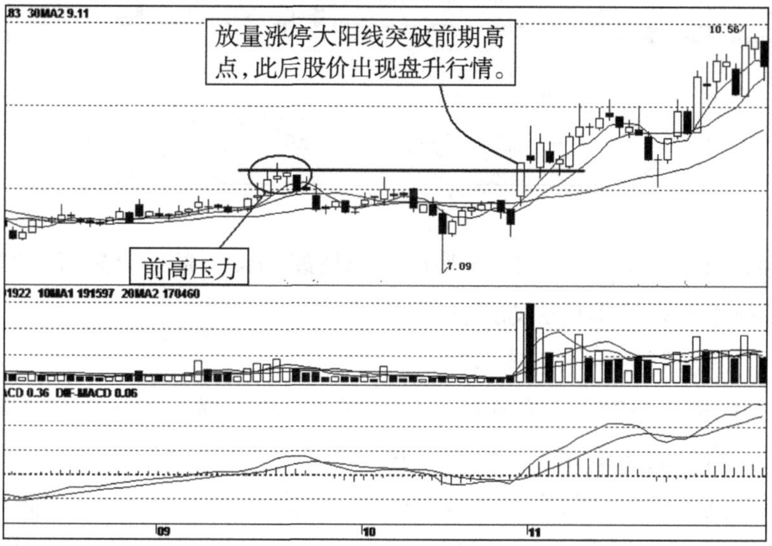

图 3–10

从图中可以看出，前期高点明显成为股价上涨的一个阻力位。庄家利用大众认可的阻力位进行建仓或洗盘整理，当庄家目的达到后，就一鼓作气突破前期高点，成交量也同步放大。大阳线突破后的第二天，股价继续强势涨停，从而进一步巩固了大阳线的成果，后市必定强势上涨。实盘操作中遇到这种情形时，激进的交易者可以在突破当天尾市介入，稳健的交易者可以等待股价回抽确认突破有效时积极介入做多。

3. 形态突破

在股价长期运行过程中，可能会形成某些技术形态，如常见的双重底（顶）、头肩形、圆弧形、三角形、楔形或旗形等。一旦大阳线成功突破这些技术形态，说明技术形态构筑完毕，股价将沿着突破方向继续运行，最少达到最小“量度升幅”位置，因此是一个较好的短线买入信号。

图 3-11 展示的是武汉凡谷（现名 *ST 凡谷，002194）的股价走势。该股在底部长时间的震荡整理过程中，形成一个标准的箱体整理形态，股价长时间受到箱体的约束。2017 年 9 月 22 日，一根放量涨停大阳线向上有效突破了箱体的上边线压制，此后股价出现快速上涨，涨幅远远超过最小“量度升幅”。

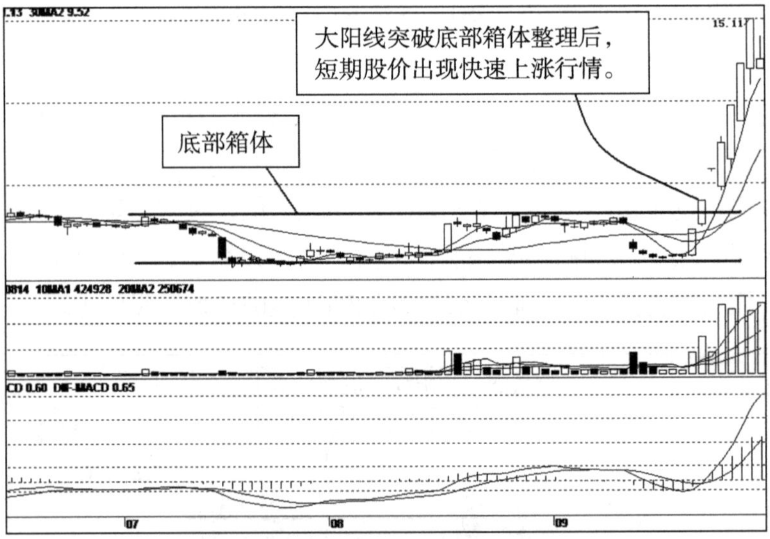

图 3-11

股价向上突破技术形态时，说明下跌或回调整理结束，是一个较好的买入信号，投资者可以按照相关技术形态的操盘法则进行操作。

实盘操作中，应注意把握以下技术要点。

（1）突破的前提是股价的位置和阶段。在底部吸货区域、中途整理区域、庄家成本区域附近向上突破，真突破的概率较大；若向下突破，假突破的概率较大。在高位派发区域、远离庄家成本区域向上突破，假突破的概率较大；若向下突破，真突破的概率较大。

（2）股价突破时，盘面走势必须有气势，有力度，有可持续性，短暂的冲破无效。另外，要掌握一般技术形态的构筑时间，微型的技术形态可靠性不高。

（3）在考察突破有效性时，一定要注意价与量的配合。如果量价失衡，比如突破时成交量巨大，但突破后成交量马上回落，或突破后放量不涨或突破时成交量过小，则突破的可信度较差，谨防庄家以假突破的方式出货。

（4）当股价无量突破颈线，且突破的幅度不足以确认为正式突破时，此时有假突破的可能。如果股价突破后不久又再度回到颈线之下（注：并非颈线回抽），应卖出观望。

（5）分析突破时的一些盘面细节，有利于提高判断的准确性。比如，当天突破的时间越早越可靠，临近尾盘的突破就值得怀疑；突破时一气呵成，刚强有力，气势磅礴，可靠性就高；突破后能够坚守在高位的，可靠性就高，如果仅仅是盘中瞬间碰触，那么突破不能成立。这些盘面细节十分重要，应当细心观察。

（6）百分比法则和时间法则，即突破的幅度超过 3%，持续时间 3 天以上。

4. 均线突破

均线是反映股价运行趋势的一种技术分析方法。当股价由下向上突破均线时，股价由均线下方转到均线上方，预示股价下跌或调整走势结束，后市将出现上涨行情，因此是一个看涨信号。

均线突破通常有以下三种盘面现象。

（1）出现在下跌趋势后期，股价向上突破下行的均线。

（2）出现在上升趋势途中，股价洗盘调整结束后，向上突破上行的均线。

（3）出现在横盘整理过程中，股价向上突破水平移动的均线。

图 3–12 展示的是中广天择（603721）的股价走势，这是股价突破水平移动的 30 日均线的例子。该股经过持续下跌后企稳回升，但当股价回升到前期盘区附近时受阻回落，均线系统基本呈横向水平移动。随后庄家开始洗盘，股价向下回落到 30 日均线之下，成交量出现明显的萎缩态势。经过短暂的洗盘后，2018 年 5 月 15 日，一根涨停大阳线拔地而起，突破了 30 日均线的压制。这根大阳线的出现，预示主力洗盘结束，后市将展开新的上涨行情，这是一个买入信号。

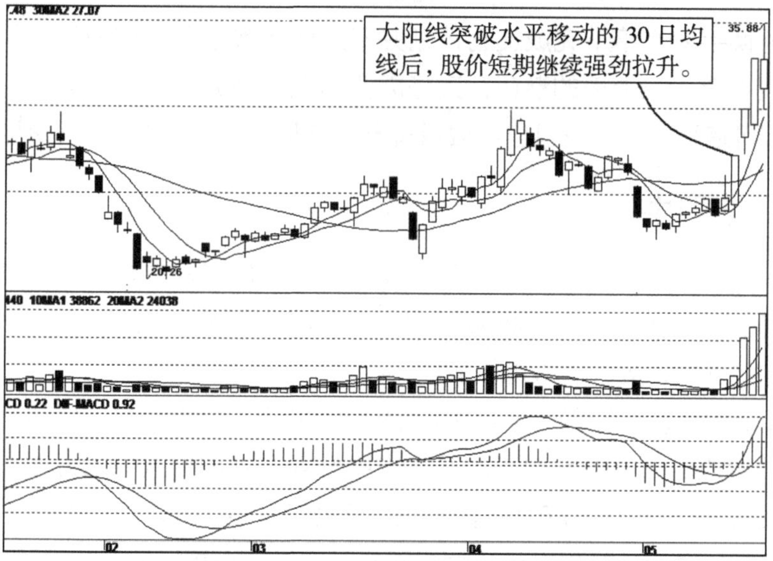

图 3–12

该股在突破之前，股价已经出现了筑底走势。庄家为了日后更好地拉升，在股价接近前期高点时展开了洗盘调整走势。从图中可以看出，在股价回调时成交量出现萎缩，说明浮动筹码已经不多。在大阳线突破之前，股价运行在水平趋势中，均线系统保持横向移动。这根突起的大阳线，起到了打破沉闷局面的作用。大阳线突破后的第二天，股价继续强势涨停，这种走势不仅说明突破的真实性，也反映出突破力度比较大，多头气势比较强盛，做多信号非常强烈。

如图 3–13 所示，上海三毛（600689）的股价在 2018 年 11 月 5 日启动之前的 15 个交易日里，日均换手率在 2.36% 左右，说明市场处于平稳状态，股价突破需要等待时机。突破之前成交不算太低迷，但相对欠活跃，表明市场参与热情并不高。

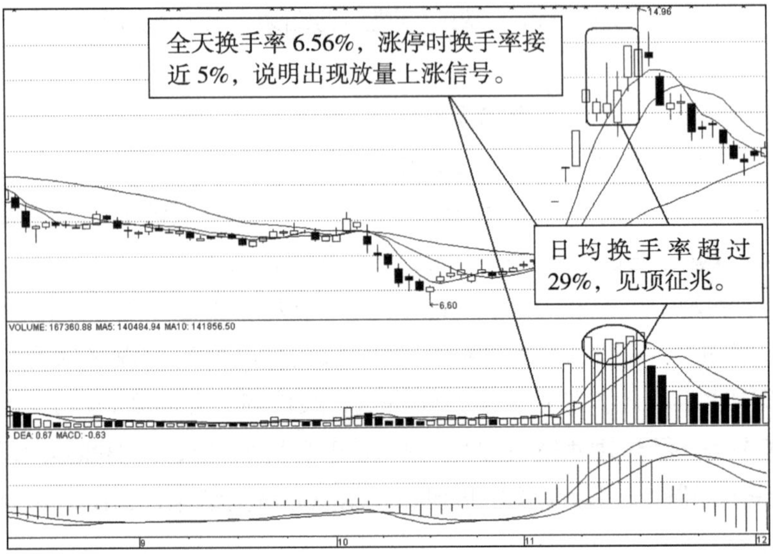

图 3–13

庄家在这种换手率水平下完成加仓计划并不是什么难事儿，何况其在前期拿到了不少筹码，因此该股更有大幅上涨的潜质，只是需要出现一个分时拉升的突破走势。投资者见到股价飙升时即可追涨买入，一旦出现放量拉高，这样的股票更容易走出短线黑马走势。

七、低位涨停选野牛

超跌之后，或在长时间的阶段性调整过程中，股价形成横向盘整走势，有时底部渐渐向上抬高，说明庄家建仓或洗盘比较顺利，有向上拉高的迹象。某日如果拉出一个涨停板，预示牛市行情即将开始，应大胆跟进做多。

图 3–14 展示的是森远股份（300210）的股价走势。该股经过一轮快速打压后，庄家大规模吸纳低价筹码，股价渐渐企稳回升。当股价回升到前期盘区附近时，庄家故意制造大幅震荡的盘面走势。当盘中浮动筹码得到较好释放后，2018 年 11 月 30 日，一根放量涨停大阳线拔地而起，预示一轮牛市行情将要展开，这是一个较好的中短线买入信号。

底部出现涨停后，有时股价并不一定马上进入拉升行情，涨停只是庄家的一种试探性行为。一般而言，在低位首次出现放量涨停大阳线或者中大阳线，预示股价离底部已经不远。其实战意义是表明有庄家开始试探性建仓买进，或者庄家想向其他庄家宣告该股已被我看中，或者是恐吓其他弱小的庄家，让其他庄家有所顾忌。

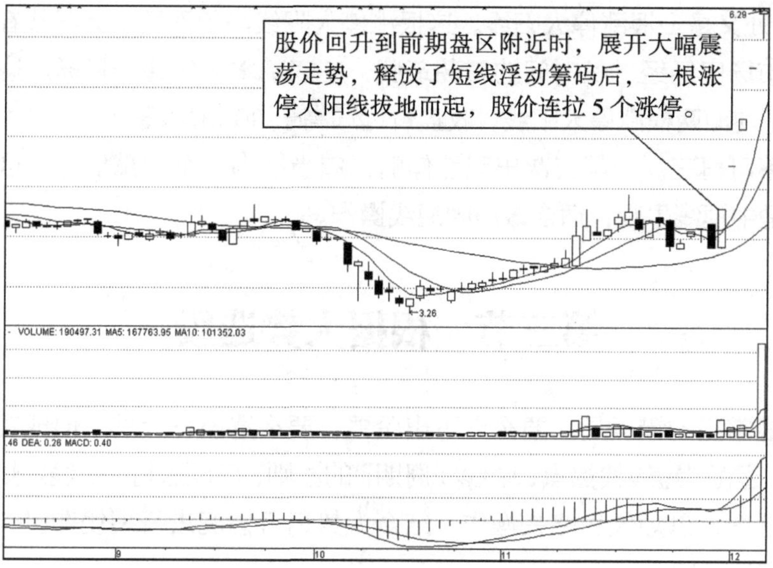

图 3-14

既然这样的涨停是属于试探性建仓，那么在建仓之后，股价是否会马上出现拉升呢？答案是否定的。经过首次大力度的试探性拉升之后，一般会有一个技术性休整过程，庄家会继续整理浮动筹码，稳健吸纳其他货源。等待时机成熟了，庄家才会启动拉升行情。一般来说，技术性休整时间一般是 1~3 个月甚至半年以上。

图 3-15 展示的是山煤国际（600546）的股价走势。

图中“1”处为长期下跌后在低位出现的第一根涨停大阳线，这是超跌之后庄家吸货的标志。其后股价开始企稳震荡。

图中“2”处为底部企稳后出现的第二根涨停大阳线，同时伴随着成交量显著放大，但股价没有立即上涨，显示有庄家资金正在源源不断地介入。

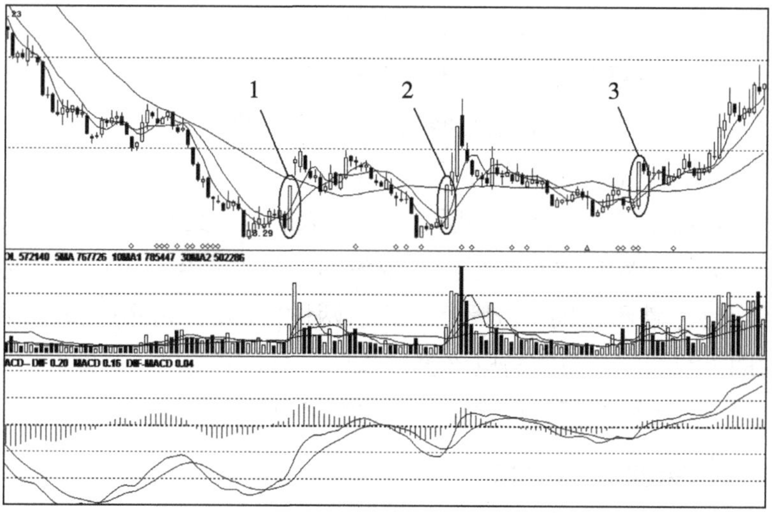

图 3-15

图中“3”处又是一根涨停大阳线。这根涨停大阳线与前面两根大阳线在市场含义中存在区别，此时市场已经经过长时间的震荡筑底，庄家基本达到建仓目标。这根涨停大阳线的力度明显大于前面两根涨停大阳线，收盘价远远高于 30 日均线。

再一再二不可再三。当第三次出现涨停时，应当视为一个起涨信号。这样挑选出来的目标股大多都是中短线牛股，适合散户中短线操作。

第三节 根据大势选股

短线选股经常犯的错误是：要么选不出股票，要么选出一大堆，但成功率不高。其实选股也很简单，遵循“短线找热点，中线找周期”的原则，可以进行“长线短炒”。也就是说，以中线思路去选股，以短线思路去操作。结合大势运行情况进行短线选股，可以让交易者在行情发展中进退自如。

庄家介入的个股，可以把股价炒上天。无论是短线还是中长线操作，掌握庄家的运作手法是相当重要的。弱势下跌市场，横盘震荡市场，牛市强势市场，不同的市场环境下，庄家会有不同的操盘手法。无论在何种市场环境下，交易者都应该有多套成熟的选股方法，并采用适合市场运行特点的方法去自如地选择目标股操作。

一、大盘反弹时如何选股

当大盘处于下跌趋势时，理论上应空仓避险。但下跌趋势中同样存在强势个股，这类个股具有较高的投机操作价值。

在大盘阶段性下跌走势中，挑选强势股有以下六大原则。

（1）股价严重超跌。挑选下跌幅度远远超过指数的超跌股作为操作目标。

（2）不选高价股。前期涨幅巨大的个股应回避。

（3）不选大盘股。在弱势市场中，大盘股难以拉升。

（4）不选亏损和基本面有问题或发展前景不明朗的个股。

（5）不选日常换手率极小且股性不活跃的品种。

（6）逆势选强势股，应在市场出现明显下跌或大跌数个交易日后进行，不要急于入市。

大盘急跌可以分为阶段性急跌和短期（或瞬间）急跌走势，其中又包括下跌过程中和上涨过程中的阶段性急跌和短期（或瞬间）急跌两种情形。本书重点讲述短线操作，所以这里仅就大盘短期（或瞬间）急跌时应该怎么选股，为大家提供一些操作思路。

下面结合上证指数走势进行分析比较，帮助大家寻找个股的短线机会。

1. 选择龙头板块或热门个股

在大盘暴跌后的企稳反弹过程中，一般都会有龙头股或者龙头板块个股启动大涨，引领指数上行。有时一个板块启动后，会引发其他板块的个股跟着大涨。经验丰富、反应敏捷的交易者可以快速介入，参与这些品种。

发现或寻找当天龙头板块的方法之一，就是看行情软件的统计功能，多数行情软件都提供这些统计数据。一般交易软件左上角“报价”或“分析”目录之下，可以找到“热门板块分析”这个统计数据。“热门板块分析”中可以看到当日由最热门到最冷门全部板块的排名情况。或者使用“61”快捷键或“81”快捷键捕捉热门板块或个股。

在牛市或阶段性强势市场中，热点板块会出现轮动，龙头板块涨多了也会出现短暂的休整，此时可以选择与龙头板块或热点板块相关的强势股进行炒作。比如，同花顺（300033）本身不直接从事券商业务，并不属于正宗的券商板块，只因其主业是为券商提供行情软件和信息技术服务，所以与券商板块有关。在2019年上半年的上涨行情中，证券板块引领大盘快速上涨，同花顺的股价也因此走牛，甚至强于部分券商板块个股。由此可以看出，在选择热点龙头板块时，选股思维要放宽一些。

2. 选择逆市抗跌或上升个股

逆市抗跌是指某个时间段内，当大盘下跌调整时，个股或板块却逆市上涨或横向整理，或是大盘跌得快，跌幅大，个股却跌得慢，跌幅小。也就是说，个股与大盘不同步，逆大势抗跌或上涨。在大盘下跌时，可以挑选逆势走强、抗跌性好、小幅微跌、形态强势的个股作为短线操作的目标，不过这种选股方法同样要遵循前面讲述的基本原则。

在大盘持续下跌过程中，能逆市抗跌甚至上涨的个股或板块，不外乎以下两个原因。

一是庄家仍大仓位驻扎在其中，庄家全力护盘，阻止股价大幅下跌。

二是该股质地非常好，或者具有某种实质性题材。一旦大势转好，这类个股的爆发力和上涨潜力巨大。

这类个股在下跌过程中一般有庄家资金介入接盘，促使股价逐渐走稳并缓慢上升，这是庄家吸货的走势特征。当庄家吸货完毕，上涨时机成熟时，庄家会强悍拉升，所以是短线选股的重点。

图3–16展示的是方大炭素（600516）的股价走势。上证指数在2017年4月12日至5月10日处于下跌调整走势，不断创出调整新低，绝大多数个股弱势下跌。该股走势却不受大盘下跌影响，以上涨方式对抗大盘下跌，股价重心继续向上抬高，走势明显强于大盘。5月11日，大盘探底成功后，该股立即出现快速上涨行情，借助环保去产能（涨价概念）利好，股价涨了又涨，成为当时股市中的妖股。

如图3–17所示，金证股份（600446）以横盘方式对抗大盘下跌，股价在2015年1月20日突破前期高点，之后在高位进行横盘整理，散户可以微利离场，同期大盘则处于回调之中。

该股以横盘方式对抗大盘回调，到底意味着什么呢？从大盘和该股的前期、近期走势分析，大盘属于上升中的正常回档，该股则属于突破后的盘整洗盘。有了这个市场定位后，后市股价上涨可期。一旦大盘企稳上涨，这类个股后市走势往往明显强于大盘，所以是中短线选股的目标。

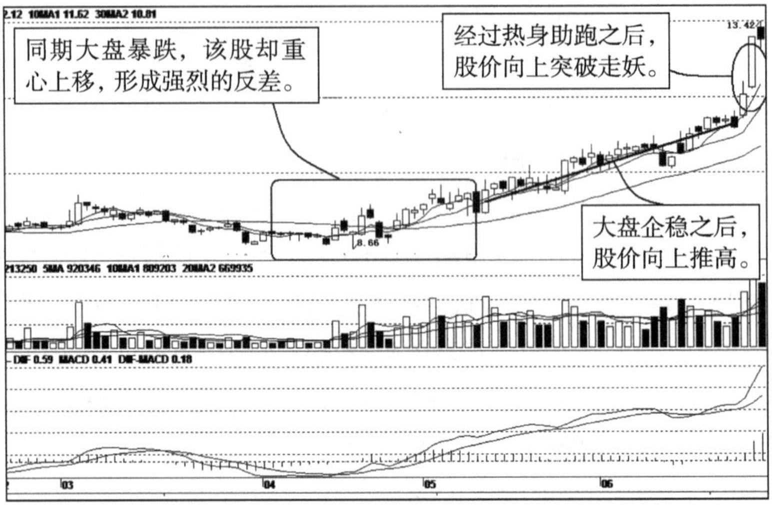

图 3–16

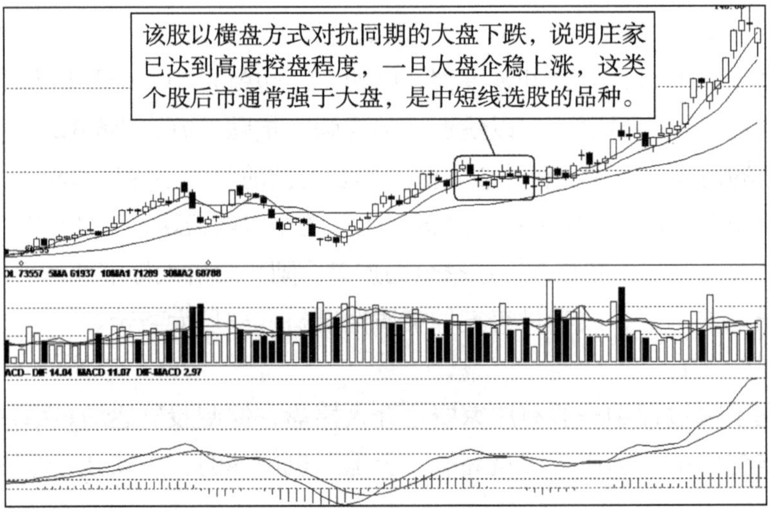

图 3–17

此后在大盘上涨过程中，该股股价不断创出新高，涨幅远远高于大盘，股价从 70 多元飙升到 200 多元，短期涨幅巨大。

3. 选择下跌后提前见底个股

投资高手是不会在大盘走牛的时候跟风选股的，因为行情好的时候，鸡毛也会飞上天。但行情不好的时候，还能够挺在那里的，一定是好股票。简单地说，涨势选股的交易者是初级新手，真正的投资老手，都是在跌势中寻找目标个股。

如何在下跌市道中挑选个股呢？

好股票不会和大盘同步见底，而是提前大盘见底。为什么好股票会早于大盘见底呢？市场总会有先知先觉的人，他们或有信息优势，或有资金优势，或有经验优势，或有其他优势。在大盘不断下跌的过程中，有的人借助于这种优势，会悄悄地对一些有价值的股票提前下单买入。反过来讲，某些上涨潜力的股票，在大盘下跌的过程中抛盘会不断减少，所以真正的好股票都是早于大盘见底的。

具体来说，假定大盘止跌的拐点出现在周一，那么优质股票的止跌时间一定出现在周一之前。只要是周一或者周一以后出现拐点的股票，在中短线选股的时候，都可以毫不犹豫地放弃。

这里顺便说一下，优质股票也总是晚于大盘见顶。每一只股票的走势背后，都有一双看不见的手在操作。当大盘开始下跌时，那些特别怪异的股票，往往置大盘的下跌于不顾，股价略有回调，买盘就会汹涌入场。所以在大部分情况下，优质股票都具有晚于大盘见顶的特点，起码滞后一个交易日以上。

简单地说，如果周一大盘出现阶段性顶部，优质股票的顶部一定是在周二以后出现的。只要拐点出现在周一之前或者跟大盘一样在周一出现下跌，从选股的角度来说，这类股票也应该放弃。

在选股时，可以通过阴阳 K 线数量比较不同股票的走势强弱，优质股票阴阳比总是比大盘的阴阳比要高。阴阳是股票的元气，阳线占上风，说明股票的阳气足，阴气衰；反之，如果阴线占上风，就说明阴气盛而阳气不足。凡是优质股票，一定会在阴阳线对比中表现出来。

大盘的阴阳比和个股的阴阳比也是可以进行比较的，关键在于时点的选择，通常以拐点作为计算阴阳比的起始点。从拐点开始起算，到当前为止假定是 20 个交易日，如果大盘的阴阳比是 12 阳对 8 阴，那么在同一时段，优质股票的阳线一定会超过 12 根，这样才符合阴阳比强于大盘这个基本要求。只要阳线少于或等于 12 根的股票，都可以被剔除。

4. 选择下跌后再次急跌的个股

在熊市下跌中后期，不少个股经历绵绵阴跌后再次出现急跌走势，这是释放风险的最后一跌。一般而言，急跌后的个股较为安全。在大盘出现反弹时，这类个股很容易出现大的反弹甚至反转，所以这些品种也是弱势市场暴跌后的选股目标之一。

长期下跌后再次急跌的选股方法如下。

（1）先前有庄家介入，在急速下跌阶段该股锁仓情况良好，没有大规模出货，图形上主要表现为缩量。

（2）最后下跌阶段，可以使用大机构系统的主被动买卖功能追踪一下，发现有庄家悄然加仓迹象时，后期介入一般都会获利。

（3）当前价格不高，后续有运作空间，这样的股票更容易被庄家炒作。

（4）股价下跌不是利空消息所致，后续具备炒作题材的个股更好。

（5）股价企稳反弹时必须明显放量，显示有大资金流入的迹象，这样的个股股价回升的力度更大。

如图 3–18 所示，弘业股份（600128）的股价见顶后一路向下阴跌，时间长达两年多。2018 年 10 月，股价出现加速下跌走势，快速下跌过程中成交量不大，说明盘中浮动筹码已经不多。随后股价出现向上反弹，成交量温和放大，这说明庄家已经成功地完成了探底的动作。

在加速下跌后期，是中短线介入的良机，此时机会大于风险，哪怕被套也不会很深。11 月 2 日，该股股价开始向上突破，之后连拉 8 个涨停板。

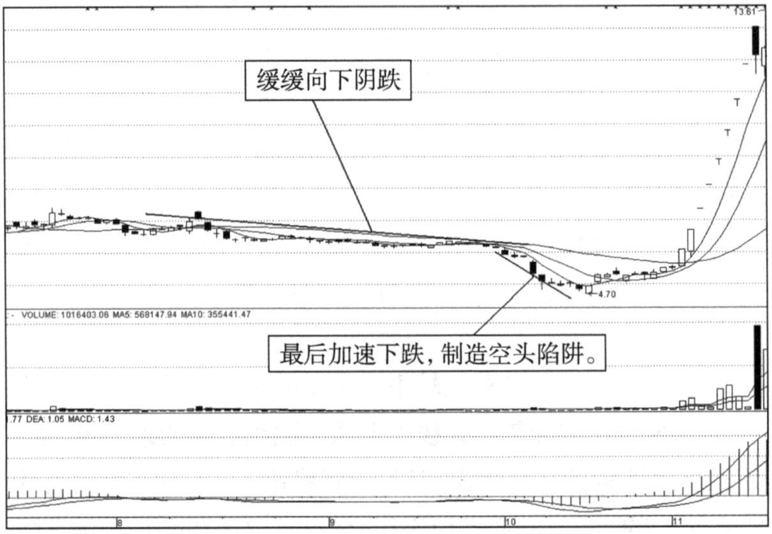

图 3–18

二、大盘震荡时如何选股

股价波动的主要形式有升势、跌势、盘势。盘势在每年的交易时间中所占的比重是非常大的，在盘势中选股，更能体现交易者的综合分析判断能力。严格来讲，在盘局中，中线技术体现不出太大的优势，此时恰是短线交易者的获利良机。但是在盘局中，个股波动存在震动幅度小、频率快的特点，因此短线操作要想取得成功，交易者需要掌握良好的短线操作技术。

下面，笔者重点就这方面的内容作一些总结。

盘局有以下两种情况，其形成原因与表现特征存在一些差异。

其一，行情上涨或下跌了一阵之后，庄家资金已经全部转换为筹码，控盘缺乏后续资金，庄家无力再拉动价格向上攀升，只好让价格停顿盘旋，这样形成的盘局称为强势盘局。

其二，行情经过较大幅度的下跌后，市场普遍惜售，大盘涨跌无力，也会出现窄幅波动。这样形成的盘局称为弱势盘局。

1. 强势盘局的操盘要点

在强势市场中，为了维持市场人气，庄家隐蔽地调整筹码，常常会发动一些占指数权重较大的板块行情，这就为短线操作带来了机会。

强势盘局中要注意以下操盘要点。

（1）指数权重较大、股价处于低位的个股机会较大。

（2）横盘无量震荡的控盘庄股短线机会较大。

（3）成交量连续出现大手笔成交（小盘 5 万股，大盘 10 万股）的个股机会较大，包括成交量比较大和成交量排名靠前的个股。

（4）操作动作要快，不能过分追高。通常情况下，在大盘出现短线下跌时，选取股价在次高位横向震荡（通常带有上下影线）的个股介入，出现两根阳线后就要准备出局。

（5）均线系统多头排列，30 日均线保持上行状态，回避放量向下破位和均线系统空头排列的个股。

2. 弱势盘局的操盘要点

在弱势市场中，操作的主要目标以引人注目的前期明星股为主，在这些明星股出现较大跌幅的时候介入，也可以选择一些低价小盘庄股进行超跌操作。

（1）只买上升通道的股票，不买下降通道的股票。如果股价一直处在上升通道，就坚定持有，不要卖出。在上升通道下沿线附近买进股票，然后一路持有，直到上升通道发生明显变化时卖出。不是上升通道中的股票，根本不要看。不要和庄家同时建仓，短线操作没时间陪庄家玩儿。盘面复杂，看不清发展方向的股票，千万不要贸然进入。如果误买了下降通道的股票，要赶紧卖出，避免扩大损失。

（2）股市经过一番调整之后，股价大幅下跌，远离 30 日均线。短线操作，要选择那些乖离率较大的个股，并且个股股价要远远低于历史成交密集区和近期成交密集区。

（3）对于中位震荡行情来说，此时买卖的关键点是卖出涨幅较大的股票，买入即将上涨的股票。如果是高位震荡，股价前期已连续走高，走出 3 个或 5 个上升浪，说明该股目前属于拉升阶段，也是高风险、高收益的操作阶段，若把握得好，可以扩大收益。若非短线高手，还是回避为好。

2018 年下半年以来，大盘一直处于弱势盘整之中，此时可以根据上述三点选股和操作，很大概率能够捕捉到短线行情。

3. 盘局个股的盘口语言

盘局除了消息因素影响外，主要盘口语言如下。

（1）上档卖盘较大，短线买盘较活跃，表明该股有短线上攻潜力。

（2）上档卖盘较大，短线买盘不活跃，表明该股有庄家在短线诱多。

（3）下档买盘较大，并持续不间断上挂，表明该股庄家有出货嫌疑。

（4）下档买盘较大，并跳跃出现大买单，表明该股有短线上攻潜力。

（5）上下档挂盘均较大，股价波动幅度不大，表明该股庄家有出货嫌疑。

（6）尾市单笔砸盘，表明短线有上攻潜力；尾市单笔上拉，表明短线有出货嫌疑。

图 3–19 展示的是长安汽车（000625）2015 年 5 月 8 日的分时走势图。从图中可以看到，卖盘五档中均挂出较大的数量的卖单，而分时股价在高位坚挺，显示盘面强势。美中不足是买盘不活跃，说明庄家在诱多减仓，这种盘面现象尽量不要介入。

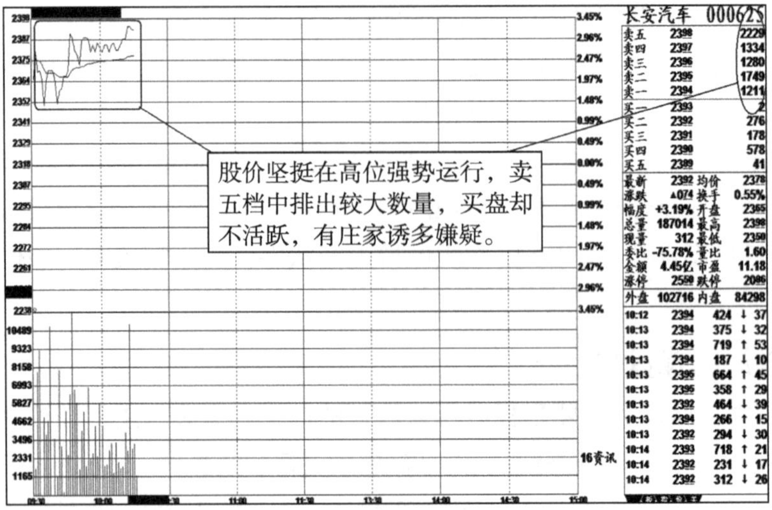

图 3-19

4. 盘局变化的主要诱因

盘局突破有向上突破与向下突破两种可能。一般情况下，无论向哪个方向突破，高位向下突破后应果断减仓，低位向上突破后应果断加仓。盘局持续的时间久了，下跌的可能性相对来讲更大一些。

最常见的向上突破契机有以下几种。

（1）低位突发利多消息，或者利空明朗化。

（2）低位成交量逐渐放大，均线初步形成多头排列。

（3）低位出现突发的非实质性利空，或低位进入报表公布期。

最为常见的向下突破契机有以下几种。

（1）高位突发利空消息，或者利好明朗化。

（2）高位成交量逐渐萎缩，均线初步形成空头排列。

（3）高位公布较大利好，或高位进入报表公布期。

三、大盘走牛时如何选股

在牛市行情中，总体操作策略以买入持股为主。但并非每只股票在牛市上升期都是一帆风顺地平稳上行，无论强势市场还是牛市行情，上升途中都会有大大小小的震荡调整。中长线投资者在牛市上升中途被震出来也是常态，震出来了还得进去，所以高位选股是中长线投资者必须面对的一道难题。

对于短线交易者而言，在牛市行情中选股也不容易。大盘长期上升带动个股纷纷上涨，牛市中后期个股普遍上涨，这时在高位选股就显得尤为困难。除了个股普涨外，还有一种情况就是大部分个股走势都极为相似，从中分析判断哪些股票更有上涨潜力并不容易。

下面提供几种选股思路供大家参考，希望对解决高位选股的困惑有所帮助。

1. 选择强势上涨股

牛市中必须敢于追买强势股，否则就可能跑不赢大盘指数。2015 年上半年的上升行情，几乎都是超级大牛股强势上升带动的，没做强势股的散户，大都是只赚指数不赚钱。股市中没有什么比看着他人赚钱而自己停步不前更痛苦的。

做强势股必须要有勇气，另外还要讲究方法和技巧。这里介绍一些思路和方法，供大家参考。

做强势股的勇气建立在成功可行的选股操作方法上。什么样的品种是最强的，这可以从个股日 K 线走势上来分析。股价单日涨停代表一日的走势表现超强，连续涨停则代表一段时间以来走势超强。涨停是市场交易中的极端状态，极端状态下大众不宜操作，所以不必多谈。

适合大众操作的、一段时间以来最强势的表现状态是：其一，股价连 5 日均线都不触碰，而是连续上升。其二，股价以 5 日均线为回调支撑位连续上升。

下面通过几只个股的表现，来讲解一下这两种强势股的表现情况。

如图 3-20 所示，光大证券（601788）步入上升阶段后，股价先期以 5 日均线为支撑持续上升，这种走势坚强有力。之后股价连 5 日均线都不碰，上升速度越来越快，形成主升浪行情。这种上升形态经常出现在牛市或阶段性强势市场，对于短线交易者而言，找到这样的个股并不难，难的是有没有上轿的勇气。

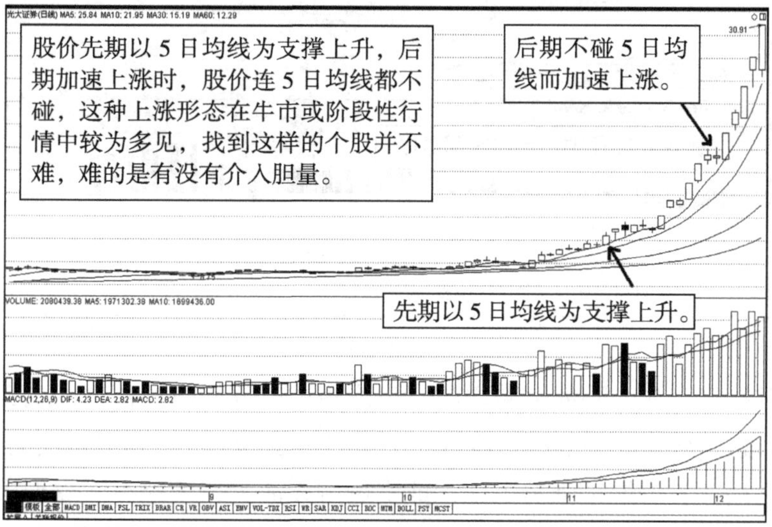

图 3-20

以上是做热点抓龙头股的思路和方法。牛市或阶段性强势市场，除了做热点抓龙头股外，还有另外一种快速获利方法，就是做超级强势股的独立行情。选股方法是以“股价连 5 日均线都不碰连续上升”或“股价以 5 日均线为回调支撑连续上升”为标准选择个股。所选个股不一定属于热点板块中的品种，但牛市并不缺乏独立狂飙的个股，抓住其中几个，就能在短期内获得不菲的收益。

2. 选择低位横盘突破个股

股价在底部经过长时间的整理后，一旦以大阳线成功向上突破盘整区域，成交量积极配合，该处往往成为一个中短期底部，后市将会出现一波持续的上涨行情，此时可以积极做多。这种突破现象可以出现在市场任一阶段，但突破高位盘整区域时，要防止庄家拉高出货。

如图 3-21 所示，山西焦化（600740）的股价结束反弹后大幅回落，在接近前期低点（观察压缩图）时企稳，进入横盘整理走势，震荡幅度收窄。在整个调整过程中，成交量大幅萎缩，做空能量释放充分，股价基本跌无可跌。经过一个多月的横盘整理后，2017 年 6 月 29 日，股价突然跳空高开，一根放量涨停大阳线拔地而起，突破了底部盘整区域，随后股价出现震荡上涨行情。

在上涨过程中，主力运作手法非常稳健，每上涨一个台阶后，就会展开蓄势整理，然后再次向上放量突破。7 月 28 日和 8 月 25 日均是利用放量大阳线突破整理盘区，而且都是标志性的突破大阳线。在实盘中遇到这样的大阳线，投资者应积极予以关注。

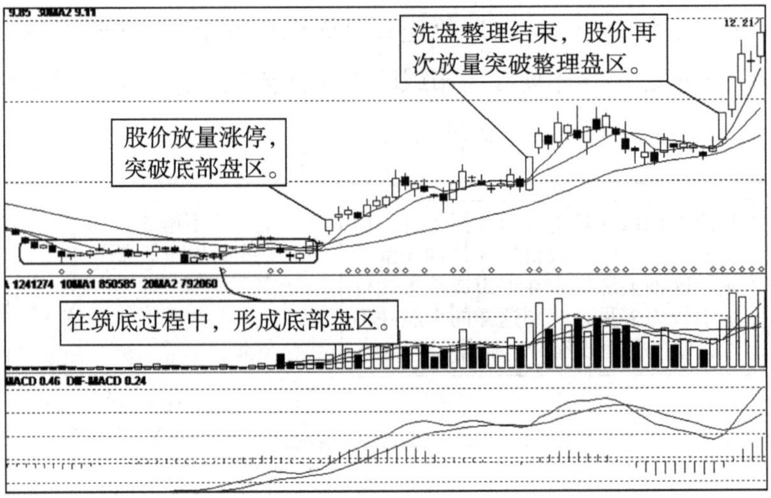

图 3-21

从图中可以看出，在大阳线突破之前，股价经过充分的蓄势整理，成交量出现大幅萎缩，显示做空动能已经衰竭，抛盘压力减轻，后市下跌空间不大，股价随时有可能出现回升。在大阳线突破之后，股价继续强势上涨，成交量持续放大，不断有买盘积极介入，说明盘面已被成功激活。因此这根大阳线是底部突破性标志，后市可以积极跟进做多。

牛市上涨一般都富有节奏，上涨一段后会形成高位横盘整理走势。高位横盘状态向上变盘时，常常以一根放量大阳线作为起点，向下变盘大多以一根放量大阴线作为开始。横盘状态的个股，介入点是该股出现一根放量大阳线向上突破之时。牛市格局下，操作这种向上突破品种的成功概率比较高，是短线最佳的介入时机。

如图 3-22 所示，如意集团（002193）的股价经过前期一段上涨行情后，进入洗盘调整走势，之后股价企稳，呈现横盘震荡状态。期间成交量明显萎缩，说明浮动筹码已经不多。

不久，一根上涨大阳线拔地而起，成交量明显放大，说明股价洗盘调整结束。此时均线系统也呈现出向上多头发散的迹象，所以这根大阳线是一个明确的买入信号。从此该股展开一轮较大的上涨行情，累计涨幅超过 4 倍。

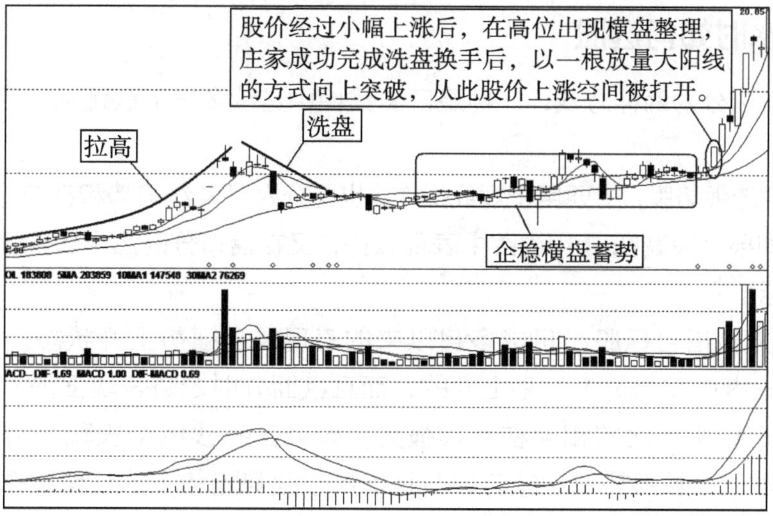

图 3-22

3. 选择中途调整后突破个股

从多年实盘研究发现，部分个股在强势上升中途出现调整后，再次出现一根放量大阳线时，说明该股回调洗盘结束，为重新上涨信号，因此放量大阳线是一个理想的买入信号。下面结合案例介绍这种买入信号。

如图 3-23 所示，南京新百（600682）的股价成功脱离底部区域后，出现强势上涨走势，均线系统呈现多头发散，成交量温和放大，一轮牛市行情已经展开。在涨势中，股价多次出现调整，但均以大阳线为调整结束的标志，这些时间节点都是不错的短线买入点。

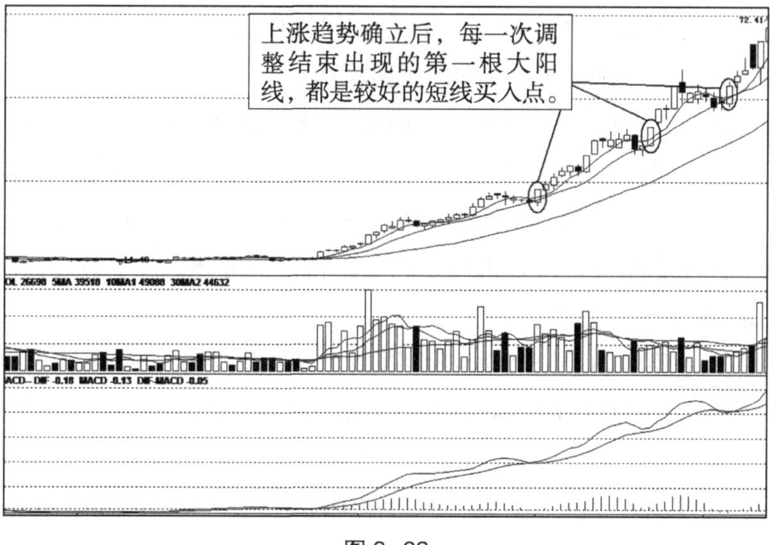

图 3-23

为了防止抄底失败，在操作策略上，要设置一个止损位，止损价就是这根大阳线当天的开盘价。若后市股价没有继续强势上升，而是以大阴线杀跌，跌破大阳线的开盘价就要果断撤退。

四、大盘跳水时如何选股

大盘跳水可以分为两种方式，一种是日 K 线图中连续多日下跌跳水，另一种是分时图中瞬间跳水。

在分时图中选强势股，主要用于短线操作，也可分为日 K 线强势和盘口分时强势两种。一般情况下，如果个股既在日 K 线图中表现强势，又在盘口分时图中表现强势，这样的强势股是首选目标。

日 K 线强势是指目标股当日或多日以来的表现属于强势上升状态。盘口分时强势是指目标股当日盘中交易价不但是上升的，而且盘面分时走势表现强势。上述两者都表现强势，说明目标股在之前和现在都很强势。如果日 K 线图中表现强势，但盘口分时图中表现为下跌或不够强势，意味着该股目前属于强势走势中的整理状态，不是短线首选目标。同样，如果日 K 线图中表现弱势，而盘口分时图中表现得较为强势，则说明该股处于弱势走势中的反抽状态，也不是短线首选目标。

日K线走势是否强势，观察个股数日以来的K线走势表现就可以得知，因为判断很简单，这里就不再啰嗦了。下面重点讲盘口分时强势这个内容。盘口分时强势还可以细分为多种强势状态，在此分析一下大盘跳水时个股盘口分时强势这种盘面现象。

一般而言，在大盘盘中出现快速跳水走势时，大部分个股也会跟随大盘出现快速急跌现象，能够维持分时强势横盘的个股特别少，这时就可以检验出个股的强弱程度。常用的方法是当日曾经出现过一波上涨或下跌后，一直维持强势横盘走势。当大盘出现跳水走势时，股价不受大盘中大幅跳水影响，继续维持横盘走势。当大盘跳水结束出现反弹时，股价却快速向上拉升，这类个股就是强势品种，具有短线操作价值。激进者可以立即跟进，跟进后视情况决定去留，大部分都能成功地做一把短线。

图 3-24 展示的是泰永长征（002927）的股价分时走势。2018 年 12 月 20 日，上证指数开盘后出现一波下探走势，该股与同期大盘相比明显属于强势品种。股价经过小幅回落后维持横盘整理，并没有因大盘下跌而受影响，说明有实力强大的庄家把持。10:30 过后，大盘结束小幅跳水并企稳回抽，该股则猛力向上拉高直至涨停，显示其走势明显强于大盘，短线高手应立即跟进。

大盘出现盘中跳水时，大部分个股都会跟着出现快速下跌，此时是选择分时强势个股的好时机。通过翻看 61 和 63 涨幅榜个股分时图，是不是强势横盘一目了然。一般选择当天涨幅在 3%~7% 之间的个股，这种升幅状态下的个股，在大盘跳水后反弹时，在市场力量的配合下，庄家稍微发力，就很容易将股价推到涨停板。

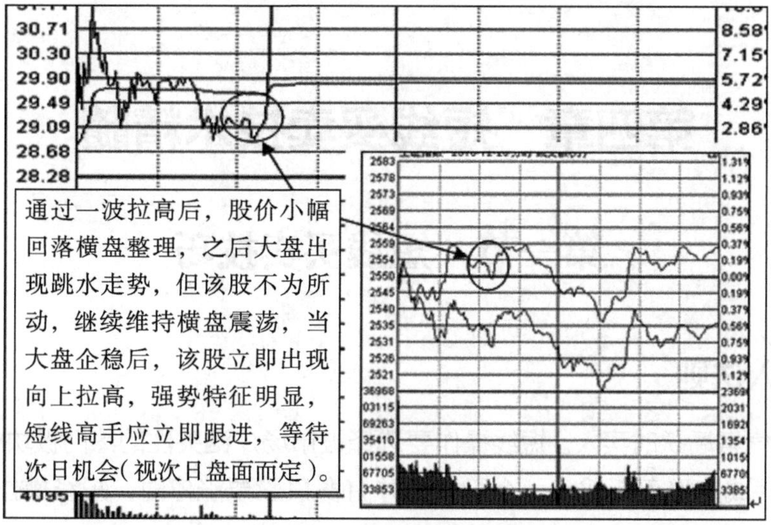

图 3-24

图 3-25 展示的是宝泰隆（601011）的股价分时走势。2018 年 12 月 25 日，该股股价小幅高开后震荡走高，之后形成横盘震荡走势。当天大盘开盘后逐波下探，市场大部分个股随之下跌，而该股分时走势维持在 5% 左右强势横盘，说明盘中庄家积极护盘做多，此时应列入重点关注。

在大盘跌势趋缓后，该股向上拉起时，就应立即跟进。如果大盘反抽时该股继续横盘，则放弃关注，该走势疑似庄家护盘出货。10:36，该股在大盘下跌放缓时快速向上拉起，一举拉到涨停板，到收盘一直封死涨停。次日股价继续高开高走，短线 T+1 操作收益不菲。

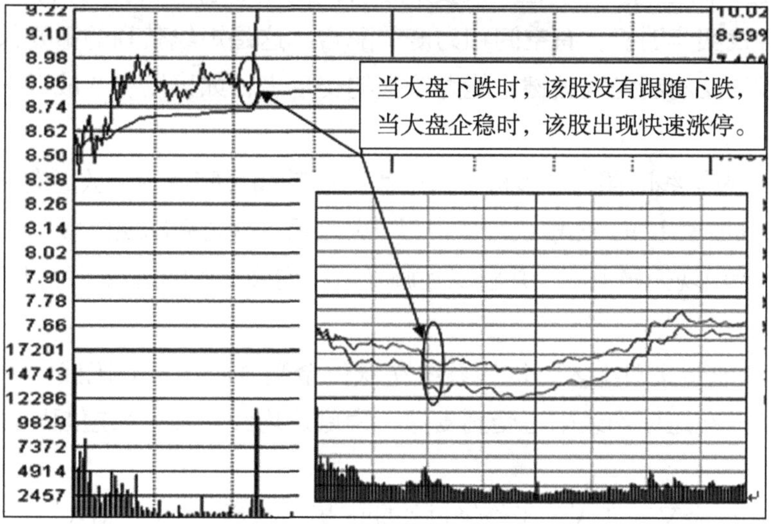

图 3-25

第四章　短线买卖技术精髓

第一节　短线买卖技巧

一、短线买入法则

（1）投机气氛活跃时买入。短线操作要选择被市场广泛关注的热门板块中的活跃个股。市场气氛活跃，成交量不断放大，个股普涨并有多只股票涨停时，短线操作相对容易。当出现经济热点且出现龙头股时，更应适时抓住龙头股短线操作。

（2）板块整体走强时买入。所属板块整体走强，最好是市场热点板块，这对于短线操作的安全和盈利来说至关重要。每个板块都有自己的领头羊，看见领头羊动了，就要马上想到观察同板块的其他股票。实盘买点是在确认整个板块都有资金介入迹象，龙头股放量向上突破时，坚决买进同板块尚未启动的个股。

“强者恒强，弱者恒弱”，这是股市的一条重要规律。应多参与强势市场，少参与或不参与弱势市场。在同板块或同价位的股票中，应买入强势股和领涨股，回避弱势股或认为将要补涨的低价股票。

（3）大盘趋势向上时买入。在买入股票之前，应对大盘的运行趋势有一个明确的判断，然后在个股中寻找买卖时机。有空间和力度的配合，这是短线获利的重要保证，这一点对于选股能力一般的交易者尤为关键。能力较强的交易者，如果没有八成以上把握，建议不要逆势操作。

（4）放量突破均线时买入。股价经过一段时间的缩量整理后，放量向上突破均线，其后量能充足，持续放量上涨。在暴跌行情中，一次巨量下跌之后出现巨量上涨，该位置为底。放量之后下调，若出现无量上涨，并出现回调受短期均线支撑的迹象，是盘子较轻的表现，该位置为底。

（5）均线形成金叉时买入。均线系统在低位金叉并收出探底阳线，为底。均线多头排列，股价回调时在短期均线附近受到支撑，为底。均线超卖，即短期均线向下远离中长期均线，为底。

（6）技术指标金叉时买入。股价经过长期大幅下跌后，RSI、MACD、KDJ 等重要中短期技术指标在低位形成金叉，是较好的短线买入机会。

（7）技术形态突破时买入。股价经过长时间的整理后，一举放量向上突破技术形态的颈线位，是短线不可放过的买入机会。技术形态被有效突破后，大多会达到或超过“最小量度”升幅。

（8）强势横盘突破时买入。如何寻找强势股，这里有一个简单的方法，从静态强弱排行中找出强势股，同时跟踪观察成交量配合理想的个股。当强势股回档（最好是横盘）缩量整理后，放量向上突破平台区域，均线系统向上多头发散，此时短线应立即跟进，之后必定出现一波上涨行情。

（9）庄家拉高吸货时买入。庄家敢于拉高吸货，至少证明两点：一是庄家实力强大，二是该股后续必有重大利好。

实盘中应该注意两点：一是该股处于循环位置的低点，至少一年内没有翻番以上的涨幅。二是其形态应该是连续长阳，成交量大幅放大并递增。如只有一天成交放量，然后就迅速萎缩，表明这是庄家的试盘行为，不宜过早介入。

实盘买点：一是连续两天长阳，成交量大幅放大并递增，第三天开盘 15 分钟后观察量比指标（或用公式 15 分钟成交量 ×16 计算）。如发现成交量放大，股价向上突破时，坚决买进。二是放量突破最近阻力位（前期高点、均线、颈线、盘区等），坚决买进。

（10）大盘狂跌、市场恐慌时买入。大盘狂跌出现抛售高潮时，是短线买入良机。如何识别抛售高潮呢？大盘长时间下跌后，因为多头彻底绝望，加上一些融资盘被强制平仓，会产生一个加速下跌的走势，这表明盘中出现了抛售高潮。事实证明，抛售高潮是非常好的短线买入和获利机会。

实盘买点：在这种买点中，技术指标已经毫无用处，只能凭经验和市场感觉来判断，因为指标早在几天前就已经严重超卖，而大盘还在一路下滑，丝毫没有止跌的迹象。买点出现当天，大盘一般会大幅跳空低开，略作停顿便继续下滑，并且下滑速度不断加快，直至出现直线下跌。那些死多头经过几个月的煎熬，再也忍受不了巨额亏损，最终割肉出局。这时卖盘突然消失，大盘快速反弹，一个千载难逢的短线获利机会就出现在眼前。

（11）强势回调黄金买点买入。个股从底部连续阳线拉升，第一波升幅达 25% 以上时，可以确定它为强势股，此时要高度关注，并把它放入自选股，密切观察其后走势。当股价缩量回调到第一波升幅的 0.618、0.5、0.382 三个黄金分割点时，是短线买入点，一般来说后市至少有 10% 的升幅。

（12）尾盘有利好消息时买入。根据尾市理论，如果尾市突发利好消息，做多效应会延续到第二天一早。在尾市突发利好消息时买入，第二天在利好消息仍然发生作用时借高开或冲高之机退出，可以潇洒地做一把隔夜仓。不过如果尾市看错，第二天开盘后要及时止损。

二、短线追涨法则

短线追涨要重点关注以下四类个股。

一是追涨强势股。这类个股已经开始启动新一轮行情，是交易者短线追涨的重点选择对象。

二是追涨龙头股。主要在以行业、地域和概念为基础的板块中选择最先启动的领涨龙头股。

三是追涨涨停股。涨停板是个股走势异常强劲的一种市场表现，追涨强势股的涨停板，可以使交易者在短期内迅速实现资金增值。

四是追涨突破股。当个股形成突破走势后，意味着股价已经打开上升空间，股价突破的位置正是最佳的追涨位置。

操盘细节方面，要注意以下几个信号。

（1）长阳重炮。在低位温和放量之后，出现了一根带量长阳（或涨停），马上直扑追涨。

（2）吞并反转。第一个交易日长阴（或跌停），第二个交易日涨停，包容（或接近包容）前一交易日长阴，可以在第二个交易日涨停的刹那追涨买进。

（3）攻击追线。第一个交易日涨停，第二个交易日先上后下，收带长上影线（7% 以上）的十字线（阴阳均可），成交量放大，往往第三个交易日会用长阳吃掉第二个交易日的长上影线。交易者可以在第三个交易日形态确立后追涨买进，之后必有厚报。

（4）牛熊不败。个股依托底部形态（V 形、W 形、头肩底）向上冲击均线，若以涨停突破，可以直接在涨停板追涨买入。牛熊不败是必胜的 K 线形态。

（5）三外有三。一轮中级以上行情，通常会有连续三个涨停的个股成为龙头股。交易者可以在第三个涨停板附近追涨买入，后市一般还会有 15% 以上的升幅，是短线高手必胜的招数。

（6）喜鹊闹梅。在涨停前提下，连续三日收出小阴或小阳强势整理形态，好似树上三只喜鹊闹梅，喻示冬天过去，春天来临。可以在形态确认之后买进，后市一般都会有一波快速上涨。

（7）反向打压。在平台整理末端，股价先向下猛地一沉，并有击破 10 日均线的动作，之后用中阳线穿越平台，交易者可以在中阳线穿越平台后直接追涨。

（8）故地重游。个股经过一轮上涨之后，随大盘逐波调整至前期起涨点。如果此时股价放量涨停向上突破，交易者可以直接追涨。这种走势叫做故地重游。

（9）开闸放水。市场经过一轮下跌后，会切换出新的热点和领涨个股或龙头股。通常龙头股第一个涨停时会开闸放水，这是短线高手追涨买入的最好时机。

（10）进二退一。在低位出现一根涨停阳线之后，第二根阳线涨幅超过 6%，第三天回调时在昨日均价附近追进，之后再根据成交量级别决定持股时间。

三、短线卖出法则

（1）股价大幅炒高后卖出。在任何时间都不要买入高位的股票，此为铁律。市场中股票多得很，如果有眼光，完全可以在股价启动前或者启动的瞬间骑上黑马。追涨说明眼光不行，思维滞后，行动滞后，最后被套在高位的一般都是这类人。

（2）股价连拉三个涨停卖出。盘中获利丰厚，要马上卖出，至少要暂时回避风险，不要参与技术调整。如果连续 3~5 天收出中阳线，一旦股价上涨无力，要果断出局。

（3）个股被大多数人看好时要卖出。大多数人看好的股票，因为买入的人多，筹码分散，庄家难以控盘，未来上涨高度有限，所以要逢高赶快跑。

（4）量大而价不涨时卖出。成交量持续放大，股价却不涨或微涨，量价背离，说明盘子重，庄家对倒明显，应短线卖出。

（5）均线高位死叉卖出。短期均线在高位形成死叉，股价跌破均线，为头。均线超买，即短期均线向上远离中长期均线，为头。跳空均线，即股价大幅跳空在均线之上，均线并不助涨，为头。

大多数股票都是依托一条均线上升的，如 10 日或 20 日均线。一旦股价向下击穿这些均线，3 日内不返回到均线之上，应坚决卖出。一般而言，股价跌破 5 日均线要卖出，跌破 10 日均线更要果断卖出，跌破 30 日均线则必须卖出。30 日均线拐头向下，必须要全部清仓出局。股价跌破重要支撑线，应立即卖出。

（6）技术指标死叉时卖出。识别超买信号主要有以下几种。

一是周线 KDJ 由钝化变为向下，坚决卖出。

二是周线 KDJ 的 D 值大于 80 时出现死叉，坚决卖出。

三是股价冲出 BOLL 上轨线又跌回上轨线之下，坚决卖出。

四是 BIAS 过大，应结合其他信号择机卖出。

（7）技术形态破位时卖出。股价经过长时间的盘头整理后，向下跌破技术形态的颈线位，是短线离场时机。技术形态被有效跌破后，大多会达到或超过“最小量度”跌幅。

（8）股价上涨乏力时卖出。买入的股票已经有了一定的涨幅，并且感觉该股已经出现上涨乏力的迹象，量能不再持续放大，缺少上攻动能，这时应考虑逢高卖出。这是一个非常简单却专业的方法，大资金操作更应注意。这种卖出操作无法卖在最高位，但必须止盈卖出。

（9）阻力位不盘整或不放量突破时卖出。重要阻力位主要指前期高点价位、长期横盘价位、跌幅的 1/2 价位。在阻力位前，股价回档的可能性非常大，因此至少应卖出半仓。作为短线操作来讲，时间成本很重要，参与股价调整无疑加大了时间成本。

（10）跌破止损位坚决卖出。这是许多人都不愿做的，但也是许多人亏损的原因。一般把止损点设在下跌 5%~8% 的位置为好。跌破止损位要认输，不要用长线投资的话来欺骗自己。卖出时不要受自己买入成本高低（盈亏）的影响，应根据大盘运行规律以及涨跌幅度等综合判断。如果预期市场将要下跌了，无论是赔是赚，一定要无条件出局。

（11）高位出现大阴线卖出。高位一旦出现大阴线或中阴线，马上卖出。阴线吃掉前面大阳线的 1/2，应随时准备卖出，吃掉 2/3 以上则果断卖出。如果大阴线全部吞没大阳线，应毫不犹豫地清仓出局。

（12）突然出现利空消息时，要在第一时间卖出。买进后感觉上当受骗，应立即逢高出局。

（13）单边下跌，无主动性买盘为头。股价呈现单边下跌走势，没有明显的护盘迹象时，股价仍将延续惯性下跌，短线应当卖出。

短线卖出，总体上可根据“指标下拐、均线走平、量能剧增、盘面火爆”这十六字来判断市场是否出现顶部。这十六字的具体解释如下。

指标下拐是指日线图中常用的指标如 KDJ、MACD、BOLL 等流畅上行的线条出现向下拐头的迹象。均线走平是指 5 日、10 日等短期均线，以及 20 日或 30 日等中期均线有走平迹象。量能剧增是指在温和放量一段时间后，开始出现巨量成交现象。盘面火爆是指出现加速上涨走势，交易呈现白热化局面。在前次平台的下方盘整，没有明显的巨量突破迹象时，为头。

四、短线量价研判法则

（1）在涨跌停板制度下，股票出现第一个无量涨停，后市仍将继续涨停，直到出现大成交量，股价才会回档或反转。同理，股票出现第一个无量跌停，后市仍将继续跌停，直到出现大成交量，股价才会反弹或反转。

（2）放量总是有原因的。在高价区，有些庄家往往对敲放量，比如在一些价位上堆放大卖单，然后自己将其吃掉，以显示庄家实力，吸引市场眼球。或是在某些关键点位放上大笔买单，以显示庄家护盘决心强大，凡此种种皆为假象，真实的升降一眼即可辨别。若是在低位出现对敲放量，说明机构在换庄，或是准备拉高，发起一波上涨行情，短线可以择机跟进。若是在高位出现放量现象，庄家对敲出货无疑。

（3）股价长期下跌后，在低位形成成交量谷底，随后股价出现反弹，但之后成交量没有随价格的上涨而递增，显示股价上涨乏力。之后股价再度跌至前期谷底附近，有时高于前期谷底，第二谷底成交量明显低于第一谷底时，说明下跌也缺乏动力，预示新的一波上涨又要起来，此时可以考虑买进。

（4）下跌的时候无论有量无量，只要向下破位（跌破均线、趋势线、颈线、箱体等），均要及时出局。

（5）高价区无论有无利多利空影响，只要出现巨量大阳、大阴 K 线，就要警惕形成头部。高价区一根大阴线之后，连收两根阳线也不能收复大阴线，表示天价成立，应及时清仓。

（6）成交量创历史新高，次日股价收盘却无法创新高时，暗示股价将要回档。同样，若成交量创出历史新低，但价格不再下跌时，说明股价将要止跌回升。

（7）在空头市场，出现一波量价均突破前一波高点的反弹时，往往表示空头市场结束。在多头市场中，股价创新高后，若成交量再创新高，常常表示多头市场结束，空头市场即将开始。

（8）量价筑底的时间越久，反弹上升的力度越大，高度越高，这就是所谓的“横有多长，竖有多高”。

（9）对于小盘控盘庄股，短线操作不适用量价分析，但中长线走势还是无法脱离量价关系原则。

（10）观察量能变化，一定要与 K 线走势和形态结合起来。上升趋势中出现相对地量，股价回落至重要均线（5 日、10 日、30 日均线）处，往往是极佳的短线买点。

（11）成交量是股票市场的温度计。许多股票狂涨并非是基本面出现实质性的变化，而是短期筹码供不应求造成的。成交量大小决定个股除权前是否会有抢权行情，除权后是否会有填权或贴权行情。若除权后成交量放大并拉阳线，很有可能会出现填权行情，无量或减量往往出现的是贴权行情。

（12）在底部区域，黑马股的成交量变化一般有两个特征：一种是在低位成交量从某天起突然放大，之后几乎每天都维持在这个水平，日线图上股价小幅上涨，下跌时常常出现十字星。另一种是成交量从某一天起逐步放大，并维持这种放大趋势，股价常常表现为小幅持续上涨。这两种情况说明庄家已经没有耐心或时间在底部慢慢进货，而是一路推高股价，边拉升边吸筹。

（13）在底部盘整末端，股价波动幅度逐渐缩小，成交量萎缩到极限后出现量增现象时，股价以中阳线突破盘局，并站在 10 日均线之上。成交量持续放大，股价持续收阳线，以离开底部 3 天为原则，突破之后黏合的均线转为多头排列，此时为最佳中短线买入点，也是量价、均线配合完美的走势。

五、短线实盘战术技巧

（1）上涨时加码，下跌时减磅。涨势中回调买入，跌势中反弹卖出。在 K 线走势中，买跌不买涨，买阴线不买阳线。在趋势中（包括短期趋势），则是买涨不买跌，买上升不买下降。

（2）一般情况下，即使是质地不太好的股票，如果股价连续下跌了 50%，也可以抢反弹。遭遇重大利空被腰斩的股票，不管其基本面有多差，都会出现 20% 左右的反弹。

（3）买进大盘暴跌时逆势上涨的股票。逆势飘红的个股可能是大资金扛着，大盘企稳后该股会大幅上涨。当然也有可能是庄家诱多拉高出货，关键看后市是否会补跌。

（4）目标值的预测方法。

反弹型的个股遇到重要的压力线（10 日、20 日、30 日均线）为其卖出点。

反弹型的个股遇到重要支撑线，并且出现短期均线金叉，可以做一把反弹行情。

反转型的个股长期缩量整理后，受到 10 日、20 日、30 日均线支撑向上突破时为买点。

遇支撑买进，遇压力卖出。

（5）左侧与右侧交易方法。

何谓左侧交易和右侧交易？

第一，在股价上涨时，以股价顶部为界，凡在顶部尚未形成时的高抛，都属于左侧交易。从顶部回落后的杀跌，则属于右侧交易。第二，在股价下跌时，以股价底部为界，凡在底部左侧低吸者，属于左侧交易，在见底回升后追涨，则属于右侧交易。第三，有时同样一个价位，却有左侧交易与右侧交易的区别。

对散户来说，左侧交易是业余选手的标志，右侧交易则是专业选手的标志。左侧交易（高抛低吸）主观预测成分多，右侧交易（杀跌追涨）则体现了对客观走势的应变能力。

专业高手既不做左侧交易，也永远不追求抛在顶部、吸在底部的“神仙”交易。

对右侧交易，除上述认识之外，实现起来还要经过严苛的心理训练方能达到。

（6）不怕错过，只怕做错，短线操作要三思而后行。在股市中，好股多得很，机会也多得是，千万不要抱着“非此股不嫁”的心态。重要的不是失去一两次机会，而是不要头脑发热，轻率地买卖股票。盲目交易一会损失金钱，二会影响心态，三会错失好的交易机会。如果买错一次，等于错了两回。亏损 50%，需要 100% 的收益才能挽回。

（7）持股时间不能被动拖长。股市中有不少这样的人，本打算“打一枪”就跑，然而买入后不但没有盈利，反而出现小幅亏损。因为不忍心割肉，导致越套越深，最后无奈地变成了长期持股。对于短线操作来说，这种做法非常不可取。短线操作既要学会获利出局，也要学会割肉止损。

六、如何鉴别股票优劣

1. 短线优质股票分析与判断

（1）买入量较小，卖出量较大，股价不下跌的股票。这种现象说明该股处于庄家收集后期或拉升初期，大量卖盘是由庄家为低价收集筹码而设置的上压板，也可能是拉升初期涌出的短线浮筹。股价不跌是由庄家的隐形买盘造成的。在这种情况下，庄家在盘面上挂出的买卖盘通常是迷惑性的，正常的买卖盘通常是及时成交的。此类股票的庄家通常是大庄家，股价随时可能大幅上涨而脱离庄家的建仓成本区。

（2）买入量、卖出量均较小，股价轻微上涨的股票。庄家吃货完毕后，主要的任务是拉升股价，增加利润。上述状态是庄家拉升股价的最佳表现，资金投入小，拉升效果大。

（3）放量突破最高价等上档重要阻力位的股票。这种走势是典型的强庄行为，因为没有实力的庄家和散户如同小鸟，想飞也飞不高。

（4）头天放巨量上涨，第二天仍强势上涨的股票。只有资金实力强大的庄家才会这么干。对于庄家来讲，时间比资金利用效率更重要，而且他们对于闪电式拉升的刺激已习惯了。

（5）大盘下跌时股价微跌或不跌，大盘横盘时股价微涨，大盘上涨时股价疯狂上涨的股票。这种情况表明该股庄家实力较强且处于筹码收集中期，成本价通常在最新价附近，大盘下跌正好是他们加快收集筹码和显示实力的机会。有的操盘手喜欢这么干。

（6）遇个股利空放量不跌的股票。该跌不跌，必有大涨，这是此类个股后期走势的唯一选择。

（7）有规律且长时间小幅上涨的股票。这类股票的庄家有两类，一类是电脑程式化操盘，另一类是操盘手无决定权，须按他人计划指示办事。这类股票走势通常是上涨的时间较长，而且在最后的上涨阶段都会连续收出大阳线，形成冲刺走势。

（8）无量大幅急跌的股票是超短线好股票。买股票的最大乐趣就是买到最低价，然后安心地等待被套的庄家发红包。

（9）送红股除权后又上涨的股票。这类个股的形象与股性都是比较好的，短线大多有获利的机会。

2. 短线劣质股票分析与判断

用上述类似的理由及分析方法，可以得出下列股票属于短线劣质股票的结论。

（1）买入量巨大，卖出量较小，股价不上涨的股票。

（2）买入量、卖出量均较小，股价下跌的股票。

（3）放量突破下档重要支撑线的股票。

（4）头天放巨量下跌，第二天仍下跌的股票。

（5）大盘上涨而个股不涨或微涨，大盘横盘而个股下跌，大盘下行而个股加速下跌的股票。

（6）遇个股利好放量不涨的股票。

（7）流通盘子大、成交量小的股票。

（8）经常有异动而股价没有明显上涨的股票。

（9）送红股除权后下跌的股票。

需要指出的是，这里所说的股票优劣，并不是指股票本身的质地和业绩优劣，而是用短线上涨潜力大小来评价的。

第二节　短线买入招式

一、短线回档杀进

炒股有一种比较安全的方法，既能保证收益，又不致被套牢。比如，选择股价走高后回落企稳时伺机介入，就是一种颇为称道的方法。股市风险多集聚在股价走高时，回调走低就是在释放风险。稳健的交易者如果能克制追高的欲望，炒股就成功了一半，另一半则是逢低吸纳。逢低吸纳，这个被人叫烂了的词，却是短线操作的金玉良言，但要真正做到这一点，大家还得修炼一番。

很多人喜欢追涨买股，但不是每次都有连续上涨的走势，出现整盘震荡走势是很正常的。昨日走势好好的，今天一变脸股价就掉了回来，让昨日追高的人浑身不自在。选择回档或者回档次日早盘下探时买进，是短线最好的买入时机。股价经过洗筹，保持一两天的强势一般是没有问题的，起码跌下来的可能性比较小。不做冲高而是主动回撤，就是为了加强攻势。需要注意的是，回档杀进要在股价从底部突破后一两次的回档过程中杀进，对于三次以上的回档走势要格外小心，除非有理由肯定前期只是小幅上扬走势。

当然，也不能见到底部出现一根阳线、后面收阴就杀进，对高开低走，冲高回落，猛然一柱天量等盘面，最好还是退避三舍。

那么出现回调时怎么介入呢？一定要选在大势上涨的回调走势中，处于下降通道的反弹抢不得，否则一不小心就被套进去了。回调走势启动前，一般都会有个底部盘局。盘局虽无大幅下跌的可能，但何时回升是个未知数。有的盘整只有两三天，有的则会持续七八天不等，短线资金不要过早介入，以免资金被无谓占用。股价脱离盘整区域或 5 日均线开始上翘时，才是入货的良机，随后股价会逐步回升或迅速拉起。

图 4–1 展示的是绿庭投资（600695）的股价走势。该股经过前期一轮跳水行情后，做空能量释放殆尽，从此盘面陷入弱势整理走势。在底部弱势盘整中，成交量萎缩至地量水平，市场几乎无人问津。股价窄幅波动，散户很难获利，庄家在此期间吸纳了大量的低价筹码。

2018 年 10 月 11 日开始，庄家故意向下制造一个空头陷阱，然后股价连续以“一”字板向上弹起，并突破前期平台压力，此时庄家展开洗盘整理。10 月 29 日低开 4.41% 后，盘中逐波下跌，当天封于跌停板。不少散户看到这样一根跌停阴线后就被吓跑了，其实这是突破后的正常回档，也是对突破是否有效的回抽确认。只要不是破位下行构成假突破，就大可不必担心，反倒是短线介入的好机会。第二天股价高开拉涨停，表明洗盘结束，随后股价展开新一轮拉升行情。

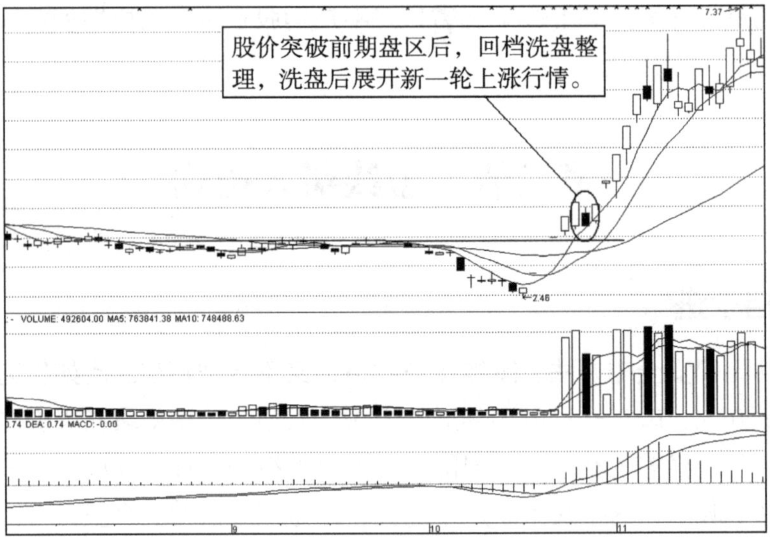

图 4–1

在分析回调介入技法时，有必要了解一下顶和底形成过程中的一些关键问题。

（1）股价到顶时（无论大顶小顶），庄家要做头。通常把股价推上去后，不做盘整就砸下来，套不住多少散户。在顶部，庄家会制造一些假象，使股价在顶部不断反复，尽量把散户多圈进去一些（即便是短期头部，为了洗筹，也要诱在高位，踢在低位）。可为什么有那么多人听从摆布呢？这是因为早进去的盼着还涨，不舍得卖；晚进去的受了股价欲升的诱惑，没赚到钱，跌下来更不想卖。

如何看清庄家是不是在做头呢？对于中长期大顶，除了头部信号、形态标志外加中短期均线的支撑力度，还有一点值得警惕的是：股价在高位大幅震荡，单日分时走势上下落差超过5%，这种走势持续多日，股价就是不创新高，表明后期走势没有多大希望了。

（2）股价回调跌到底后，一般不会马上转升。庄家打底有个过程，先是企稳后由底部向上突破，其中不时地还往下砸一砸，如同股价在高位不时地往上窜一窜，就像诱多一样，向下砸的用意在于吓跑一些低位筹码。为什么人们不逢低吸纳还要跑呢？因为这时股价经过了一段时间的下跌，谁也不知道股价是否跌到底了，没人敢贸然买入。如果没人进场，那么这个位置往往是最后一跌的底部。

二、平台突破杀进

股价有了一段升幅后，不会持续向上涨升，但也并不一定下跌，还可以进入横向震荡。这种横盘整理态势，使股价可上可下。横向震荡到底是上升过程中的强势整理，还是庄家借横盘震荡出货？细致观察还是能看出一些名堂的。

强势整理有以下两个特点。

第一，上涨中继型的横盘整理，股价上下震荡幅度狭小。

第二，前期上涨时成交量放得不是特别大。

如果与以上两个特点相反，可能就是庄家借横向盘整出货。

强势整理后的突破是有征兆的，通常是在盘局的尾声来一次缩量收阴，最后砸一下盘，多数地量就是这么砸出来的。随后如果成交量略有放大，表明庄家只想收回失地，留待明日突破。如果成交量成倍放大，表明庄家要拉大阳线直接突破，突破时机多选择走平的5日均线与上行的10日均线黏合之时。这时可密切关注什么时候出现突破，但要防备当日早市开盘后庄家出其不意地大幅拉升，给散户来个措手不及，这时散户就只能追高了。

另外一种情况是高位平台整理后的突破。由于这类股票都是长庄、强庄驻扎，筹码锁定良好，向上突破后一般还会有不错的涨幅。操作上没什么特别之处，突破整理平台时买进即可。可是面对这种走势，很多人不敢买进，认为股价已经涨得太高，甚至有的股价已经翻倍。可是你越不敢买进，股价就越是涨起来没完。

图4-2展示的是光洋股份（002708）的股价走势。庄家完成建仓计划后，快速向上突破前期盘区压力。股价突破之后，通过以时间换空间的方式，进行横向窄幅震荡整理，形成一个整理平台。2018年11月8日，股价以放量涨停的形式向上突破平台整理区域，说明洗盘整理结束，随后股价连拉9个涨停。

三、碎步上行回调时杀进

股价之前以小幅上扬的形式，不急不躁地沿着坚挺的5日或10日均线爬行，有的连续收小阳，有的一下收阳一下收阴。靠近5日或10日均线就弹升，离远时便回调，短线趁缩量落到5日或10日均线处大胆吸纳，在没有爆发出一次大涨之前，不必担心它会掉下来。令人担心的是获得的账面盈利能不能落袋，因为大涨那天可能就是上涨结束之日，当天保不住阳线是常事，即便能保住，之后的持股过程也得格外小心。

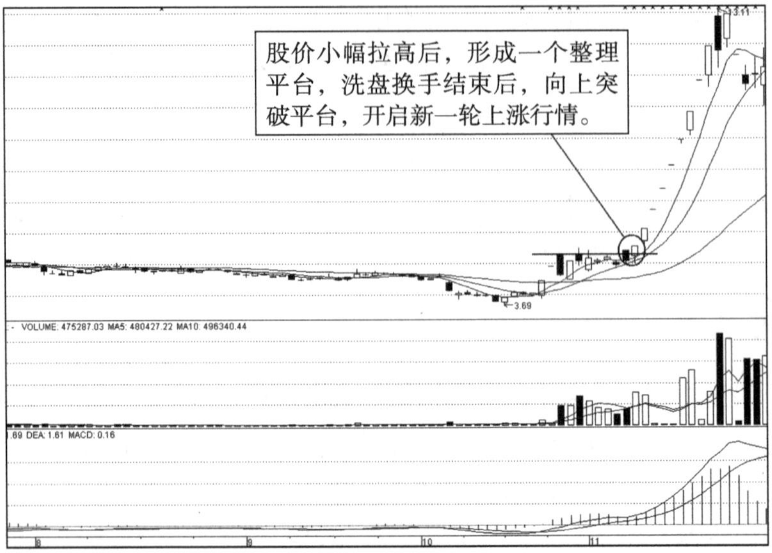

图 4–2

图 4–3 展示的是中国铝业（601600）的股价走势。该股成功见底后，股价沿着 10 日均线碎步上行，量价配合健康，盘面走势稳健，短线可以在股价靠近 10 日均线时介入。经过一段时间的盘升后，股价出现加速上涨走势，此时意味着股价很快将结束上涨，只要出现见顶信号，最起码会形成一个阶段性顶部。不久，股价在高位收出一根带长上影线的流星线，且得到次日下跌阴线的确认，此时顶部信号成立，短线应及时卖出。

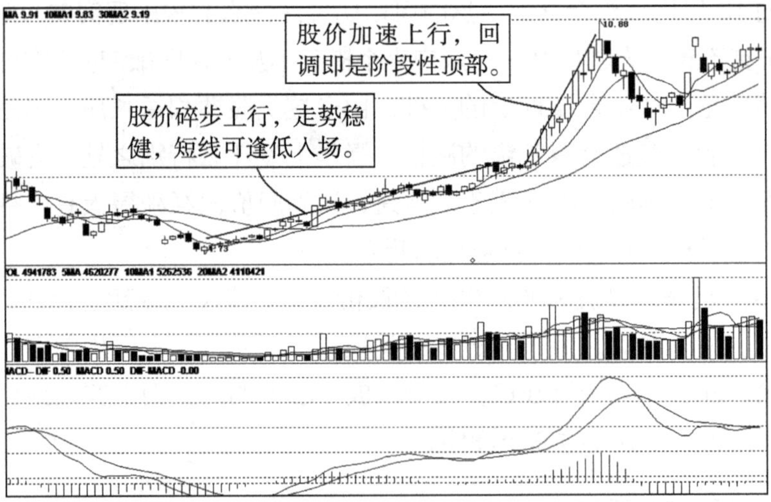

图 4–3

四、10 日均线受支撑时杀进

股价结束一波短期上涨后，庄家必然要进行一番洗筹，如上述的股价回调和平台整理。这里再介绍一种有别于前两者的中继形态，这种中继形态中，股价回调的幅度有限，也不做强势横盘。更大的区别在于起涨前不进行盘局整理，而是以收敛三角形或者旗形来完成洗盘整理的任务。

回调介入法有时股价回调较深，5 日均线会轻松地下穿 10 日均线。这里说的中继形态，5 日均线只是下弯达到 10 日均线，不作突破或不有效破坏 10 日均线坚挺向上的势头，5 日均线准确地在即将交叉 10 日均线的接触点位置掉头上行。成交量方面与上述两者有共同之处，即回升之前有地量产生，回升时又出现放量现象。

这是股价短暂整理的一种方式，通常股价从底部以大阳线拉升起来，但不是一鼓作气把上涨波段做完，而是稍作休整以消化获利筹码，待 5 日或 10 日均线跟上来后再接着拉升。这种形态十分典型，是上乘的短线介入时机。

股价上涨时成交量放大，短暂整理时成交量会萎缩下来。5 日或 10 日均线向上，如果能够对股价起到助涨作用，短线便可大胆杀进，否则作罢。需要说明的是，回档整理是一天，短暂整理是两三天，稍长整理可以延长到四五天。

图 4–4 展示的是力帆股份（601777）的股价走势。该股进入上升通道后，股价一路上行，10 日均线坚挺向上。股价回调时 5 日均线下弯至 10 日均线附近时企稳回升，不下破或不有效破坏 10 日均线上行的势头，5 日均线准确地在即将交叉 10 日均线的接触点位置掉头回升。对于这种走势形态，短线可以在股价回调后收中阳线时介入。

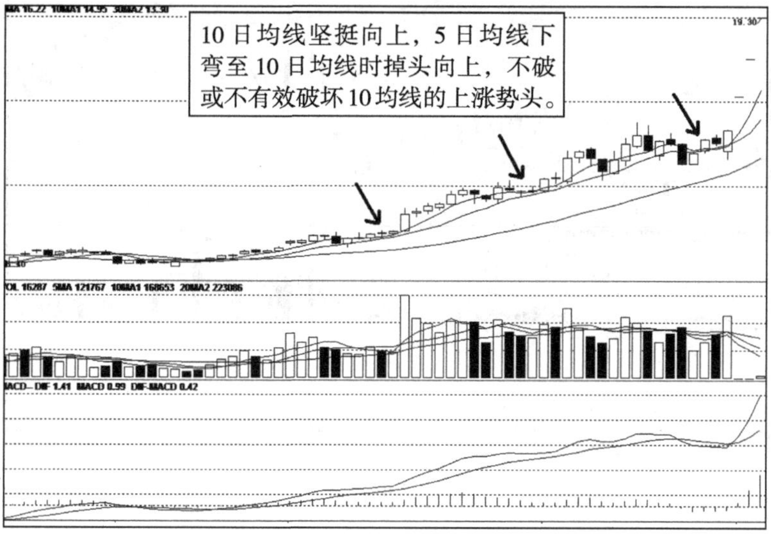

图 4–4

五、按幅度化短线操作

在实盘中，个股走势很少有一气呵成的，大多是采取一段一段上涨的渐进方式，间或出现调整的空当。由于每段涨幅比例几乎相等，于是把这种走势简称为幅度化，或者说用尺子去计量股价的涨跌幅度。

幅度化的研判方法，关键是尺度和斜率，时间和形态不见得雷同。幅度化以独具一格的形式来预判新的升势来临、持续或结束。比如形态并无迹象显示滞涨时，可能大家还在憧憬未来的上涨，幅度化则会提前预警：这一段涨得差不多了，马上就要进入调整走势，此时要及时抛售，不能有买进的念头；当一段升幅后的整理走势结束，幅度化又会及时来招呼你，股价马上又要启动上涨了，赶快跟上。

按幅度化研判方法指导短线操作，最大的难点是找准对象。交易者千万不要自作多情，个股没有按照幅度化的规律运行，你却强往人家身上套，本来股价还有上涨空间，你却拿前一次的涨幅来度量，认为够尺寸了就卖出，或者上涨本来只是昙花一现，你却以为涨势还没有到头，于是傻等未来的上涨，结果踏空了一段上涨行情，或者遭受亏损或套牢。

图 4–5 展示的是中视传媒（600088）的股价走势。从图中可以看出，在向上的三段走势中，股价都出现了相同的涨幅。不管是第一波上涨的数日小阳线，第二波的两根大阳线，还是第三波的大阳线夹小阳线，每一波的涨幅都在 4 元左右。从形态上研判，看不出股价当时是怎么走出来的。

在股价企稳回升时，可以根据前一波的上涨幅度来预测本次上涨高度，这也是短线操作可以借鉴的技巧。本次上涨会涨到什么程度，可以用幅度化的联想来把握，操作上简单易行。

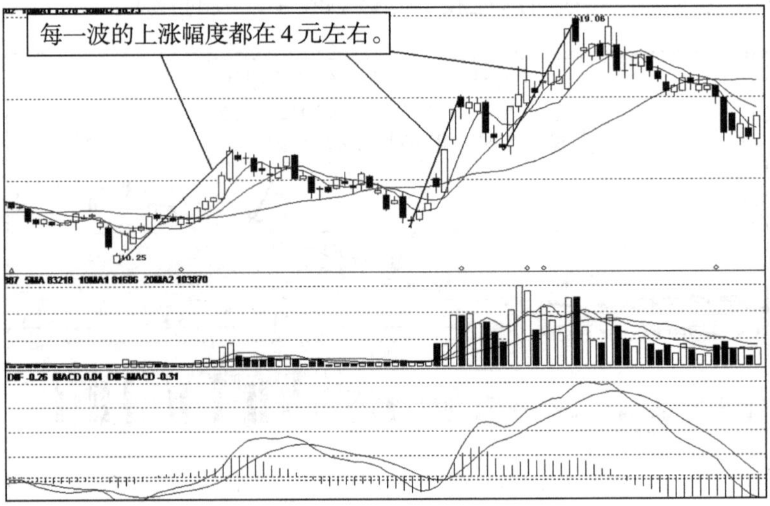

图 4–5

六、可疑的盘整应仔细研判

前期高点（或密集区）附近是敏感位置。当股价回调结束后再次回升时，如果突破不了前期高点，就会形成双头形态，双头形态的杀伤力极强。如果能够成功突破前期高点，则可能出现“幅度化”或对称结构再次上扬。

这里所说的形态，是股价升至前期高点或已达到理论高度，之后既不下跌又不续升，而是盘整一段时间（略有下沉），然后再向上突破。由此看来，逢前期高点盘整不是只有下跌一个取向。

这种蓄势形态有向上或向下突破两类情形，虽然它们具备基本相同的特点，但由于原先的走势振幅不同，股价突破后的表现也会出现相当大的差异。

图 4–6 展示的是洛阳钼业（603993）的股价走势。2017 年 6 月 16 日，当股价回升到前期高点附近时，盘面出现震荡滞涨现象。庄家巧妙地利用前期反弹高点这个显而易见的压力位制造虚假的技术压力，让散户在前期反弹高点附近抛出，从而实现洗盘的目的。

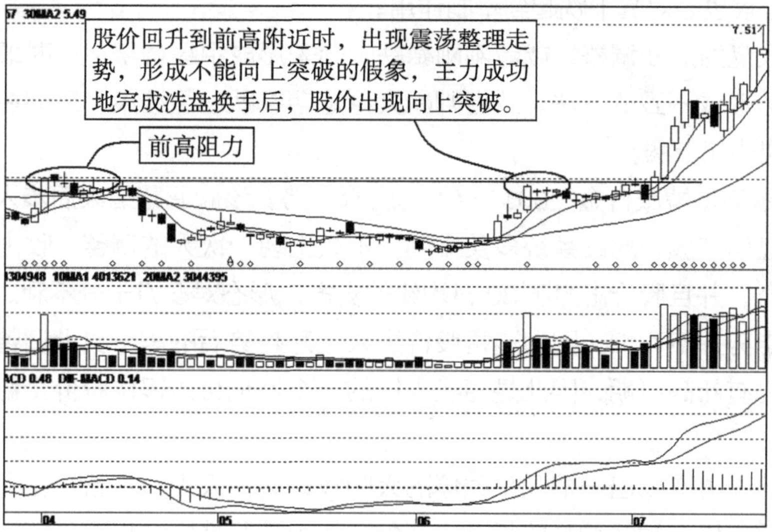

图 4–6

散户发现股价久攻不破，认为上方压力较大，便纷纷离场观望。股价在此位置经过一段时间的震荡盘整后，庄家成功地完成洗盘换手工作，7 月 6 日股价向上突破了前期高点压力位，此后股价出现了一波快速上涨行情。

股价反弹过程中形成的阶段性高点，对后市股价上涨具有重要的压力作用，后期股价上涨时，容易在此位置出现受阻回落走势，因此该位置对投资者心理会造成重要影响。当股价反弹到该位置附近时，很多散户会不约而同地卖出筹码，加之庄家刻意“放大”阻力效果，股价上涨受阻的效果会更加突出，在该位置震荡盘整，也容易产生较好的洗盘效果。

七、首次大调整的短线机会

上升趋势买回档，这仅是中长线投资的一种操作策略。对于短线操作来说，必须有具体的进出标准。事实表明，上升趋势中的强势股首次出现大跌时，是较好的短线入场机会。具体应用时，应该把握以下条件。

（1）上升通道保持完好，首次出现大跌。这句话包括三层意思：一是上升趋势已经确立，股价早已脱离底部区域，在涨与跌之间不存在模棱两可的情况；二是近期演变方式以上涨为主，排除了长期盘整的可能性；三是总体升幅及近期升幅并不离谱，确信庄家不会采取跳水的方式出货。

（2）成交量未见异常。上涨时成交量表现正常，大跌时成交量也相对健康。

（3）个股升势意犹未尽。近期的强势上涨刚刚开始，下跌是被动的，主要由大盘的暴跌引起，庄家护盘不及，于是借势洗盘。股价下跌的速度极快，让持股者产生恐慌。

（4）最佳入场位置在 30 日均线附近。

这一战法不能孤立使用，若能把握以下两点，则可以大大提高胜算的概率。

一是个股处于热点板块或热点概念中，如“一带一路”概念。热点中的个股即便不涨，其他股票轮翻上攻也会对其下跌起到牵制作用。

二是判断大盘为短期调整，或者刚刚暴跌，尚未形成中级调整。这时即便是庄家，也尚未对市场走势形成一致的看法。或者判断大盘短期暴跌已经结束，反弹在即，个股会在快速下跌后出现快速上涨。

图 4–7 展示的是博威合金（601137）的股价走势。该股调整结束后步入上升通道，行情趋势明确，盘面健康，均线系统多头排列。不久出现一次大的调整，收出一个黑三鸦看跌 K 线组合形态，并且股价击穿了 30 日均线的支撑，形态对多方十分不利。

其实这种走势并不可怕，因为这是股价进入上升趋势后的第一次大调整，升势不会就此结束，后市仍有新高可期，因此是短线入场的一个好机会。很快股价企稳回升，出现新一轮上涨行情。

之后在涨势中再次收出一根几乎跌停的大阴线，这根大阴线是新一轮上涨行情的第一次调整，因此后市仍有短线冲高的机会。在每一轮上涨行情中，只要是第一次调整，后面都会有短线机会。如果是上涨趋势中的第二次、第三次调整，那么就要小心回避了。

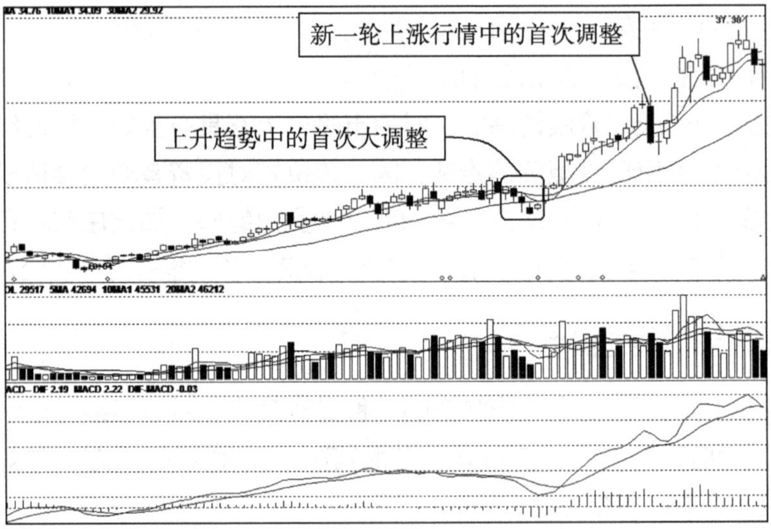

图 4–7

第三节 短线抢反弹技巧

抢反弹是短线操作中的重要组成部分，但抢反弹的风险极高，要求交易者具备一定的技术研判功底和操作技巧。

一、短线抢反弹诀窍

股价上涨意味着风险积聚，股价下跌则意味着风险释放，因此交易者可重点关注一些已有一定跌幅的个股，及时把握反弹的机会。有些个股反弹时会一举扭转颓势，由反弹转化为反转；有的个股反弹之后会重返跌势，弱势难改。

哪种个股的反弹值得参与，哪种反弹仅仅是昙花一现，宜敬而远之，实盘中可以参考以下因素。

（1）看庄家实力。如果前期上涨时股价涨势迅猛，成交量也明显放大，说明庄家实力较强，股价超跌之后，反弹的力度也会大一些。

（2）看流通盘。几乎每只股票都有庄家入驻，但抢反弹建议以小盘股为好，特别是流通盘不超过 5 亿股的个股。盘子越小，庄家出货越困难，等股价跌到低位时，庄家手里仍有不少筹码，因此容易展开反弹行情。另外，盘小也意味着高位的套牢筹码较少，庄家拉抬时所需资金不多，反弹的高度和力度会大一些。

（3）从量度跌幅及重要支撑位判断。一般而言，庄家大举出货的股票，其下跌幅度往往会超过前期升幅的 50%，甚至达到 61.8% 以上。如果此时有重要的支撑位与之重叠，如 60 日均线、90 日均线、底部盘区支撑线等，则止跌回升的可能性将大增。

（4）观察成交量。庄家集中抛售之后，会想办法稳定已大幅下挫的股价，此时个股的走势会企稳，甚至出现反弹，但此时仍不是抢反弹的时机，因为即便以此时的股价出货，庄家仍然有利可图。随后股价仍有一个缩量下跌的过程，待股价再次走稳，成交量逐渐放出之时，再考虑抢反弹不迟。

（5）参考技术指标。超卖是个股技术指标中的一个常用信号，但该信号的可靠性并不高。如 KDJ 等指标反应过于灵敏，常常具有一定的误导性，有时即使在低位出现钝化，也不是短线介入的时机。如果以日线 RSI 低于 20 作为参考，准确性会大大提高。再辅以 MACD 在低位底背离，失手的几率就更小了。

二、短线如何抢反弹

1. 利用均线系统抢反弹

股价有其自身的运行规律，股价每次调整到均线附近时，往往都会触发一波反弹。反弹可以分为两种，一种是强势反弹，一般在股价回调至 30 日均线附近时出现。一种是弱势反弹，一般在股价回调至 60 日均线附近时出现。

（1）强势反弹。股价回调至 30 日线附近时出现反弹，通常表明有庄家资金在其中运作。这种个股由于庄家介入较深，往往回调的幅度较小，回调的时间较短，反弹的空间较大。

图 4-8 展示的是明家科技（现名佳云科技，300242）的股价走势。该股连拉 7 个“一”字涨停板后，出现快速回落走势，股价几乎重新回到起涨点，甚至击穿 30 日均线的支撑位（未能形成有效突破），次日股价出现“一”字涨停，从此形成强劲反弹走势。

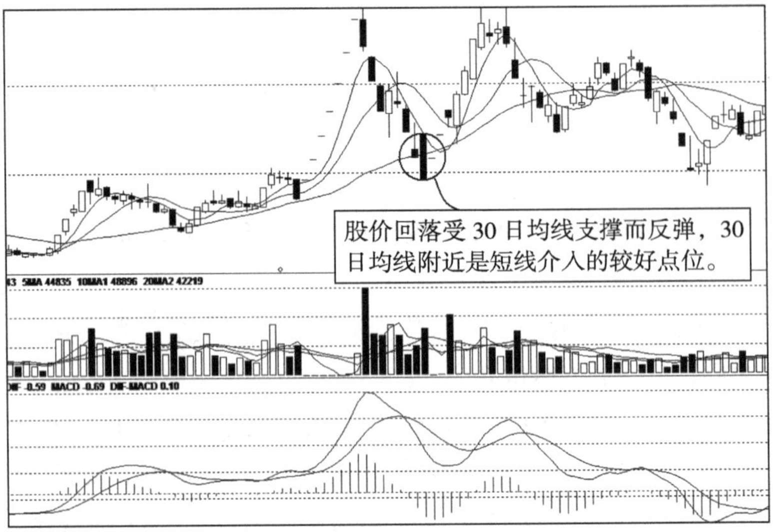

图 4-8

实盘中需要注意的是，30 日均线应当处于上行状态，只要股价不在高位，大多会出现反弹；如果 30 日均线平走或下行，则支撑力度会大大减弱，此时应结合其他技术综合分析。

图 4-9 展示的是思创医惠（300078）的股价走势。该股大幅拉高后回落调整，当股价回落到 30 日均线附近时，获得技术支撑后出现强势反弹，股价连拉 4 个涨停并创出反弹新高。之后股价再次回落到 30 日均线附近，出现修复性弱势反弹后，股价进入中期调整。

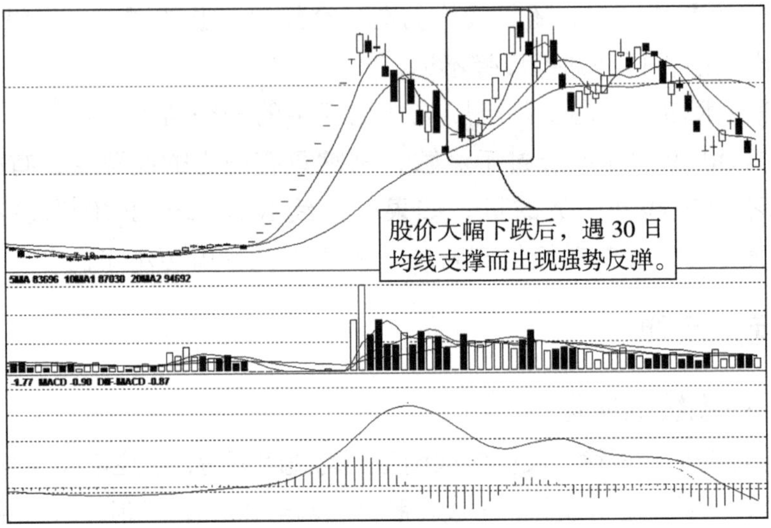

图 4-9

在股价上升时，30 日均线是一条支撑线，个股下挫后反弹，它又是一条阻力线。如果个股在 30 日均线之下企稳反弹，向上反弹时冲击 30 日均线明显有压力，或上攻时成交量不配合，K 线上出现较长的上影线，表明上档阻力强，此时短线操作要及时减磅。

（2）弱势反弹。股价回调至 60 日均线附近时出现反弹，通常表明虽然没有较多的资金在其中运作，但根据市场自身的运行规律，股价会有一个自我修复的过程，因此反弹的力度较弱，上升空间较小。在长期均线上方止跌回稳的时间越长，发生反弹的概率就越大。

图 4–10 展示的是扬农化工（600486）的股价走势。该股经过逐波上涨后，在高位形成盘头走势，庄家在此期间大幅减仓。2018 年 8 月 6 日，一根放量跌停大阴线向下击穿了头部盘区的支撑。股价突破后没有出现强势反弹走势，基本以平台整理代替反弹，从而演变为下跌中继整理走势，很快股价再次向下破位。这其实也是股价突破后的弱势回抽走势，说明庄家出货态度坚决。在庄家大量减仓后，股价再次选择向下破位。

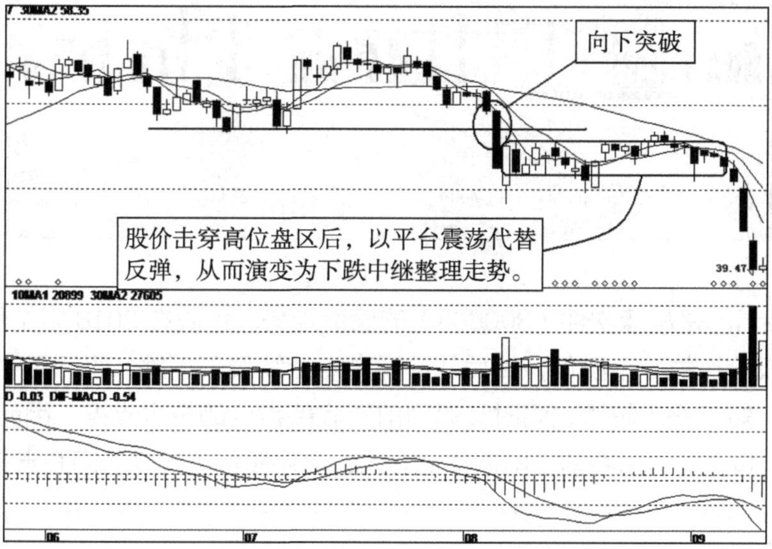

图 4–10

2. 利用价格密集区抢反弹

股价快速下跌，虽然跌幅偏大，但是量能较小，这通常表明庄家资金没有出局的意愿，或者庄家根本无法出局。在这种情况下，一旦大盘走强，或者市场出现利好，就会马上放量反攻。此时的放量有三层含义，一是低位抄底盘进场，二是高位套牢盘补仓，三是高位套牢盘抛售。

图 4–11 展示的是贵州燃气（600903）的股价走势。该股大幅炒高后，于 2018 年 1 月 22 日见顶回落，股价出现快速下跌，回调幅度较大。2 月 14 日，股价下跌到前期密集换手区域，得到了技术支撑后出现强劲反弹。股价反弹到前期高点附近时，庄家继续出货。构筑一个完整的头部形态后，股价开始向下运行。

从图中也可以看出，技术支撑位附近是短线抢反弹的较好点位，或多或少会出现一波反弹行情，投资者不妨多加研究。有时一轮超跌反弹行情，其涨幅不逊于一波中级上涨行情。

3. 短期严重超跌抢反弹

短期严重超跌的前期强势股，短线反弹概率较高。如果强势股短期内跌幅超过 30%，大多会有反弹行情出现，跌幅超过 50% 更好。最好是那种无缘无故下跌，而且是无量空跌的个股，后市反弹概率更高。

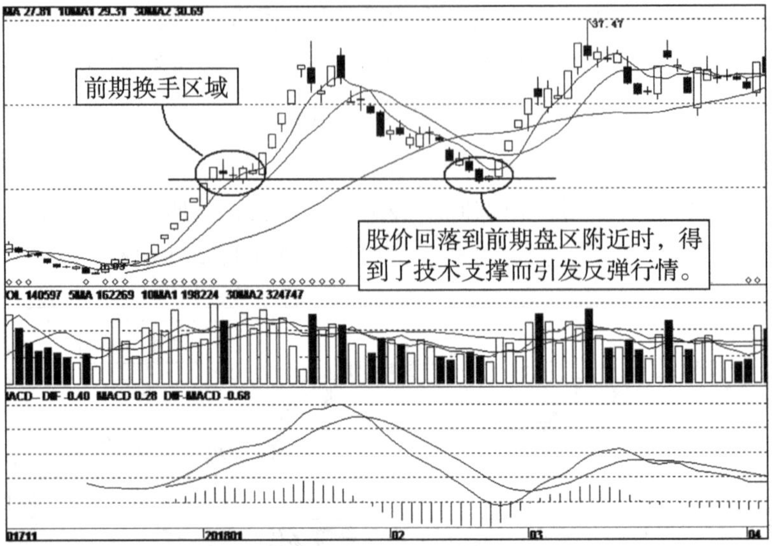

图 4-11

图 4-12 展示的是科蓝软件（300663）的股价走势。该股在 2018 年 1 月 10 日出现一波快速反弹，股价连拉 5 个涨停，然后从反弹高点持续震荡下跌，收回了全部涨幅，股价回到了起涨点。短期严重超跌，同时又遇到前期底部盘区的技术支撑，因而股价出现一波新的反弹行情。投资者可以在前低附近逢低介入，之后股价出现企稳回升走势。

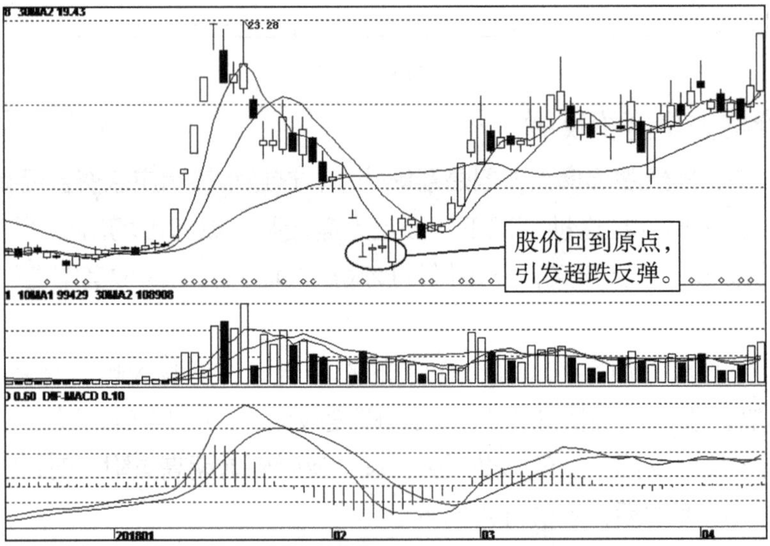

图 4-12

强势股超跌反弹，要有成交量的配合，这是形成反弹的关键，也是区别其他个股反弹的重要特征。反弹启动首日，成交量应在 5 日均量的两倍以上，之后成交量要保持活跃状态。若当日成交量出现天量后迅速萎缩，往往是短期见顶的重要信号。另外需要提醒的是，强势股超跌反弹具有启动突然、拉升速度快、短期涨幅巨大、维持时间短的特点。

强势股超跌反弹的操作要点如下。

一是时刻关注大盘变化，一旦大盘出现反弹迹象，就可大胆展开行动。

二是时刻跟踪超跌股。在大盘下调过程中，就要开始超跌股的选股工作。一旦个股出现放量启动，而且大盘也有反弹的迹象时，要敢于在启动时果断出手。

三是及时了结。当个股成交量出现天量后迅速萎缩，日 K 线收出中阴线时，要小心股价见顶。当股价跌破 3 日均线时，就要考虑减磅。跌破 5 日均线，应全线了结。

需要注意的是，当大盘反弹结束时，即使亏损也要止损离场，这是做反弹的铁律。

第四节 短线卖出技巧

一、短线卖出时机

（1）当一只股票的股价从高位跌落下来后，如果 3 天内未收复 5 日均线，保守的办法是赶快了结。

（2）当股价向下跌破中长期均线，如 30 日、60 日均线，并且未能在短时间内有效收复的话，说明股价下跌是大级别调整，应先退出来看看势头，然后再做决定。

（3）在高位突然拉出大阴线，或者收出下跌幅度较大且上影线很长（超过实体的 2 倍以上）的小阴线或十字星时，是一个比较明确的卖出信号。

（4）股价反弹未达到前期高点，或者成交量无法达到前期高点时，也应考虑卖出股票。

（5）同一板块的龙头股率先大跌的话，其他个股往往也会受到牵连，手里有类似的个股最好要赶快卖出。

（6）消息面出现重大利好时，股价急速上涨，此时可以不必急于卖出，等上涨斜率趋缓时再选择逃顶不迟。

（7）政策面或明或暗地通过媒体告知“过度投机”，管理层准备调控市场时，这时应战略性地退出股市。如 2015 年 6 月，国家为了控制场外配资和过度投机，采取了“去杠杆”的监管措施，引发一轮恐慌性的下跌行情。

（8）长期没有操作过的股票，一旦有庄家介入，一般涨幅会超过 50%，多数在 100% 以上。谨慎的交易者可在最低价上涨 50% 时抛出，进取型交易者可以继续持股待涨，在股价创下高点后回落，跌幅超过 10% 时获利了结。

（9）重大节假日（如春节、国庆节）前三天开始，应灵活调整手里的筹码，减少持仓量，静观其变。

（10）股价已有一段较大的涨幅，之后被媒体或股评推荐时，也是庄家大量派发的时间。

二、短线卖出方法

买入和抛出是股市操作的两个基本环节。股市中有这样的说法：会买不如会卖。这说明抛出比买入更重要。

下面介绍几种抛售股票的技巧。

（1）本利分离了结法。所谓“本利分离”，是指把本金（最初投入股票的资金）和利润区别对待。具体来说，就是把本金作为短线投机资金，追逐一些强势股，利润则作为长线投资投放在绩优股上。这样做的好处是，本金可以及时出手获利，风险较小。利润放在长线股上，心理负担轻，可以静待股价向有利的位置发展。

（2）定点了结法。股市经常出现各种令专家“大跌眼镜”的走势，应对这种走势的方法就是“定点了结”，即股价上升到某一点位时，便抛出所持股票的一部分或全部。当然，这个点位不是随便确定的，而是根据自己所掌握的情况，经过盈利对比和行情发展等分析研判后确定的。股市中，贪念容易使人误入歧途。原本期望某只股票上升到10元即获利出局，当股价涨到10元了，又想股价会不会上涨至15元呢？结果错过最佳的抛出时机，股价下跌甚至反被套牢。

（3）分批了结法。简单地说，就是不一次清空手中持有的股票，而是分批酌量出手。这种做法是在自己判断力较弱时对定点了结法的一个补充。

分批了结法有定量分批了结法和倒金字塔出货法两种形式。

比如，持有某种股票2万股，成本是每股15元，预定初次卖点是25元，一批卖5000股，以后每上升2元卖一批。这样就是25元卖出5000股，27元卖出5000股，直到31元清空手中所有持股。这种出货方法就叫定量分批了结法。

倒金字塔出货法则是每批出手的数量由小而大，呈倒金字塔形。显然，采用倒金字塔出货法获利较前者为大，但承担的风险也相应增加。

分批了结法弥补了对上涨幅度判断不清可能造成的利润减少，但股票出手过程拉长，就要承担股票在高位回落的风险。

（4）止损了结法。这种卖出方法是将所持股票在股价回落到一定点位时全部了结，以锁定利润或损失。比如交易者确定不管股价如何上涨，只要回跌1元即了结所有仓位。这种方法对散户很实用，止损让出了小利，却解决了无法把握股市涨势的问题，有人形象地称之为“滤嘴法则”。

（5）回档了结法。这种方法与止损了结法相似。当股价上涨一段行情后，只要回落几个点就果断出局，不回落就让它随便上涨。随着股价的持续上涨，卖出点位不断上移。这种方法的优点是确保到手的利润不会大量回吐，同时也不会轻易地被庄家洗盘出局，可以赚到大牛股的大波段利润。

三、短线卖出信号

短线交易者应达到“既会买又会卖”的境界，这里仅就平时常用的一些操盘经验作一下总结，供大家在实盘交易中参考。

根据上述卖出法则和方法，以30日均线作为参考线，实盘中要注意掌握以下操作技巧。

（1）当均线从上升逐渐转为盘局或下跌，股价向下跌破均线时，为卖出信号。

此法则实际上是股价走势由强转弱出现“拐点”时发出的卖出信号。一般而言，股价首次向下跌破均线可以忽略不计。但当连续发出该信号，指标多次提示高位钝化及背离时，该卖出信号的可靠性将大大增加，应给予充分重视。如果把握好此卖出信号，虽然不能卖在最高点，但可以避开一轮主跌浪。

图 4–13 展示的是顺鑫农业（000860）的股价走势。股价经过大幅上涨后，在高位形成盘头走势，30 日均线从上升状态逐渐转为平走和缓缓下行状态，说明庄家已经无意继续做高股价。在高位股价多次向下击穿均线支撑，从 2018 年 10 月开始，均线系统形成空头发散状态。从图中可以看出，当股价首次向下跌破均线后，能够返回到均线之上，但随后反弹一次比一次弱，盘面渐渐走软，股价逐步向下滑落，寓示盘面进入弱势调整。

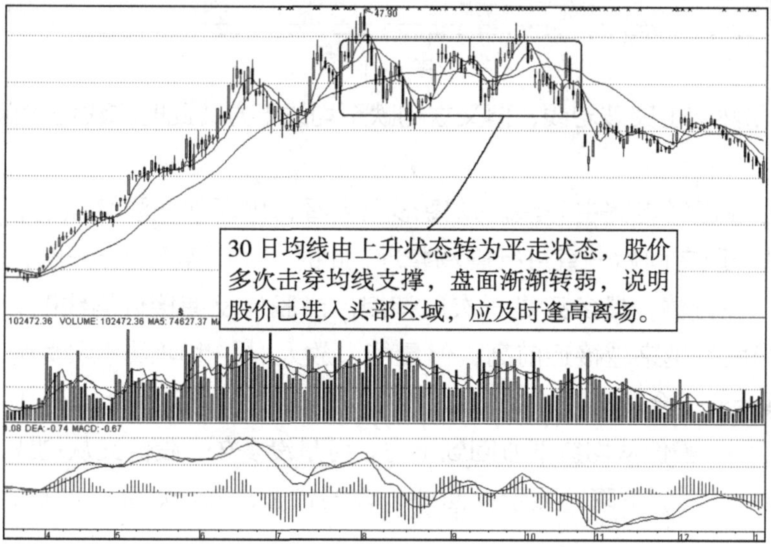

图 4–13

（2）股价突然暴涨，向上突破并且远离均线，则有可能由升转跌，亦为卖出信号。

这是一条应对超强势股的卖出法则。在实盘操作中，如果某只股票直线连续快速上拉，可以结合股价与 5 日均线的正向乖离率和换手率来研判价格走势。当正向乖离率过大，同时换手率放大时，应在连续上拉后及时离场，因为这意味着主升浪将告一段落，接下来有可能进入长时间的震荡和整理。

所谓“K 线唯一论”原则，就是在大幅、快速上涨的高位，放弃其他所有的技术分析方法，依据 K 线单一信号进行操作，把握逢高离场的机会。

图 4–14 展示的是弘业股份（600128）的股价走势。该股庄家成功建仓后，股价在 2018 年 11 月 2 日向上突破，随后出现一波快速拉高行情，股价连拉 8 个涨停。此时股价远离均线，乖离率增大，开板后成交量大幅放大，表明股价有强烈回调的要求。在高位收出乌云盖顶和高位流星线两根独立的 K 线见顶信号，此时投资者应根据“K 线唯一论”原则，快速逢高离场，无须参考其他技术分析结果。

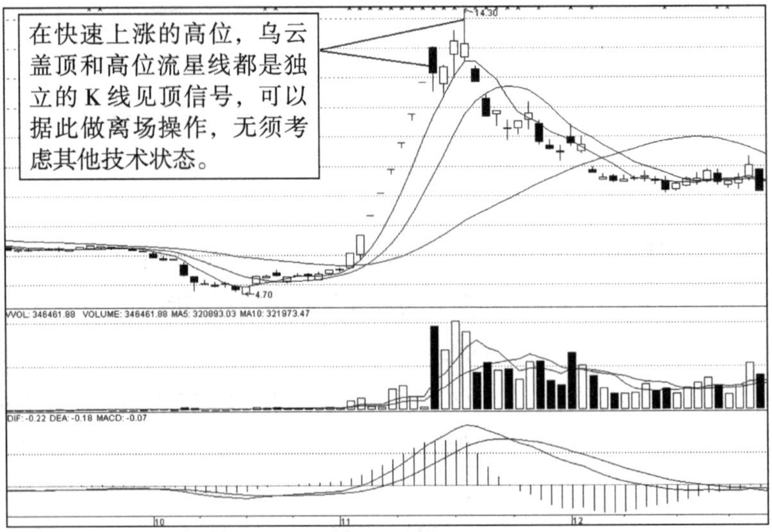

图 4-14

（3）股价虽然向上突破均线，但又立刻跌至均线下方，此时均线仍然保持下跌态势，为卖出信号。

这类个股往往已经走完主升浪。从图形上来看，出现前一波高点时，一般都有巨量放出，后期下跌一段空间后一直进行震荡整理。此时，当价格再度上升时，如无巨量配合，将很难超越前一波行情，最多只是一次反弹浪。当股价反弹接近均线时，可以依据此法则卖出。或者当股价越来越接近前高，但量能未放大时，也可以考虑卖出。

图 4-15 展示的是金发科技（600143）的股价走势。该股从 2018 年 1 月见顶回落后，出现小幅反弹行情，股价从均线下方回到上方。可是没多久，股价又从均线上方转到下方。此时 30 日均线继续缓缓下降，显示盘面处于较弱状态，预示短线股价难有起色，仓位不宜久留。

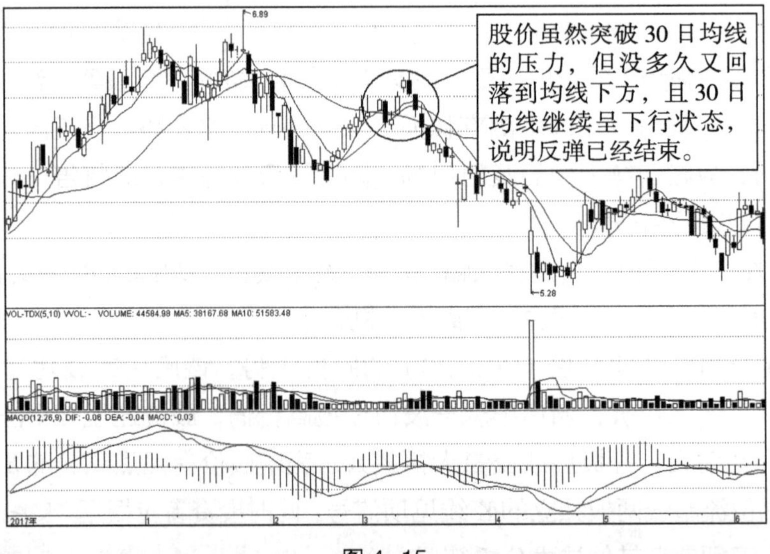

图 4-15

（4）当股价处于均线之下，股价上升却并未突破均线又立刻反转下跌，也是卖出信号。

这个法则适用于下降通道的个股，比较适合主升浪、次升浪全部走完，转向单边下跌的个股，特别是中小市值个股。这些个股由强转弱后，前期很多人都未来得及出局，但由于跌势已成，所以每一次反弹均是出局的机会。

图 4–16 展示的是新湖中宝（600208）的股价走势。该股反弹结束后构筑了一个 M 顶形态，然后股价渐渐向下回落，30 日均线压制股价不断向下走低。2018 年 4 月—8 月期间，股价多次对 30 日均线发起进攻，但均无功而返，未能成功突破该均线，随后股价继续走弱。

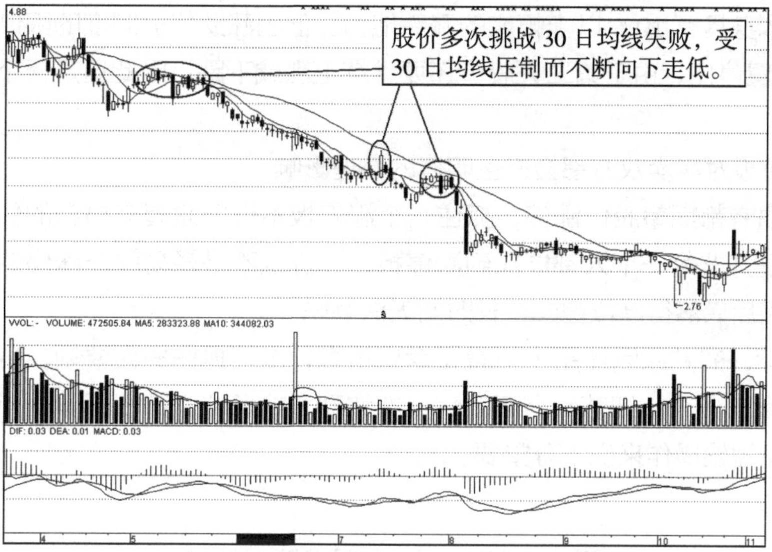

图 4–16

第五章　短线追涨停技巧

涨跌停板制度是防止证券市场过度投机和市场过度波动而设计的一种交易制度，其对短线交易起到的作用主要有以下两点。

一是股票本身具有 10% 以上幅度的涨跌能力，但因涨跌停板制度的限制，股价被迫在涨跌 10% 的位置停住。由于第二天股价还要继续上涨或下跌，因此这是一个明显的短线投机机会。

二是涨跌停板对买卖双方都会产生明显的心理影响。

每一位交易者都期望股价涨停，抓住一个涨停板不仅能激起交易者的信心，更能增加投资收益。但是并非每一个人都能抓到涨停板，股价也不是轻易就能涨停的。不少交易者为了追涨停，最后只落得高位被套，长时间无法解脱。

追涨停被套，究其原因还是未能看懂盘口信息，未能抓住操作要领，盲目追涨停。其实很多时候庄家的一个小细节，盘面的每一次波动，或多或少都暗示着一点儿什么，抓住这些细节，对于短线操作来说十分重要。

第一节　如何抓涨停板

一、涨停板的魅力

股票涨停后，对于本来想卖出的人来说，会提高心理预期，改在更高的位置卖出。对于想买入的人来说，由于买不到低价筹码，也会加强看好股票的决心，不惜在更高的位置追高买进，所以涨停板的助涨作用非常大。当一只股票即将涨停时，若能及时判断当天该股将被牢牢封死涨停并及时介入，那么第二天出现拉高走势时，将会带来非常好的短线快速获利机会。

如果庄家处于出货阶段，今天拉了个涨停板并且封死涨停，明天就必须继续拉高，以便在高点造成继续强攻的架式，引诱散户追涨买入，这样就可以在高位慢慢派发。如果第二天让股价走低，不给昨天追涨买入的人获利的机会，那么这种走法会对散户的追涨积极性造成很大打击，庄家自己也没有办法在高位出货。在涨停板位置追进的买盘，多数第二天都会有冲高获利的机会，这就是追涨停板的魅力。

如果拉涨停时股价本身处在低位，庄家还在建仓阶段，那么出现涨停板的原因只可能有两种：要么庄家拉高吃进筹码，给追涨停的散户获利的机会；要么迅速打压股价，甘冒在低位被散户或其他庄家抢走低价筹码的风险。

涨停板魅力无穷，但追涨停要看股价所处的位置和庄家的意图。低位的涨停板机会难得，给人以无限的想象空间。高位的涨停板虽然也有短线机会，但往往是一个美丽的陷阱，大家还是小心对待为好。

如图 5–1 所示，在荣安地产（000517）的股价走势中，出现了低位涨停和高位涨停，虽然都是涨停，但它们具有的技术意义完全不同。低位这个涨停，股价突破了前期整理平台，是一个突破信号，所以第二天再次出现涨停。高位这个涨停，股价已经处于 1 倍涨幅以上的高位，此时庄家的做多热情显然不如以前。虽然第二天股价低开后快速向上拉高，但还是暴露了庄家的出货意图，此后股价进入中期调整走势。

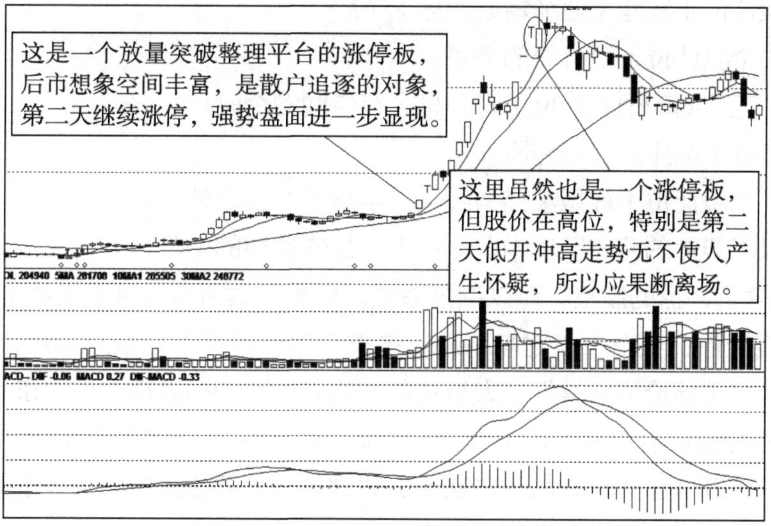

图 5–1

现在很多庄家拉涨停时，都会采取以下两种控盘方式。

一是封涨停时，庄家的买单迅速跟上，不让散户有买进机会。散户要想买进，必须眼疾手快，不能有丝毫犹豫，因此追涨停对散户的技术把握和看盘水平是一个考验。

二是在股票技术形态不好的情况下，庄家勉强拉涨停但是不封死涨停，在涨停板位置慢慢出货。在这种情况下，即使最后收盘以涨停报收，第二天也走不了多高，甚至有可能直接低开低走。这种庄家非常狡猾，在技术形态不好的情况下，利用拉涨停的方式大力出货。但在技术形态不错的情况下，庄家基本会采取第一种方式出货。

二、短线追涨停的方法

在当前市场中，不少交易者或私募机构专挑涨停个股操作，从中快速套利，俨然形成了一支庞大的追涨停操盘队伍。多数情况下，个股涨停后，下一个交易日具有惯性冲高的动力，这是深入人心的共识。利用下一个交易日惯性冲高的机会卖出获利，是广大追涨停和参与涨停板的主要原因。

另外，市场上也有一些特别好的个股连续出现多个涨停而产生暴利效应，这也是诱惑资金追涨停的一个原因。

追涨停股，要掌握以下基本方法。

（1）快速拉涨停的个股，最好在开盘后 30 分钟内封涨停。在大盘走势不佳时，可延长至开盘后 45 分钟。

（2）大盘走势一般的情况下，若开盘 30 分钟内个股拉至涨停，可按以下方法择股参与短线博弈。

①连续涨停的个股让位于初次涨停的个股。

②盘子大的个股让位于盘子小的个股。

③绩优个股让位于绩差（业绩短期回落）个股。

④股价高的个股让位于股价低的个股。

⑤无题材、无传闻的个股让位于有题材、有传闻的个股。

⑥弱庄股让位于强庄股、恶庄股。

⑦无量涨停个股让位于放量涨停个股（一字涨停个股除外）。

⑧在符合以上条件的涨停股票中，尽量选择最先涨停的个股。

（3）以涨停价开盘的股票，可以积极追买。此类股票通常有以下三种走势。

①开盘直接涨停，直至收盘封盘不动。这类个股即使报单也很难买进，因为在集合竞价时，庄家已经在涨停价位上堆积了大量买单，所以所有的抛盘都进了庄家手中。

②开盘后即使涨停被打开，回落至 7%~8% 的涨幅时又迅速拉至涨停。这种股票符合第一条的情况，可以考虑买入。由于庄家手法非常凶悍，要注意参与有一定的风险。

③涨停开盘，但开盘即打开涨停并一路下跌不止，这种股票坚决不能碰。

（4）股价放量突破重要阻力位，如均线、趋势线、颈线等。

（5）股价脱离重要区域，如成交密集区、平台整理区、底部盘整区等。

（6）洗盘结束或突破后回抽确认突破成功的个股。

（7）第二天再次涨停的股票尽量不要参与。股评人士周末点评导致周一涨停的股票，一般不要买入。

（8）无缘无故涨停的个股不要买入，大起大落涨停的个股也不要买入。

三、涨停股的短线买入时机

对于很多人来说，看到涨了六七个点的股票也不敢追买，原因就是觉得今天上涨的幅度太大了，追涨有点儿害怕。其实并非所有追涨都有风险，俗话说：强者恒强。越是强势的股票，后期涨得越是凶猛。只要短线操盘技术过硬，就要敢于追涨停，敢于当“涨停敢死队”的一员。

事实上，不少刚进入主升浪的股票，开始启动时就会拉出一根涨停大阳线。庄家拉涨停大阳线的目的很明确，就是引起市场关注，引诱散户入场一起抬轿子，这样庄家拉升的压力会大大减轻。

（1）开盘 30 分钟内涨停的个股，大部分都具有追涨的价值。

每日 9:26 左右，集合竞价结束时，立即翻看有没有开盘即封涨停的个股。若有，立即查看买一位置上是否有大量买单。然后快速切换到日 K 线图中，察看股价有没有上涨的基础，是否为近期的第一个涨停。如果确认值得参与，应立即以涨停价挂单追买。

图 5-2 展示的是风范股份（601700）的股价走势。2018 年 12 月 26 日，该股开盘后庄家立即将股价拉起，第一波股价拉到 7% 的涨幅后快速洗盘，9:43 开始第二波快速拉升并拉至涨停，这种走势说明庄家做多意愿强烈。不管当日大盘盘势如何，这类个股应列入追涨目标股。

此时应立即切换到日 K 线图进行观察分析。从日 K 线图中可以看出，股价经过二次探底后，股价放量涨停，并突破 30 日均线的压制，构筑 W 底形态。这种走势预示股价反弹行情可期，此时应快速在涨停价位挂单买入。

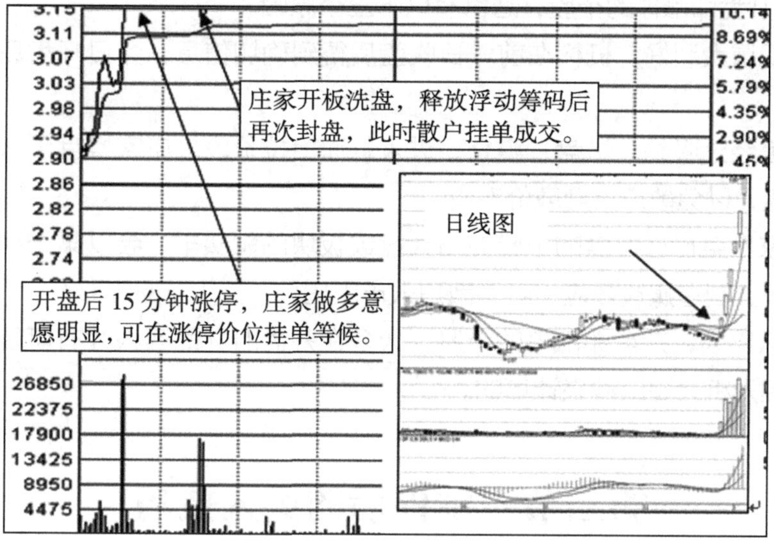

图 5-2

10:15 庄家开板洗盘，所挂买单全部成交，然后重新封涨停，直至收盘封板不动，封单在 5 位数。如果这类个股没有意外利空消息发布，那么次日拉高基本没有悬念。之后该股股价连续出现多个涨停，短线获利丰厚。

（2）开盘 30 分钟内涨停的个股，一般都会高开 5% 以上，然后很快冲至涨停。刚涨停时成交量巨大，封单数量也越来越大，随后成交量萎缩。有些个股上午会有一次机会打开涨停，下午成交会小得可怜。至尾市时，几分钟才会有几手、几十手的成交出现。

（3）上午开盘半小时到早盘收盘前涨停的个股，短线盈利机会小于前者。由于当日成交量已经很大，封单较少，后市打开涨停板的次数一般来说相对较多。有些个股打开涨停后就再也封不住了，因此这段时间内涨停的个股追买风险较大。对于这类涨停个股，短线也不是绝对不可以追，但买入的仓位要严格限制。

（4）午后乃至尾市拉至涨停的个股，一般均为跟风上涨的庄家所为。由于庄家封盘态度不坚决，封盘量很小，所以这类涨停股追买风险较大，建议尽量不要追买。不在尾市追涨停的理由是，这类个股多数在次日会出现比现价低 2%~3% 的价位，若形态较佳，可在次日股价下探时买入，这样买入的成本会更低一些。

（5）开盘 30 分钟内涨停并符合上述条件的，出现第一个涨停板的个股可以大胆追进。据统计，此类个股盈利的可能性达 80%，短期盈利的可能性达 60%。

（6）如果没有及时发现并追入涨停个股，盘中可重点关注最先涨停的前三只个股。最好使用软件报警装置，如胜龙软件，将选择的涨停个股放入自选股中，以各自涨停价低 1 分钱的价位设置低位报警。当大盘出现急速下跌时，关注的涨停个股有可能打开涨停板，此时系统报警，可以查看并决定是否买入。个股打开涨停后，大多会有 1.5%~2% 的跌幅，个别的能回调 3% 左右，可以此为参考价买入。绝大多数这类个股下探后会迅速重新拉至涨停。

（7）买入开盘即涨停的个股，通常有以下三个原因。

①个股出现重大利好，机构在前一日收盘后得到确切信息，今日开盘后立即以涨停价抢盘。

②个股庄家经过吸纳、试盘、震仓，进入急速抬拉阶段。庄家操盘手法特别凶悍，直接以涨停价开盘，以免散户抢到廉价筹码。

③有些庄家希望自己控盘的个股充当大盘或板块的领头羊，会以某个涨停价开始连续拉抬几个涨停板，制造赚钱效应，吸引散户入市跟庄。

不管是什么原因，开盘即涨停的个股，大多在开盘时立即买入才有可能买到，此时必须争分夺秒，因为机会是以秒来计算的。

第二节　涨停后的买入技巧

一、快速抓涨停股

如何快速抓涨停股？什么样的股票容易出现涨停？这是每一个交易者都关注的事。短线交易者在追击涨停板时，应该遵循“不封不追”的原则，只有到达涨停价位才追买。介入时点一定要在涨停价位上的筹码快被消化殆尽（只剩少量卖单）时。在这个时间挂单追买，一般都有希望成交，而且这个点位最安全。也可以在封住涨停的瞬间快速挂单，排队等待成交。

千万不要在还没有摸到涨停价的时候提前买入，特别是在股价还差 2~3 个价位涨停时就急不可耐地追进，结果当天被套，损失惨重。有的庄家很狡猾，将股价直接拉升八九个点或瞬间触及涨停价，吸引到一批跟风盘入场后，则马上掉头向下。这是典型的诱多行为，切勿跟进。

还有一点必须提醒的是，行情数据传送到电脑终端的时候，往往比实际交易时间晚几秒钟。刚封涨停的时候，几秒钟的延迟就意味着排在大量买单的后面。如果没有买进，只能等待封停后突然被大单打破涨停。开板后一般会出现小幅下跌，但几分钟内又会迅速封停。

当然，并不是说一定要在涨停价才能买入。如果看盘经验丰富，感觉当天有可能涨停并封死涨停的话，可以提前买进。提前买进的优点是可以避免排队，买入成本也较低，增加了获利空间。如果看盘经验不足，那么最好在大盘处于波段强势的时候，按照上面介绍的方法买入。这样操作虽然买入的机会会减少，但是比较可靠。

快速抓涨停股票时，需要注意以下几点。

（1）观察市场强弱。在极强的市场中，尤其是每日都有 5 只以上个股涨停的情况下，可以大胆追涨停板。在弱势市场中，切不可盲目追涨停。

（2）选择攻击性强的个股。这一点可以从庄家的资金性质上进行判断，实盘中注意寻找攻击性极强的庄家。庄家的操盘手法一定要狠毒，且控盘能力突出。尽量不要选择那些公募基金控盘的个股，要选择私募基金或非常有实力的民间资金控盘的个股，这些庄股的风格以及资金实力，盘中交易双方的力量对比，会很清晰地表现在盘面走势中。

（3）盘面总体走势良好。这种良好态势可以是一种稳健的多头走势，也可能是严重超跌之后的反弹走势。如果近期成交量以及日线级别的 K 线显示该股明显走弱，并且有头部特征，此时突然出现放量大涨，则不属于良好走势，更大可能是诱多出货。这样的股票即使出现涨停，多半会在涨停当天出现巨量，第二天低开下跌，甚至在当天尾盘就打开涨停板。

（4）从介入的时机看，个股涨停时间越早，次日走势越佳。如果某只股票在收盘前涨停，次日走势均不理想。大部分个股涨停后，盘中总是有打开涨停板的现象，最佳介入时机为再次封涨停的瞬间。

每日早盘第一只冲涨停的股票，次日继续冲高的概率最大，而且第一只涨停的股票，也会将股价全天封死在涨停板上。

（5）涨停前的形态较佳。如选择股价长期在底部盘整，未出现大幅上涨的底部股，或是整理结束冲上涨停的强势股，或是上市数日小幅整理，某一日忽然跳空高开并涨停的次新股。

（6）盘中及时搜索涨幅排行榜，对接近涨停的股票，翻看其当前价格、前期走势及盘子大小，以确定是否可以作为介入对象进行追踪。当涨幅达到 9% 以上时，应做好买进准备，以防大单封涨停而买不进去。

（7）有一种股票涨停前可以放心地追买，那就是高开 3% 以上，开盘后迅速直线拉升至涨停的个股。这类个股开盘时可允许略有回调，但一旦开始上扬，庄家拉涨停的决心决不会动摇。

二、抓强势涨停股

追涨停板是一项高风险高收益的投机活动，选择介入点非常重要。参与涨停股，应以短线强势股为主，而且应选择价低、盘小的个股。这些个股一旦强势涨停，往往会出现持续的上涨行情。在当前市场中，流通盘在 5 亿股以下的个股最适宜庄家炒作。大盘股涨停之后，继续拉涨停的难度较大。

这里需要说明一下，当前市场是全流通时代，乍一看好像个股的盘子都很大，实际上流通盘必须减去第一大股东的筹码。考虑到维持控股权，一般情况下大股东是不会出售股份的。即便大股东在二级市场上出售股份，也不会超过 5%，所以在计算流通盘时，必须减去大股东的筹码。例如工商银行（601398）的流通盘是 2696 亿股，去掉中央汇金公司和财政部等大股东持有的筹码，流通盘只有 260 多亿股，占流通盘的 1/10。其他中盘股大致也是如此。

如果一只股票在盘中一度涨停，但始终无法牢牢封住涨停，而是封住又打开，打开又封住，从盘面上看总是出现大量抛盘，短线交易者可能会担心庄家在涨停板上出货，于是选择观望或者卖出股票。庄家往往利用交易者的这种心态，反过来借助打开涨停板的机会进行洗盘，目的是抬高交易者的平均持股成本，准备后期继续拉升股价。

一只股票涨停后，如果涨停板又多次被打开，交易者也不必惊慌，只要股价不跌破均价线，就可以继续持有。如果股价跌破均价线，则应卖出部分筹码以回避风险。

图 5-3 展示的是泰永长征（002927）的股价走势。2018 年 12 月 18 日，该股开盘后一直保持横向弱势震荡走势，10:44 股价直线拉涨停，足见庄家之凶悍和强势。虽然之后涨停被多次打开，但股价始终没有跌破均价线（黄线）。这时已经入场的投资者不必惊恐，可以稳定持股；没有介入的短线交易者，可在股价快要再次封涨停时追涨买入。经过短暂的开闸放水后，股价重新封上涨停板，此后股价出现了较大幅度的上涨。

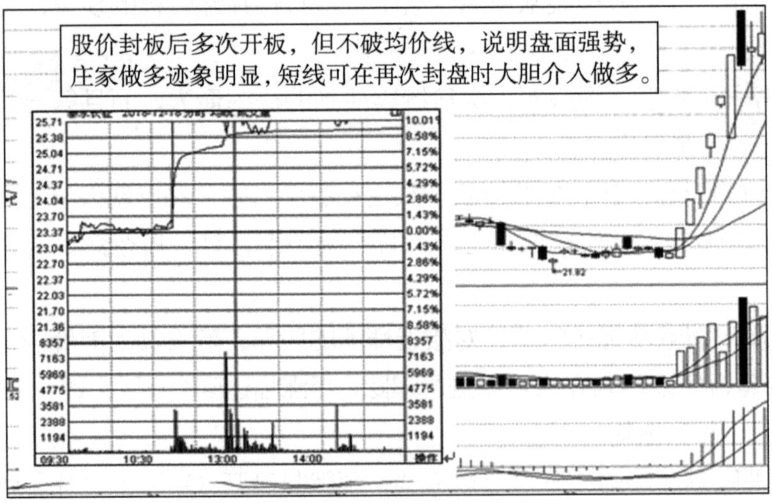

图 5-3

图 5-4 展示的是市北高新（600604）的股价走势。该股股价经过连续大涨后，2018 年 11 月 20 日开盘继续秒停，但封盘并不坚决，随后多次打开封盘，说明获利盘已经出现松动。虽然最终股价以涨停收盘，但盘中的震荡足以说明上涨行情已经开始转势。这种盘势短线交易者不要追涨买入，特别是在高位出现的涨停，更要引起警惕，持股者也要做好卖出计划。

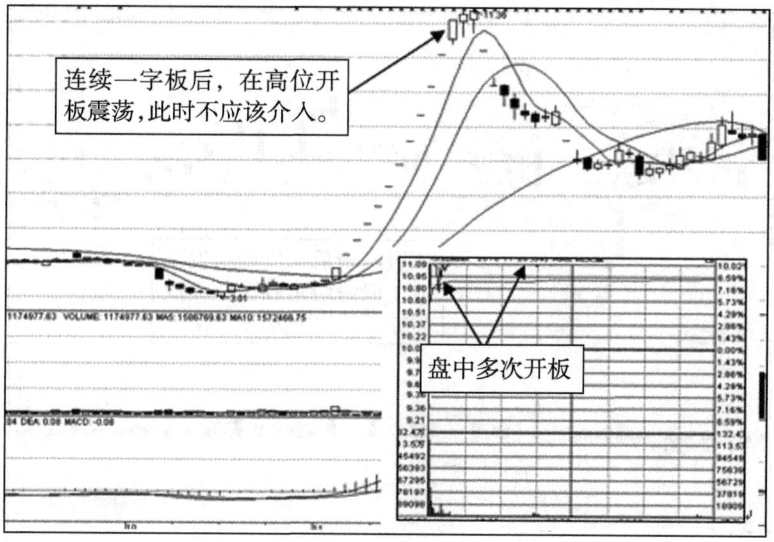

图 5-4

三、抓龙头涨停股

当某个板块受到市场热炒时，第一个涨停的股票往往就是该板块的龙头品种。短线交易者如果炒作龙头股，就要密切注意板块中所有个股的分时走势。对于第一个冲击涨停的个股，交易者要尽量在第一时间追涨停。

龙头股有号召力，能够带领并启动整个板块的上涨，因此要敢于追买率先涨停的领头羊，在大牛市中更是如此。

行情低迷时期，市场中很少能见到涨停个股。一旦出现强烈反弹或反转，要追买第一个涨停的个股，后市该股极有可能就是领头羊。即使市场只是出现了一次反弹，领涨龙头的上涨空间也较其他个股大得多。

图 5-5 展示的是方正证券（601901）的股价走势。2019 年 1 月 3 日，该股开盘后不到 20 分钟的时间，股价几乎单波拉至涨停。该股涨停后，立即带动券商板块集体纷纷走强，不少同概念个股也冲向涨停，该股从而成为强势龙头股，引领大盘逐波上行。此时，如果投资者没能及时买入该股的话，完全可以在之后盘中开板时追涨买进。之后的一段时间里，券商板块个股走势都十分强势，明显强于其他板块个股。

四、抓放量涨停股

股价涨停要有成交量的配合，盘中若发现有三位数以上的成交单向涨停板推进的，可以立即追进。但是盘中买盘挂单是否会马上撤掉，或者说在急速拉升时，有没有筹码在买一价格护盘，都是交易者需要注意的。有的个股在冲击涨停的过程中，经常出现护盘或撤单的现象，这样的涨停就显得很可疑。

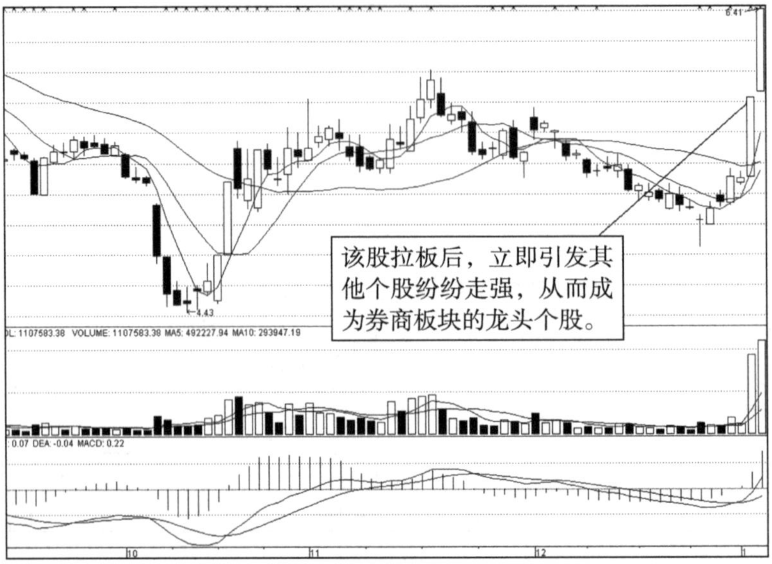

图 5-5

在成交量方面，没有出现拉升动作的时候，成交量会显得很温和，尤其在横盘过程中，成交量呈现阶梯型的缩量，缩量显得非常有序，一点也不凌乱。对比下面两幅图，即可知道其中区别。

图 5-6 展示的是德美化工（002054）2018 年 11 月 5 日的股价走势图。在分时图中，上攻时成交量快速放大，回调时成交量有序萎缩，封盘后立即缩量，量价配合得当。庄家对盘面把握得非常好，后市股价看高一线，这种盘面投资者可以积极关注。

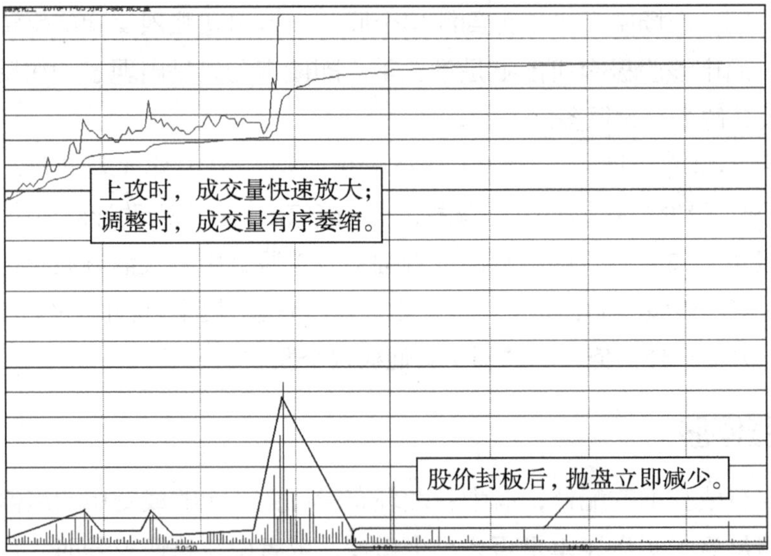

图 5-6

图 5-7 展示的是绿庭投资（600695）2018 年 11 月 19 日的股价走势图。该股在拉高时显得没有节奏，上攻形态不明显，量价明显失衡，盘面走势凌乱，涨停十分勉强，

反映庄家在暗中出货。涨停后封盘不坚决，抛压较大，尾市又开板，而且当天大盘又无大幅波动，因此这种走势疑似庄家拉高出货，投资者应谨慎对待。

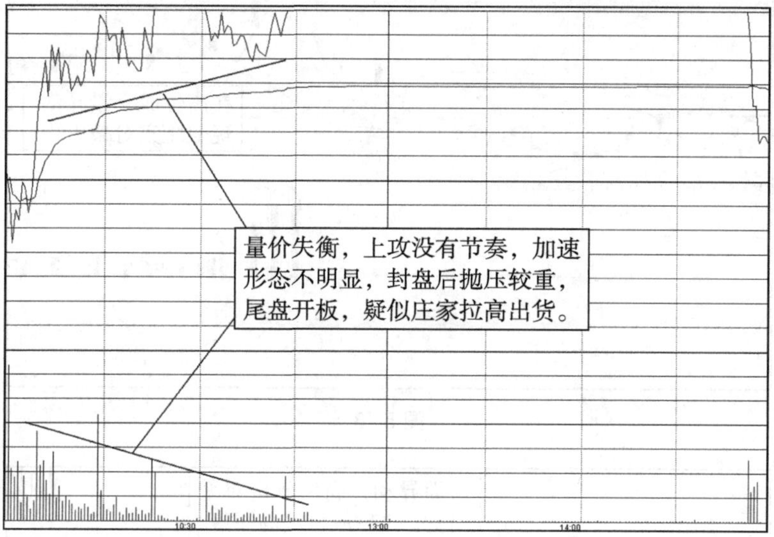

图 5-7

个股涨停后，当日成交量不可太大，尤其是巨量涨停的个股，应谨慎参与。成交量大小，可以在当日开盘半小时之后简单算出。是否属于巨量，应与该股一段时间以来的放量情况进行对比。

个股出现巨量涨停，通常出于两种情况，一种是在大幅上涨的高位，另一种是下跌过程中的反弹行情。这两种走势都属于庄家对敲出货行为，不宜追高操作。

图 5-8 展示的是赛象科技（002337）的股价走势。该股连拉 4 个涨停后，2018 年 11 月 26 日股价从涨停开盘到跌停收盘，收出一根长达 20% 的大阴线。次日该股放量上涨，在高位出现放大量的涨停阳线，当天成交量大幅放大，换手率为 16.76%。与前期成交量相比，这明显属于异动放量，不难看出有庄家对敲出货的嫌疑。对于这类涨停个股，散户还是不追为好。

图 5-9 展示的是泰永长征（002927）的股价走势。该股见底后开始上涨，并且连续拉出 5 个涨停，2018 年 12 月 25 日拉出第 6 个涨停时出现异动走势。这天股价从跌停板开盘，然后震荡拉高，午后单波拉至涨停，尾市封板收盘，全天震荡幅度达到 20%，换手率为 51.39%。

这天的成交量和盘面走势都十分可疑，疑似庄家在暗中对敲出货，短线不应当追涨，反而是离场的良机。之后的几个交易日里，股价在高位大幅震荡，上涨空间非常有限。此时可以确定为庄家减仓出货，没有离场的散户应当清仓观望。

在实盘中，有三种巨量涨停现象可以例外。

一种是前面连续出现多个一字涨停，打开涨停后再次出现巨量涨停的，后面可能还会震荡上涨，当然短线还是不追涨为好。

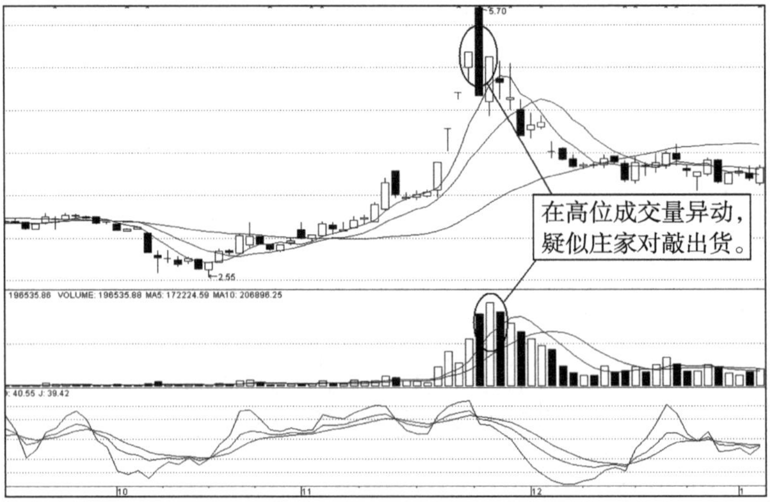

图 5–8

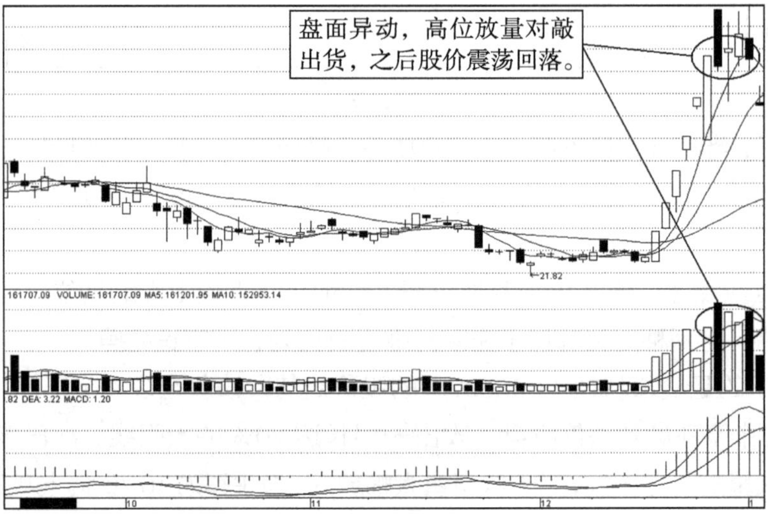

图 5–9

另一种是股价大幅下跌或暴跌后，由于庄家资金介入而出现巨量涨停，后市仍有一定的上涨潜力。

还一种情况是刚刚送配除权的个股（如 10 送 10、10 送 20 的个股），也会出现巨量涨停现象，但性质与上述两种情况不同。

实盘中，对于放量涨停好还是缩量涨停好，要具体问题具体分析。缩量涨停，有时说明市场抛压较轻，或者庄家已经高度控盘，拉抬比较轻松。有时也有股民看好后市而惜售的成分，因而容易形成连续缩量涨停。

关于涨停当天的成交量，实盘中关键要看以下三点。

（1）涨停前量与涨停后量大于 3:1，涨停后量越小越好。

（2）封单越大越好，最好大于 5 位数（根据股本大小有所不同）。

（3）涨停板出现在早盘，并且没有被打开过。

如果是被爆炒过的大牛股，一旦进入下降通道，远离上方套牢密集区，下方远离庄家成本密集区，这时缩量涨停多为出货的中继形态，第二天大多会低开低走。

放量涨停，尤其在前期小头部处放量涨停，一方面说明庄家做多意愿坚决，并且不惜解放所有的套牢盘，显示其志在高远，另一方面也显示庄家资金实力雄厚。只要放量涨停未远离庄家成本密集区，之后往往会形成一波大幅上涨行情。

无论是缩量涨停还是放量涨停，涨停后不出现大抛单就是好品种。

股价突破成交密集区和前期头部，回抽（洗盘兼测试支撑强度）确认时出现涨停走势，一定要求成交量缩量。尤其是创新高后缩量，说明市场满盘获利无抛压，庄家已经高度控盘。

五、抓突破涨停股

在股价长期运行过程中，可能会形成某些具有重要技术意义的位置。当股价成功向上跨越或脱离这些重要位置时，说明市场出现向上突破走势。股价蓄势整理结束，后市将有可能出现一段升势行情，此时交易者可以积极做多。

能够称为突破的技术位置有很多，比如移动平均线、趋势线（通道）、技术整理形态、成交密集区、黄金分割线、整数点位和时间之窗等。这里仅就一些常见的涨停突破信号作一些分析。

1. 整理平台向上突破

在底部经过长时间的整理后，股价以涨停板的形式向上突破盘整区域，成交量积极配合，该位置往往成为一个中短期底部，后市将会出现一波持续上涨行情，此时可以积极做多。

特别是上涨途中突破整理平台，更具有看涨意义。股价见底企稳并出现小幅回升后，由于庄家开始洗盘整理，在走势图中形成一个小的整理平台，整理时间一般在 10~20 个交易日。之后股价放量向上突破这个小平台，股价以涨停板报收。交易者可以在涨停板位置追进，激进者可以提前到股价突破小平台时立即跟进，基本上当天都可以获利。

如图 5–10 所示，德尔未来（002631）的股价冲过前期顶部，刚刚做好形态，却又含而不露，即将突破时停了下来。经过 12 个交易日的整理，股价放量拉高，30 分钟就放出巨量，达到前一天的成交量。对于该股的异动，实际上开盘后几分钟时间就可以发现，然后在 A 点迅速切入。开盘—放量—快速切入，这个动作一定要做得熟练。

如果未能在 A 点买入，还可以在 B 点、C 点追进。虽然这时买入股价已经有了不小的涨幅，但并不要紧，因为该股毕竟是在一个整理平台上发起攻击，不用担心它会跌下来。即便有回落调整，股价也会在整理平台得到支撑，短线机会大于风险。

整理平台向上突破的最大优点，就是跌下来也跌不深，而且也不太可能跌下来。像这只股票，开盘后放出巨大的成交量，买入后如果运气好，当天就可以涨停，因为它向上攻击的空间是很大的，而向下回档的空间则很小。

快速买进当天涨停股技术的诀窍是：巨量跳空过平台，回档不补缺口，再度放量拉起超过前量可以买进。简单说就是“放量跳空，回档买进”。

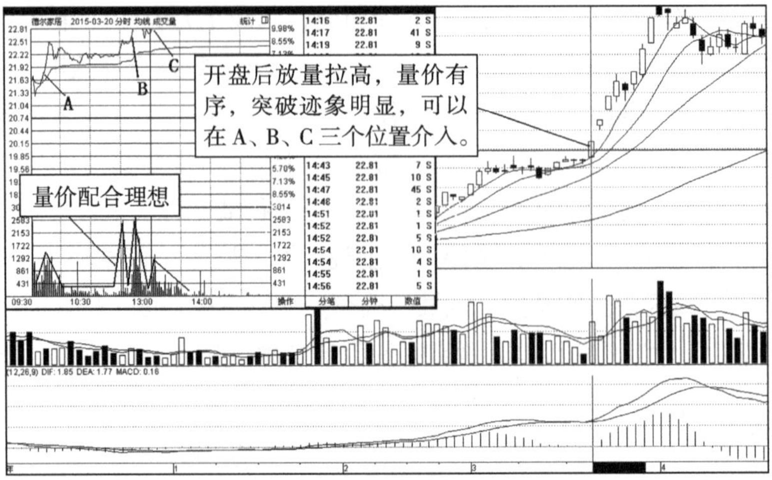

图 5-10

2. 突破前期高点阻力

当股价形成一个明显的阶段性高点时，该位置具有一定的技术意义和心理作用，往往成为后市较长一段时间内的阻力位。当股价以涨停方式成功向上突破这个位置时，说明后市股价上涨空间被打开，具有强烈的看涨意义，是短线较好的买入机会。

如图 5-11 所示，中安消（现名 ST 中安，600654）的股价经过一波拉高行情后，进入震荡整理阶段，形成一个明显的小高点，这个小高点具有一定的心理压力作用。不久股价放量涨停，收出一根突破性大阳线，此后出现一波快速上涨行情。

从图中可以看出，股价出现阶段性高点后，庄家巧妙利用这个位置进行洗盘整理。行情启动之前，股价选择向下调整，这时庄家再次吸纳低价筹码。期间成交量明显萎缩，既反映上涨力度不足，也说明浮动筹码减少。做多时机成熟后，庄家一鼓作气，使股价成功突破前期高点，成交量出现持续放大态势。第二天股价继续强势涨停，符合股价突破的盘面基本特征，交易者可以积极做多。

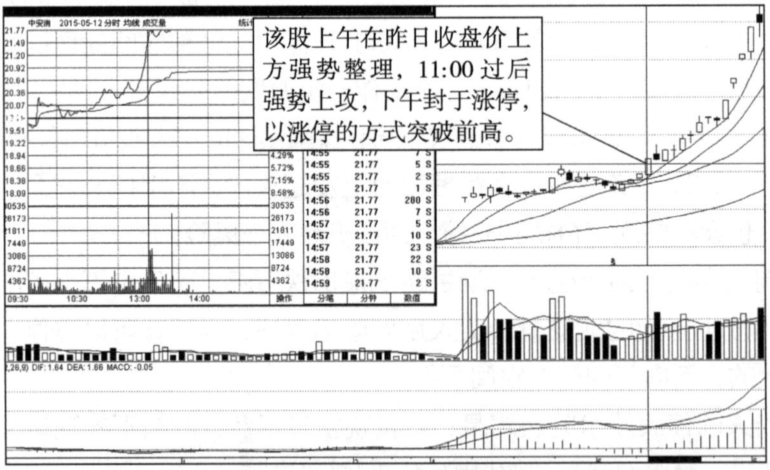

图 5-11

3. 突破均线压力

均线是反映股价运行趋势的一种技术分析方法。当股价以涨停方式向上突破均线时，预示股价下跌或调整结束，后市将出现上涨行情，因此是一个看涨信号。

股价突破均线通常有三种盘面现象：一是向上突破下行的均线；二是向上突破上行的均线；三是向上突破水平移动的均线。根据均线周期长短，还可以区分为突破短期、中期和长期三种类型均线。在此仅就突破 30 日均线为例作一分析，其他类型的突破，交易者可以自行研判总结。

图 5–12 展示的是泰永长征（002927）的股价走势。2018 年 12 月 18 日，该股庄家在低位完成建仓计划后，以涨停的方式向上突破 5 日、10 日、30 日均线的压力，成交量大幅放大，显示做多热情高涨，是短线追板买入的好机会。

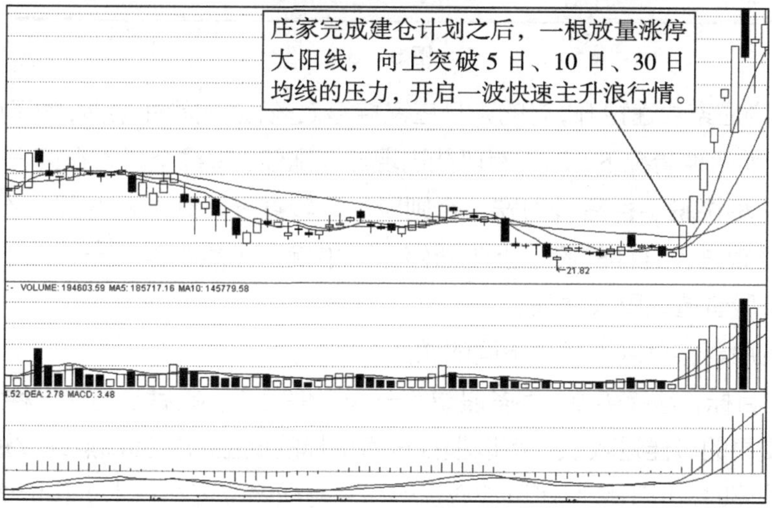

图 5–12

4. 突破技术形态

在股价长期运行过程中，可能会形成某些技术形态，如常见的 V 形、双顶（底）形、头肩形、圆弧形、三角形、楔形或旗形等。一旦股价成功突破这些技术形态，说明技术形态构筑完毕，股价将沿着突破的方向继续运行，最小达到“量度升幅”，因此是一个较好的短线买入信号。

图 5–13 展示的是风范股份（601700）的股价走势。该股在底部震荡过程中形成了一个双重底形态，庄家在此吸纳了大量低价筹码。在双重底即将完成时，2018 年 12 月 26 日收出一根放量涨停大阳线，次日继续收出涨停大阳线，向上有效突破了双重底形态的颈线位，同时也突破了 30 日均线的压制，形成一个较好的短线追板机会。

从图中可以看出，股价突破符合双底的基本特征，后市股价看涨，下跌趋势将发生逆转。另外，突破时得到成交量的积极配合，说明入场资金非常积极。短线交易者可以根据双底形态的相关买卖法则积极入场。

股价出现涨停的原因多种多样，实盘中追涨停板一定要谨慎。有的是因为有重要利好

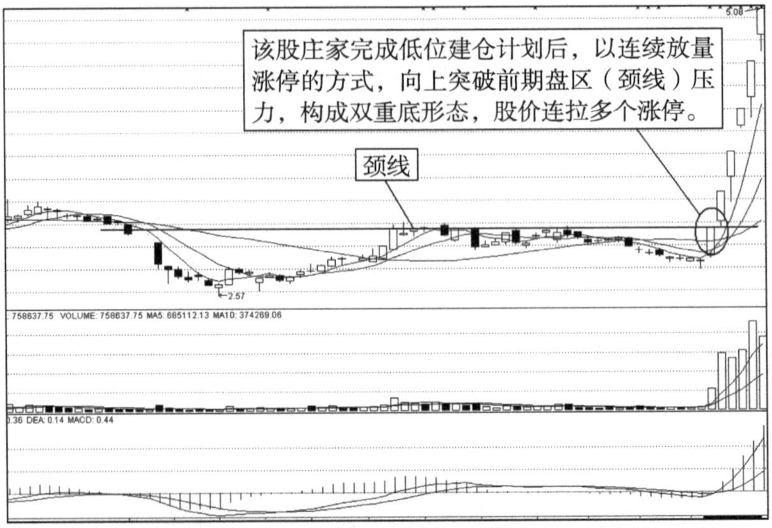

图 5-13

公布，有的是因为庄家快速拉升，有的则是庄家持筹太多，造成股性呆滞，为了引起大众关注，自己做势推升。前两种情况下，后期有可能出现连续涨停，短线交易若在第一个涨停板买入，持有两三日后应尽快脱手，落袋为安，否则股价急转直下，到时后悔都来不及。遇到第三种情况千万不要跟进，这样的股票上午涨停，下午就有可能跌停。一旦跌下来，很可能一路跌下去，对持股者造成重大损失。

对待涨停的股票，有以下两种不同的做法。

第一，锁定目标，等待买点。很多股票第一天涨停之后，随后会出现一种短期洗盘走势，这恰恰是短线交易的最佳进攻点，可以根据技术指标的低位缩量回调点建立短线仓位。

第二，追涨停时，以下情况可以放心追买：一是涨停位置在技术上和价格上均为低点；二是在 10:30 之前涨停；三是封单数量大，涨停之后无成交量。同一个热点板块中尽量追价格低、盘子小、第一只涨停的股票。

第三节　涨停股强弱分析

实盘操作中，必须在个股技术形态良好，存在一定上涨空间，分时图显示庄家向上做盘意愿强烈，大盘走势相对配合等情况下，才能采取追涨停战术，这样可使风险降到最低。

怎么判断股价涨停是强是弱呢？可以从以下几个因素来判断。

（1）涨停时间早晚。越早涨停越好，最先涨停的个股比尾盘涨停的个股强势得多。

当天交易中，第一个封涨停的个股最好，涨停时间最好限制在 10:10 以前。因为短线跟风盘十分注意当天出现的机会，前几个涨停股最容易吸引短线盘的目光。另外，开盘不久就涨停，也说明庄家是有计划拉高，不会受大盘当天涨跌的影响（当然并非一点影响也没有）。如果这时走势技术形态不错，在众人的集体追捧下，往往能封死涨停，而且排队等待买进的买单会堆积很多。这类股票上午收盘前，成交量就会萎缩得很小。下午开盘时不会受到什么冲击，封死涨停的可能性非常大，第二天获利也就有了基本保障。

下午开盘后，能在1:15以前封涨停，也是相当不错的个股。午盘开盘不久能封住涨停，当然也能说明庄家有拉高计划，只是由于短线盘很多已经集中在上午涨停的个股上，所以下午涨停的个股吸引力相对会小一些。

其他时间段涨停的股票相对要差一些，其中10:10—10:30之间涨停的股票，如果拉到涨停价时换手率不高（普通股票换手率要求低于2%，ST类股票换手率要求低于1%），分时图上股价走势比较连续和正常，没有出现尖峰情况，分时成交也比较连续，没有出现大手笔对倒，也可以追买。

这类股票之所以操作性相对差一些，一是这个时候涨停可能是跟风涨停的股票，庄家事先可能并没有拉高的计划，只是受盘面影响，临时决定拉高。操作这类个股，要严格限制换手率条件，尽管拉至涨停，但要求抛压比较小，这样次日才有机会冲高。二是由于涨停时间比较晚，上午收盘前成交量不一定能萎缩得很小，那么下午开盘时，受到抛盘冲击打开涨停的概率相对大一些，操作风险也相应大一些。

10:30—11:10涨停的股票，这种风险更大，经常有下午开盘后涨停被打开的现象。

下午1:15—2:00涨停的ST股，如果涨停时换手很小（低于1%），分时图表现为冲击涨停前只有非常稀少和不连贯的成交，只是在冲击涨停时才逐渐有成交量放出，并且冲击涨停时股价走势比较连贯，没有大起大落，也可以追涨买入。

之所以这个时间段以考虑ST股为主，原因就是ST股的涨停板限制只有5%。在上午的交易中，即使买进后涨停，获利空间也不大，第二天获利抛压也不会太大。但是普通股票就不同了，上午涨停时，当天买进的散户获利相对较大，第二天抛压相对也会较重，操作风险就大多了。

在下午2:00—3:00涨停的个股，除非大盘连续阴跌后，在重大消息的刺激下出现反转走势，或者是下午走强板块的龙头股，同时大盘还必须处于强势中，否则轻易不要去碰它们。理由很简单，这时候的涨停大多是庄家尾市做盘，目的是为了第二天能在高位出货。上午和下午买进的散户获利很大，第二天抛压就会很重。庄家在尾市拉高，不是用资金去硬做，而是一种取巧行为，此时跟进风险非常大。

（2）第一次即将封涨停时，换手率小的股票比大的好。

在大盘处于弱市和盘整时，这一点显得尤其重要。理想情况是普通股换手低于2%，ST股低于1%。在大盘处于强势时，这个条件可以适当放宽，龙头股也可以适当放宽。但无论在任何情况下，换手率都不能超过5%，包括涨停被打开后又被封住时的换手率。限定换手率，实际上就是限定当天获利的买盘数量和抛压大小，这时的获利盘越少，抛压越小，第二天上攻的机会也就相应越大。

（3）盘整一段时间后，突然涨停的个股比连续上涨后再拉涨停的个股好。连续大跌后以涨停方式开始反弹的也可以操作。另外，庄家重仓的个股比庄家轻仓的好。

盘整要求至少 5~6 天内没有出现大阴大阳线，均线系统乖离率 BIAS 不能太大，拉到涨停位置后离强阻力区域不能太近，要给第二天高开留下一定空间。对于庄家持仓太重，基本上只有庄家自己参与交易的股票，首先必须看日 K 线走势，判断庄家这时的拉升意图，然后决定是否参与。

一般情况下，盘整后突破的股票是最好的。由于普遍的心理预期是突破后上涨空间被打开，因此第二天获利的幅度会大一些。对于超跌反弹的股票，由于反弹性质不确定，因此高度不能预计太高，制定目标要保守一些。对于连续上攻的股票，由于低位买进的人随时有可能抛出，形成大抛压，因此除非是在大牛市，否则追涨停的时候一定要小心。

对于庄家仓位比较重的股票，由于庄家出货的需要，常常会在涨停后继续拉高出货，这样才能降低仓位，所以操作反而相对安全些，当然还要求大盘表现不能太差。

这里要强调一点，即使当天涨停的个股，盘中获利盘依然不多，最好是洗盘后上攻涨停。

（4）如果当天大盘急跌，特别是急跌后破位，即使有涨停个股也不要追买。

一般情况下，大盘破位下跌对庄家和追涨盘的心理影响同样巨大，庄家的拉高决心相应会减弱，追涨盘也会变得谨慎。在没有接盘的情况下，经常出现第二天庄家立刻出货的现象，因此在大盘破位急跌时最好不要追涨停。

在大盘处于上涨波段时，涨停的机会比较多，追涨停可以大胆一点儿。在大盘处于弱势波段时，追涨停要特别小心，尽量以 ST 股为主。因为 ST 股和大盘反走的可能性大一些，且 5% 的涨幅也不至于造成太大的抛压。如果大盘处于盘整期，趋势不明，这个时候要以个股形态、涨停时间早晚、分时图表现强弱为追涨依据。

（5）第一个涨停比较好，连续出现第二个涨停就不要追买了。

理由是短期内获利盘太大，随时可能出现抛压。当然这也不是绝对的，在牛市里，龙头股或者特大消息股可以例外。一只从未涨停过的股票，很难想象能走多高。

（6）高开高走拉涨停的股票追起来安全一些，最好开盘价就是最低价。

这一条实际是考虑 K 线组合形态。高开高走拉涨停说明走势极其强劲，更容易吸引跟风盘，第二天能走得更高。由于当天没有在低价区成交，短线获利盘较少，出现抛压的位置也会相应提高，从而为涨停股留出更大的上涨空间。

（7）重大利好首次披露，当天拉涨停的股票比较好，但要考虑股价是不是已经涨得很高，股价有没有提前反映这个利好。

如果股价事先没有反映利好，一旦涨停，上攻力量就会很强，短线机会很大。即使股价事先已经反映了这个利好，如果大盘条件比较好，庄家往往也会连续拉出涨停。这时只要股票形态好，分时走势漂亮，也有很大的短线获利机会。

（8）龙头股涨停比跟风股好，有同类股跟风涨停的，比没有同类股跟风涨停的好。

第四节　涨停股盘口气势

一、分时图中追涨停

1. 分时盘口表现

分时图中股价冲击涨停时，气势强的比气势弱的好。看分时图需要很高的技巧和感觉，很难用语言表达出来，这里只简要介绍一些需要注意的方面。

（1）分时走势中股价应强势上攻，快速拉高，同时成交量放大。在推高过程中，一般呈现加速上攻态势，不能是拱形上涨。

（2）均价线。均价线应该在开盘后保持向上，支撑股价上涨。

（3）分时图中股价从盘整到冲击涨停的过程。如果盘整区跟涨停价位的距离在 5% 以内，那么冲击涨停的速度越快越好。如果盘整区离涨停价位比较远，那么最好不要一次冲向涨停，而是冲高后先回调（盘整区提高）一下，然后再迅速冲向涨停。

（4）分时图里的成交分布问题。成交量要求上涨时要明显放大，但是放大要适度，并且比较均匀连续。忌讳那种突然放出很大的量，一下子又迅速缩小，这种走势说明庄家心态不好，也会引起追涨盘的怀疑。

（5）看委托盘。真要涨停的股票，一般显示出来的买进委托盘不会比卖出委托盘大，因为庄家真正的买盘都是及时成交的，在委买盘中根本看不见。那种有很大买盘托着股价慢慢上涨的情况，基本上可以认为是庄家在出货，不能追买。

2. 分时攻击量峰

个股涨停形态多种多样，这里介绍一种比较容易辨别、容易操作的技巧。易辨别是指特征明显，很容易辨认出来；易操作是指有足够的时间让你买进。利用分时图追涨停，短线每次可以轻松获利 3% 以上。

其操作要点主要有以下几点。

（1）早盘出现明显的攻击量峰。攻击量峰是指成交量比当日其他交易时段放大好几倍甚至超过 10 倍，形态上呈现出“山”字形堆量，这才是有效的攻击量峰。如果只是比平时多一两倍，只能叫做量峰，不能叫攻击量峰。如果当天有多只股票出现攻击量峰，要选当天攻击量峰最大的个股。

（2）换手区（整理）缩量。换手区缩量是指比攻击量峰少几倍的交易量，差不多或少一点都不能叫缩量，最好是出现地量。

（3）午盘 1:00 或 2:00 之前，股价一直在 6%~8% 之间波动，不能跌破 6%。有时也会回落到 5.5% 左右，但会迅速拉到 6% 以上。选股方法很简单，就是从涨幅榜中观察那些涨到 6%~8% 的股票，符合条件的就盯着看一段时间。如果直到午盘 2:00 之前股价都没有跌破 6%，就可以择机买进，等待拉涨停。

（4）换手率在 5%~7% 之间。只有达到这样的换手率，才可以大胆买进，换手率太低不要追买。

（5）午后 1:00—2:30 之间买入股票。有经验的交易者可以在第一波攻击量峰出现后，股价回落至 6% 左右时买进。

（6）当日股价分时线必须在均价线（黄色线）上方运动，分时线走得比较平滑最佳（会涨的股票不会跌，会跌的股票不会涨）。

（7）日 K 线最好能创出近期新高，这一点很重要。

（8）次日第一波拉升就要卖出，不要贪恋股票。

（9）当天庄家资金流入越多越好。选股时还要分析庄家资金在近几天是不是处于净流入状态，庄家资金线是不是呈现为上坡形态。

图 5-14 展示的是特发信息（000070）在 2015 年 5 月 18 日的分时走势图。该股当日开盘后股价略作下探，然后出现攻击量峰，股价上一个台阶后进行换手整理，午后再次拉升。由于距离涨停价较远，所以拉升一段空间后又进行整理，最后将股价推至涨停。

从盘中可以看出量价配合良好，上升颇具韵律。这种盘面走势，后市应有继续冲高的能力，是短线首选品种。

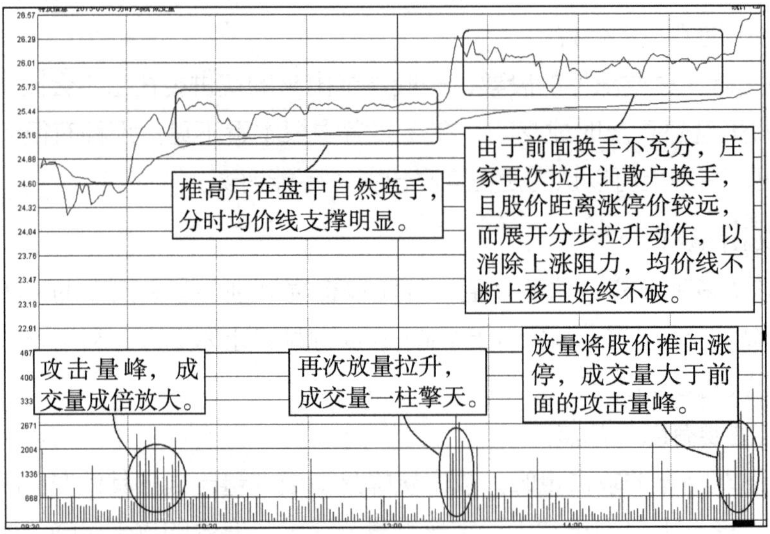

图 5-14

在这里补充一下此类涨停个股的盘口表现。

（1）当股价涨幅为 6% 左右时，下方有大买单托盘，或者在股价跌破 6% 时出现大买单，以阻止股价向下滑落。阻止股价滑落的大买单被打掉后，还会连续出现大买单，总之就是不让股价跌破 6%。

（2）股价上涨 8% 左右时出现大卖单，目的是阻止股价继续向上，让散户在 6%~8%

的涨幅之间高位换手。

（3）在大波段拉升股价时，上方会挂出多个大卖单，目的是为了对敲拉升。准备拉涨停时，在 7% 以上的价位，如 5.50 元、5.55 元、5.60 元位置，会挂出大卖单，吃单方式是隔档吃单，也就是不吃 5.51 元、5.52 元、5.53 元、5.54 元，而是直接吃掉 5.55 元。在股价上涨到 9% 以上时，大多会以末位数 0、5、7、8、9 挂出大卖单，越往上卖单越大。

解释一下大卖单的作用：一是对敲拉升。二是阻止股价上涨引发抛盘。在换手率不足的情况下，挂大卖单有加速换手的作用。三是显示庄家的实力。庄家能够在短时间内吃掉这么多大卖单（其实都是庄家自己的单子），可以给追买的散户增加信心，一同把股价拉上涨停。

图 5-15 展示的是电广传媒（000917）2018 年 11 月 5 日的分时走势图。开盘后该股股价逐波上涨，上升攻击量峰明显，成交量呈梯形放大，量价配合默契，上涨节奏完美，多头攻击性强，显示庄家实力强大，做多意愿强烈，投资者可在当日均价线附近介入做多。

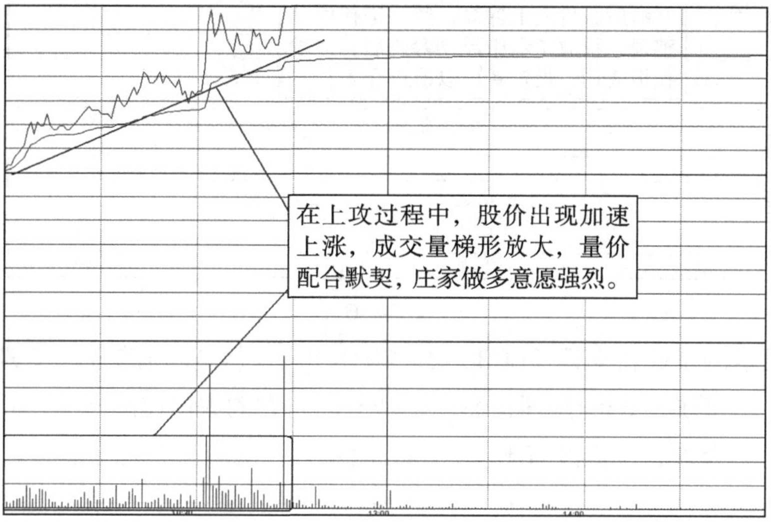

图 5-15

对上述实例进行分析，可以知道个股的攻击性如何。如果其他方面没有问题的话，当天大盘不出现明显下跌，则个股涨停或者大涨的机会很大。当然，这只是一种判断模式和方法，强调该形态当天盘中容易拉至涨停，也就是说涨停的概率很大，并不是说只有这种形态的股票才能涨停，其他很多形态也能够拉出涨停。比如说一些袖珍小盘股，分时图的攻击性不一定很强，但是也可能出现连续涨停走势。

3. 冲高后横向盘整

在分时图中，股价开盘后就出现一波拉高走势，然后小幅回落震荡。分时图中股价基本上维持在高位运行，回调以均价线为限，具有强烈的抗跌性，最后发力拉向涨停。这种在高位盘整不跌的股票，就是短线追涨的好股票。

也可能是股价拉高一波后进行横盘整理，然后再向上拉高一波，之后出现横盘震荡，最后将股价拉向涨停。分时图中股价逐级上行，这也是一种非常好的股票。

以上这两种盘面表现形式都是强势股的表现，反映了“会涨的股票不会跌”的特性。短线可以在涨停价位大胆追进，次日大多都会有比较好的利润。

图 5-16 展示的是德美化工（002054）2018 年 11 月 5 日的分时走势图。开盘后该股将股价拉高 3 个多点，之后进入横向震荡整理，以消化上档压力。股价回落到均价线附近企稳，10:50 开始放量上行，一举拉板成功，直至收盘封盘不动，显示盘面十分强势。遇到这种盘面走势时，可以大胆追板跟进。

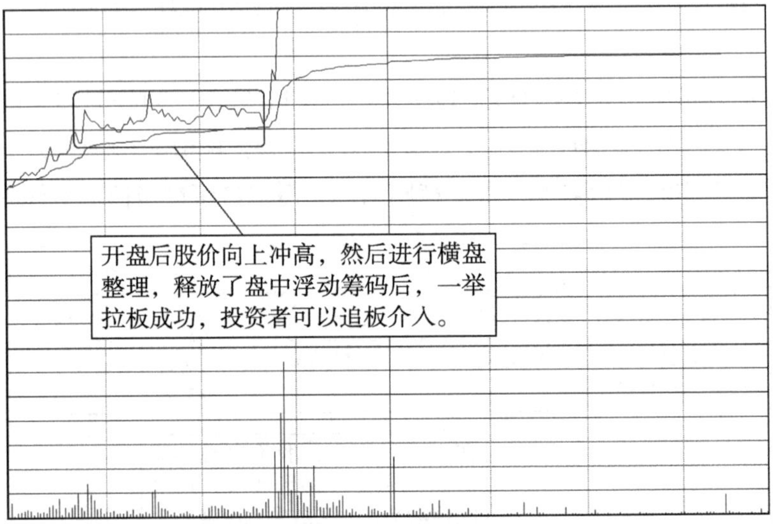

图 5-16

图 5-17 展示的是德新交运（603032）2018 年 10 月 31 日的分时走势图。该股小幅低开 1.82% 后，回落进行弱势整理，然后出现一波有力的放量拉高行情，股价翻红 6 个多点。之后进行平台整理，股价没有出现大幅回落走势，说明盘面处于强势之中。

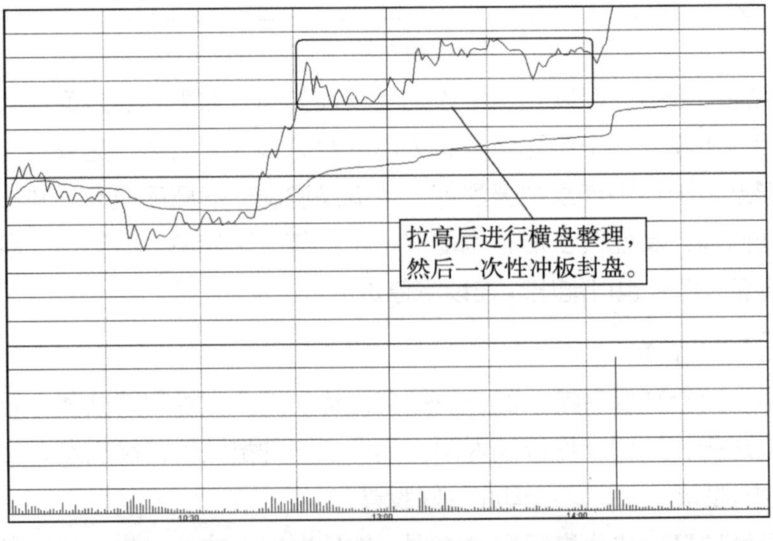

图 5-17

对于这种走势，一旦大盘企稳回升，就会再次拉高。经过高位一个多小时的盘整后，14:04 股价一口气拉向涨停。由于这种盘面上行速度非常快，在股价向上突破分时整理平台时，短线交易者可以高出几个价位挂单买入，也可以在最后封盘的瞬间快速买入。

实盘中，个股经常在 14:00 左右发力上攻。如果盘面符合“冲高后高位横盘整理”这一特征，也是不错的短线个股，可以及时追进。

图 5-18 展示的是通光线缆（300265）2018 年 12 月 25 日的分时走势图。股价开盘后一直在低位横向弱势震荡，似乎没有庄家关照。但 11:00 过后出现一波小幅拉升行情，成交量快速放大，形成攻击量峰。之后出现强势整理，股价略有回落，但能够坚挺在当天均价线之上震荡，显示抗跌性极强。13:16 开始快速拉涨停，直到收盘封盘不动。这种盘面走势说明庄家准备十分充分，股价将进入拉升行情，投资者应积极追板做多。

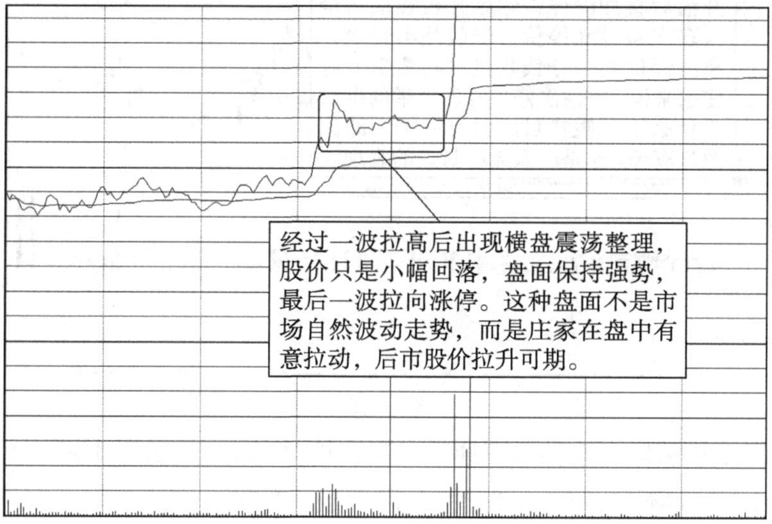

图 5-18

二、涨停后的开板现象

实盘中，经常看到个股拉至涨停后，很快就打开涨停，之后又很快封住涨停。封封开开，反反复复，这样的盘面如何分析呢？庄家是在出货还是在诱空？散户应该继续持股还是清仓？是否可以追进？

涨停后反复打开和封停，这是一个非常重要而且经常看到的盘面现象，可以从以下几方面进行考虑。

1. 打开涨停原因分析

涨停的股票为什么会反复开板又封板？大致原因有两种：一是庄家无心封涨停，二是庄家无力封涨停。

（1）庄家无心封涨停。这种情况通常出现在相对低位。庄家并不希望封死盘口，而是反复打开，目的是迫使散户抛售离场，庄家自己则趁机吸纳筹码。也有的庄家通过这种方式进行洗盘换手，目的是提高散户的平均持仓成本。

如图 5-19 所示，从洛阳玻璃（600876）的分时走势中可以看出，该股开盘后股价直接冲至涨停，但封盘态度不坚决，全天多次打开涨停板，最终离涨停价差 1 分钱收盘。

对庄家来说，当天让股价封上涨停板并不难，但是庄家为什么不封盘呢？关键是庄家无心封盘。可以想象，如果庄家直接封盘不动的话，那么绝大部分散户就等于吃了定心丸，持股不动了。这种情况下，庄家就很难达到洗盘换手的目的，所以当天庄家故意不封盘，让散户对后市走势产生疑虑，因而抛售筹码。当庄家达到目的后，股价自然会出现快速上涨。

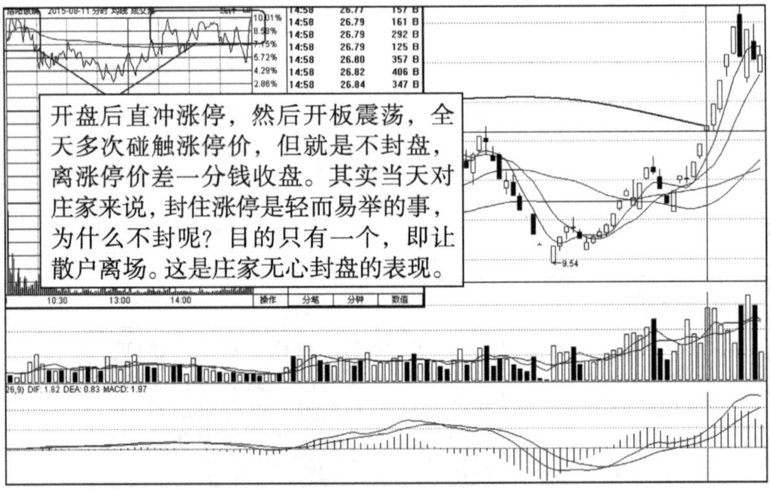

图 5-19

（2）庄家无力封涨停。这种情况通常出现在相对高位。庄家本想把盘口封死，但由于抛压太大，庄家一时封不住盘口，被迫打开涨停板。当然，庄家这时也在向外抛售，这是庄家常用的一种出货手法。

如图 5-20 所示，冠城大通（600067）以涨停价开盘后，由于庄家无力封盘，导致涨停板反复打开。从成交量表现可以看出，封停后场内抛盘十分强大，显示庄家封停已经力不从心。虽然最终股价被封住涨停，可是第二天便出现了血雨腥风的走势，股价冲高快速回落，以跌停价报收。

涨停后反复出现开板现象，具体地说有下面几种可能。

（1）庄家实力不强。庄家资金实力并不雄厚，没有能力封住涨停。这种情况持续下去，到最后收盘时，往往再也封不住涨停了。

（2）场内出现大量抛盘。庄家实力很强，资金也十分雄厚。当天庄家动用了一部分资金封住涨停，但是突然场内抛盘大量增加，导致涨停板被打开。庄家发现涨停被打开，只好重新调入资金，再次封住涨停。

（3）庄家打开涨停板吸筹。庄家在涨停价位买不到更多的筹码，就用大单砸开涨停板，引发散户恐慌，纷纷交出自己的筹码。

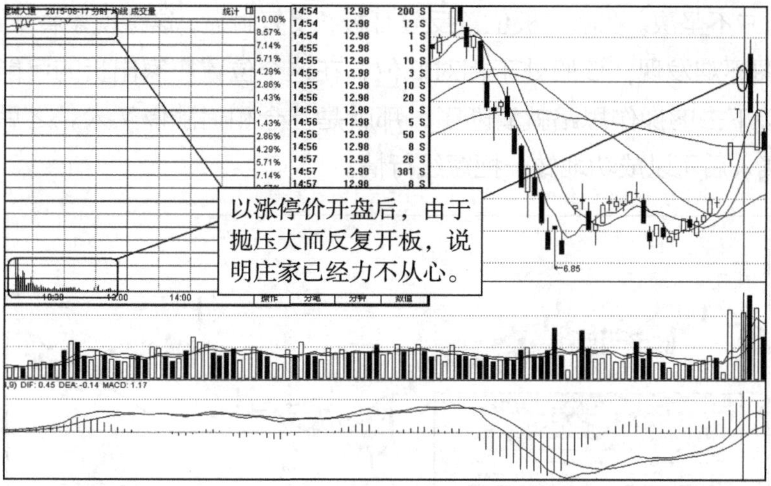

图 5-20

（4）洗盘换手。洗盘的目的是为了洗掉获利盘，减轻继续拉升时的抛压。庄家故意开闸放水，让股价打开涨停，场内获利的散户一看涨停打开，觉得股票要跌了，于是纷纷卖出手中的股票。这时场外想买入的散户一看涨停打开，就追买这只股票。庄家坐山观虎斗，让散户们互相交换筹码。新进来的散户没有赚钱，不会轻易卖出股票，这样就等于帮庄家锁仓，庄家往上拉升股价就省力了。

（5）拉高试盘。庄家拉升股价冲击涨停，目的是试一下跟风盘和上方抛压大小。拉高试盘一般都是瞬间冲击涨停，然后迅速打开，之后不再封涨停。

（6）涨停出货。庄家想出货，于是先把股价拉到涨停板，吸引大家的注意力和跟风盘，庄家趁机把筹码抛给追买的人。由于庄家是借拉涨停出货，所以这时涨停总是封不住，而且成交量比较大，同时在筹码分布图上可以看到底部筹码迅速消失。

（7）多空分歧。场内庄家意见不统一，有的做多，有的做空，盘面出现震荡。

（8）突现利空。突现利空消息时，庄家会放弃做多。很多时候大盘大幅跳水时，涨停个股也会出现打开涨停板的情况。大盘企稳时，它们又会封于涨停。

2. 打开涨停的分析方法

（1）底部区域。涨停后反复开板，研判的角度有很多，其中股价所处位置高低是其中重要的一个方面。

一般情况下，在一波行情启动初期，突破的位置最容易出现涨停板。此时出现涨停板的目的是启动拉升行情，聚集市场人气，将股价快速拉离庄家成本区，以避免散户跟风买入。这个时候拉涨停板往往比较干脆，分时线一波或者两波就能拉至涨停板，封单也较大，封住后不会轻易打开，以避免散户追涨买入。但是实盘中也经常遇到反复开板的现象，这是为什么呢？

图 5-21 展示的是特发信息（000070）的股价走势。该股经过长时间的震荡筑底后，2019 年 1 月 2 日开盘后，先是进行近一个小时的震荡整理，从 10:23 开始一口气将股价拉

到涨停，但封盘并不坚决。在涨停板位置反复开板，反复封盘，这种现象着实让人忐忑不安。

通过K线图不难发现，该股处于相对低位，在这个位置庄家出货的可能性不大。有了这个前提后，接下去的操作思路就清晰了，那就是持仓和追涨停买入。之后几天，该股股价连续涨停，买入后可以成功地做一把短线行情。

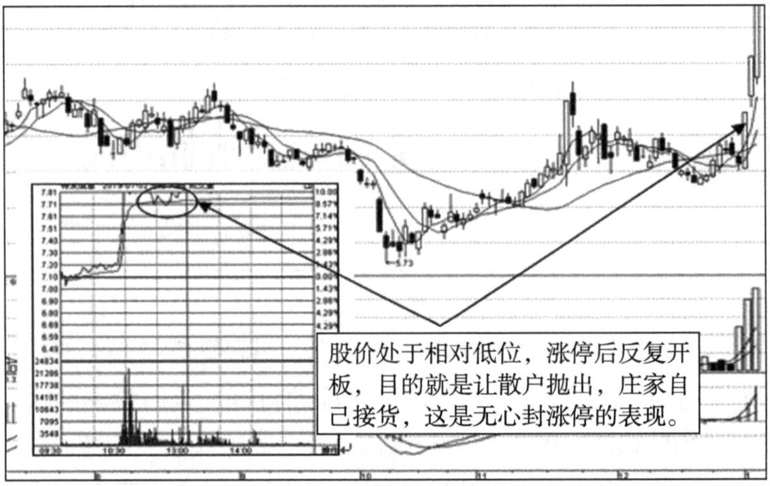

图5-21

（2）高价区域。涨停板可以聚集人气，吸引散户进场接盘，庄家则利用这个方法达到自己出货的目的。特别是当股价处于高位时，通过涨停板的方式在高位宽幅震荡出货，是庄家出货的常见手法。

图5-22展示的是泰永长征（002927）的股价走势。2018年12月26日，该股以涨停板开盘后，庄家封盘并不坚决，多次打开涨停板。从K线图中可以看出，该股股价短线出现快速上涨，累计涨幅已经非常大，盘中堆积了大量的获利盘，继续拉高的空间十分有限，庄家无力继续封死涨停，这显然是一个多头陷阱。

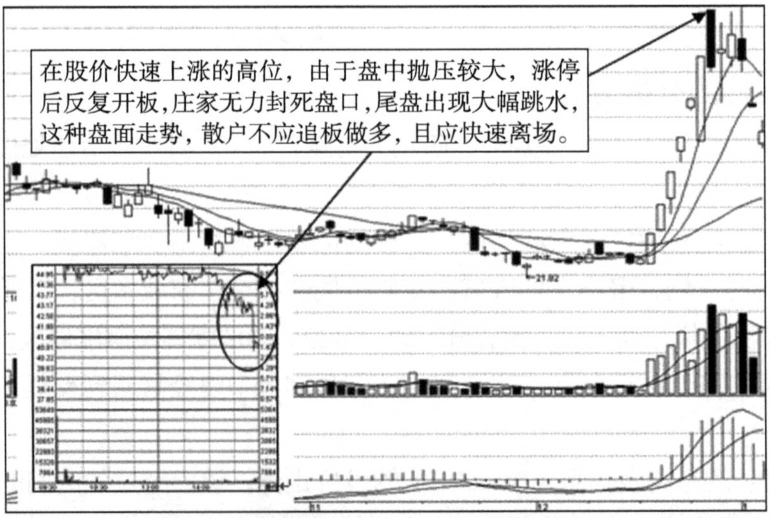

图5-22

在高位出现这种盘面现象，投资者只能退出，不能介入。午后股价明显开始走弱，尾盘出现跳水走势，日 K 线在高位收出一根大阴线。之后股价出现大幅震荡并向下快速回落，形成短期头部形态。

（3）中继阶段。涨停板可以调动市场人气，比如上升中继整理平台向上突破的位置，庄家不希望自己大量买入，而是希望散户买入，以减轻自己的拉抬压力，这个时候往往是缩量创新高，但涨停板就封得不那么坚决了，且盘中经常会瞬间打开涨停。打开涨停，庄家的目的是希望散户有足够的时间介入。如果过早封死涨停，则散户没法介入。

如果股价在中期回落结束后的涨升阶段拉出涨停，则是为了吸引散户入场抄底。庄家在反弹时拉出一个涨停板，散户一看股价企稳上涨了，急着追涨，正好帮助庄家抬升了股价。

图 5-23 展示的是东方通信（600776）的股价走势。该股脱离底部区域后，股价不断向上拉高，均线系统多头发散，上升趋势明显。2018 年 12 月 10 日放量拉涨停，股价创出上涨新高，但封盘后多次开板。

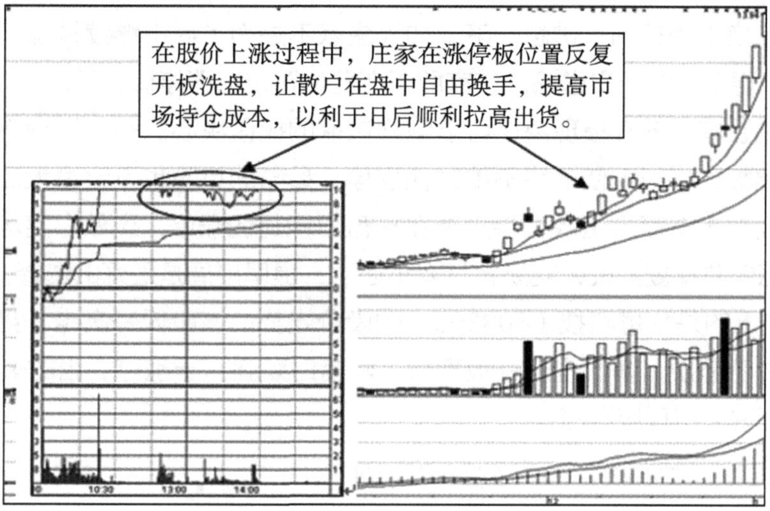

图 5-23

为什么庄家封盘态度不坚决？庄家是在出货吗？从 K 线图中可以看出，盘面走势健康良好，股价累计涨幅不大，处于上涨趋势之中，日后应当还有新高出现。因此这时股价创新高不是为了解放前期套牢的散户，而是为了日后更好地拉升股价，短线应趁开板之机追涨介入。

（4）庄家目的。涨停后反复开板，分析其中的原因时，除了观察股价位置高低外，庄家拉涨停的目的和意图也是分析的重点。也就是说，庄家为什么要拉涨停并反复打开涨停板？对庄家自己有什么好处？

图 5-24 展示的是鲁信创投（600783）的股价走势。2018 年 11 月 5 日，该股股价快速拉涨停后，盘中多次打开涨停并出现震荡，最后又封盘不动，庄家这么做的意图是什么？

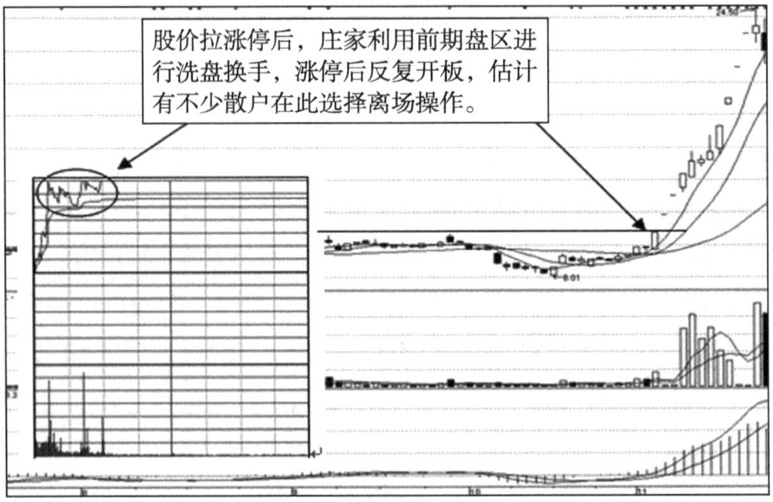

图 5-24

从 K 线图中可以看出，该涨停出现在前期小高点附近，该位置在散户心里具有一定的压力作用。庄家故意多次打开涨停板，是为了形成上方抛压较重的假象，动摇散户的持股心态，实现洗盘换手的目的。试想一下，如果庄家不是为了后市继续拉涨，就不可能在此位置拉出涨停，更不会给散户送钱。庄家敢于在此位置拉出涨停板，后市一定有好戏。

总之，通过涨停后的开板现象，可以窥视庄家的操盘决心。一般情况下，出现在启动位置附近的涨停板，当天即使最终不能封住涨停，参与的风险也不会很大。如果是出现在拉升后期，只要封盘态度不坚决，特别是在尾盘不能封住涨停，应做出离场操作。如果在下跌中途出现涨停并反复开板，交易者就要小心了，提早出局是最好的选择。

图 5-25 展示的是华懋科技（603306）的股价走势。该股低开高走，盘中拉至涨停。但涨停后封盘并不坚决，多次出现开板现象，收盘时勉强封于涨停。当时 K 线组合呈现阳包容形态，按理说后市理应看涨。

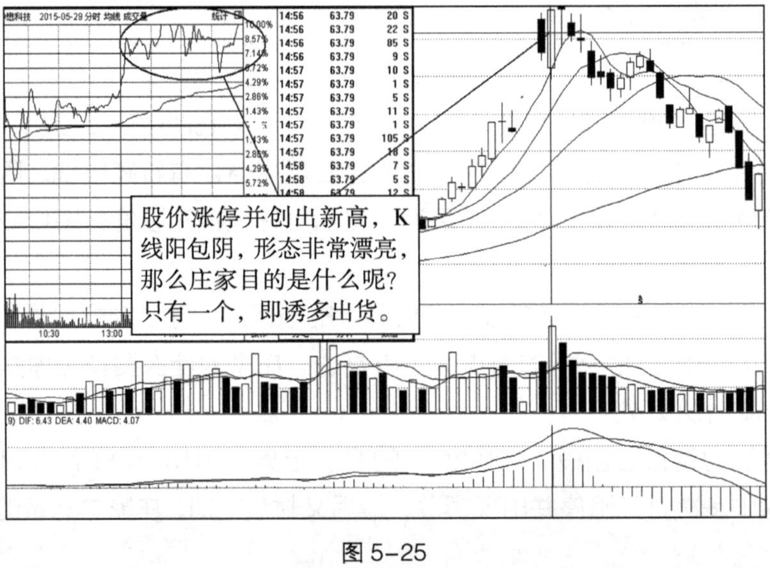

图 5-25

那么庄家为什么封盘态度不坚决呢？一是股价累计涨幅较大，获利筹码急需套现利润。二是当天放量过大，疑似庄家对敲出货。由此可以断定庄家是在利用涨停减仓出货，对这种走势应小心谨慎。

三、涨停后真假封盘分析

股价拉涨停后，到底是真封盘还是假封盘？可以从以下几个方面进行分析判断。

（1）如果涨停的位置出现在低位，特别是低位出现的第一个涨停板，涨停后不久就迅速开板，且回落幅度低于分时图中最后一波拉升高度的 1/3，杀跌的成交量低于开盘集合竞价的成交量，这是一种典型的诱空动作。

（2）开板后看到有抛盘涌出，结果封涨停的时候不用大单就迅速封板了，说明此处已经没有抛压，盘中开板是典型的诱空。这是控盘庄家常用的诱空手法，也是庄家拉高吸筹的盘面特征。

（3）早盘跳空高开后涨停，开板是诱空的表现，短线可以追涨。

（4）开板后尾盘不能封涨停，这样的个股应该回避。开板说明涨停位置抛压很大，次日大幅调整的可能性很大，短线应该回避此类个股。

（5）早盘封涨停，之后无量开板，显示盘口很轻，没有多大的抛压，同时也说明盘中筹码非常稳定，庄家已经完成控盘计划。从盘口现量可以看出庄家正在主动买入，很快庄家就会用很小的封单量再次封住涨停。如果第二次封涨停的时候成交量很大，说明涨停位置抛压很大，那么庄家就会继续震仓打压洗盘，调整后股价还会继续上涨。

个股封板后反复开板，说明上档抛压很大，但最后庄家还是顶住抛压封板。这样的封板会消耗庄家大量资金，如果庄家不洗盘，则不利于后市的拉升，因此该类个股马上就会展开洗盘动作。

四、涨停时异常封单分析

股价涨停后，每一位持股者都希望封盘不动。只要尾市封盘不动，就有了一份安全感，次日也有望继续上涨。封盘有虚有实，有真有假，从封单中可以研判盘面强弱、庄家意图、庄家坐庄手法等。

下面探讨一下涨停后的异常封单现象，为大家提供一个分析思路。

正常的涨停盘口中，大封单一般都挂在涨停价格等候成交，涨停价之下的其他价位委买单都不会很大。如果庄家不是真实封板的话，往往会在涨停价之下的其他位置挂出大买单。这是异常的挂单行为，目的是让散户产生买盘强大的错觉，引诱那些喜欢追涨停的散户在涨停价位挂单排队等待成交。

如图 5-26 所示，梅雁吉祥（600868）2015 年 8 月 18 日的封单就出现了异常。开盘后股价立即冲向涨停，涨停后买一位置上挂着 75826 手买单，但在买五位置上挂出 107749 手买单，比买一位置大出许多。很显然，这不是正常的真实等候成交的挂单行为。在涨停价位挂上相对比较小的挂单，在涨停价格之下某个价位却挂出数量比较大的买单，这样的挂单行为大部分属于庄家虚张声势，是一种心虚的表现，因此这两张大单并不能体现庄家的真实意图，而是为了吸引大众眼球。

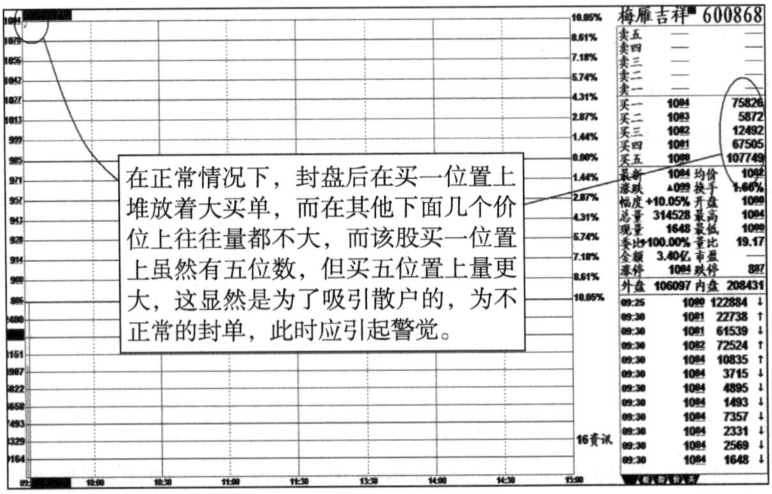

图 5-26

那么该股后市走势如何呢？请看图 5-27 中梅雁吉祥（600868）的分时走势。该股开盘后立即冲涨停，但很快庄家的真实意图就暴露出来了：封盘不到 5 分钟，巨大卖单就砸开了涨停板，并出现快速跳水动作。当天股价大幅波动，最终以跌停价收盘，全天振幅达到 20%。

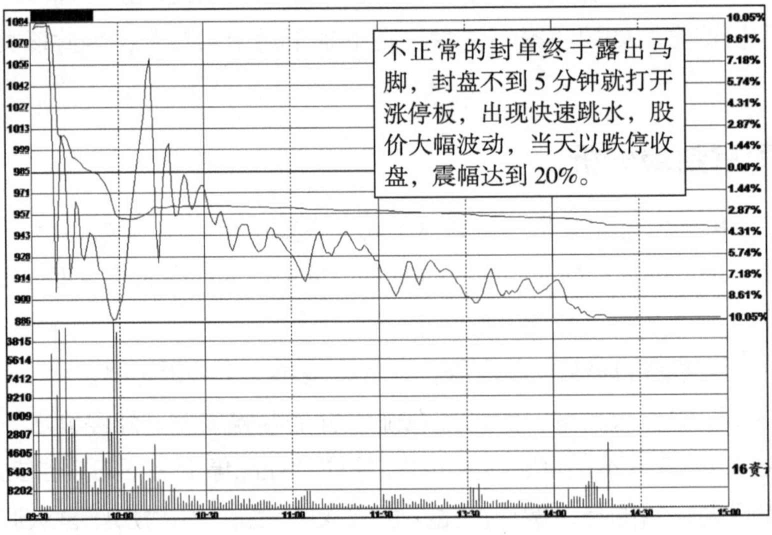

图 5-27

图 5-28 展示的是美盈森（002303）的股价走势。2015 年 8 月 4 日，该股在尾市拉出涨停，涨停板价位上挂有 1096 手封单，然而在下一个价位却挂有 1621 手的买单，这明显是画蛇添足之举。这样的挂单往往不是一般交易者挂上去的，道理很简单，要是真正想买入的话，

在买一位置更容易成交。

从以上分析可以看出，在涨停价格以下位置挂出的大单，基本上是虚假的，属于庄家的造势行为。估计该股后市不太可能有好的表现，请交易者注意跟踪观察。

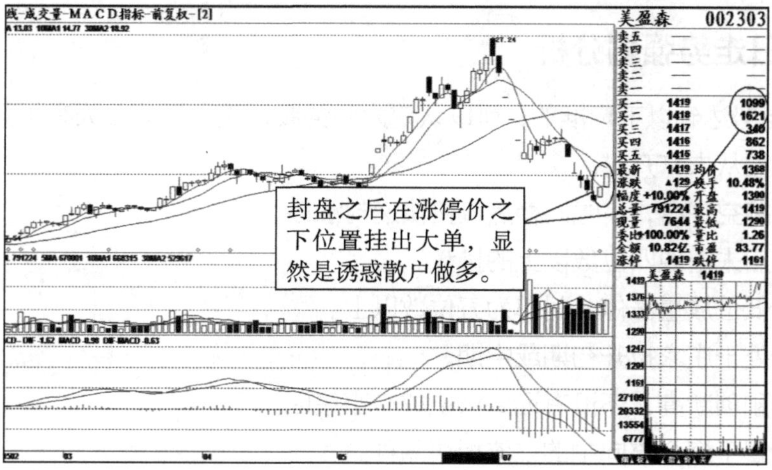

图 5-28

第五节　涨停后的后市研判

一、涨停次日操作原则

（1）涨停次日如果该股开盘继续涨停，那么不必急于抛售，但要紧盯盘口的买盘数量。一旦买盘迅速减少，则有打开涨停的可能，此时须立即抛售，获利了结。如果一直封停至收盘，则不必抛售，继续观察第三天的走势。

（2）涨停次日高开高走，要密切盯住盘面变化。一旦出现涨势疲软现象，比如股价回调 1 个百分点，则立即报单卖出。

（3）涨停次日平开高走，要盯紧盘面。一旦出现涨势疲软，立即报单卖出。

（4）涨停次日高开低走（高开幅度在 3% 以上），要立即抛售，并以低于买盘的价格报单，因为按照价格优先原则（委卖价低的申报优先于委卖价高的申报成交），可以迅速成交，并且成交价一般都会高于自己的申报价。如果在第一天涨停的过程中出现一笔大单迅速使股价上涨 3% 以上的手法，则要以低于成交价位 1% 以上的价格申报卖出。这样做既能保证快速成交，又能获得最大利润。

（5）涨停次日低开高走，要盯紧盘面。一旦出现涨势无力，则立即报单卖出。

（6）涨停次日平开后迅速下跌，则趁反弹时选择高点出货。

（7）涨停次日低开低走，要择反弹高点立即出货。

（8）涨停后的第二天，开盘 5 分钟内见昨收盘价，则无论盈亏都要出局。参照分钟 K

线系统，15 分钟或 30 分钟 K 线图中的 MACD 一旦出现小红柱，则立即出局。

（9）涨停第二天大盘走势不佳时，先退出观望。

（10）涨停第二天成交量大幅放大，但股价小涨或不涨，说明量价失衡，应逢高出局。

二、涨停次日走势强弱分析

涨停当日走势达到以下标准的，可以认定为强势股，买入后第二天有望获利 5% 以上。

（1）涨停板从未打开过。

（2）早市跳空开盘，小幅回档后直接快速封涨停。

（3）涨停后未出现四位数以上的抛盘。

（4）股价低位放量涨停，封单为五位数以上。

（5）股价处于庄家拉升初期或中期。

（6）股价刚创新高，还没有远离低位成交密集区。

（7）个股属于资金流向中的主流板块品种。

（8）无量涨停继续持股，涨停后成交量极度萎缩（涨停前量：涨停后量大于 4:1，比值越大越好）。

对于弱势品种，即涨停后打开过或涨停后放大量的，可以采取“三点一赚”的原则进行操作，即有 3% 左右的涨幅见好就收，保持利润为上。

涨停第二天看盘时，要盯紧分时图、成交量、买卖五档的变化，尤其要仔细观察分笔成交图。对于买盘上挂出的大买单要特别小心，此多为庄家出货的征兆。出现经典的拉高诱多形态，应果断出局，不能留恋。当然，还要结合大盘走势和个股 K 线及均线形态来进行研判，这样才能更有效地降低操作风险。

三、涨停次日上涨力度研判

涨停个股第二天上冲力量大小和卖出点的选择，主要看当日成交量和封盘量，在此仅提供一个参考值。

（1）封盘量是日成交量的 80% 以上，次日高开 6% 以上，能上摸涨停价，也很有可能涨停并封死第二个涨停板。

（2）封盘量是日成交量的 50%~80%，次日高开 5% 以上，能达到 8%~10% 的涨幅，也有可能涨停并封住第二个涨停板。

（3）封盘量是日成交量的 30%~50%，次日高开 3% 以上，能达到 6% 左右的涨幅。

（4）封盘量是日成交量的 10% 以下，次日能达到 2%~3% 的涨幅，则计算好大概价位，次日集合竞价卖出，不赔先走人。

给出的封盘量和上涨概率只是一个参考值，重要的是在盘中观察个股封盘过程中的表现。如个股 10:00 以前封停，全日无打开涨停的现象，本来封盘量较高，但收市时封盘量减少至 10%~30%。这种现象显示该股今日惜售特征已经很明显，收市前庄家已无大量封盘的必要，排队等待成交的人大部分撤掉买单去做别的股票了，那么这只股票次日开盘不久仍将封停。

再比如，一只股票昨日封盘量很大，今日封盘量并不大，明日能否继续涨停？这时就要看今日成交量是不是比昨日明显减少。比如昨日成交 100000 手，今日成交 20000 手，这表明庄家已经控盘，明日开盘不久还会涨停。

第六节　涨停板上的陷阱

一、常见涨停陷阱

涨停板敢死队的操盘模式有不少机构和个人模仿，现在不少庄家出货时，也会展开有计划的刻意拉涨停，或者制造出符合涨停板敢死队喜欢的走势图，封涨停引诱这些资金入场接货。其实每一种市场所熟悉的方法，都有可能被庄家反向利用，涨停板也是如此，所以追涨停的操作风险比其他一般操作方法大得多。大资金追涨停，很可能会被场内庄家猎杀。

下面通过几个实例，剖析一下庄家利用拉涨停引诱猎杀跟风盘的例子。

如图 5–29 所示，柳工（000528）2015 年 8 月 5 日涨停后，庄家挂出 174560 手巨大封单，这本是一件好事，但封盘后连续密集出现大抛单，就不是一件好事了。健康的涨停板封盘后，抛单很快会减少，通常只是几手或几十手间断性的抛单，不会出现高密度大抛单。

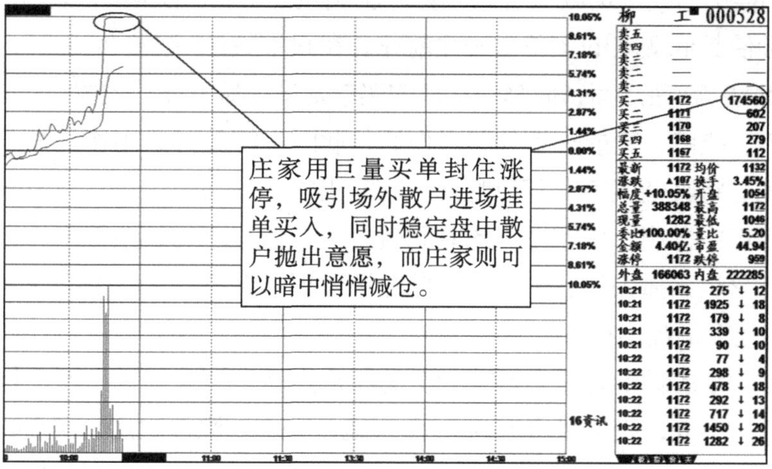

图 5–29

观察随后的盘面变化可以得出结论，这是庄家为了吸引交易者跟进而挂出的虚假单子，目的是吸引场外散户挂单买入，同时稳定盘中散户的持股意愿，庄家则利用涨停手法大量减仓，所以该涨停走势是为了派发。

那么该股后市走势如何呢？请看图 5–30。从柳工（000528）后市走势中可以看出，该股封盘后，仍有几百手甚至上千手的大抛单。打开涨停板后，股价基本围绕均价线上下震荡，全天出现大量的对敲盘，直到收盘未能重新封住涨停，显示庄家减仓意图明显。遇到这类个股时，交易者应在收市前几分钟清仓离场。

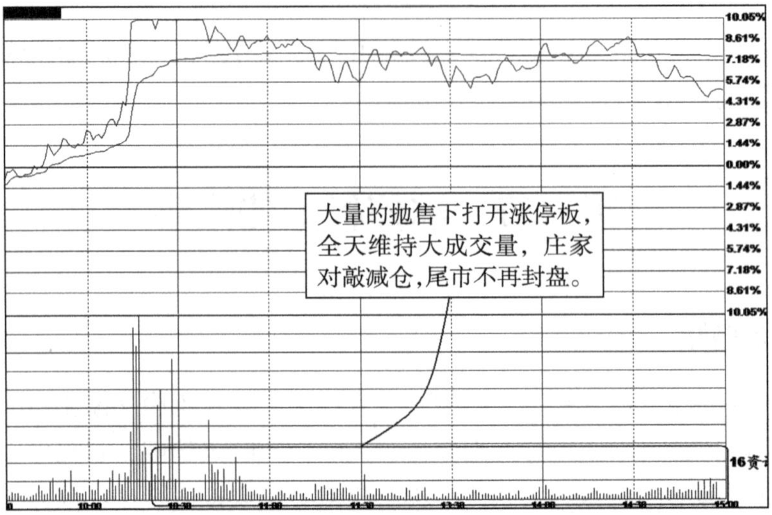

图 5–30

一般来说，涨停板封单越多越好，这也是大多数人的共识。部分有实力的庄家于是就投市场所好，在股价推高到涨停板后，迅速挂出巨大的买单封涨停，以此吸引市场眼球。一只股票，如果庄家拉涨停是为了出货，那么涨停后挂出巨大封单，就是为了吸引交易者挂单跟进。

当交易者的挂单达到一定数量后，庄家就撤掉自己封涨停的买单，然后再重新挂出来。如此操作，就会使其他买家的买单慢慢往前靠。在封单数量不变的情况下，庄家的买单就由排在最前面变为排在最后面，而其他买家的买单则排在最前面的位置。

封单、撤单、挂单，完成一系列的操作后，此时庄家就开始出货，按照相同价位时间优先的成交原则，将其他买家的买单吃掉。庄家出货一般是先用小卖单不断派发，最后一笔几千或上万手集中抛出，庄家抛出的筹码就全被其他买家的资金接走。当其他买家的买单被吃光后，庄家也会撤去自己的封单，此时涨停板就会打开。庄家把属于自己的所有封单撤去后，有时还会砸盘出货。

图 5–31 展示的是铜峰电子（600237）的股价走势。该股前期庄家反复进行短线套利操作，这天开盘后不久，股价以接近 90° 角直线拉涨停。涨停之后，买盘封单最大时超过 40 万手。看盘时，盘口细节非常重要，有时庄家一个小动作就能暴露其操盘目的。该股早盘拉高过程中，买盘瞬间曾经挂出一笔 48000 多手的买单。从表面上看，似乎庄家实力强大，封盘态度坚决。实际上是否真实呢？继续观察就知道了。

当买盘挂单达到一定数量后，庄家快速撤下自己的封单，然后大力出货。撤单与大量出货砸掉涨停价位其他买家的挂单，这个动作仅在一两分钟内就完成了。动作慢了，会引发场内其他筹码涌出。打开涨停后，股价全天震荡走低，说明庄家出货态度非常坚决。

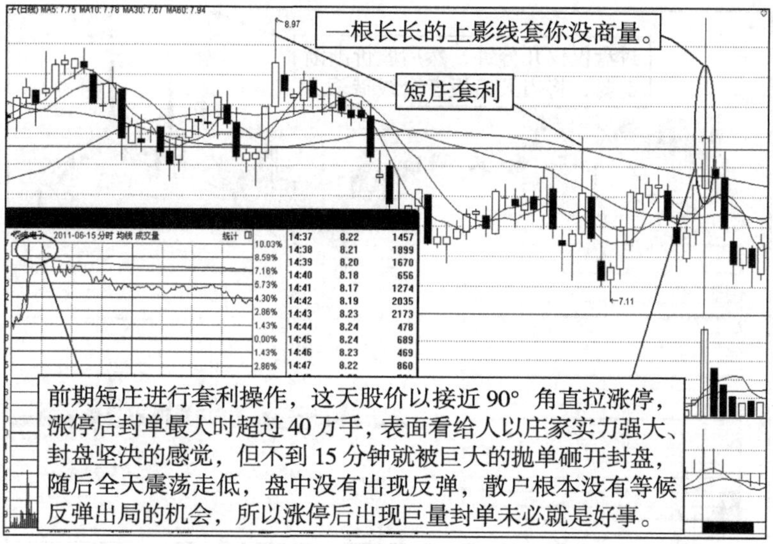

图 5–31

这种盘面走势，在分时图走势中叫“打压出货”。庄家打压出货时，一个价位一个价位地向下卖出。在这个过程中，股价是不会有明显反弹的，交易者根本没有反弹卖出的机会，只能是越等价格越低。庄家引诱其他资金在涨停价上挂买单，这不是一件容易的事，所以庄家不会创造反弹机会让散户资金退出。

由此可见，早盘拉高和巨量挂单都是做给交易者和其他机构看的，目的是吸引资金进场接货。如此控盘操作的结果是，涨停大阳线变成长上影 K 线。下一个交易日，股价跳空低开杀跌应在意料之中。从这里也可以看出，短线资金套现拉出的涨停很危险，一般人“伤不起”。

庄家猎杀跟风盘的手法很多。有的将股价拉到涨停价位后，仅仅封停几秒钟，然后就打开涨停板，使股价快速回落，步步走低。有的则快速拉高股价，在离涨停价位还差一两分钱时迅速回落走低，此后渐渐走弱。这些都是庄家猎杀跟风盘的操盘手法，很容易将追涨买入的散户套进来，可见庄家的狡猾和险恶。

图 5–32 展示的是红豆股份（600400）的股价走势。2018 年 11 月 19 日开盘后，该股股价强势向上走高，之后出现短暂的震荡。10:17 开始股价直线拉涨停，成交量大幅放大，此时多数散户判断股价涨停是没有悬念的。谁知直线拉涨停只是庄家设下的猎杀跟风者的圈套，股价在涨停价位仅仅停留几分钟即开板，之后反复封板开板。有的散户利用开板的时机介入，可是之后股价越走越弱，再也没有重新封回涨停的能力。当日日 K 线收出一根流星 K 线，给市场带来几多忧伤。

图 5–33 展示的是万向钱潮（000559）的股价走势。2018 年 11 月 19 日，该股开盘后先是横向震荡，从 10:04 开始放量强势拉高。盘面上股价强势上攻，不可阻挡，疑似庄家要大干一场，于是“涨停敢死队”纷纷追涨买入。可是，当股价离涨停价只差 1 分钱时，盘面出现快速回落，没有形成封板。之后股价全天横盘震荡，将追板者全部套牢。

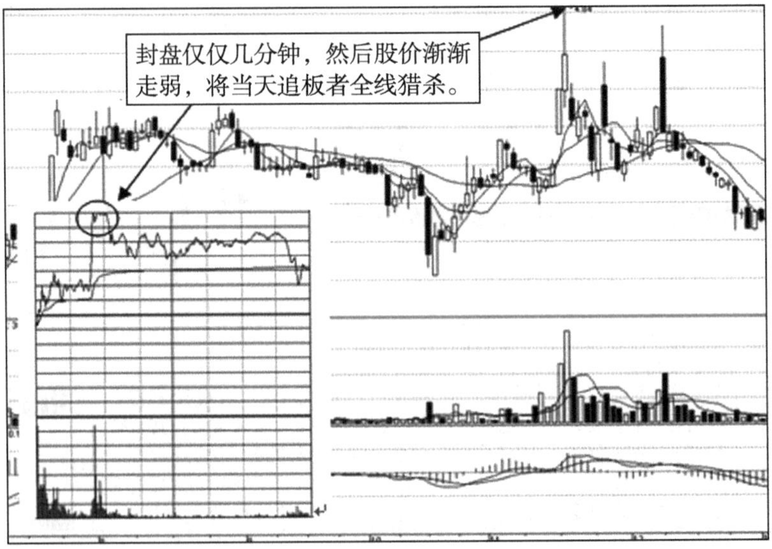

图 5-32

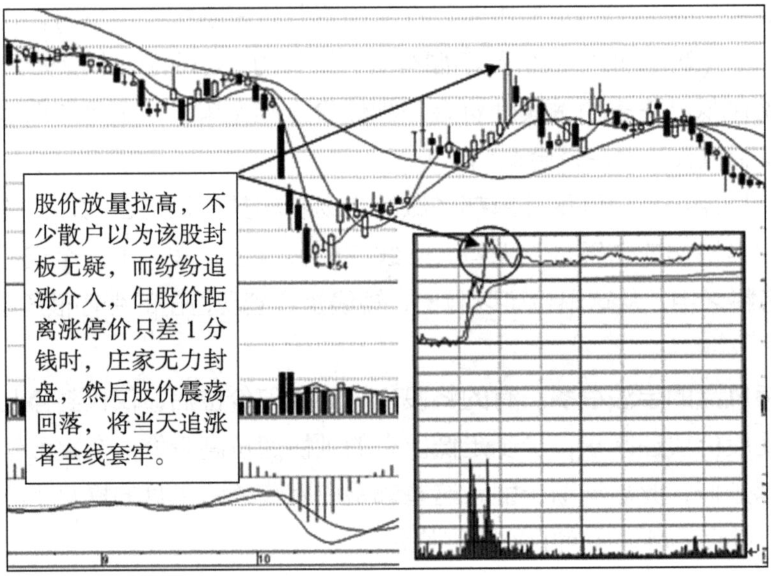

图 5-33

短线庄操作的股票，庄家会充分利用市场追涨队伍的操作喜好，设置技术陷阱对其进行猎杀，喜欢追涨停的交易者一定要注意短线庄反向利用涨停板设置陷阱。短线庄设下圈套的个股，一般在涨停前几日会有资金悄悄介入的痕迹，技术上表现为日 K 线出现温和上涨，有两三根放量小阳线。

二、回避涨停陷阱

涨停是最极端的上涨走势，也是短期内最极端的获得财富的走势。每一只股票涨停都有其内在因素，包括庄家资金、技术形态、盈利能力和宏观利好等，这些内在因素构成了股价持续涨停甚至翻倍上涨的基础条件。大多数个股在低位出现涨停时，是很值得短线参与的。

虽然涨停板叫人热血沸腾，但当一只股票处于高位的时候，涨停板就不再是闪光的金子了，而是诱人的美丽陷阱。那么如何避免掉入庄家设置的涨停板陷阱呢？以下方法可供参考。

（1）从全局高度和整体视角审视股价所处的位置，看看它是在高位、中位还是低位。处于高位的涨停板是很危险的，需要特别小心。即使参与，也要控制好仓位，千万不要重仓介入。空间位置的高低可以用量度涨幅来计算，也可以用黄金分割比率来计算。

（2）凡是股价已经处于高位或者相对高位，出现低开高走拉出巨量大阳线的涨停板，都可以理解为诱多行为。如果当天换手率巨大，更说明庄家在诱多出货，这样的涨停大阳线往往就是美丽的陷阱。

（3）要看形态位置是否相对安全。有些个股前期涨幅已经相当可观，若再受利好因素的刺激上冲涨停，这时尽量不要追涨。即使启动位置较低，但若连续涨停的数量过多，如5个涨停以上，暂时不要考虑买入。形态不好（包括其他因素均不支持）的个股，勉强拉涨停但又不能封死，在高位反复打开涨停的，也要谨慎对待。

（4）从盘中分时走势来看，如果股价已经处于高位，分时图上出现典型的涨停板多次打开，放量很大，这就不再是诱空和洗盘，而是典型的涨停板出货动作。

（5）从收盘方式来看，当股价处于高位或者相对高位，出现明显的尾盘拉抬动作，拉高收盘，或最后几分钟对敲做高股价，拉至涨停，这是最典型的尾盘诱多，目的是蒙骗不明真相的交易者入场，为随后出货制造机会和空间，实际上是一个多头陷阱。

（6）要看推动股价涨停的题材或利好是否足够大。比如2014年提出的“一路一带”概念就是重大题材，这类题材的品种，就算第一个涨停追不上，第二个、第三个也可以考虑追买，如中铁二局（600528）、中国中铁（601390）等。

（7）要看资金介入态度是否坚决。在涨停之前数日，若无明显的资金介入迹象，涨停当日最好有大幅放量行为，且量比要达到10倍甚至更高。

（8）看委托盘。真要涨停的个股，一般显示出来的买盘并不会比卖盘大，因为真正的买盘是即时成交的，在盘口中看不见。那种用很大的买盘托着股价慢慢上升的个股，如果多留一个心眼，不难发现其实是庄家在出货。

（9）自身操作经验是否丰富。追涨停对技术的要求比较高，最好先以少量资金尝试，并随时总结经验，积累盘感，然后再加重仓位。另外，非常重要的一点是，一旦操作失手，要及时止损。交易者要先问一问自己，这种相对刺激、技术要求较高的操作方法究竟适合不适合自己。若真要当“敢死队”，就要掌握一套过硬的本领，否则恐怕真就凶多吉少了。

三、追涨停注意事项

追涨停不能碰运气，而是要训练有素，操作有方，这样才能提高成功率。

在追涨停时，应注意以下几个方面。

（1）不要多处出击，重点关注最先涨停的股票，观察量价是否配合。开盘30分钟有涨停的股票，要算一算当日的成交量能达到多少，一般不超过10%的换手率，短线都是比较安全的个股。

（2）买入前看看前期是否有止跌迹象，成交量是否出现萎缩。

（3）图形好的才能追买，买入股价在30日均线之上的涨停股比较安全。

（4）不是说涨停晚的股票就绝对不能追买，只不过它们第二天继续涨停的概率比较小。

（5）看清大盘势道再确定是否追买。大盘如果走势不强，个股封住涨停也会被抛盘打开，买入之后就会被套。

（6）判断个股是否有强庄入驻的理由。最近几个月内是否有过涨停，是判断强庄是否入驻的一个重要条件。另外，关键技术位和价位都应在低位或次低位。如果近期换手率达5%以上，这类涨停个股就更加可靠。如果庄家连一个涨停板都不敢拉，只能证明庄家资金实力不足，胆识不够。追涨这类个股，风险是比较大的。

（7）不要为了追涨停而追涨停。涨停只是测量庄家多头能量的温度计。至于那些在图形上莫名其妙突然间涨停的股票，还是不碰为好。

（8）在极强的市场中，尤其是每日都有10只以上个股涨停的情况下，要大胆追涨停板。极弱市场切不可追涨停板，因为获利概率相对偏小。

（9）一定要等涨停再挂单，未达到涨停时（差1分也不行）不要追买。一旦发现庄家有三位数以上的成交向涨停板攻击时，应该立即追进，动作要快。

（10）坚持自己的操作风格，不可见异思迁，以免市场无涨停时手痒，盲目介入其他个股被套，失去出击涨停股的机会。

第七节　涨停后的卖出技巧

一、涨停股的卖出原则

股价大涨之后往往也会大跌。参与涨停股操作，是追逐高风险高收益。抛出股票时，一定要选择在上涨走势中，千万不要等到下跌了才想到抛售。一般来说，一只股票连拉三根中阳线后，就要考虑短线抛出了。

那么涨停板股票怎么抛售呢？

（1）“涨停不出货，出货不涨停。”这是追涨停板的最高指导原则。这句话的意思是说，只要第二天还能封住涨停，就不要急于出货，直到封不住了，再根据具体情况采取应对措施。

（2）如果第二天开盘30分钟左右又拉至涨停，则可以大胆持有。如果第二天不能涨停，可以在上升一段时间后，在股价出现平台调整时抛出，也可在第三天冲高时抛出。

（3）涨停封得很死，这时候要看涨停后的成交量变化情况。涨停后成交量萎缩得很快，有时连续几分钟没有成交，这种情况更好。另外，还要看收盘前几分钟封单量大小，当然封单量越大越好。如果昨天的涨停封得很死，今天就可以看得高一些。可以根据昨天的封盘情况，估计今天开盘的大概位置。如果大大低于预期的开盘位置，应做好退出的准备。

（4）已经出现 3 个涨停板，短线可以考虑出局。如果量能未有效放大，可以继续等待。

（5）虽然股价涨停，但封板封得很勉强，途中多次打开涨停，遇到这种情况，建议还是早早出局为妙，一般来说，短线亏损 3% 是可以忍受的最大的损失额。

（6）股价高位放量涨停，次日开盘冲高卖出。股价低位放量涨停可以继续持股，无量涨停也可以继续持股。

（7）如果昨天追涨停，但尾盘没封住涨停，那么当天开盘后要马上出掉。特别是当股价上冲到昨日涨停价附近时，应坚决抛出，不要期望有更高的点位出现。

（8）盘中涨停多次打开，量能放大，尾盘涨停无力，股价处于高位，要果断出局。股价位于低位，可能是庄家在吸筹，可以视后期走势择机出局。

买进之后，什么时候可以看高一点，什么时候要保守一些？这里讲几种特别情况。

一是消息影响。有不利消息出来以后，一般先看开盘价。如果开盘价比预期低很多，说明在利空消息打击下，庄家和追涨盘信心不足，应该立即出掉。

二是比预期高开很多。这时候不妨稍微等一下，可能会有更好的获利。但是一旦出现下跌走势，接近预期价格时，要立刻出掉，锁定利润。当然，如果比较保守，高开后也可以立即出掉。

三是如果股票昨天涨停的换手率不大，低于 3%，今天开盘价格比预期低，但是开盘成交量非常小，估计以现在的成交量持续下去，全天成交量比昨天涨停时还小时，这时候可以持股等待。待股价开始放量上冲，全天成交量估计比昨天涨停时放大许多时，可以择高卖出。

需要提醒的是，追涨停时，及时出局以锁定利润是非常必要的。出局之后，即使后面涨得再多也不要后悔，否则会因心态不稳而导致错误交易，最终被套和亏损。

二、涨停股的卖出技巧

1. 涨停次日收流星线

涨停后的第二个交易日，如果股价跳空高开或大幅冲高，同时成交量急剧放大，这时一定不要追高。特别是经过一段时间的波动后，如果 K 线形态变成十字星或带长上影线的流星线，则表明上升动力严重不足，上方抛盘十分强大，此前的涨停很可能是最后的冲高动作，或者是庄家的诱多行为，这时交易者应该尽快卖出手中的筹码。

出现这种形态后，第二天大多收出下跌阴线。将前后三根 K 线组合在一起，就构成一个完整的“黄昏之星”看跌形态。如果前一天收流星线，散户对后期走势还心存侥幸，或者没有来得及出局的话，那么这时就不要再犹豫了，果断卖出才是上策。

图 5-34 展示的是上海三毛（600689）的股价走势。该股股价连续拉高后，庄家获利丰厚。2018 年 11 月 15 日再次拉出涨停，创出上涨新高。第二天股价却大幅低开 –6.19%，之后股价虽然逐波放量上涨，但当股价上涨 7% 后，遭到获利盘的抛压，盘中出现震荡。尾盘股价逐波回落，当天股价小幅收跌，K 线在顶部收出一根放量的流星线。这种形态说明上

方抛盘压力十分巨大，股价上涨动力不足，高位涨停很可能是庄家诱多出货。这种情况下，投资者应尽快卖出手中的筹码。

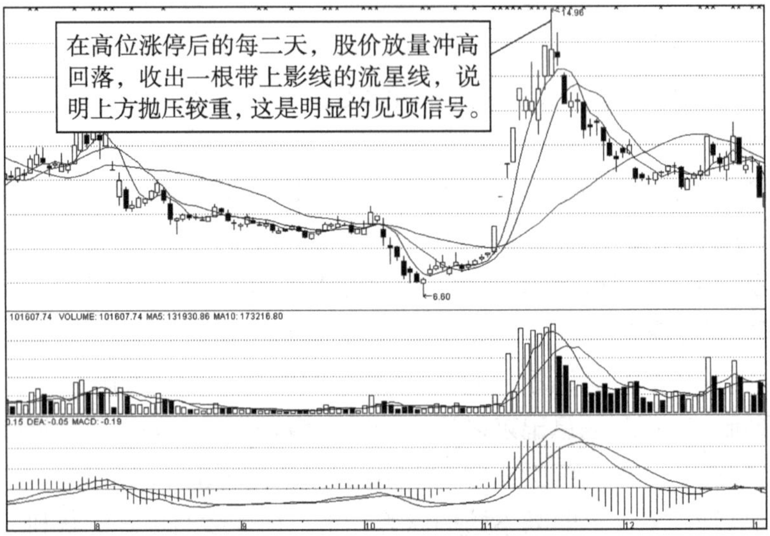

图 5-34

2. 次日大幅低开收阴

涨停是最强势的盘面走势，如果第二天股价出乎意料地大幅低开，无论次日是涨是跌，都反映出庄家做多意愿开始动摇，或市场突现利空消息。尤其是次日股价以跌停收盘，更是一种强烈的反转信号。遇到次日大幅低开的个股，交易者应尽快卖出观望。

图 5-35 展示的是民丰特纸（600235）的股价走势。该股从 2018 年 11 月 5 日开始出现一轮飙升行情，主升浪连续拉出涨停，累计涨幅超过 240%。11 月 19 日，该股在高位继续收出涨停板，上涨势头十分凶猛。可是第二天股价大幅低开 -8.50%，略作冲高后即快速回落，直至封于跌停板，直到尾盘大量抛盘封单不动，以跌停报收。前期如此强势的盘面，收出这么一根跌停阴线，绝不是一般的回调洗盘行为，应当是一个转势信号。实盘操作中遇到这种形态时，应坚决卖出。

3. 次日大幅高开后走低

涨停后的第二天股价大幅跳空高开，本来是一种强势的盘面表现。如果大幅高开后未能在高位挺住，而是缓缓向下回落，当天收出一根大阴线，就会在 K 线图上形成“乌云盖顶”或“阴包容”形态，这是一个明显的见顶信号。

图 5-36 展示的是德美化工（002054）的股价走势。2018 年 11 月 13 日，该股在连续上涨后的高位再次收出涨停板。次日受上涨惯性影响，股价从涨停价开盘，但庄家没有封死涨停，开板后股价即出现逐波下跌走势，当日以下跌 -6.18% 收盘，K 线收出一根光头大阴线，形成一个“乌云盖顶”看跌 K 线组合形态。之后股价略作回抽，即快速向下滑落。遇到这种形态时，应及时逢高离场观望。

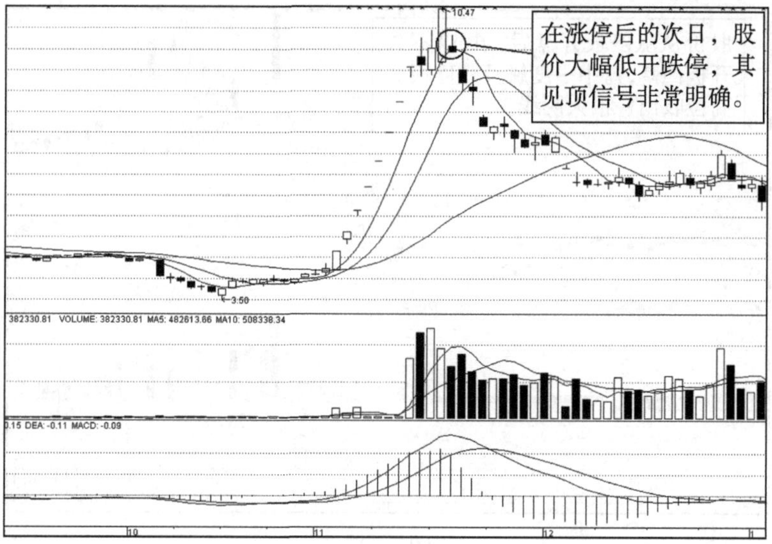

图 5–35

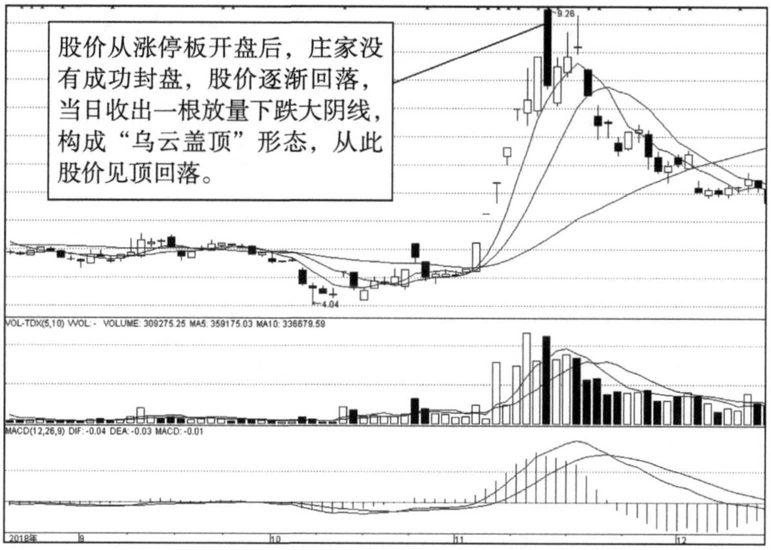

图 5–36

图 5–37 展示的是群兴玩具（002575）的股价走势。该股庄家完成建仓计划后，股价出现快速拉高，连拉 7 个涨停板。2018 年 11 月 14 日，该股股价以涨停价开盘，但仅封盘 6 分钟，就被庄家几手大卖单把封单砸开，开板后股价快速回落，随后逐波走低。盘中股价一度触及跌停价，当日收跌 –8.71%，K 线图中收出一根长达 18.71% 的光头大阴线。这根大阴线的见顶意义非常大。之后的 11 月 27 日，股价再次反弹到这根大阴线开盘价附近时受阻回落，构成 M 头形态，此时投资者应尽快离场。

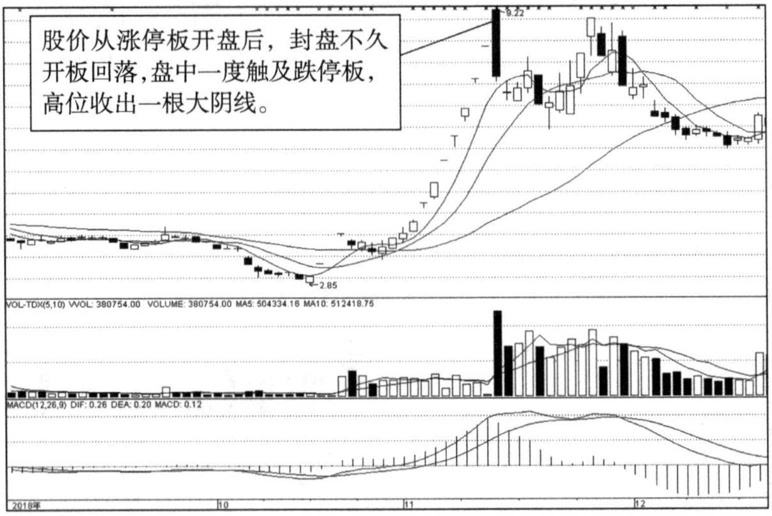
股价从涨停板开盘后，封盘不久开板回落，盘中一度触及跌停板，高位收出一根大阴线。
9.22
2.85
VOL-TDX(5,10) VVOL: 380754.00 VOLUME: 380754.00 MA5: 504334.16 MA10: 512418.75
MACD(12,26,9) DIF: 0.26 DEA: 0.20 MACD: 0.12
2018年
10
11
12

图 5-37

第六章　短线操作核心要素

第一节　盘面气势

股市中的气势是指股价涨升的气概、势头。股票真正上涨，一定是有气势的涨升。根据这一点，可以从盘面上区分股价上涨的真假、虚实以及庄家的操盘意图。

目前情况下，炒股赚钱的机会只存在于上涨走势中，但是上涨有多涨少涨、真涨假涨以及上涨以后是继续上涨还是很快反转下跌的区别。股价上涨和拉升没有气势不行，庄家做多的意愿需要通过上涨气势体现出来。研判股价的上涨气势，有助于分清真涨和假涨、大涨和小涨，以便更好地回避风险，及时把握获利机会。

一、盘面气势的主要特征

观察盘面气势，需要一定的看盘经验和内功修炼，这可以说是看盘的最高境界。气势在于个股盘口体现出来的表现力和攻击力。一些有经验的敏感的交易者，通过盘口能够感受到盘面气势的强弱以及气势的演变。盘感是很难用一两句话表达清楚的，需要看盘时间的积累和总结，其间有一个升华和沉淀的过程。

盘面气势主要有以下几方面的关注点。

（1）股价能持续扬升，才具有投资价值，持续上涨绝对不是偶尔的异动。伴随股价上涨，成交量应该持续放大或者温和放大，不是偶然一两天突放巨量。

（2）关键位置上涨有力度，突破时有力量，走势干脆利索而不拖泥带水。

（3）在日 K 线图上，股价紧贴 5 日均线上行，走势坚挺，总体走势角度大于 45°。波段形态清晰，波段内 5 日均线基本表现为直线，不是弯弯曲曲的曲线。

（4）在分时图中，股价呈直线式拉升，中间回档幅度很小，回档时间很短。

（5）阻力位和压力位阻挡不了股价的持续上涨，庄家做多意愿坚决。

如果股价上涨没有气势，那么上涨只是虚张声势而已，涨势持续性不强，意味着该股可能没有庄家控盘，或者庄家控盘实力不够。也有可能是个股基本面不支持该股做多，庄家没有底气或胆量拉升股价。

没有气势的股票盘面死气沉沉，其特征是上涨没有持续性，股价偶尔突然大涨，成交量突然放大；股价走势疲软，总体走势平缓，涨跌角度低于 30°；关键位置上涨无力，显得压力重重，庄家无做多意愿；每一个上涨波段内，K 线总是阴阳交错，波段形态不清晰，5 日均线走平或是弯弯曲曲；个股走势明显弱于大盘，总体上涨幅度跟不上同期大盘上涨幅度，是市场中的“落伍者”。

二、从分时走势看气势强弱

盘面气势可分为日K线气势和盘口分时气势两种。日K线强势是指当日或多日以来K线走势表现属强势上升状态。盘口分时强势指分时走势中股价不但是上升的，而且分时走势表现很强势。

一般情况下，强势股要求日K线强势和盘口分时强势要同时具备，这样才能说明之前和现在都属于强势表现，这样的强势股才能持续上涨，才有向上攻击力。如果只是日K线强势，盘口分时表现下跌或走势不强，意味着该股属于强势状态下的调整状态，不是短线首选目标。同样，如果日K线走势表现弱势，盘口分时走势表现较为强势，说明该股属于弱势反抽状态，也不是短线首选目标。

（1）一字涨停。股价一开盘就封于涨停价位，分时图在涨停位置上呈一条笔直的直线，没有浪形可言，表明多方占据绝对优势地位，不给空方任何机会，这是气势最强的一种表现形式。这类个股除新股上市连续“一”字形涨停外，通常有两种市场因素导致：一是遇重大利好消息；二是庄家做多意愿强烈。

在实盘操作中，对于因利多消息导致“一”字形涨停，交易者很难把握，要么无法买进，一旦买进往往又是高位，还是尽量不参与为好。短线交易者应重点关注第二种因素引起的“一”字形涨停，这类个股的庄家志在高远，意气风发，在随后出现的回调过程中可以介入短线操作。

图6-1展示的是绿庭投资（600695）的股价走势。该股经过前期大幅下跌后，在低位出现弱势震荡整理走势，庄家在此期间吸纳了大量低价筹码后，向下挖坑制造一个空头陷阱。

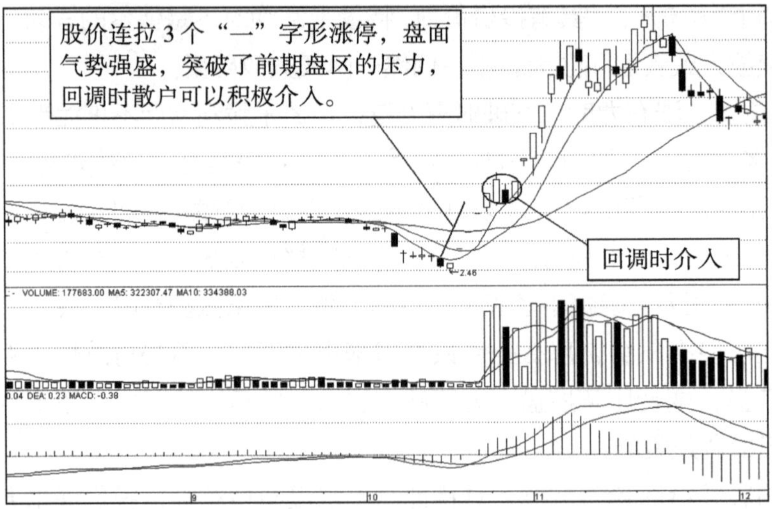

图6-1

2018年10月22日开始，该股连续出现3个“一”字形涨停，股价突破前期盘区压力，分时盘面走势气势凌人。期间没有发布任何重大消息，完全是庄家意气所为。一般情况下，庄家在此处不会拉几个“一”字形涨停就罢休，后市经过回落调整，必有再次拉升机会。

10 月 29 日，股价收出回调阴线，这时是一次绝好的买入机会。第二天股价回升收涨停，表明洗盘整理结束，随后股价连续拉涨。

（2）一波涨停。开盘之后或在盘中某一时刻出现直线式上升，拉升过程中股价不回调，一波拉至涨停。这种盘面气势仅次于“一”字形涨停，说明多方明显占优，空方弃守观望。这种盘面走势气势磅礴，多方进攻势如破竹，后市升势可期，是短线介入的较佳品种。

图 6-2 展示的是华控赛格（000068）的股价走势。该股庄家完成建仓计划后，故意向下打压制造一个空头陷阱，然后股价渐渐回升。2018 年 11 月 9 日，开盘后不到 7 分钟，股价一口气拉至涨停。当天这根上涨大阳线脱离了底部盘区的制约，盘面走势气势磅礴，多头来势汹汹，势不可当。如果投资者手疾眼快，可以立即挂单买入。

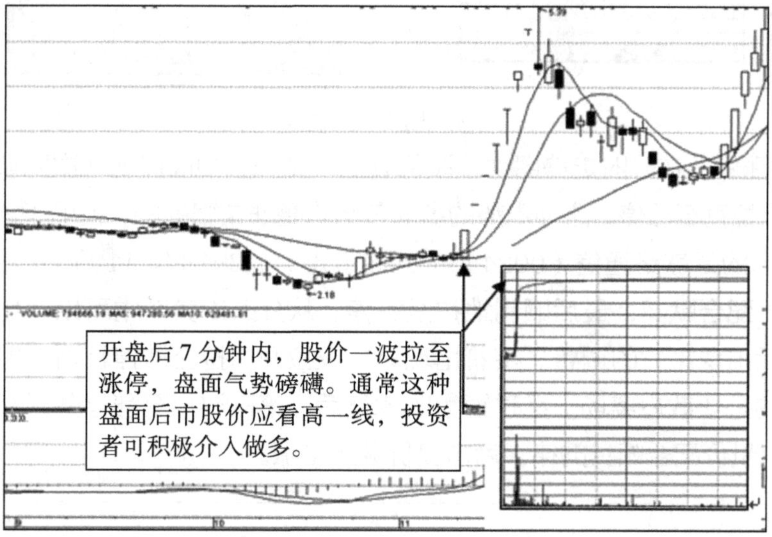

图 6-2

（3）两波涨停。在分时走势图中，股价分两波拉升。经过一波拉高后，股价开始回落，之后整理蓄势，整理结束后大幅上拉，直至涨停。

这种盘面走势，从启动点开始的上升，第一波通常涨到比较高的位置，一般涨幅在 4%~6% 之间，涨幅太小不行。如果第一波上升只有 2% 左右的涨幅，那么回调之后再涨，就要上涨 8% 以上才能冲到涨停，这样操盘的难度比较大。第一波拉出较大的涨幅，是为了经过第二浪调整之后，第三浪直接拉至涨停。这种涨停，气势强度次于“一波涨停”，但其上涨气势也不可阻挡，实际涨幅并不见得小于“一波涨停”个股的涨幅。

图 6-3 展示的是光洋股份（002708）的股价走势。该股向下破位后，很快企稳盘整。2018 年 10 月 25 日，股价放量强势涨停，收出一根具有看涨意义的突破性大阳线。从分时图中可以看出，该股当日股价开盘后继续呈现弱势震荡格局，10:39 开始出现一波快速拉高动作。上拉 5 个多点后，盘中出现震荡走势，股价回落到当日均价线附近进行横向震荡整理。11:09 股价直线拉至涨停，直至收盘封单不动。这种走势显示庄家做多决心坚决，上涨势头非常强劲。

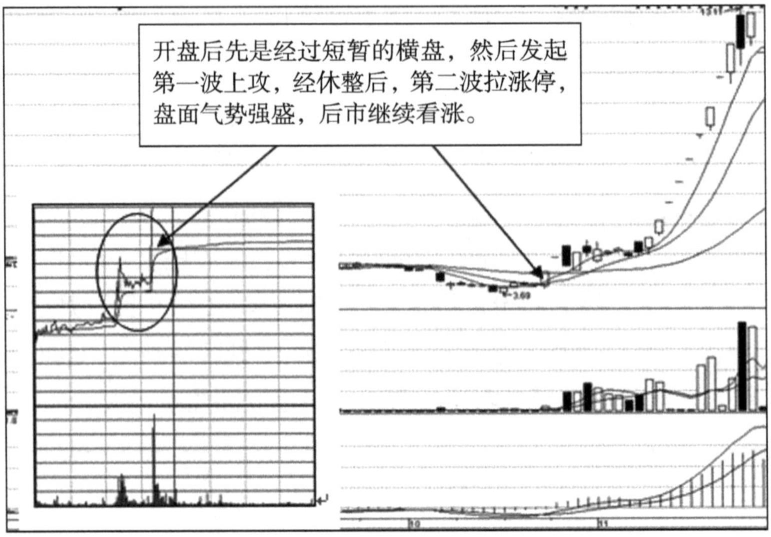

图 6-3

（4）三波涨停。在分时走势图中，股价分三波拉升，中间出现两次回调整理蓄势，然后第三波大幅上拉直至涨停。这种走势的盘面气势也是非常强劲的，但弱于前面三种形态。

图 6-4 展示的是盛路通信（002446）的股价走势。2018 年 11 月 26 日，该股开盘后逐波上涨，量价配合默契，最后顺利地拉至涨停。从分时走势图中可以看出，股价开盘后小幅推高，然后出现短暂的调整。接着出现第二波拉升，拉至涨停板附近时回落调整，庄家这样做的目的是让散户离场。经过短暂的休整后，第三波拉至涨停并封板不动。全天成交量明显放大，量价配合颇具韵律，后市股价继续看涨。

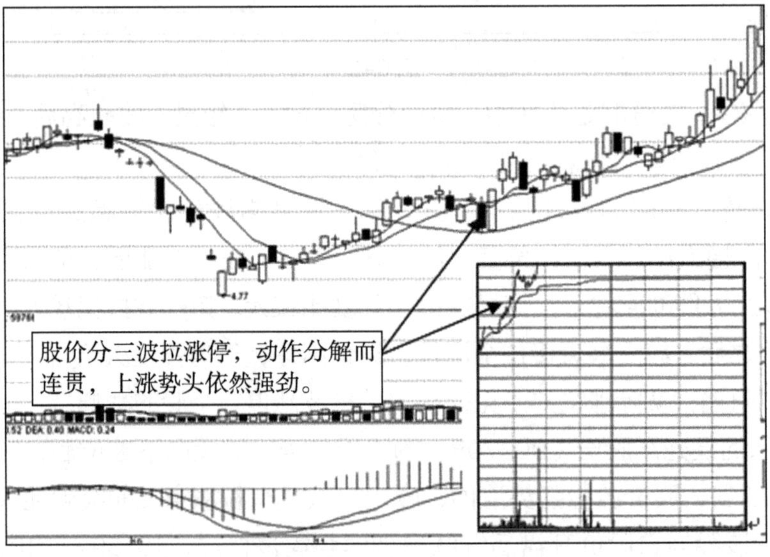

图 6-4

（5）多波涨停。多波涨停走势也比较多见。在分时拉升过程中，低点和高点逐级而上，直到冲击涨停。在涨停走势中，这种盘口气势算是最弱的了，但主升浪一旦形成，其上涨力度也是非常强劲的，而且往往持续的时间较长。

图 6-5 展示的是春兴精工（002547）的股价走势。该股股价企稳后渐渐回升，并向上突破了 30 日均线的压力位。2018 年 11 月 9 日开盘后，该股股价稳步走高，盘面张弛有度，量价配合得当，当天收出一根涨停大阳线。从分时走势来看，该股股价呈现多波拉涨停走势。虽然该股拉涨停的气势没有上述几种盘面表现强劲，但上涨力度依然不可小觑，随后该股不断向上攀高。

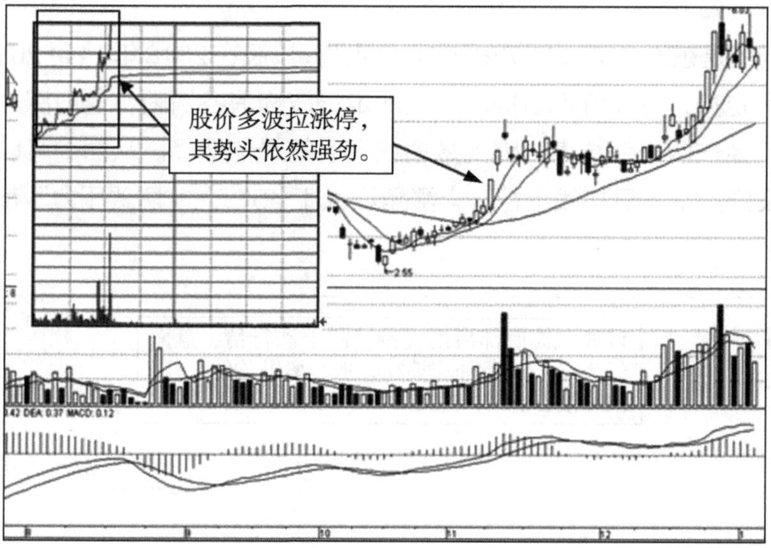

图 6-5

三、从日线分析气势强弱

1. 从时间上分析

股价气势强弱可以从时间上予以体现，具体应掌握以下三个时间概念。

（1）拉升的持续性。股价拉升是最激动人心的时刻，也是每一个散户孜孜以求的目标。股价上涨要有一定的持续性，庄家的做多意愿就体现在持续的上涨之中。股票真正的上涨，一定要有持续的涨升，而不是一两天的冲高动作，这也是从盘面区分股价上涨真假、虚实以及判断庄家意图的参考依据。

在实盘中，有的股票能够持续升势，交易者有获利机会；有的股票上涨持续性不强，涨势昙花一现，散户跟进后即遭套牢。由此可以看出，研究股价上涨是否具有持续性很有必要。

拉升的持续性应符合下列特征。

第一，股价上涨必须有连贯性，不是一两天的短期上涨。

第二，股价上涨速度很快，在 K 线图上表现为长阳短阴、大涨小回、二阳一阴等形态，股价紧贴 5 日或 10 日均线快速上扬，涨升角度大于 45°。

第三，上涨要有一定的幅度，一般一个波段升幅在 10% 以上。在上涨波段内，一般没有跳空缺口，股价呈小波段逐波上行，涨跌有序，买卖点明确。

第四，股价上涨是因为有人在刻意“拉升”股价，是庄家的故意行为，具有明确的拉升目的和意图。如果仅仅是因为大家看好或一哄而上催生的上涨，那么股价很快就会归于沉寂。

第五，上涨中没有派发动作。庄家通过盘中制造人气，吸引场外交易者介入，然后轻松推升股价。

图6–6展示的是东方通信(600776)的股价走势。该股在2018年11月26日放量涨停后，出现连续的拉升走势，将股价不断推高。上涨走势波峰浪谷清晰，盘面涨跌有序，这样的涨势行情一般不会一两天就结束，因此是短线高手的最佳选择。从图中可以看出，盘面上涨气势如虹，股价紧贴5日均线上行，上涨角度大于45°，一切“压力”都阻挡不了上涨的势头。

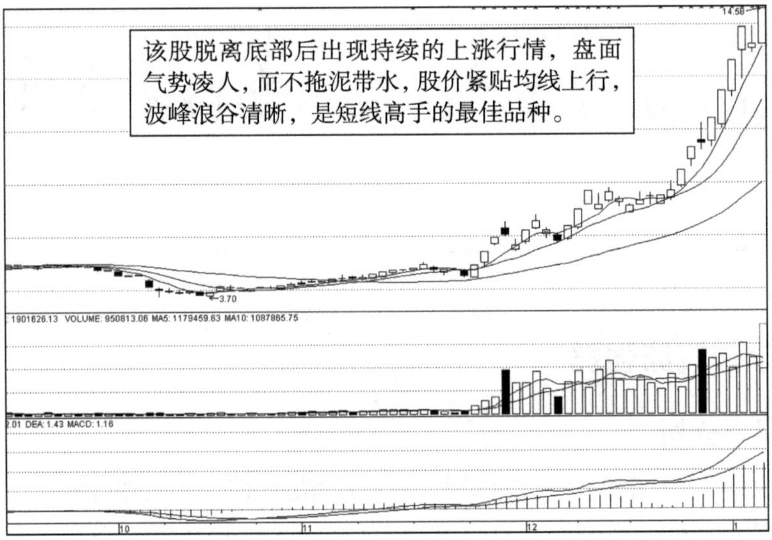

图 6–6

（2）拉升时间长短。相对于建仓、整理、派发阶段来说，拉升的时间周期最短。拉升幅度大小以及时间长短，体现了庄家的实力与操盘风格。同时，拉高是庄家获利的关键，对庄家做盘具有决定性意义。一般短线行情在 1~2 周，中级行情 1~3 个月，长庄股在 6 个月以上，个别大牛股的拉升时间可能超过 1 年以上。

底部盘整结束后，将股价拉升到一个台阶进行整理，通常只需 15 天左右，期间没有震荡的，可能在 7 天左右。以震荡爬升方式上行的，上升周期约 1~2 个月。一个波段或台阶的拉升时间在 15 天左右，但总的持续时间较长，需要 3~6 个月甚至一两年。为出货而出现的快速拉升，持续时间都比较短，中途没有震荡或震荡幅度较小的，需要 20 天左右。中途有震荡且幅度较大的，需要 2 个月左右。拉升时间通常与拉升性质、拉升方式、调整方式以及上涨速度、上涨角度和上涨空间等因素有关。

拉升时间与上涨角度的关系，两者一般呈负相关。上涨角度陡峭的，持续时间较短；上涨角度平缓（适中）的，持续时间较长。通常来说，30° 角上涨的，持续时间最长，可维持几个月甚至一年以上；45° 角上涨的，持续时间适中，一般在 1~3 个月；超过 60° 角上涨的，持续时间最短，行情在几天或几周就会结束。可见，角度平缓（但不低于 30° 角为宜）的上升，上涨维持时间较长；角度陡峭（特别是超过 60° 角）的上升，上涨维持时间较短。因此，股民遇到“井喷”式行情，千万不可恋战。

拉升时间与上涨速度的关系，两者一般呈反比。上涨速度较快的，持续时间较短；上涨速度平缓的，持续时间较长。另外，上涨速度与上涨角度呈正比关系。也就是说，上涨速度越快，则上涨角度越大，持续时间也就越短，反之也是如此。通常来说，“井喷”式行情的持续时间在 5~10 天，长的可能持续 30 天左右。

拉升时间与上涨空间的关系，两者一般呈正比。上涨空间越大，持续时间越长；上涨空间越小，持续时间越短。通常来说，拉升幅度在 50% 以上，时间一般持续 5~10 天；幅度较大的，比如超过 100% 甚至达到 200%，时间在 10~30 天；超级大牛市涨幅可能达到 4~5 倍以上，时间则可能在 3 个月以上。

一只庄股的整体涨幅不低于 1 倍，流通盘较大的，整体涨幅在 80% 左右。基本面较差又无看好理由的，整体涨幅在 60%~80% 之间。小盘股、热门股的预期涨幅较高，可能达到 2~3 倍，甚至 4~5 倍或以上。庄家坐庄手法不同，其拉升幅度也有区别：快速拉升的幅度在 80% 甚至 2 倍以上；一个波段或台阶的拉升幅度在 30% 左右，但总的幅度在 1 倍以上；推进式或复合式的拉升幅度，在股价的 1 倍左右。

股票拉升的空间，取决于个股的炒作题材、市场人气、股价定位、技术形态、股本大小、筹码分布、庄家成本和庄家获利目标等，其中庄家的意愿具有决定性。股价拉升幅度也可以参考股价的最低价。从底部最低价算起，可以按涨幅的 80%、100%、150% 或者 200% 等，分别确定拉升可能到达的价位。

图 6-7 展示的是钢构工程（现名中船科技，600072）的股价走势，该股在拉升过程中呈现波浪式上涨。从图中可以看出，第一波上涨速度最慢，28% 的涨幅用了 8 个交易日，日均涨幅为 3.5%；第二波 38% 的涨幅用了 10 个交易日，日均涨幅为 3.8%（期间为 ST 股）；第三波 25% 的涨幅用了 4 个交易日，日均涨幅为 6.02%；第四波上涨速度最快，22% 的涨幅仅用了 3 个交易日，日均涨幅为 7.1%。

从该股的走势可以体会拉升时间与速度、角度以及上涨空间之间的密切关系。对于短线交易者来说，时间就是金钱，了解这些因素，对于更好地把握出入点很有帮助。这里仅提供一种思路，点到为止，交易者在实盘中应多加体会。

（3）拉升时间早晚。拉升时间早晚不仅能够反映庄家的实力大小，也能预测未来股价上涨的气势。实盘中要注意区别以下几个时间段。

第一，涨停早的比晚的好，最先涨停的比尾盘涨停的要好得多。在每天的交易中，第一个涨停的最好，涨停时间最好出现在 10:10 以前。

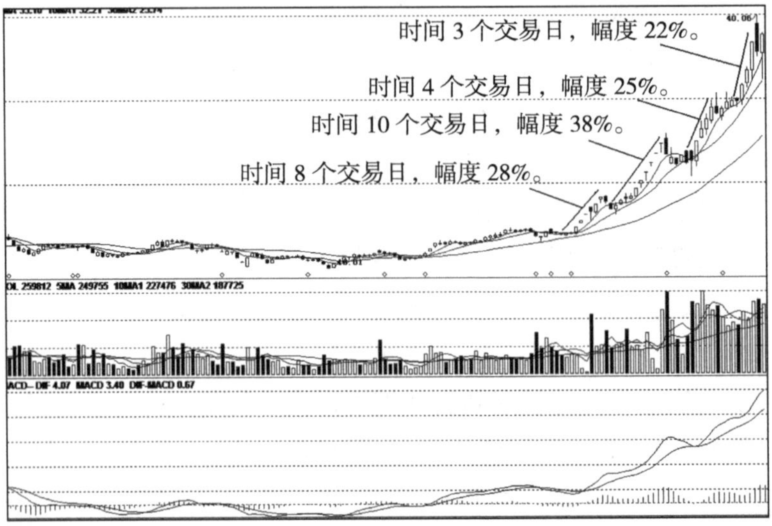

图 6-7

第二，下午在 1:15 以前封涨停也是相当不错的。一般来说，上午出现涨停的个股，庄家通常是“早有预谋”的。下午出现涨停，在气势上稍微要差一点，大多是受大盘或板块上涨带动、利好消息刺激“临时起意”。一般来说，“早有预谋”要比“临时起意”的个股走势强势得多。

第三，其他时间段涨停的股票相对要差一些。

第四，临近尾盘涨停的股票，上涨气势最弱。因为尾盘关注度在降低，拉升消耗的资金比较少，所以尾盘拉涨停的庄家实力相对弱一些。尾盘拉涨停是一种取巧动作，具有一定的欺骗性。

2. 从速度上分析

（1）拉升速度快，具有爆发性。在启动初期，个股经常会出现连续轧空的走势。同时，随着行情的展开，成交量连续放大。对这类庄家而言，时间比资金更重要，而且闪电式的突击本性已经根深蒂固了，连续轧空是这种操作行为的最好写照。

庄家的拉升一般都是十分迅速的，因为毕竟适合拉升的良机不多。庄家必须及时把握时机，快速拉高，才能充分达到事半功倍的效果。同时，快速拉升会产生暴利效应，能够更好地起到引诱散户入场的作用。

（2）短线庄家拉升，最关键的一点是借势。借大市反弹之势，借大市上升之势，借利好消息发布之势，借形态突破之势。借势拉高往往是一鼓作气完成的。短庄的拉高手法比较简单，以快、狠为主，有时快到让想追入的交易者不得不一次又一次地撤单挂单，不断将价位打高。一般来说，短庄的拉高多出现在尾市，因为如果过早拉升，极有可能引发抛压砸盘。在尾市拉升，往往可以将交易者杀个措手不及，想买的买不着，想卖的又舍不得卖。个别凶狠的庄家，甚至将股价用大单封至涨停，让交易者只能望单兴叹。

（3）中长线庄家的拉升。由于中长线庄家坐庄周期比较长，往往达到高度控盘，所以目标利润定得也比较高，而且手中掌握的筹码比较集中。其拉升时，盘口通常独立于大势，走势不温不火，碎步推升，一波拉升往往持续较长时间。但如果遇上合适的拉升时机，可使庄家事半功倍，不必花费大量的资金就能达到拉升的目的，且拉升幅度更大。

（4）个股行情一旦启动，其走势相对独立，上涨速度明显快于大盘或板块，而且多发生在大市比较乐观时。如果大市表现出明显的多头特征，能使股价拉升有很好的市场人气基础，使个股走出明显强于大盘的走势。庄家很少选择大盘走势不明朗的时候发动进攻，但是如果发现个股此时发动攻势，则一般隐藏有相应的题材，或者有可能是庄家在拉高建仓，未来上涨空间极其巨大。

（5）当庄家企图大幅拉抬股价的时候，会通过媒介或股评散布种种朦胧利多，并联合大户助庄，同时制造大成交量和大手笔成交（也可以制造异动，如一笔特别高或特别低的成交），以降低抛压，吸引买气，加速股价上涨。

（6）拉升中后期的典型特征是，股价上涨幅度越来越大，角度越来越陡峭，上涨速度越来越快，成交量愈放愈大。但是需要注意，涨幅大、角度陡、速度快、成交量大的股票，上涨持续时间较短，股民应随时做好出局的准备。若成交量呈递减状态，那么这类股票要么在高位横盘慢慢出货，要么利用除权使股价绝对值下降，然后再拉高或横盘出货。

（7）对倒拉抬。一边在上方堆积筹码，一边从下方不停地往上拉升股价，促使股价快速上涨。对倒与对敲不同，对倒时可以大幅拉升股价，而对敲可能不拉升股价。另外，对敲重股票的成交量，而对倒在偏重成交量的同时，更偏重股价的涨势。

图 6-8 展示的是恒立实业（000622）的股价走势。2018 年 10 月，该股股价脱离盘整区域后快速上涨，上涨过程一鼓作气，中间不停顿，走出了独立的上涨行情。这波上涨具有涨幅大、角度陡、速度快、成交量大的特点，但持续时间较短，停止拉升就是行情结束的标志。随着涨势趋缓，随后进入回落出货阶段，此时散户应尽快出局。

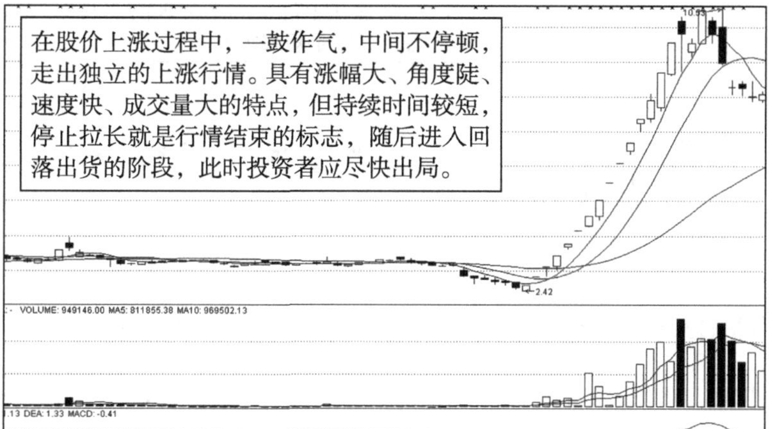

图 6-8

可以想到，如果庄家不是憋着一口气快速拉升，那么走势就不会呈现这样的形态。有时庄家的拉升一旦停顿，可能会影响士气，甚至造成满盘皆输的后果，所以庄家也不好当。

3. 从上升角度分析

在股价运行过程中，大部分时间是在低价区进行涨升前的整理震荡，只有小部分时间用来拉升股价。过早地进入正在上下震荡的个股，从资金利用效率来说是不经济的。同样，过晚地进入一只已经开始拉升的个股，也是不经济的。实盘中，应着重寻找那些在底部刚刚萌动的股票。

开始启动上涨的股票，大多会出现以下几种盘口现象。

（1）沿 30° 角上升。这种走势依托均线系统上行，不受大盘升跌影响，同时又受到均线系统的制约。一旦股价距离均线较远时，会出现集中的抛盘，因此就形成了 30° 角的上升角度。这种盘口现象看起来庄家力量脆弱，控盘程度较低，正因为表面上有这些感觉，才迷惑了不少交易者的眼睛，但到行情的中后期，一般都会有快速拉升的动作。其实这种缓慢上升的走势，是长线实力庄家采用的一大策略，一年半载后，当你站在高位俯视现在的股价时，会有“一览众山小”的感觉。

如果上涨走势小于 30° 角，同时又落后于大盘涨幅，表明盘势太弱，多空双方的斗争与大势的上升不能统一，应引起注意。其原因可能是：庄家继续吸筹；庄家资金不足；存在利空隐患；无庄入驻。

图 6–9 展示的是航天通信（600677）的股价走势。该股经过一波快速打压后企稳回升，形成一条 30° 左右的缓慢上升通道。股价不受大盘升跌影响，表明庄家实力强大，操作手法稳健，基本达到控盘水平。

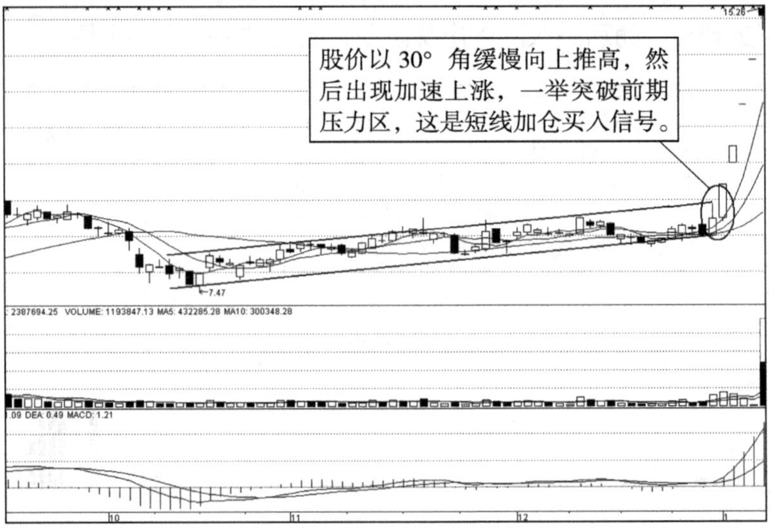

图 6–9

2019 年 1 月 2 日，当股价到达上方压力区附近时，出现加速上涨走势，一举突破前期压力区，角度变得陡峭起来，从此迎来一波快速拉高行情。这种盘面的操作策略是：在

30° 角爬坡过程中逢低吸纳，安心持股，当出现向上突破，加速上涨时，可以加仓介入，短线操作。

（2）沿 45° 角上升。这种走势最强劲，也最理想。仔细观察，不少大幅攀升的个股，上涨前期都在平缓的上升通道中运行过一段时间，其间股价阴阳相间，交错上行，角度多为 45° 角，成交量错落有致。这种形态通常是庄家控盘所致。由于庄家大规模介入，必然使股价重心逐渐上移，慢慢形成一条上升通道。初涨期升势一般表现得都很平和，这样既可降低持仓成本，又不至于过早招人耳目。这类个股上升通道维持的时间越长，庄家准备工作越充分，日后的爆发力就越大。

图 6-10 展示的是岷江水电（600131）的股价走势。该股经过较长时间的底部震荡整理后，从 2018 年 6 月企稳进入上升通道。庄家采用边拉边洗的手法不断向上推升股价，盘面走势稳健，均线系统呈现多头排列，股价沿着 45° 角震荡上升。期间不理会大盘涨跌，充分展示了实力庄家的坐庄风范，因此每次回档都是较好的短线入场机会。

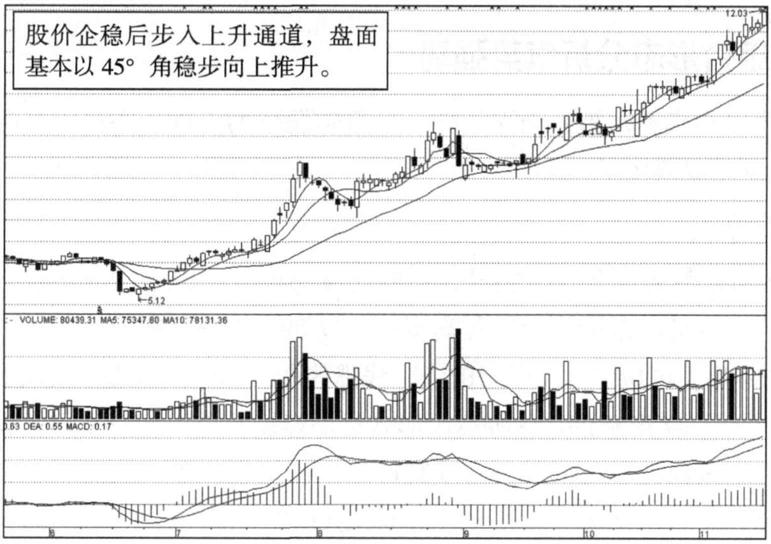

图 6-10

（3）沿 60° 角上升。这种走势往往预示股价背后隐藏着重大题材，加之庄家实力强大，坐庄手法凶悍怪异，令股价涨势如虹。这种走势表明庄家在底部长期潜伏吃货后，达到了高度控盘的程度，加上拉升之初大市、板块、人气等诸多因素的共同作用，产生了闪电式拉升。这种走势庄家短期消耗能量过大，需要换手休整后才能再度上攻。

需要注意的是，如果升势超过 60°，庄家短期用力过猛，必然会产生强力回抽。对于这种走势，建议短线逢高减磅，波段操作。

图 6-11 展示的是美联新材（300586）的股价走势。庄家吸纳大量的低价筹码后，于 2018 年 2 月向上突破，股价呈 60° 角快速强劲上行。庄家坐庄手法犀利，股价涨势如虹，但短期庄家力量消耗过猛，需要回调休整，重新积蓄能量，或等待时机再度上攻。持有这类个股的投资者，一旦发现盘面出现见顶信号，应及时逢高退出，避免股价出现回调。

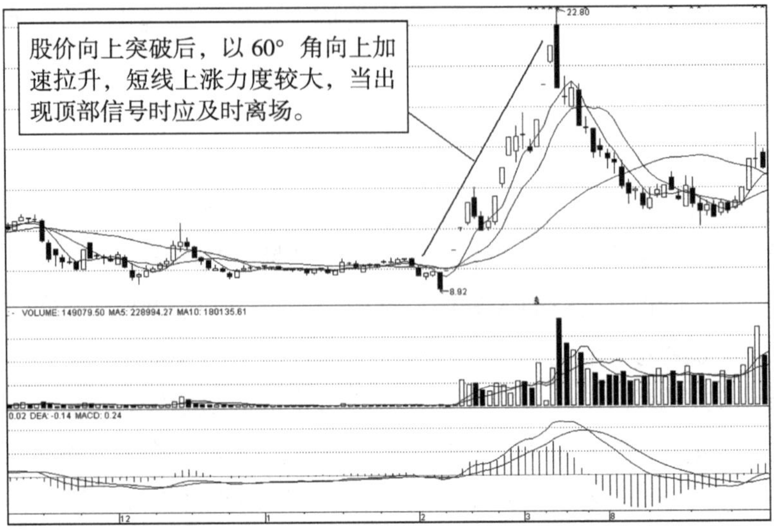

图 6-11

四、从 K 线组合形态分析气势强弱

从 K 线组合形态来看，短期上涨气势可从强到弱分为三种形态：一是连续涨停式；二是连续大阳式；三是阴阳组合式。

1. 连续涨停式

这种形态大多以涨停板的形式拉升，一般连续出现 5 个以上的涨停板，从而形成暴涨式主升浪行情。其中又可以细分为三种类型：一是连续“一”字形涨停；二是先出现 2~3 个“一”字形涨停后，再拉出 3 个以上的大阳线涨停；三是连续五六个或以上大阳线涨停。

（1）连续“一”字形涨停。这种盘面形式是指连续 5 个以上交易日，股价都是从涨停板价位开盘，且全天封盘不动，所有的成交均是在涨停板位置，从而形成连续的“一”字形涨停 K 线。毫无疑问，连续“一”字形涨停是所有主升浪中涨势最强烈的一种形态。

那么这种主升浪形态是怎么形成的呢？从表面看，是由巨量买盘追高造成的，在涨停板上排队的巨大买盘将卖盘全部吃光。由于涨停板上买盘巨大，在前 3~4 个涨停板时，卖盘稀少，从而导致涨停板上成交稀少，形成无量空涨现象。形成这种主升浪的真正原因，一是个股突发特大利好，二是资金强力推动的强庄蛮横行为。通常形成特大利好的消息有重大资产重组和重大资产注入两类，但不管哪种利好，必须属于股市当下最热门的概念或资产，或者是能够给上市公司带来巨大现实利润的资产。

图 6-12 展示的是亚夏汽车（现名中公教育，002607）的股价走势。该股走出了资金推动的单波式主升浪行情，也是一波超跌反弹行情。该股股价上涨并没有受到某种突发的、公开的利好刺激（当然背后可能隐藏某种中长期利好），属于完全由庄家主导的主升浪行情。从 2018 年 5 月 23 日开始，股价连拉 8 个“一”字形涨停板，开板震荡后继续大幅上涨，股价一浪到顶，完成了单波式上涨的主升浪行情。

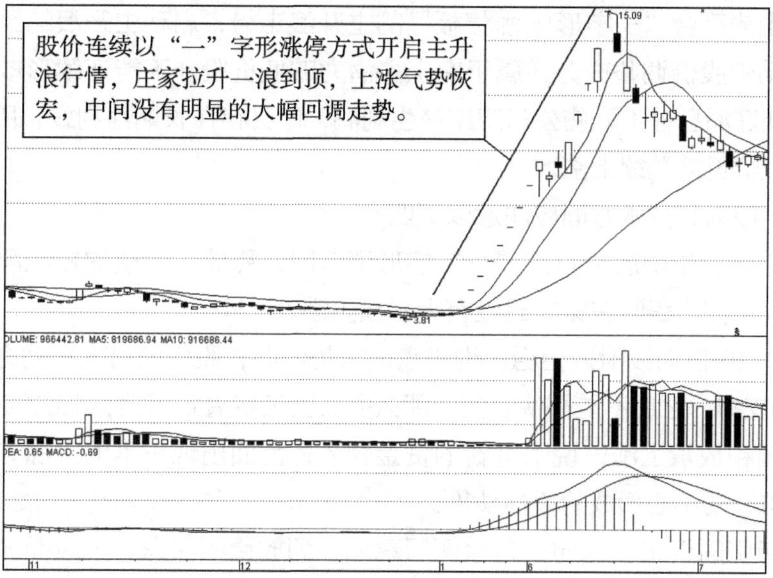

图 6-12

（2）一字形 + 涨停板。这种盘面走势是先拉出两三个“一”字形涨停后，再拉出 3 个以上的大阳线涨停。

其特点是：股价先拉出两三个“一”字形涨停，但在其后的几个交易日，股价没有能力继续保持“一”字形上涨，但还是能够在高开后以涨停收盘。后面的涨停板不一定要求连续出现，中间可以夹杂小阴小阳 K 线。这种主升浪也可以走出总计 5 个以上的涨停板。

图 6-13 展示的是恒立实业（000622）的股价走势。2018 年 10 月 22 日，该股启动了一轮“一字形 + 涨停板”式的主升浪行情。该股先出现缩量的“一”字形涨停板，次日又以“T”字形封板，这时股价回升到前期盘区附近。之后庄家展开震荡整理走势，将盘区中的浮动筹码清洗出去。接着再次发起向上攻势，期间收出多个高开涨停板，形成一波主升浪行情。

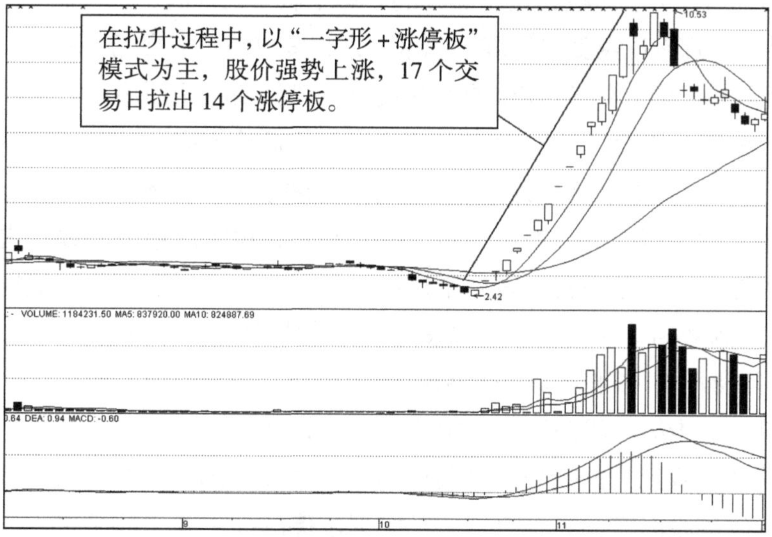

图 6-13

该股整个走势符合“一字形 + 涨停板”的主升浪走势，启动主升浪的原因是利好消息刺激，而且启动前股价调整充分，属于有上涨潜力的低价股。不能连续形成“一”字形上涨的原因是，利好消息并不能使公司短期产生利润，但又存在长期性利好，所以打开“一”字形涨停后，股价仍然继续上涨。

操作这类个股时，技术方面应注意以下四点。

一是缩量回调，说明股价打开“一”字形涨停时，释放了大量的短线浮动筹码，之后盘面很快被庄家掌控，表明庄家筹码没有大规模出逃。

二是股价在 10 日均线附近企稳，说明盘面强势依旧，股价仍有上攻动力。一旦股价击穿 10 日均线的支撑，之后不能很快收复，那么多头士气将遭到重挫，上涨气势会大打折扣。

三是再次温和放量上涨，说明有新的资金介入，盘面出现正常的上涨走势。如果出现快速、放量上涨，要小心形成阶段性头部。

四是放量滞涨时退出。这句话包含两层意思，即放量和滞涨。一般而言，放量但不滞涨，可以继续持有。滞涨但不放量，也可以谨慎持有。当两者同时出现时，见顶的概率大增。当然这只是一般规律，具体情况还要视个股而定。

（3）连续大阳线涨停。这种盘面走势以一个涨停板开端，在上涨过程中能够出现两组以上 2~3 个涨停板组合，总计能够出现 5 个以上的涨停板。在实盘中，第三个和第四个涨停板的走势和成交量情况，往往决定该股后市能否继续上涨。从近几年的股市实盘走势来看，出现第三个或第四个涨停板后就短期见顶的股票占 80%~90%，能够继续上涨且展开主升浪的只占 10%~20%。实战中，大家应该深入研究连续涨停板式主升浪的成因、形态和特点，以提高捕捉主升浪的成功率。

一般而言，庄家要想借助一个朦胧题材发动一轮连续涨停式的主升浪，庄家必须做好启动前三个涨停板的准备。如大盘配合、题材受到市场认可，那么庄家可以继续挺进，在跟风盘的协助下，再拉出几个涨停板，走出漂亮的“短平快”主升浪。若大盘不配合，或者题材没有受到市场认可，那么庄家就可能成为孤家寡人，多数情况下会见好就收，顺势而退。

图 6-14 展示的是斯太尔（000760）的股价走势。该股见顶后逐波下跌，股价累计下跌幅度非常大，庄家在股价下跌过程中吸纳了大量的低价筹码。2018 年 7 月 17 日，该股收出超跌反弹的涨停大阳线，次日形成“一”字形涨停，说明这不是一般的小幅反弹行情，而是一波级别较大的上涨行情。第三天股价高开高走，再收涨停大阳线，进一步巩固了强势盘面特征。当然，这也意味着该股后市连续出现“一”字形涨停的可能性非常小，说明股价进入大阳线上涨格局。之后该股连拉多个涨停大阳线，短期涨幅比较大。

从走势中可以看出，该股在第一个涨停板中出现“一”字形，随后以高开大阳线涨停的方式上涨，这样的走势一般波段性行情不会很大，持续时间也不会很长，因为持续上涨中堆积了大量的获利筹码，这就限制了股价的上涨高度。那么，为什么股价会出现凌厉的主升浪行情呢？就该股而言，第一个“一”字形涨停的技术意义非常之大，突破了前面的多个压力位，股价创出近两年的新高，打开了短期的上涨空间，因而在庄家的推动下引发了一波主升浪行情。所以，投资者遇到这类个股时，可以大胆介入，在高位出现滞涨信号时，应果断了结，获取主升浪的丰厚利润。

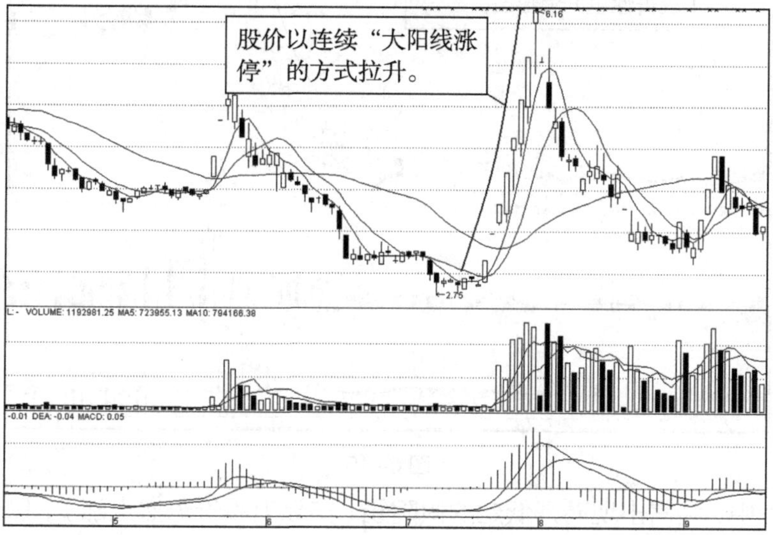

图 6-14

2. 连续大阳式

这种形态大多以大阳线上涨为主（中间可以出现一两个涨停板），中间夹带一些小阴小阳线或十字星K线。这种拉升方式的上涨力度，比前面所讲的连续涨停式主升浪要弱得多，但上涨势头仍不可低估，因此也是短线捕捉的重点。

这种盘面走势通常也有三种类型：一是连续大阳线攻击形态；二是中间夹带小阴小阳线或十字星K线；三是中间出现短暂停顿的调整形态。但无论属于哪种类型，中间一般都会出现一两个涨停板，且上涨过程中股价不会有效击穿10日均线的支撑。

（1）连续大阳线攻击形态。这种主升浪是指股价连续出现5根以上上涨大阳线，盘面出现逼空行情，分时走势逐波上涨，阳线的上下影线大都比较短小，或是收出光头光脚的K线，期间不时也出现涨停板形态。

图 6-15 展示的是联创节能（现名联创互联，300343）的股价走势。该股庄家成功地完成建仓计划后，走出一波涨幅较大的主升浪行情。上涨过程中连续收出 19 根上涨阳线，以上涨大阳线为主，且出现了 5 根涨停大阳线，形成逼空行情。

这种走势既有技术因素，又有庄家因素。技术方面就是股价突破了上市4个多月以来的新高，上涨空间被有效打开。庄家因素就是在短时间内庄家完成了建仓、洗盘、拉高计划，说明庄家实力强大，做盘手法蛮横，同时也反映出庄家有急躁的一面。这类个股的买入点是股价突破压力、创出新高之时。一旦买入失误，可以在股价有效跌破30日均线时卖出。

（2）中间夹带小阴小阳线或十字星K线。在这种主升浪中，大阳线之间会夹带一些较小的K线。这些小K线并不影响股价的上涨势头，反而有利于股价加速上涨。因为通过小K线的震荡洗盘后，盘面会更加清爽，股价上涨更加稳健。

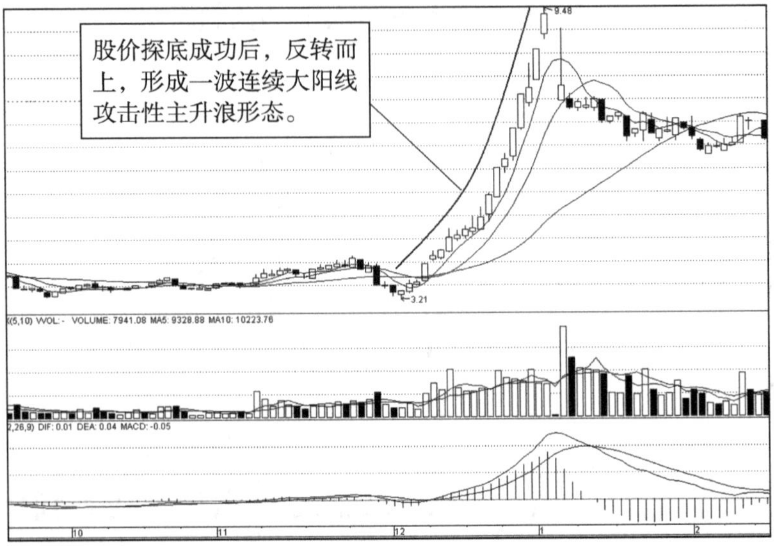

图 6-15

在上涨过程中，经常出现高开低走的假阴线（实际上股价仍然上涨），以达到洗盘效果，同时又能使盘面保持强势状态。上涨过程以大阳线为主，上下影线较短，或是收出光头光脚 K 线，不时伴随着涨停 K 线，股价一般不会有效跌破 10 日均线的支撑。

图 6-16 展示的是华锋股份（002806）的股价走势。该股见顶后逐波下跌，然后进入震荡筑底阶段，庄家在此期间吸纳了大量的低价筹码。2018 年 4 月 17 日，股价放量涨停，向上突破底部盘区，从而引发一波主升浪行情。

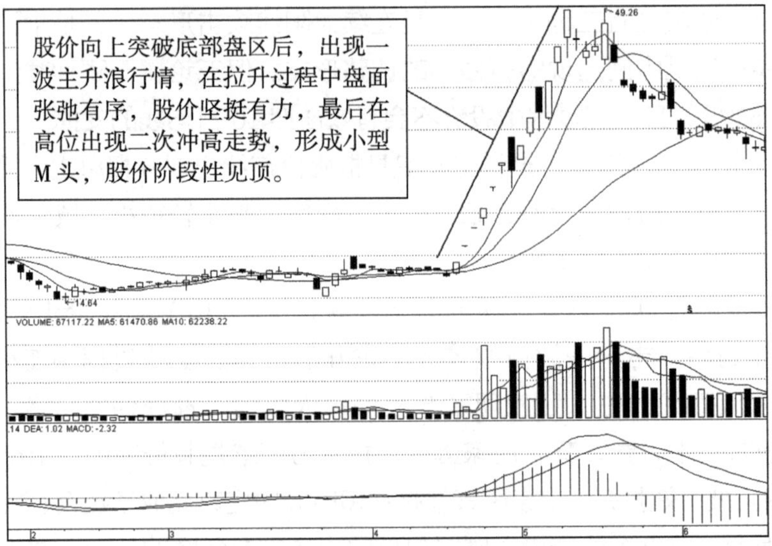

图 6-16

从图中可以看出，拉升过程中夹带一些小阴小阳 K 线，这些 K 线可以使浮动筹码及时离场。整个上涨过程一气呵成，一浪到顶，盘面走势清爽稳健，股价坚挺有力。5 月 22 日，股价出现二次冲高回落，说明股价上涨遇到压力，此时先知先觉的投资者应做好离场操作。

（3）中间出现短暂停顿和调整的拉升形态。这种主升浪形态与前面两种形态基本相同，不同之处是该形态中偶尔出现短暂的调整走势。这种调整不会对上涨势头构成破坏，盘面依然保持强势状态。停顿和调整是主升浪中正常的“小憩”，经过“小憩”，更有利于主升浪向上发展。停顿和调整时，股价不会有效跌破 10 日均线的支撑。

图 6–17 展示的是冠豪高新（600433）的股价走势。该股股价脱离底部区域后，紧贴 10 日均线向上拉高，出现一波以大阳线为主的主升浪。在涨幅超过 300% 的行情中，只出现过 2 个涨停板，可见庄家实力之强，控盘技术之高。

在整个拉升过程中，中间出现了几次停顿。虽然上涨出现了停顿现象，但股价并没有明显下跌，更没有跌破 10 日均线，说明主升浪依然在强势持续中。对这种走势类型的个股，交易者应坚定持股，与庄共舞到底。持币者可以在 10 日均线附近做多。

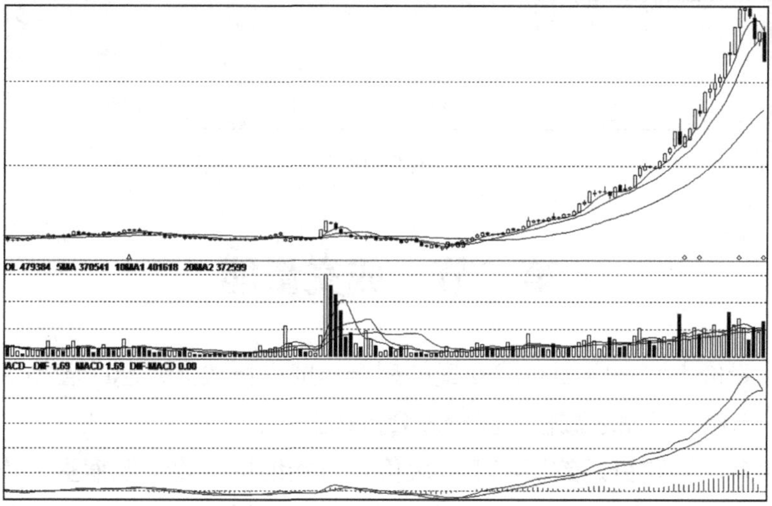

图 6–17

3. 阴阳组合式

在阴阳组合式上涨形态中，会出现一些小幅调整走势，股价有时会跌坡 10 日均线，但不会构成有效突破，股价很快就会返回到 10 日均线之上。在实盘中，拉升呈现出大阳小阴为主的 K 线组合形态。

就盘面攻击力度而言，连续涨停板式拉升最强，连续大阳线拉升次之，而大阳小阴组合式拉升最弱。虽然这种形态看起来属于最弱的一种，但其上涨力度依然强劲，累计涨幅也不低，有时甚至超过前面两种走势的涨幅。因为这种走势属于慢牛性质的主升浪，盘中浮动筹码比较少，所以持续时间往往比较长，累计涨幅也比较大，这是该种形态的一大特点。

图 6–18 展示的是深天马 A（000050）的股价走势。该股脱离底部盘整区域后，走出一波主升浪行情。在主升浪发展过程中，盘面以大阳小阴为主的 K 线组合形态。每次出现回调走势时，股价均得到 10 日均线的支撑，然后再次向上强势拉高，说明尽管短线出现回调走势，但不改股价上涨势头，行情仍然运行在主升浪之中。实盘中遇到这种走势时，只

要 5 日和 10 日均线保持完好，就可以坚定地持股做多，不必为中途的小调整困扰而做出错误判断。

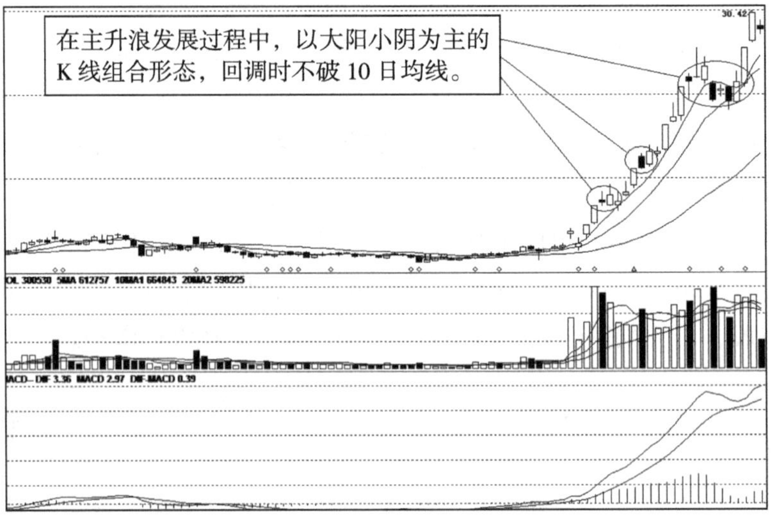

图 6-18

第二节　成交量能

量在价先，股价上涨一定要有成交量的配合。成交量放大，意味着换手率提高，平均持仓成本上升，上档抛压随之减轻，股价才会持续上涨。

有时在庄家筹码锁定良好的情况下，股价也可能缩量上攻，但缩量上攻的局面不会持续太久，否则平均持仓成本无法提高，上涨后抛压会很快增大，造成股票缺乏持续上升动能。短线操作一定要选择带量上涨的股票，对底部放量的股票尤其应加以关注。

一、底部成交量形态

成交量圆弧底是底部成交量的基本形态。当成交量出现底部时，股价底部往往也随之出现。成交量底部研判是根据过去底部的成交量形态来作比照的。

当股价从高位向下滑落，成交量逐步递减至过去底部的均量后，股价触底盘稳，不再下跌。此后股价呈现盘整走势，成交量也萎缩到极限，出现价稳量缩的走势，这种走势就是盘底。

底部的重要特征就是股价波动幅度越来越小。此后如果成交量一直萎缩，则股价将继续盘整下去，直到成交量逐步放大且股价表现坚挺。价量配合，才有向上攻击的能力。成交量由萎缩转为递增，表明市场供求状态已经发生变化，也意味着买卖信号出现。

在股价长期下跌的后期出现成交量圆弧底形态，意味着大底部即将形成，股价随时有可能向上突破。在研究成交量圆弧底形态时，右边上涨的成交量应大于左边下跌的成交量，这样的形态更为可靠。

在长期下跌后的底部盘局尾段，量价关系具有以下特征。

（1）股价波动幅度逐渐缩小。

（2）成交量萎缩到极点。

（3）量缩之后是量增。突然有一天成交量大增，且拉出中阳线，股价突破盘局，并站在 10 日均线之上。

（4）成交量持续放大，股价收出中阳线，以离开底价 3 天为原则。

（5）突破之后，均线开始转为多头排列。盘整期间均线是黏合在一起的。

如图 6–19 所示，广深铁路（601333）的股价经过长期下跌调整后，股价企稳盘整，波动幅度渐渐收窄。经过一段时间的横盘后，2014 年 7 月中旬，股价开始向上运行。从同期的成交量表现可以看出，成交量呈现圆弧底形态，先是出现递减，然后缩量整理，最后温和放量，出现量增价升态势。通过量价分析，说明可以大胆进行短线操作。

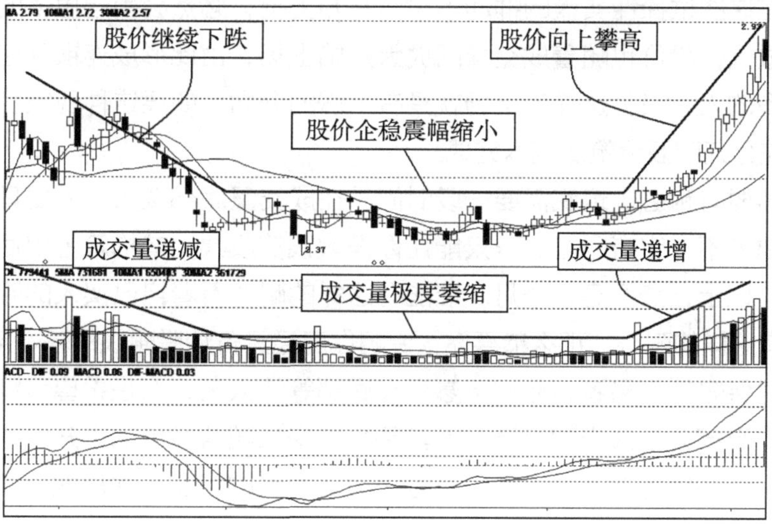

图 6–19

通过该股走势分析，可以归纳出如下量价关系。

股价：跌势后期—继续下跌—盘整—波幅减小—微升—剧升。

成交量：递减—盘稳—极度萎缩—温和放量—递增—大增。

注意：右边上涨的成交量应大于左边下跌的成交量，最起码两者的量能要相差不多。如果右边上涨的成交量小于左边下跌的成交量，则上涨形态不可靠，属于反弹走势，后市仍有一跌。

成交量的变化是由大量而递减—盘稳—递增—大增，如同圆弧形一般，这就是成交量圆弧底形态。当出现这种形态之后，显示股价将要见底回升了。回升的涨幅及强弱态势决定于圆弧底出现之后成交量放大的幅度，放大的幅度越大，则涨升能力越强。

底部区域成交量萎缩，表示浮动筹码大幅缩减，筹码稳定性好，杀跌盘力量衰竭，所以出现价稳量缩的现象。此后出现成交量递增，表示有人开始吃货，说明此时筹码供需力量已经改变，已蕴育出上攻行情。

成交量见底的股票要特别加以注意。当一只股票的跌幅逐渐缩小，或出现跳空下跌缺口时，成交量通常会极度萎缩。之后量增价升，表明股价见底反弹的时候到了，这是短线进场的较好时机。

当成交量见底时，交易者的情绪往往也随之见底，赚钱的人逐渐退出，新入场的人一个个被套，因此入场意愿不断减弱。在人们买入股票的欲望最低的时候，股价却不再下跌，说明人们抛售股票的意愿也处于最低状态，这个阶段往往就是筑底阶段。既然成交量已经萎缩至极，说明参与者很少，也就是说，真正能抄到底部的人是非常非常少的。

当股价经过长期盘整，再也跌不下去的时候，有一部分人开始感觉到这是底部，于是试探性地进货，造成成交量温和放大。由于场内抛压很小，所以只需少量买盘就可以让股价上涨，这是圆弧底右半部分形成的原因。

如果股价在这些试探性买盘的推动下果然开始上扬，必然会引起更多的人入市，结果成交量进一步放大，股价也随着成交量的放大开始上扬，由此形成连锁反应。股价轻微上涨就能引发更多的人入市，这样的市场就具有上涨的潜力。如果这种现象发生在成交量极度萎缩之后，充分证明股价筑底基本完成。

短线选股需要有耐心。筑底需要一段时间，在成交量底部买入，需要具有很大的勇气和信心，但交易者不一定有耐心。一只能让你挣大钱的股票，其构筑历史性底部的时间起码应持续半个月以上，最好是几个月。谁能有这样的耐心看着自己买入的股票几个月纹丝不动呢？如果有这样的耐心，那么恭喜你，说明你已经具备炒股赚钱的基本条件了。

有一些相对保守的交易者，他们不愿意在底部等待太久，而是希望看清形势后再做决策。圆弧底的右半部分是入市的机会，尤其是当成交量随着股价的上升急速放大时，他们认为升势已定，于是纷纷追入。正是由于这一类交易者的存在，才形成突破之后股价激升的局面。

笔者建议大家做有耐心的交易者，在成交量底部买入，事实上这种做法才是真正安全的。在趋势明朗之后买入，也许能够赚到钱，但不一定能赚大钱。他们只是抓住了行情中间的一小段，但面临的风险实际上是比较大的，因为买入的价格比底部价格高出了许多。在其买进的时候，底部买进的交易者随时可能获利离场，相比之下，谁主动谁被动一清二楚。

在上涨中途的回调过程中出现成交量圆弧底形态时，其形态更为明显，说明庄家洗盘调整结束，第二波上涨或主升浪开始了，短线可以积极介入。一般而言，此时不一定强调“右边上涨的量大于左边下跌的量”，有时甚至右边上涨的量比左边回调时的量还低，这恰恰说明庄家已经高度控盘了。

图 6-20 展示的是鲁抗医药（600789）的股价走势，该股在底部走出了成交量圆弧底形态。放量后出现递减—大幅萎缩—温和放量—大幅放量，说明新的多头资金大举入场。盘面上，股价经过长时间的筑底后，股价向上突破，然后进行回调洗盘整理。之后再次向

上突破，此后出现一波主升浪行情。

在上涨中途成交量出现圆弧底形态时，短线交易者应及时介入，此后的行情往往是一波快速上涨行情，而且时间上特别紧凑（比底部圆弧底形态短得多），通常这是牛市的主升浪。退一步说，这种形态之后哪怕没有出现主升浪行情，起码也是二次冲高走势，短线交易者快进快出能确保获利。

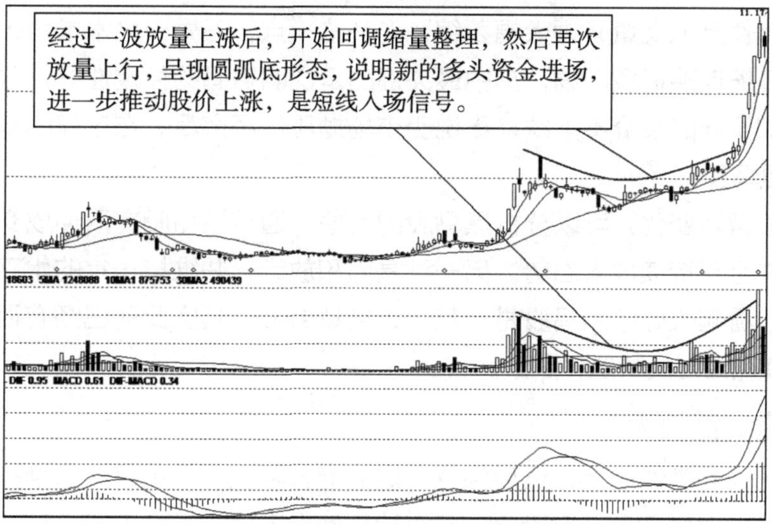

图 6-20

通过上述两个实例的分析，实盘操作中应掌握以下技术要点。

（1）成交量出现的位置决定股价走势。长期盘整之后出现连续巨量且股价小幅上扬的股票，可以大胆介入，不能畏缩不前。

（2）选黑马股的绝招之一是研判成交量的变化。能够大涨的股票必须有强大的底部动力，否则不会大涨。底部动力越大的股票，其上涨力度越强。

（3）成交量圆弧底形态必须加以注意。当成交量均线走平时，要特别注意，一旦成交量放大且股价小幅上扬，应立即买进。

（4）量是价的先行指标。成交量分析是技术分析及选股的重要内容。很多股票狂涨并不是因为有什么重大利多，纯粹是筹码供不应求造成的。从成交量的变化中，可以预测股价变化的潜力。

（5）在上涨过程中，若成交量随之放大，价格保持连续上涨，则上升趋势不变。在上涨过程中，若成交量大幅增加，但价格并不能持续上升，则表明阻力加大，这是行情反转的征兆。

（6）在下跌趋势中，若成交量有放大现象，表明抛压并未减少。如果价格维持下跌，则下跌趋势不变。在下跌趋势中，若成交量有放大现象，但价格下跌趋缓，说明下方支撑力度增强，此为反弹征兆。

二、成交量的微妙变化

前面讲的成交量圆弧底形态，需要较长时间才能形成（特别是大的底部），但是有时成交量的微妙变化，只需要几天的时间就可以确认，并且这种变化反映的内容是很明确的。如果发现了这种变化并抓住它，就有可能在短时间内取得较大的利润。

首先要说明的一点是，成交量圆弧底需要耐心，而这里的成交量微妙变化则需要细心。一个总的前提条件是成交量必须大幅萎缩，离开这一点，无异于缘木求鱼，更谈不上抓黑马了。成交量萎缩反映很多问题，其中最关键的是说明筹码的稳定性好，也就是说没有人抛出股票了。如果同时股价不下跌，更说明市场抛压已经穷尽。在这样的基础上，才能发展成为狂飙的黑马股。

从成交量的微妙变化，可以分析黑马股的迹象。通常黑马股有两种成交量现象：一种是突然放大，并呈现持续放大态势。另一种是温和放大，并维持一定的水平。黑马股并不是突然形成的，看起来好像黑马股是在某一天突然爆发，其实此前已经有很多迹象，其中成交量的细小变化最能反映这种迹象。

1. 成交量突然放大

成交量某一天起突然放大，然后保持一定的增长幅度，几乎每天都维持这种水平。这种变化表明有新的力量介入这只股票，并有计划地投入资金吸纳该股。这种介入往往会引起股价上涨，但在收盘时却有人故意将股价压低，其目的昭然若揭。

从日线图上可以看出，在成交量放大的同时，股价小幅上涨，但往往在收盘时下跌，以十字星或小阴小阳线居多。建议交易者每天收盘后浏览一遍日线图，把注意力集中在成交量上面，尤其集中在成交量已经大幅萎缩的个股上。一旦发现近几天成交量突然放大，且维持一定水平（股价形成十字星），要将该股列入重点观察对象。如果股价向上突破，要第一时间介入。

图 6-21 展示的是合肥城建（002208）的股价走势。该股庄家完成建仓计划后，向下制造了一个空头陷阱，然后股价渐渐企稳回升。2018 年 3 月 2 日，成交量突然放大，此后成交量保持在较高水平，说明有新增资金源源不断地流入市场。在盘面上，股价向上突破 30 日均线的压力后保持向上攻击的强势状态，短线做多信号非常明显。

2. 成交量温和放大

成交量从某一天起开始温和放大，并维持一种放大趋势，这也是新的力量介入该股的证明，否则成交量的增加怎么会这么有规律呢？与此同时，股价经常表现为小幅上涨。这里庄家的意图十分明显，因为庄家不加掩饰，表明庄家已经没有多少耐心或时间慢慢进货，不得不将股价一路推高进货（急速建仓，高举高打）。经过三五天放量之后，股价必定会突然起飞，走出一段令人惊喜的上涨行情。

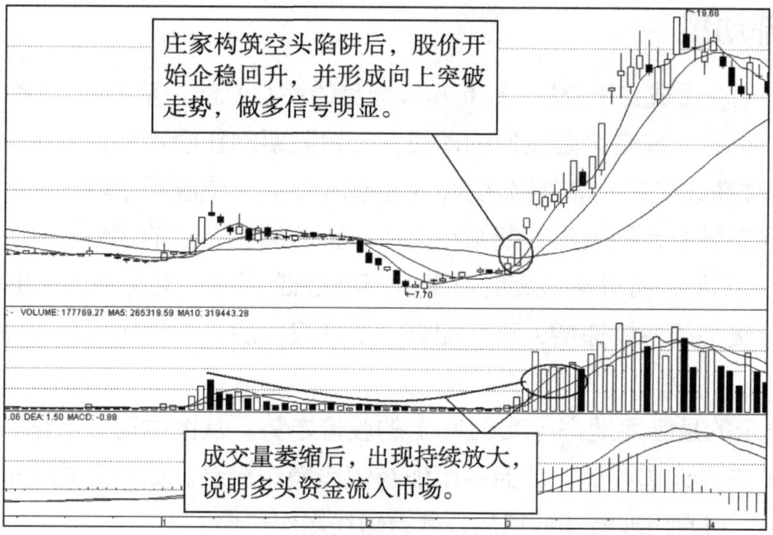

图 6-21

图 6-22 展示的是长生生物（现名 *ST 长生，002680）的股价走势。该股在长时间的调整过程中成交量大幅萎缩，庄家完成建仓计划后，2018 年 3 月初开始向上突破，股价稳健向上攀高，盘面走势十分坚挺。量能方面，萎缩后的成交量开始逐步放大，一直保持温和放量态势，说明庄家对盘面掌控比较好。投资者可在盘中回调低点介入，之后股价不知不觉中向上走高。

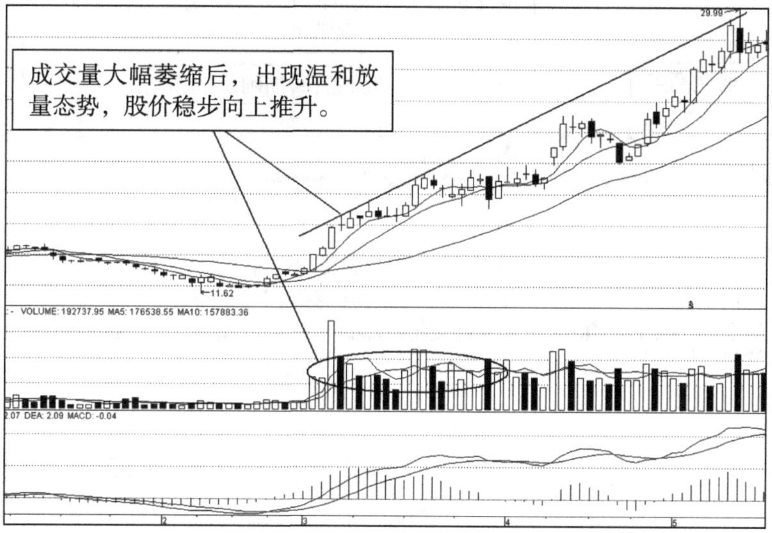

图 6-22

这种成交量分析方法不仅可以用于日线图，在周线图或分钟图上都可以运用，关键在于，用什么样的图分析，得出来的结论只能适用于相应的走势图中。比如日线图上看到的底部常常是中期底部，随后展开的升势可能持续一个月或几个月。分钟图上的底部只能支撑股价在未来几个小时或几天里走强，适合短线操作。如果是真正的长线投资者，那么应该用周线图来分析，周线图上的底部，一般可以管一年到几年的时间。

三、牛股底部动量

短线操作必须注重成交量分析，这是短线操盘的核心要素。可以说，没有成交量的放大，就没有短线操作机会。成交量是股价的动量，一只股票的狂涨走势，经常出现在长期下跌或盘整之后，这样在成交量大幅萎缩之后，再出现连续放大或温和递增，股价也会随之上扬。

一只底部成交量放大的股票，就像在火箭升空前加注充足的燃料一样，必须具有充分的底部动力，才能将股价推升到极高的位置。一只狂涨的股票，必须在底部出现大的成交量。上涨初期，成交量必须持续递增，量价配合。主升浪之后，往往出现价涨量缩的所谓无量狂升走势。

图 6-23 展示的是卧龙地产（600173）的股价走势。从图中可以看出，在前期横盘及盘跌过程中，成交量大幅萎缩，此时不可能有短线操作机会。如果在这个时段短线介入，无疑是自寻死路。只有出现持续放量后，才有短线操作机会。

从坐庄角度分析，庄家推动股价放量突破前期长达半年之久的盘区，其坐庄意图十分清楚，并不是为了“解放”之前套牢的散户，其真实目的是后市拉高股价。这种盘面也反映出庄家建仓结束，随时都有可能展开拉升动作。至于如何拉升，要结合盘面和大势作进一步的分析。

短线操作应重点关注持续放量的个股，在技术回抽时，即是短线入场的最佳时机。该股在突破后出现回抽时，就是短线交易者介入的好机会。

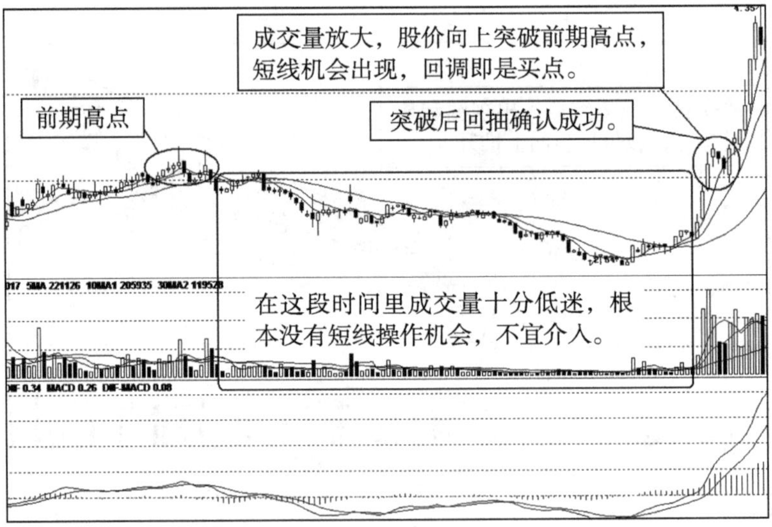

图 6-23

从实盘操作中可知，一只大涨的股票，必须具备充足的底部动力才能将股价推高。这里所说的放量，是相对过去的微量而言。也就是说，当一只股票成交量极度萎缩后，再出现连续的大量才能将股价推高。成交量是衡量买气和卖气的工具，它能对股价走向进行确认。

精明的交易者要对底部出现巨大成交量的股票进行密切跟踪，因为当一只股票的供求关系发生极大变化时，将决定股价的走向。交易者绝对不可忽略这种变化发生时股价与成交量的关系，一旦价量配合，介入之后，股价必将如自己预期的那样急速上扬。

成交量形态改变，是趋势反转的前兆。个股上涨初期，成交量与股价的关系是价稳量增。随着成交量的不断放大，股价也随之扬升。一旦展开强势的主升浪上涨，则可能出现无量狂升的走势。末升段的时候，会出现量增价跌或量缩价升的背离走势。一旦股价跌破 10 日均线，则显示强势已经改变，将进入中期整理阶段。

当握有一只强势股的时候，最好紧紧盯住股价日 K 线图。当日 K 线一直保持在 10 日均线之上时，可以一路持有。一旦股价以长阴线或盘势走势跌破 10 日均线，应立即出货，考虑换股操作。

完成盘整的股票要特别注意，理由是其机会大于风险。盘整末期成交量表现为萎缩，代表抛盘力量衰竭。量缩是一种反转信号，量缩才有止跌的可能。下跌走势中，成交量必须逐渐缩小才有反弹的机会。

量缩之后还可能再缩，到底何时才是底部呢？只有等到量缩之后又转为量增的那一天，才能真正确认底部。如果此时股价已经站在 10 日均线之上，就更能确认其涨势已经开始了。短线操作应重视量缩之后的量增，只有量增才能反映出供求关系发生改变。只有成交量增大，才能使该股具有上升的底部动量。

四、短线操盘利器——量比

分析成交量变化的最好办法是观察量比排名榜。量比排名靠前，说明该股成交量较往日放大，参与的人多。量比排名靠后，则说明该股大幅缩量，上攻动能减弱。若某股价格与量比同时排名靠前，则是一个可靠的强势信号，说明该股短期处于强势，极有可能出现快速向上攀升的行情。

从量比指标定义看，它是当天每分钟平均成交量与前 5 天每分钟平均成交量的比值。当量比大于 1 时，说明当日每分钟平均成交量大于过去 5 日的平均值，交易比过去 5 日火爆。当量比小于 1 时，说明当日成交量小于过去 5 日的平均水平。

量比的计算公式是：

（当天即时成交量 / 开盘至今的累计 N 分钟）/（前 5 天总成量 /1200 分钟）

这个指标反映的是当前盘口的成交力度与最近 5 天平均成交力度的差别，这个差别的值越大，表明盘口成交越趋活跃，从某种意义上讲，越能体现庄家即时做盘，随时展开攻击的盘口特征。量比指标是盘口语言，也是超级短线高手在实盘中洞察庄家短时间内动向的秘密武器之一。

量比指标依据的是即时每分钟平均成交量与之前连续 5 天每分钟平均成交量的比值，能够客观真实地反映盘口成交异动及其力度。

如何把握这种良机呢？平时看盘中，交易者可以通过量比排行榜翻看近期量比较小的个股，剔除冷门股和下降通道中的个股，选择那些曾经持续放量上涨，近日缩量回调的个股进行跟踪。待股价企稳重新放量，且 5 日均线翘头与 10 日线形成金叉时，即果断介入。

通常来说，股价连续放量上涨后，机构若没有特殊情况，不会放弃既定的战略方针，去破坏良好的均线和个股走势。若庄家洗盘特别凶狠的话，交易者还可以以更低的价格买进筹码。需要注意的是，此类个股的 30 日均线必须维持向上的趋势。

当然，并非所有量比与涨幅排名靠前的个股都能参与，出现以下情况时，交易者须重点关注。

（1）在历史循环低点或相对低位，往往是庄家介入或行情启动的标志，短线可以跟进，中线亦可放心守仓。

（2）在长期整理区末端，量比放大通常是股价向上突破的可靠信号，适合捕捉短线黑马。

（3）高价区或升势末期，量比增加往往是庄家在诱多，应及时退出为宜。

（4）在大盘走势相对较弱时，量比增加的个股大多是弱市中的强势股，短线参与的价值比较高。

使用量比指标时也要注意，如果过早买入量比放大的底部个股，由于庄家没有完成吸货，这时庄家并不会拉升股价，有时可能还要向下打压，贸然参与的话，搞不好就会被套。至于刚突破整理平台的个股，若碰上庄家制造假突破现象，有时也会无功而返。市场中的一些短线高手，如果在个股启动的第一波没有及时介入，宁可失去强势股连续上涨的机会，也不会一味地追涨，目的是把风险控制在尽可能小的范围内。

一般来说，个股放量且有一定升幅后，庄家就会清洗短线浮筹和获利盘，并让看好该股的交易者介入，以垫高市场平均持股成本，减少再次上涨时的阻力。由于庄家看好后市，股价下跌是有计划的回落整理，因此下跌时成交量无法连续放大，在重要的支撑点位还会缩量盘稳。随着盘面浮筹越来越少，表明筹码大部分已经被庄家锁定，这时候再次拉升股价的条件就具备了。

如果成交量再次放大，并推动股价上涨，就是短线介入的好时机。由于是在缩量回调时介入的，一旦股价再次放量上攻，短线参与收益颇高，而且风险比追涨要小很多。利用量比捕捉机会，是短线交易者常用的操作手法，尤其是在大盘盘整或震荡盘升的时候，这种方法特别有效。

第三节　技术形态

一、基本形态

在股价长时间运行的过程中，会在图表上形成各种各样的图形，利用这些图形研判后市股价运行方向，这就是形态技术分析。

根据图形的变化规律，技术形态可以分为两大类。

1. 反转形态

出现这种形态后，股价往往会改变原有的运行方向，由原来的上升趋势转为下跌趋势，或由原来的下跌趋势转为上升趋势。其中属于底部反转 K 线组合形态的，有头肩底、双重底、潜伏底、圆孤底、底部岛形等。属于顶部反转 K 线组合形态的，有头肩顶、双重顶、潜伏顶、圆孤顶、顶部岛形等。

2. 整理形态

出现整理形态后，股价大多会寻求向上或向下突破。其中又分为三种情况。

第一种经过整理，突破方向以向上的居多，如上升三角形、上升旗形、下降楔形等。

第二种经过整理，突破方向以向下的居多，如下降三角形、下降旗形、上升楔形、扩大三角形、菱形等。

第三种是在整理过程中，显示多空双方处于势均力敌的状态，很难确定股价突破方向，一切都要根据当时的盘面变化来决定，如对称三角形、长方形等。

交易者对典型 K 线组合形态的变化规律有了基本的认识和掌握后，判断大势和买卖操作就会得心应手了。

根据技术形态的外观结构，底部形态可以分为单谷底、双谷底和三谷底（多谷底）三种。

（1）单谷底包括圆形底、潜伏底、岛形底、V 形底等。

（2）双谷底包括双重底、N 形底、单肩底（只有一个右肩或左肩）等。

（3）三谷底（多谷底）包括头肩底、三重底、扇形底、盘形底、长方形等。

同样，顶部技术形态也可分为单峰顶、双峰顶和三峰顶（多峰顶）三种。

（1）单峰顶包括圆形顶、潜伏顶、岛形顶、倒 V 形顶等。

（2）双峰顶包括双重顶、倒 N 形顶、单肩顶（只有一个左肩或右肩）等。

（3）三峰顶包括三重顶、头肩顶、扇形顶、盘顶形、长方形等。

无论怎样划分，全部形态学的内容包括 4 种元素、2 大功能和 80 个种类。

从几何学上看，真正具有结构元素意义的形态只有三角形、矩形、弧形、缺口这 4 种，其他的形态都是由它们结合而成的，如头肩形为三个三角形，双重底为两个三角形，岛形为两个等位缺口。

技术形态的两大功能就是预示反转功能和持续功能。

技术形态共有 80 个种类，其中包括 38 个反转形态和 42 个持续形态。这 80 个种类包括本形和变形、复合形及各种小类别形态。其中所有整理形态又可归为收敛形、扩张形、平行形、V 字形、锅底形、铁钩形等 6 大类。但是在这 80 个种类中，常用的也就 10 多个，其他的用处不大或没有实质性的技术分析意义。

从以上分类可以看到，有些形态只有一种功能：提示反转或持续。前者如岛形，后者如旗形，其余的形态则既能充当反转形态，又能充当持续形态。当然，区分反转形态和持续形态，是根据技术形态发生的概率大小来确定的。事实反复证明，作为反转技术形态的头肩形、圆弧形等，常常在趋势中期作为调整形态。而作为持续形态的三角形、矩形等，也经常成为反转形态，这一点交易者必须注意。

二、实盘技巧

技术形态的重点在于突破。在股价上升过程中，冲过关卡（阻力线）称为突破。通常以收盘价有效突破关卡（阻力线），交易者才可以考虑买进。如果股价在盘中曾经突破关卡（阻力线），收盘却收低，并没有突破关卡（阻力线），不能视为有效突破，只能说市场出现了冲高的试盘动作。如果突破后股价仍然上扬，这不仅是有效突破，而且也是最稳妥的买入时机。

技术形态构筑结束后，必须有效突破才能形成买卖信号。技术形态的突破以突破颈线为标志。什么叫颈线呢？通过最后两个回落低点或反弹高点做一条平缓的趋势线，称为颈线。底部颈线或者上升过程中的颈线，基本上都是将每次反弹高点连线得出，顶部颈线是将每次回落的低点连线得出。

颈线是技术形态的生命线。由跌转升时，只有股价冲破颈线并站稳时，才是上涨行情的开始，否则仍属反弹，反弹之后还会再次探底。由升转跌时，颈线被跌穿，说明股价彻底走熊，否则属于正常的技术回调，不能盲目做空。

（1）底部颈线。主要起到心理预期和标示平均成本的作用。

①心理预期。股价连续下跌之后出现反弹，随后在某一价位处滞涨回落。当股价再次上涨至这一价位时，交易者就会自然而然地担心这一价位是否会再次产生阻力，于是产生卖出观望的心理。同时，短线交易者会产生高抛低吸的念头，在低点买进，在反弹高点卖出，以求利润最大化，每当股价涨至高点时就开始卖出。由于这些原因，使颈线处出现很大的卖压。

②平均成本。在整个底部形成过程中，很多交易者在这一价格区域买进股票，他们的平均成本都在颈线之下。一旦股价向上突破颈线，这些买进的交易者就会全部获利，获利卖出的欲望会使颈线处出现强大的卖压。

基于以上原因，所以颈线很难被突破。形态持续的时间越长，股价冲击颈线的次数越多，颈线越不易突破。除非有强大的购买力量介入，才会造成突破的局面。既然有大量的资金介入，后市就极有可能出现大幅上涨。

图 6–24 展示的是风范股份（601700）的一个非常标准的双重底形态走势图。从图中可以看出，股价经过一波打压后企稳回升。当股价回升到前期盘区附近时遇阻回落，再次下跌到前低附近，可以试探性介入，此时庄家已经完成吸货计划和筑底过程。2018 年 12 月 26 日，当股价随着成交量的放大向上突破双重底颈线压力位时，可以加仓介入。之后股价出现较大幅度的上升行情，连拉 8 个涨停板。

（2）顶部颈线。同样起到心理预期和标示平均成本的作用。

①心理预期。股价在连续上涨过程中突然回落，在某一价位处止跌后反转上涨。当股价再次回落到这一价位时，很多交易者预期这一价位还会出现支撑，因而减少卖出。另一些高位卖出的短线交易者预期股价会再次反弹，产生高抛低吸的念头，于是在此位置买进，形成惜售和买进的力量。跟底部颈线相同的是，这一价位被冲击的次数越多，在这一价位处买进的意愿就越强烈。

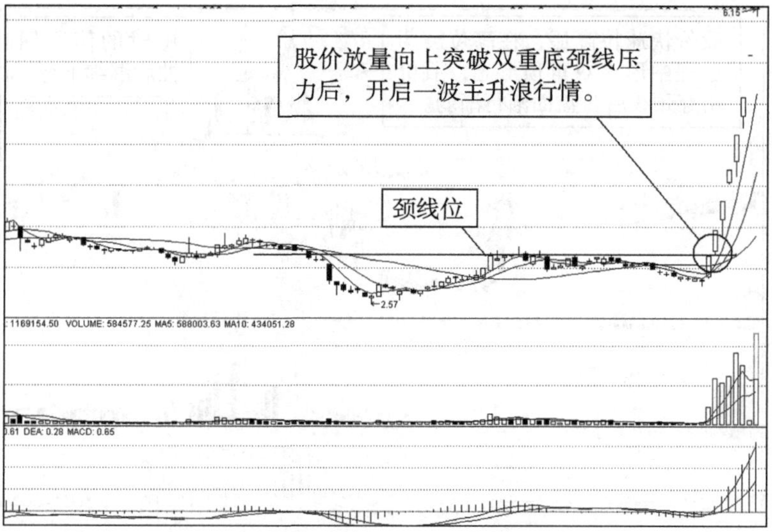

图 6-24

②平均成本。一个顶部的形成不是一朝一夕完成的。很多交易者在这一价位区域买进，当股价跌至形态低位时，这些交易者就毫无利润可言，因此产生强烈的惜售心理，造成卖压减少，因此不容易突破。另一方面，一旦股价跌破颈线，会造成大量交易者被套，股价再次回升到颈线处时，交易者会产生解套出局的念头卖出股票，形成强大卖压，从而造成股价再次下跌。

基于以上原因，颈线不易突破。一旦被有效突破，通常意味着行情已经发生反转。

图 6-25 展示的是海泰发展（600082）的股价走势。从该股走势中可以看出，2018 年 11 月 23 日，股价反弹到前期高点附近时，收出一根放量涨停的大阳线，但次日大幅低开后跌停。这种走势说明盘中遭到明显的抛压，股价无力向上突破前期高点，此时构成第一个卖点。股价回落时得不到前期低点的有效支撑，向下突破双重顶的颈线，此时形成第二个卖点。股价在突破位置出现短暂的停留，对突破做出弱势的回抽，之后股价继续下行，说明股价向下突破有效，此时为最后的卖点。随后股价出现较长时间的调整走势。

就庄股而言，因为庄家持筹较多，一次性出不完货，又不愿意在太低的价位卖出，所以需要分几次大规模出货。由于此时市场投机气氛还没有完全散去，股价下跌被散户看成一次调整，股价回落到一定程度后，庄家用少量资金就能拉高股价，同时引发不少散户跟风追涨。庄家在拉高过程中大量出货，造成股价冲高无力，再次下跌。等到庄家出尽手中的筹码，股价缺少足够的做多力量时，于是向下跌破颈线，从些股价进入中长期调整走势。

（3）如何确认股价突破的有效性。

第一，突破颈线的有效性，必须以当日收市价高于颈线 3% 以上为依据，幅度越大越好。在形态形成过程中，大多数交易者的平均持股成本都在颈线附近，加上交易费用，股价涨至颈线处没有什么利润可言。另外还有一些交易者经历了数次震荡，产生固执的念头——除非有新高价，否则决不卖出。只有新进场的做多力量有能力使股价一口气推高至颈线 3%

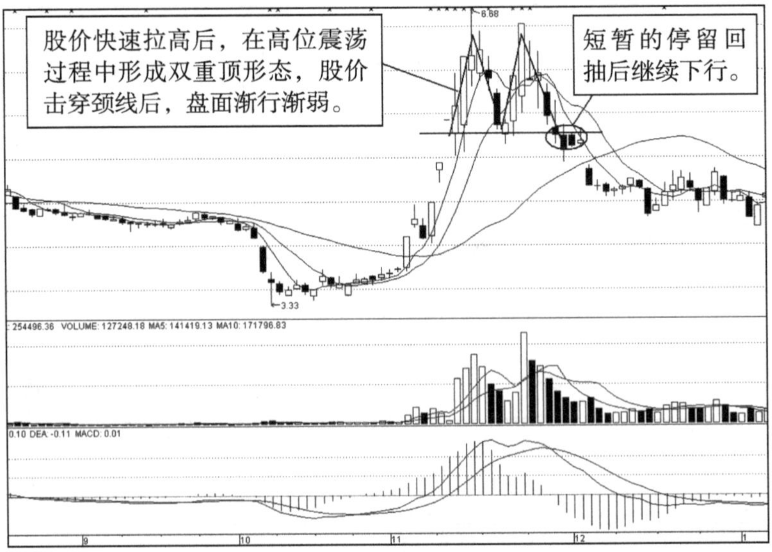

图 6-25

以上，同时解放那些被套后急于出局的筹码。股价大幅高于颈线位，表明突破行情是由大资金推动造成的，市场确实已经选择了突破的方向。

第二，有效突破要求股价站稳在颈线位置至少 3 天以上，否则为疑似突破信号。如果在 3 天以内股价返回到突破之前的位置，则明显属于假突破行为。

第三，向上突破时，当天的成交量必须放大。放大到怎样的程度才算有效放大呢？根据实盘经验，一般来讲，向上突破的日成交量，最少是在整个形态中日均换手率的 2 倍以上，在这一基础上，换手率越高越好。

第四，观察突破当日的分时图走势，当日分时走势必须强势上扬。在上午收盘之前，股价已经有了较大幅度的上涨，而不是在下午收盘前突然大幅拉高。对于一个有效突破来说，当日成交量往往是极为均匀的，在价跌量减、价涨量增的健康走势中完成突破。同时，均价线随着股价的上涨不断上行，成交量随着股价的回落迅速萎缩，只有这样的走势才可能是有效突破，否则很可能只是一次假突破。

对于确认股价向下突破的有效性，以突破当日收市价低于颈线 –3% 以上为依据即可，一般不需要有成交量的配合。因为只要在实质上造成交易者较大的亏损，就可以造成市场恐慌。每当股价靠近颈线时，就会出现卖压，不需要实质性换手。

三、注意事项

运用技术形态分析时，必须注意以下几个问题。

（1）各种不同形态形成的原因，都是交易者心理作用的结果。交易者情绪的变化与时间结合在一起，就形成了各种不同的形态。

（2）颈线位实际上是一条趋势线，突破颈线是形态最终完成的主要依据。不过，突破后如果价格又回到颈线内收盘，属于突破失败形态，应视为盘中的假突破。

（3）成交量与形态的配合是否一致，是形态成立与否的另一个重要判断依据。

（4）通常来说，形态规模（包括高度和时间）与形态的作用大小成正比。

（5）形态在波浪分析和长期趋势中的相对位置，制约着其功能的发挥和作用大小。

（6）成交量极不活跃的个股或品种，不符合形态学分析的要求。

（7）每一种形态都有一定的弹性和可变性。

（8）高度控盘的庄股和 ST 类个股，不适用技术形态分析。

（9）十分标准的形态极其少见，实盘中讲究“形似”即可。非常漂亮的形态往往没有很理想的行情，隐约可见的形态，突破后的走势反而更加强大。

（10）实盘中的形态功能强弱与大势环境好坏有关。大势向好，利于多头形态；大势向淡，利于空头形态。

第四节　趋势分析

一、总体印象

盘面反映一切。每一只股票都有一幅走势图，炒股就看一幅图，这幅图是庄家“思想”在盘面上的综合反映。通过图表走势、形态、方向等变化，可以窥视庄家坐庄意图，了解坐庄成本、操盘手法、控盘程度、涨跌幅度以及盘面真假等，从而判断庄家想干什么，将要干什么。也就是通过图表演变，研判庄家的内心意图，进而决定自己的买卖行为。

打开个股走势图后，如何从这幅图中看出股价趋势、发展潜力以及庄家意图，这就是看图的学问。走势图有时直观可见，有时含而不露，虚虚实实，千变万化。根据多年的看盘经验，看走势图可以分为以下四个步骤。

（1）压缩全图。观察个股的总体走势，确定股价处于上升趋势还是下降趋势。根据不同的趋势，采取不同的操作策略。

（2）判断个股所处的大致阶段。判断股价处于底部区域、顶部区域还是上升（下跌）途中的拉升（打压）或整理区域，根据不同区域选择买卖时机，确定仓位轻重，以及短线操作还是中长线操作。

（3）总体“印象”好的个股，确定为目标个股。之后进一步了解个股基本面情况，包括股本大小、财务指标、最新大事等。

（4）根据“总体印象”分析盘面强弱、量能大小、波动规律以及未来发展潜力和趋势变化，然后结合 K 线、形态等判断庄家意图，跟踪观察，寻找最佳买卖时机。

观察走势图的重要因素，主要包括总体印象、股价位置、庄家意图（包括庄家成本、庄家实力、控盘程度、庄家手法、炒作目标）、股本结构、投资价值、量价关系、时空关系、运行周期以及大盘点位、市场气氛等，这些要素对股价短期波动影响非常大。

二、运动趋势

“价格沿趋势运动”，是技术分析的三大假设之一。在没有外来因素影响时，股价是按一定的规律运行的。正因为这样，才有可能对市场趋势进行分析预测。趋势分析包括支撑与压力分析，趋势线与轨道线分析，以及黄金分割线、百分比线、扇形线、角度线和速度线分析等。

根据股价运行趋势不同，可以分为上升趋势、下跌趋势、平行趋势三种。

（1）上升趋势。股价上升波动过程中，将股价的至少两个明显低点连线，这条直线是向上倾斜的，就形成了上升趋势线。这条直线对股价短暂下跌具有一定的支撑作用，故又称为支撑线。股价每次回调到这条线附近时，一般会得到支撑而向上弹升，可以视为买入信号。如果股价最终跌破这条线，预示后市将扭转升势，此时趋势线失去原有的支撑作用。

确定上趋势线的口诀是：上升趋势途中，低点连低点，直线向上倾。

在上升趋势中，虽然股价也有短时间的下降现象，但不会改变上升的大方向，股价不断出现新的高点，使偶尔出现的下降调整黯然失色。下降调整结束后，会推动股价进一步上升。此时，短线交易者可以在上升趋势线附近（支撑线）入场，利润目标可以适当放大一些，盈利点可以设在趋势线的通道线附近（通道上轨线）。如果整体市场走势强劲，盈利目标还可以设得更高一点儿。

图 6-26 展示的是岷江水电（600131）的股价走势。该股经过较长时间的底部震荡整理后，构筑了扎实的底部基础，从 2018 年 6 月企稳进入上升通道。庄家采用边拉边洗的手法不断向上推升股价，盘面走势稳健，均线系统呈多头排列，股价沿着 45° 角震荡上升，期间不理会大盘涨跌，充分展示了实力庄家的坐庄风范。在上升趋势中，形成一条清晰的上升趋势线，股价每次回落到上升趋势线附近时，都得到有力的支撑而回升，短线交易者可以在趋势线附近选择介入。

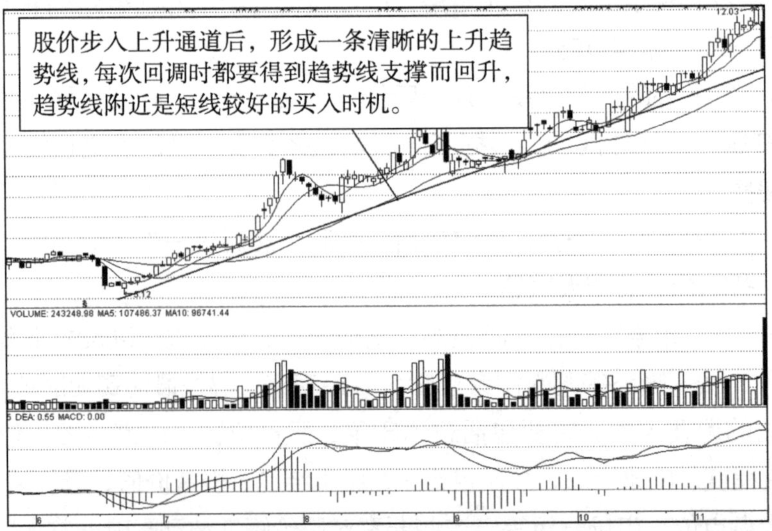

图 6-26

（2）下降趋势。在股价下降波动过程中，将股价的至少两个明显高点连线，这条直线是向下倾斜的，就形成了下降趋势线。这条线对股价短暂上涨具有一定的压力作用，故又称为压力线。股价每次上涨到这条线附近时，一般会遇到阻力向下回落，可以视为卖出信号。如果股价最终突破这条线，预示后市将扭转跌势，此时下降趋势线将失去原有的压力作用。

确定下趋势线的口诀是：下跌趋势途中，高点连高点，直线向下倾。

在下降趋势中，股价不断出现新的低点，使交易者产生悲观心情，人心涣散，短暂产生的回升反弹走势难以扭转下降的大趋势。在下降趋势中，短线交易者只能做超跌反弹，利润空间应当缩小一些。当股价反弹到下降趋势线（压力线）附近时应果断离场。

图 6–27 展示的是复旦复华（600624）的股价走势。该股见顶后逐波下跌，形成一条下降趋势线，不断压制股价向下走低。股价每次反弹到该趋势线附近时都遇阻回落，短线应当在趋势线附近选择离场。2018 年 11 月 5 日，当股价向上突破下降趋势线之后，出现一波快速拉升行情。

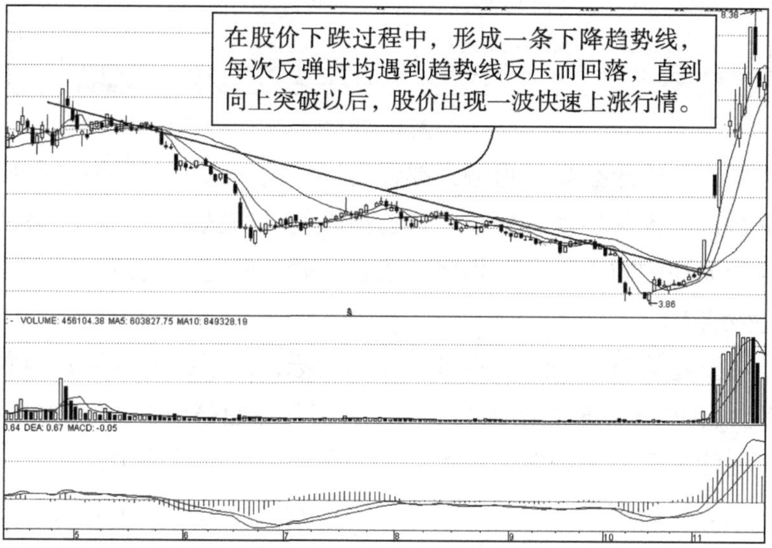

图 6–27

（3）水平趋势。如果图形中后面的高点和低点与前面的高点和低点相比，没有明显的高低之分，几乎呈水平延伸，这时的趋势就是水平趋势。水平趋势表明在一段时间内买卖双方处于相对均衡状态，供求暂时平衡，有时也把这种横向运动趋势称为“无趋势”。

当股价多次触及水平趋势线得到支撑展开反弹，将至少两个明显的低点连接，就称为水平支撑趋势线。相反，当股价多次触及水平趋势线受到阻力回落，将至少两个明显的高点连接，就称为水平压力趋势线。

在水平趋势中，市场不会朝一个方向单边运行，股价上升到前期高点附近时，一般会遇到阻力回落。当股价下跌到前期低点附近时，大多会遇到支撑出现回升，总体呈现矩形或箱体运行。确定市场为水平趋势时，短线交易者可以进行高抛低吸操作。

图 6–28 展示的是鲁信创投（600783）的股价走势。该股在长时间的底部震荡中，形

成一条横向运行的水平趋势线，阻挡了股价的上涨，每次反弹时都遇阻回落，成交量大幅萎缩。2018 年 11 月 5 日，股价放量向上突破了这条趋势线压制后，出现一波主升浪行情。短线交易者可以在股价放量突破水平趋势线时，积极跟进做多。

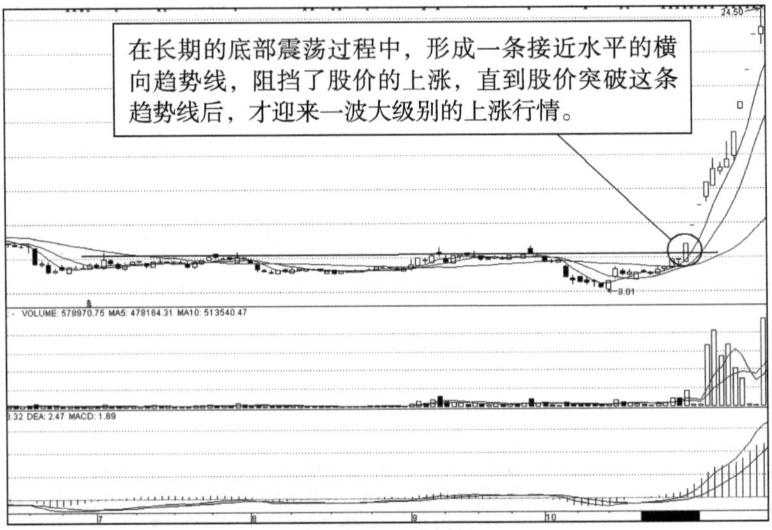

图 6–28

需要指出的是，无论什么样的趋势，都会有终结的一天。老趋势总会被新趋势代替，趋势不断循环交替，市场逐步发展繁荣。老趋势以何种方式结束，新趋势以什么样的形态出现，是技术人士关注的重点。上升趋势开始意味着下降趋势结束，反之，下降趋势开始也意味着上升趋势结束。

一般来说，主要趋势是中长线投资者考虑的目标，对于趋势中的短期变动不必理会。大多数交易者都会顺应趋势，追随市场的上升趋势和下降趋势，常常放弃对横向趋势的关注。

短线交易者为什么要关注长期趋势呢？因为在一个长期趋势中，股价通常会出现波段走势，即在一个大的趋势中包含若干小的、方向各异的趋势，其中有上升的，有下降的，也有水平方向的，它们都是对大趋势的调整或加速。不同性质的趋势，短线交易者的操作方法和要求是不一样的。明白当前市场处于什么趋势状态后，就可以确定自己的短线操作方法。

三、浪形结构

股市升跌具有韵律，呈波浪运行。一个完整的基本循环由上升 5 浪（推动浪）和下跌 3 浪（调整浪）共八个波浪组成。

在多头市场中，第 1 波为初始期，非常像反弹浪；第 2 波为第 1 波升幅的调整，是研判后市强弱的关键；第 3 波为最具爆发力的一波，大多是主升浪；第 4 波为第 3 波的调整浪，多空双方争斗激烈；第 5 波为最后的上升浪，一般来说后劲不足，力度有限。

在空头市场中，A 浪为多翻空的大转变，市场出现下跌；B 浪为反弹浪，是最后的出逃机会；C 浪是中期调整浪，破坏性的下跌导致市场极度疲惫。

短线交易者应当明确当前市场处于什么浪形之中，了解每一波浪的市场特征和性质，这是确保短线盈利的大前提。如果在浪尖上盲目买入，就容易高位套牢。同样，在谷底草率抛出筹码，就会错失获利良机。

在分析浪形时，必须牢牢掌握以下铁律。

（1）在 1、3、5 三个浪中，第 3 浪绝对不是最短的浪，往往是最长的浪，且成交量大增。

（2）第 2 浪的低点不能低于第 1 浪的起点。

（3）第 4 浪的底不能与第 1 浪的顶重叠。但出现在倾斜三角形中的第 5 浪中的次一级（4）浪可以低于（1）浪浪顶，这是波浪理论的唯一特例。

（4）调整浪中的 C 浪必定可以细分为 5 个次一级的浪，即 C 浪必须以 5 个子浪运行，且 C 浪运行有相当的破坏性。

（5）第 4 浪大都以盘整形态出现，呈现出三角形或矩形整理等形态。

（6）不管上升趋势还是下跌趋势，第 5 浪的幅度通常比第 3 浪小，且其涨跌速度是最快的。但当第 5 浪为延伸浪时，其涨跌幅度则是最长的。

第五节　技术指标

指标分析是股市技术分析中的重要组成部分，与 K 线、切线、波浪、形态以及周期等技术分析一起，构成一个完整的股市技术分析体系。

如何学习并掌握众多技术指标，一直是投资者的一大难题。其实，掌握所有（或绝大部分）技术指标不但没有可能，也没有必要。经过多年的实盘检验，大约有近百种技术指标可供参考，但其中最常用的也就一二十种。尽管技术指标数量繁多，各有用处，但它们很多都具有相通性，大致有以下几种共通的研判法则。

一、位置法则

大家知道，技术指标是根据具体的数据和趋向来分析判断市场未来变化趋势的。位置法则可划分为以下三类（几乎所有技术指标都可以应用位置法则对行情走势进行研判）。

（1）部分技术指标有其自身的波动范围，即在某一固定的数值范围内运行。比如 KDJ、RSI、W%R 等，都有一个共同的波动区间：0~100。在这个空间范围内，虽然每个技术指标具体的划分方法不同，但都有强势区、弱势区之分。

一般的应用法则是，当技术指标进入强势区或超买区时，表明市场经过一段升幅之后有回档的压力；当指标进入弱势区或超卖区时，表明市场经过一段跌势之后有反弹的要求。这里应用的是反向思维定式，当然这仅仅是从简单的层次理解指标。

（2）部分技术指标如 MA、SAR、BOLL 等，是将指标值同当日的市场收盘价格做对比。虽然在具体应用上，每个指标都有自己的一套规则，但通常来说，当收盘价格高于指标值时，则表明市场仍处于强势市场；当收盘价格低于指标值时，则表明市场处于弱势之中。这里应用的是正向思维定式。

（3）有的技术指标如OBV、VOL等，本身无波动区间的说法，也就无所谓强势、弱势区域之别。作为反映成交量信息的技术指标，也不能和股价作比较。但是，可以把当前的指标值同历史上形成的显著高低点作对比，从而得出相应的判断。

二、交叉法则

如果仅仅以位置高低法则来判断市场的话，那么当技术指标处在高位区域或者是低位区域很长时间，这种情况下应该如何研判？虽然在位置法则第二种分类方法中，是以指标值与当前市场价位作对比，不存在这一问题，但诸如KDJ、RSI这些技术指标，它们经常在低位区或者高位区出现钝化现象，届时该如何研判？

在指标设计过程中，大部分技术指标都考虑到这一问题可能带来的尴尬，因而引入了快慢两条曲线，并以曲线交叉信号作为后市行情的研判依据。如KDJ指标中有快线和慢线两条曲线，RSI指标中也有参数值不同的两条快慢曲线，MACD指标中设置了DIF与MACD两条快慢曲线。

有了快慢两条曲线，很自然地，交叉法则就成了这类技术指标应用中极为重要的一条规则。比如在低位区，快线向上交叉慢线时，对后市的发展是有利的，市场称之为“金叉”。在高位区，快线向下交叉慢线时，往往意味着后市将发生相反方向的运动，因此市场形象地称之为“死叉”。

即使是位置法则第二种分类中的MA、SAR、BOLL等指标，同样也适用交叉法则。在葛氏移动平均线法则中，股价穿越平均线时，往往就是做出买卖决定的信号。由此可见，把交叉法则列为技术指标通用法则合情合理。

三、背离法则

在运用技术指标时，经常会遇到股价走势与技术指标走势背离的现象。背离，简单地说就是走势不一致。一旦出现背离走势，就是一个比较明显的买卖信号。

技术指标背离有两种：一是顶背离，二是底背离。

顶背离通常出现在股价的高档位置。当股价高点比前一次高点高，而指标的高点却比前一次高点低，换言之，就是当指标处于高位，并形成一峰比一峰低的形态，此时对应的股价却是一峰比一峰高，则表示该指标怀疑股价的上涨是外强中干，暗示股价很快就会反转下跌，这就是所谓的顶背离。顶背离是比较强烈的卖出信号。

底背离一般出现在股价的低档位置。当股价低点比前一次低点低，而指标的低点比前一次低点高，也就是说，当指标认为股价不会再持续下跌，暗示股价将会反转上涨，这就是底背离。底背离是比较强烈的买入信号。

常用的技术指标如 KDJ、RSI、MACD、W%R 等，可以运用背离法则指导操作。需要提醒的是，技术指标背离出现在强势市场中一般比较可靠。也就是说，当股价处在高位时，通常只需要出现一次背离形态，即可确认趋势将出现反转；股价处在低位区域时，一般要反复出现几次背离，才可以确认趋势反转。当出现背离信号时，原则上要以技术指标指示的方向作为买卖依据，而不是股价运行的方向。

四、方向法则

在技术指标图形中，指标的运行方向向上为买入信号，指标运行方向向下为卖出信号。方向信号出现在平衡位置不太可靠，只有出现在超买或超卖区时才较为可靠。

在目前的技术指标体系中，几乎每一个技术指标都具有指示方向的作用。无论是超买超卖型指标，还是支撑压力型指标，或者是以数值大小测市判势的技术指标，在某一时段里，或多或少地都带有方向性。如 VOL 数值逐日增加，则表明市场逐渐趋向活跃。DMI 指标中的 +DI 线方向持续下行，说明股价处于下跌状态。

方向法则的买卖信号出现在高位或低位反转的时候，或者指标值从原来的持续增加或减少，转变为持续减少或增加的时候。方向具有短期方向、中期方向和长期方向之分，交易者可以根据自己的习惯和经验选择操作。方向法则在趋势行情中比较明显。在盘整行情中，技术指标方向指示不明，一般放弃使用方向法则，改用突破法则、形态法则、位置法则等。

五、突破法则

在技术指标分析中，突破是常见的现象，也是较为有效的市场操作信号。当技术指标向上或向下突破某一重要的阻力或支撑区，或者突破某一个重要的平衡位置时，是重要的买卖信号。

突破的位置可以划分为三类。

（1）突破的位置是固定的。比如 KDJ、RSI、MACD、W%R 等技术指标，以 0 轴（0 线或 50 指标线）作为强弱分界线，CCI 指标以天线地线作为强弱标志线。一旦指标突破这些位置，则意味着市场出现转势，即由多头市场转换为空头市场，或者由空头市场转换为多头市场。比如，MACD 指标中的 DIF 线或 MACD 线向上突破 0 线时，表明市场转为强势，以做多为主；当 DIF 线或 MACD 线向下突破 0 线时，表明市场转为弱势，应以做空为主。

（2）在市场长期波动过程中，会自然形成一个压力位或阻力位。比如 RSI、KDJ 等技术指标，随着股价的涨跌，会自然形成趋势线、形态、支撑带或阻力带。当股价向上或向下突破这些位置时，就会发出强烈的买卖信号。

（3）在市场运行过程中，其突破的位置随着股价的变化而变化。比如 MA、SAR、BOLL 等技术指标，其支撑位或阻力位随着股价的变化而自行调整位置。无论支撑或阻力大小，一旦被突破，都会产生大小不一的相应行情，这就是人们津津乐道和试图寻找阻力位和支撑位的真正原因。

六、形态法则

形态分析中的顶部图形、底部图形和中途整理图形的研判法则，完全可以用于指标分析，该信号也是出现在超买或超卖区较为可靠。

当技术指标在高位出现双重顶、三重顶或头肩顶等反转形态时，意味着股价的上升动能已经开始衰竭，有可能出现向下反转，转为下跌行情，交易者应及时卖出股票。

当技术指标在低位出现双重底、三重底或头肩底等反转形态时，意味着股价的下跌动能已经衰竭，股价有可能出现向上反转的上涨行情，交易者应及时买入股票。

形态也可以出现在上涨或下跌的中途。如 RSI 指标在中途出现三角形、楔形等整理形态时，一旦形态形成并确认有效，一般会产生一波力度较大的涨跌行情。比如 KDJ、RSI、MACD 等技术指标在高位形成有效的“M”头时，通常会出现一波较大的下跌行情。

在判断行情走势时，多数技术指标都可以使用上述信号。同向信号出现得越多就越可靠，越少则可靠性越差。当然，并不是所有技术指标都能用到上述几个信号，有些技术指标只是用到其中部分。另外，并不是所有技术指标都适合某一个交易者，也不是所有交易者都适合某一个技术指标，大家必须有选择地使用适合自己的技术指标，并了解这些技术指标的优缺点，当然这需要不断地实践和摸索。

第六节　均线系统

一、均线的特性

在技术分析领域里，移动平均线是绝对不可缺少的指标分析工具。它的主要作用表现在：移动平均线借助一定时期股票收盘价的移动走势，能够反映真实的股价变动趋势。运用移动平均线与每天股价波动之间的相对位置、变动幅度、变化方向并与之对照，同时配合多种移动平均线的排列关系，可以用来预测股价的未来发展趋势，从而决定买卖时机。

均线可分为短期均线（5 日、10 日、20 日均线）、中期均线（30 日、60 日均线）、长期均线（120 日、250 日均线）三种。短期、中期、长期是相对的，交易者可以自己确定。均线可以作单条均线分析，也可以作组合均线分析。

利用均线分析股价动向，主要是因为均线具有以下几大特性，这些特性涵盖了均线指标的优点和缺点。

（1）趋势性。均线能够表示股价或指数的运行趋势，并追随这个趋势。如果从股价图表中能够找出上升或下降趋势线，那么均线将与趋势线方向保持一致，并能消除股价在这个过程中出现的起伏。

（2）稳定性。均线不像日 K 线那样大起大落，其起落相当平稳。向上的均线经常是缓缓向上的，向下的均线也是这样。要改变均线的运行趋势相当不容易。均线周期愈短，稳定性愈差。均线周期愈长，稳定性愈强，但也因此使得均线有延迟反应的特性。

（3）真实性。均线指标用以反映一定时期内股票收盘价的移动平均值，一般难以造假。

（4）安全性。一般地，均线不会轻易地向上或向下运动。通常股价回落或上涨初期，均线反而是向上或向下运行的，待市势明朗后，均线才会真正地改变运行方向。均线选用的参数越大，其安全性越高。如 30 日均线的安全性大于 10 日均线。

（5）滞后性。在股价原有趋势发生反转时，由于均线具有追踪趋势的特性，均线的行动往往过于迟缓，改变运行方向通常落后于股价运行的方向，掉头速度落后于大趋势。当均线发出反转信号时，股价掉头的深度已经很大了，这也是均线的一个极大弱点。

（6）助涨性。股价从均线下方向上突破，均线也开始向右上方移动，此时均线可以看作是多头支撑线，股价回跌至均线附近，自然会产生支撑力量。短期均线向上移动的速度较快，中长期均线向上移动的速度较慢，但都表示一定期间内平均成本增加。卖方力量若稍强于买方，股价回跌至均线附近时，便是买进时机，这是利用均线的助涨功能。直到股价上升缓慢或回跌，均线开始减速移动时，便是卖出时机。股价再回至均线附近时，均线如失去助涨效能，将有重返均线下方的趋势，此时最好不要买进。

（7）助跌性。反过来说，股价从均线上方向下突破，均线也开始向右下方移动时，这时均线将成为空头阻力线。股价回升至均线附近时，自然会产生阻力，因此均线往下走时，股价回升至均线附近便是卖出时机，此时均线有助跌作用。直到股价下跌缓慢或回升，均线开始减速移动，股价若再与均线接近，均线便失去助跌意义，股价将有重返均线上方的趋向，此时不需要急于卖出。

（8）支撑性。受上述这些特征的影响，均线对股价走势具有支撑作用，当股价向上突破均线时，均线将由压力转化为支撑作用。其支撑的力度大小，取决于均线选用的周期长短，通常周期越长，对股价的支撑作用就越大；周期越短，对股价的支撑作用就越弱。

（9）阻力性。阻力与支撑相对应，有支撑就有阻力，均线对股价走势同样产生阻力作用。当股价向下突破均线时，均线将由支撑转化为阻力作用。其阻力的大小取决于均线选用的周期长短，通常周期越长，对股价的阻力越大；周期越短，对股价的阻力越弱。

二、均线分析技巧

均线系统本身反映股价目前的运行趋势，可以说，均线就是股价目前运行的趋势线。当均线向上运行时，反映股价总体趋势是向上的。当均线向下倾斜时，说明股价正处在一个下跌的趋势当中。

在实盘分析时，要重点把握以下几个常用的均线概念。

（1）排列。排列分多头排列、空头排列和整理形排列。当均线从上到下按周期长短顺序从短期到长期方式排列，且所有均线都是向上运行时，表明市场行情处于强烈的多头趋势之中，这就是均线的多头排列。多头排列意味着多方控制市场局面，这种趋势还会保持一段时间，以做多为主。

反之，均线从下到上按周期长短顺序从短期到长期方式排列，且所有均线都以一定的角度向下运行时，表明市场处于空头趋势之中，这是均线的空头排列。空头排列意味着空方控制市场局面，市道趋淡，以做空为主。

整理形排列是指短期、中期、长期均线都呈水平运动状态，且相互纠缠在一起，相距非常近。这种排列方式说明股价运动暂时失去方向，正在等待市场决定突破方向。

（2）方向。方向分顺向运行状态和逆向运行状态。短期均线、中期均线、长期均线沿同一方向向上或向下运行，为顺向运行状态。逆向运行状态的市场特征是：短期均线向下，中期、长期均线向上，说明一波短期上涨行情终结，但市场走势多为上涨趋势中的回档。如果短期均线向上，中期、长期均线向下，表明下跌趋势末了，目前的上涨走势多为反弹性质，短线应快进快出，见好就收，不可中长期持股。

（3）交叉。交叉分黄金交叉和死亡交叉。短期均线由下向上有效穿过向上运行的中长期均线为黄金交叉，简称金叉。短期均线由上向下击穿向下运行的中长期均线为死亡交叉，简称死叉。

短线操作一般要参照 5 日、10 日、30 日三条均线。5 日均线上穿 10 日、30 日均线，10 日均线上穿 30 日均线，称作金叉，是买进时机；反之则称作死叉，是卖出时机。三条均线都向上排列称为多头排列，是市场强势的表现。股价缩量回抽 5 日、10 日、30 日均线是买入时机（注意，一定是缩量回抽）。究竟应在回抽哪一条均线时买入，应视个股和大盘走势而定。三条均线都向下排列称为空头排列，空头排列是市场弱势的表现，不宜介入。

股价暴涨暴跌，短线高手不仅要学会获利了结，还要学会止损。有勇气参与短线操作，就要有勇气认输。当判断失误，买入下跌的股票后，应果断卖出，防止深套。善于总结判断失误的原因，也算是对交易亏损的一种补偿。止损位应视个人情况而定，可以定为 –5%，也可定为 –10%。股价跌破止损位，一定要果断卖出，不要心存幻想。即便股价还有上涨的可能性，也应回避风险出局，严格按照止损位操作。

（4）黏合。黏合是指均线交叉缠绕的运行形态。短期均线、中期均线和长期均线相互交错缠绕，不断变换上下位置，说明行情正在盘整期间，方向不明，待方向明朗后再做出买卖决定。

（5）角度。均线角度平坦和陡峭，反映了趋势的强弱程度。分析均线系统，要看它运行的角度，从而判断目前股价运动的大趋势及这个趋势的力度大小。角度越陡峭，反映股价运动趋势越强烈，显示多空力度越强大，一般短期难以发生逆转。反之，角度越平坦，多空力度越弱，趋势越容易出现逆转。当然，均线的运行角度是在不断变化的，这就反映出股价运动趋势蕴含着变化的契机。

（6）形态。形态分银三角、金三角和死亡角。短期均线由下往上穿过中期均线和长期均线，中期均线也由下往上穿过长期均线，长期均线开始上行，从而形成一个尖头朝上的不规则三角形。出现这个不规则的三角形，表明多方已积累了相当大的上攻能量，是一个比较典型的买进信号，所以人们形象地把它称为银三角、金三角或叫银山谷、金山谷。短期均线由上向下穿过中期、长期均线，随后中期均线下穿长期均线，长期均线开始下行，会在顶部形成一个尖头向下的不规则三角形，这个三角形就叫死亡角或死亡谷。

（7）位置。位置即目前股价处于均线系统的什么位置。一般来讲，股价在均线系统之上是强势信号，在均线系统之下是弱势信号。如果股价与均线系统非常接近，且股价的波动幅度很小，那么将面临突破，突破的方向决定后市市场运行的方向。

（8）乖离。股价与均线偏离的程度，也是很有用的一个分析指标。由于均线实质上反映的是一段时间以来的平均持股成本，因此股价与均线的偏离程度可以反映出市场上获利或套牢的筹码情况。这个指标称为乖离率，其主要功能是通过测算价格在波动过程中与均线的偏移程度，从而得出股价在剧烈波动时因偏离平均成本太远而可能出现的回档或反弹，以及价格在正常波动范围内移动而继续原趋势的可信程度。

一般来讲，当股价偏离短期均线 10% 以上，即 10 日乖离率超过 10% 时，股价有向短期均线靠拢的要求，以消化短期获利压力或空头回补的压力。中期乖离率超过 30% 以后，中级趋势必须休整一段时间，才有进一步发展的动力。

总体来说，均线的实质就是趋势线。股价在一段时间内会沿着一定的轨道运行，事实上股价经常贴着轨道运行。在趋势没有改变之前，不必卖出手中的股票。均线越陡峭的个股，其走势也越强。凡是短期均线向上角度陡峭的股票，反映走势超强，应列入优先考虑之中。这类股票的均线系统都呈多头排列，且每次回档都在均线之上获得支撑。回档也常常用横盘的方式来完成，股价横盘整理以等待均线上扬，一旦均线上升到接近股价位置时，便发挥均线的助涨作用，推动股价继续上扬，这类股票必须牢牢抓住。

分析上升趋势线的仰角是非常重要的一个内容。一旦买入自己认为强势的个股，就要盯住其上升趋势，看它是否继续保持强势。只要一条业已形成的上升通道保持完好，没有遭到破坏，就表示持股是安全的，新的买入者正在持续进入市场。但是，交易者必须特别注意，当股价日 K 线触及均线时，股价做出的反应到底是获得支持还是跌破，这对于实战买卖非常重要，尤其是突破时伴随着增加的成交量。

对于均线的改变，交易者必须特别警觉，因为这表明多空双方力量出现了改变，绝对不要忽视这种改变。当均线发生改变，甚至已经出现反转形态时，就应该换股了。交易者一定要选择强势股介入，同时避免选择乖离率太大的个股，因为这些股票的上涨势头虽然很猛，但升势过猛会有回调整理的要求，不如等股价回调至均线附近时再介入。

第七章　依据量能炒短线

第一节　量价经验法则

（1）在涨跌停板制度下，股票出现第一个无量跌停后，后市仍将继续跌停，直到有大的成交量放出才会出现反弹或反转。同理，股票出现第一个无量涨停，后市仍将继续涨停，直到有大的成交量放出才会出现回档或反转。

（2）放量总是有原因的。在高价区，有些庄家往往对敲放量，比如在一些价位上堆放大卖单，然后将其吃掉，以显示庄家实力，吸引市场跟风，或在某些关键点位打出大手笔买盘，以显示护盘决心，凡此种种现象皆为假象，投资者要注意辨别。若在低位出现对敲放量，说明庄家准备发动拉高行情，可以择机跟进。

（3）在股价长期下跌后，成交量会形成谷底。此后股价出现反弹，若成交量没有随价格的上涨而递增，说明股价上涨乏力，股价将会再度跌至前期谷底附近。出现第二个谷底时，若成交量明显低于第一谷底，说明下跌动力不足，新的一波上涨行情又要到来，可以考虑买进。

（4）在股价下跌时，无论有量无量，只要形态（均线、趋势线、颈线、箱体）破位，均要及时止盈或停损出局。

（5）高价区收出一根大阴线，若其后的两根大阳线也无法收回失地，表示天价成立，应及时清仓。高价区无论有无利多利空，出现大阴大阳线时，只要放出巨量，就要警惕形成头部。

（6）成交量创历史新高，次日股价至收盘却无法创新高，说明股价将要回档。同样，如果成交量创历史新低而股价不再下跌，说明股价将要止跌回升。

（7）在空头市场中，出现一波量价均能突破前一波高点的反弹，往往表示空头市场结束。在多头市场中，股价创新高后，若成交量不再创新高，常常表示多头市场结束，空头市场即将开始。

（8）量价筑底时间越久，未来反弹上升的力度越大，高度越高，这就是所谓的“横有多长，竖有多高”。

（9）量价分析对小盘袖珍股、控盘庄股不适用，但对于中长线走势来说，所有股票都是无法背离量价分析系统的。

（10）观察成交量的变化，一定要跟 K 线、趋势和形态分析相结合。

（11）成交量是股市的温度计，许多股票狂涨并非是基本面出现了实质性的变化，而是短期筹码市场供求关系发生变化造成的。

（12）上升趋势中出现相对地量，股价回落至重要均线（5日、10日、30日均线）附近时，往往是极佳的短线买点。

（13）成交量大小决定个股除权前是否会抢权，除权后是否会填贴权。除权后若成交量放大拉阳线，则说明有填权行情，无量或减量往往会出现贴权走势。

（14）在底部时，黑马股的成交量变化一般有两种特征。一种是成交量在低位区域某天突然放大，之后保持一定的幅度，几乎每天都维持在这个水平，日线图上股价小幅上涨，下跌时常常出现十字星或小阴小阳线。另一种是成交量从某天起逐步放大并维持这种放大趋势，股价常常表现为小幅持续上涨，这种情况说明庄家已没有耐心慢慢进货，不得不将股价一路推高，边拉边吸。

（15）在股价底部盘整的末端，股价波动幅度逐渐缩小，成交量萎缩到极点后出现量增，股价以中阳线突破盘局并站在10日均线之上，表明行情出现转折。成交量持续放大，股价收阳线，以离开底价3天为有效原则。突破之后黏合的均线转为多头排列，此为最佳的中短线买入点，也是量价、均线完美配合的走势。

第二节 判断买入时机

一、成交量稳步放大时买入

在下跌过程中，有的个股成交量一直保持相对稳定，没有出现明显的萎缩现象，股价呈现一路阴跌走势且无止跌的迹象，也无明显的底部形态可言，突然某几天成交量稳步放大，股价也由跌转升。也有的个股经过较长时间和较大幅度的下跌之后，在一个区域内上下窄幅波动且波动时间较长，成交量无明显的增减变化，始终维持相对稳定的水平。待成交量稳步放大时，股价发力向上突破，于是一波上升行情就开始了。这两种情况以股价向上突破重要的下降趋势线或30日均线为下跌趋势结束的标志，可以在成交量稳步放大两三天后，在股价回调时逢低买入，后市一般会有可观升幅。

采用该方法交易时应注意以下几点。

（1）股价上升趋势确立。

（2）股价向上突破重要阻力位时成交量明显放大。

（3）只有在成交量逐步放大或维持较高水平时，上升趋势才可能持久，否则只是下跌途中的一次反弹而已。

图7-1展示的是方大炭素（600516）的股价走势。该股前期进行了长时间的筑底，这一过程中庄家吸纳了大量的低价筹码。之后底部慢慢向上抬高，30日均线缓缓上移，庄家做多的意图渐渐浮出水面。

2017 年 4 月之后，成交量开始稳步放大，均线出现多头发散，预示股价将向上走高。此时短线可以将该股作为自选股跟踪，等待股价回调时逢低买入。

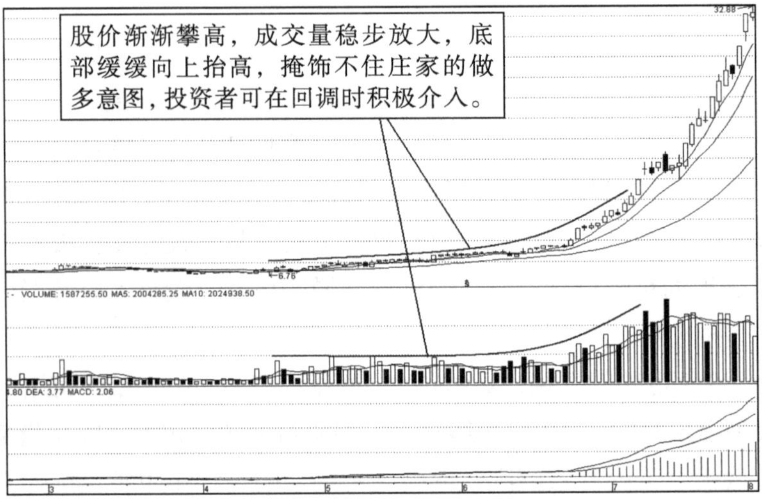

图 7-1

二、低位突然放量时买入

经过长期下跌后，空头能量得到彻底的宣泄，股价止跌企稳，这表明多空双方暂时获得平衡。但多空交替，多头最终将打破这种平衡，低位放量正是多头力量异动的表现。短线高手应在低位突然放量、股价明显上涨时跟进。

采用此方法交易时应注意以下几点。

（1）突然放量时，股价必须处于相对低位（可从个股历史走势来确认），买入信号才可靠。

（2）突然放量前，股价应在一个时间段内获得支撑，有跌不下去的感觉，股价走势呈平台整理形态，此区域成交量呈均匀缩量状态，此时突然放量涨升才有效。

（3）注意低位放量区域与前一轮行情高点的距离。与前期高点距离越远，空头力量消耗得越充分，多头力量确认的可靠性越强。

图 7-2 展示的是建新股份（300107）的股价走势。该股经过大幅下跌后，长时间在低位盘整，股价已经跌无可跌，成交量大幅萎缩，做空动能衰竭。2018 年 1 月 3 日，该股突然放量上涨，收出一根涨停大阳线，这是短线极佳的买入机会。必须注意，由于是突然放量，需要有一个回调整理的过程，因此只能短线波段操作，而非中长线买点。

三、低位放巨量时买入

股价经过大幅下跌后，在低位进行了较长时间的横盘整理。如果之后股价上涨，低位连续放出大成交量，可以短线跟进。

成交量变化会影响到股价的变化，同时成交量也是对股价涨跌的肯定。一个价格如果能被支撑住，必须有成交量的配合，因此，巨量成交必然会伴随股价大幅上涨。

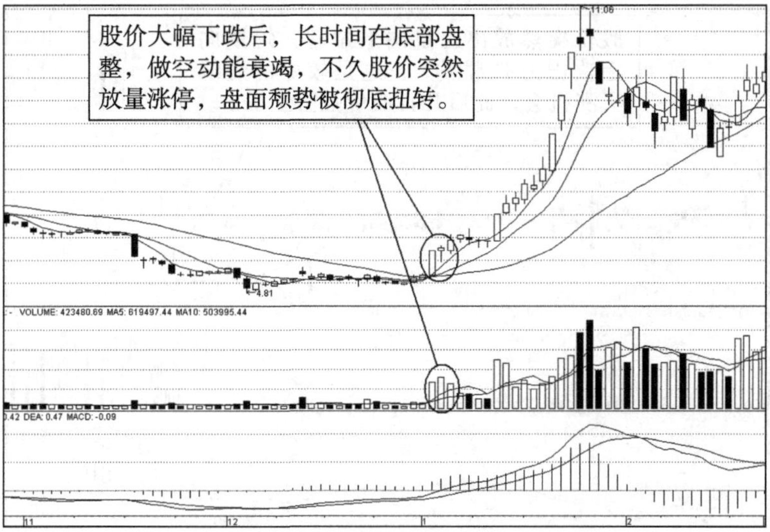

图 7-2

如果个股在低位放出巨量，日 K 线已向上突破长期下跌趋势线或均线，可等待回调到趋势线或均线附近时介入；如果股价拒绝回调，是涨势强劲的表现，可以加价买入。

特别是股价在低位启动并出现连续两三个涨停之后，成交量急剧放大，达到历史天量，换手率达到 20% 以上，更是买入的良机。这是典型的庄家拉高进货形态，后市可看高一线。

采用此方法交易时应注意以下几点。

（1）放出巨量时，股价应处于相对低位。如果大盘已有较大涨幅，个股也有超过一倍的升幅，之后出现放巨量的现象，应引起高度重视，这有可能是庄家拉高出货。

（2）股价在低位整理时间越长，出现巨量后，股价上涨的概率越大，升幅越高。

（3）如发现巨量后成交量不能继续放大，应引起高度重视。最保险的做法是先清仓出局，观望后续走势再作定夺。

图 7-3 展示的是富煌钢构（002743）的股价走势。该股在低位经过长时间的横盘缩量整理后，做空能量得到较好的释放，之后庄家在此位置发动一波自救行情。2017 年 8 月 10 日，股价突然放量涨停，股价脱离底部小的盘区，当天换手率达到 9.70%，短期向上攻击力非常强大。这是一个强烈的短期看涨信号，投资者可在当天股价拉高过程中跟进做多。

四、缩量回调整理时买入

股价经过一轮涨升后，获利盘在高位涌出，使股价上升受阻。在这种情况下，市场需要经过一段蓄势调整后才能继续上升。此时成交量逐步萎缩到一个较低的位置，股价也小幅下跌至一个相对低点，这时是一个逢低买入的时机。当成交量重新开始放大时，表明股价将展开新的一轮升势行情，此时可以追涨买入。

特别是股价快速上涨后出现缩量回调整理，更应大胆买入。这种走势一般是庄家震仓洗盘的表现，用不了多久，庄家就会再度拉升股价。通常来说，在股价第一次快速上涨后

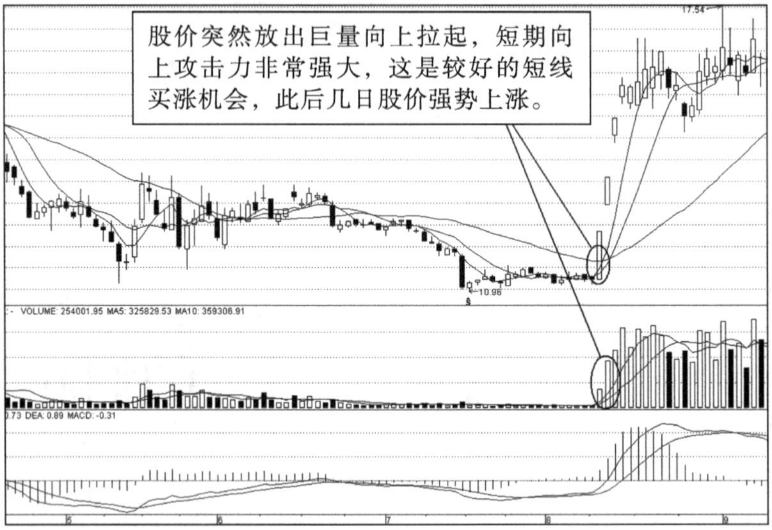

图 7–3

的调整中，成交量明显萎缩时，短线买入非常可靠。再次拉升后调整缩量时是不是买入时机，要视庄家的行为和股价形态而定。

采用此方法交易时应注意以下几点。

（1）正确区分上攻行情初期出现的缩量整理与第一上升浪末期出现的缩量整理。

（2）注意缩量整理的方式。缩量整理有两种：其一为回调缩量整理，其二为小平台强势缩量整理。

（3）上升趋势中，股价上涨必须有成交量的配合，回调时成交量明显缩小，这样后市才会继续上涨。如果只见放量不见上涨，或上涨无量，下跌有量，或看似调整，但成交量无明显萎缩，就有庄家出货的嫌疑，或多空双方的较量在向空方倾斜。

（4）对第二上升浪应谨慎操作，谨防庄家出货。

图 7–4 展示的是科大国创（300520）的股价走势。庄家在该股大幅下跌过程中吸纳了大量的低价筹码，筑底阶段成交量出现萎缩，总体上呈现出放量上涨、缩量回调的态势，说明庄家蠢蠢欲动。

2017 年 8 月 28 日，该股收出一根光头光脚的涨停大阳线，成交量出现大幅放大。这种现象表明庄家筑底结束，已经明显发出向上攻击的信号，构成短线较好的买入点。此后股价奔腾而上，短期涨幅较大。

五、巨量打开跌停时买入

巨量打开跌停板时，是中短线买入时机。在涨跌停板制度下，股价跌停时，买方寄望下一交易日以更低的价格买入，使股价在缺少买盘的情况下无量空跌，跌势不止。如果跌停板中途曾被巨额成交打开，说明有买盘主动介入，股价反弹或反转在即。

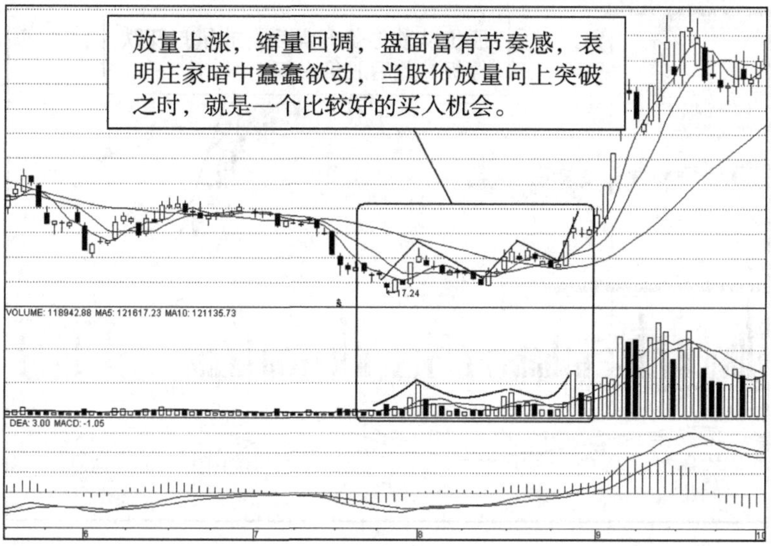

图 7-4

股价跌停或持续跌停，一般来说都是受重大利空消息的影响。如果利空已经兑现，巨量打开跌停应是较佳的买入时机，后市必涨。如利空未出，则等利空兑现放量急跌后再买入。如遇突发性的重大利空发生，沪深股市大盘指数出现跌停或接近跌停后，众多个股特别是绩优股首先放量打开跌停时，是中短线最佳买入时机。

采用此方法交易时应注意以下几点。

巨量打开跌停板，买入后要密切注意随后几天的股价走势。如果其后两三天股价不再创新低，可以确认是中短期底部。如果股价仍创新低，说明跌势尚未结束，应止损出局观望。

图 7-5 展示的是特力 A（000025）的股价走势。在股价下跌过程中，该股出现恐慌性抛盘，导致股价加速下跌，出现连续跌停现象。2015 年 7 月 9 日，股价顺势在跌停板价位开盘，当日庄家大手笔买入，巨量打开跌停板，随后股价逐波拉起，最终以涨停价报收。当日收出一根幅度达到 20% 的光头光脚大阳线，此后股价飙升。

六、价涨量缩时买入

在行情启动之初，股价大涨，成交量严重萎缩，有三个方面的含义：其一，该股上行力度较大；其二，庄家控盘，筹码已经高度锁定；其三，市场普遍看好该股，惜售心理严重。在这种情况下，该股强势上行的力度得以进一步确认。为了稳妥，短线操作可在成交量重新放大时跟入。

采用此方法交易时应注意以下几点。

（1）量价严重背离的位置，应出现在行情启动初期，股价处于相对低位。如果在上升中途且股价又处在相对高位，应警惕庄家的出货动作。

（2）量价背离程度越大，可靠性越高，上行力度越强。

（3）随着股价继续上涨，成交量应逐步放大。

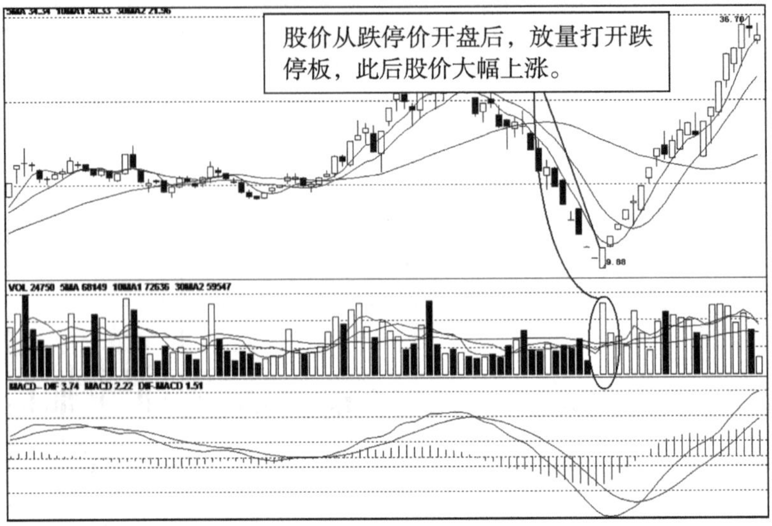

图 7–5

图 7–6 展示的是金龙机电（300032）的股价走势。该股先是放量成功脱离底部区域，然后出现缩量上涨。形成量价背离走势，说明庄家已经高度控盘。这类股票一般有两个买点，第一个买点是股价回落到 30 日均线附近时逢低买进，第二个买点是再次放量上涨时积极跟进。这两个买点在战术上略有区别，第一个买点是埋伏战，第二个买点则是狙击战。

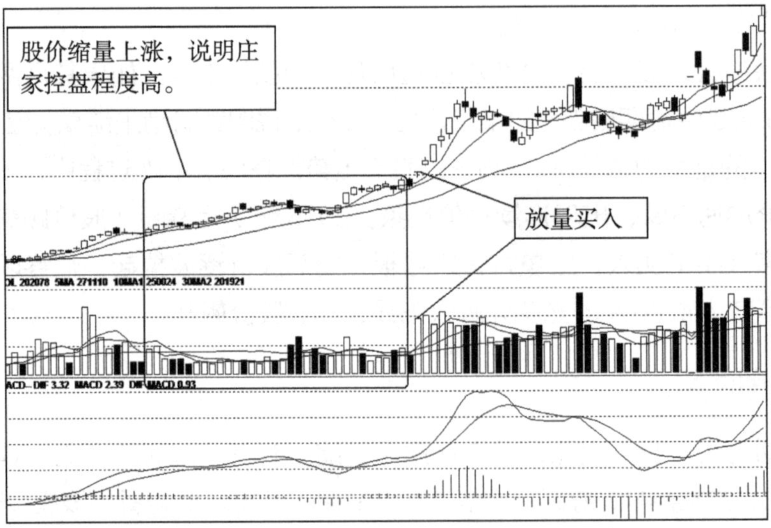

图 7–6

七、放量突破时买入

一般来说，股价前期高点往往会成为以后上涨的重要阻力位。如果股价能够突破这一阻力位，则该阻力位就变成了未来股价回落时的支撑位，因此人们常把能否突破前期高点看成能否创新高的依据。

常见的突破方式有两种：一种是轻松越过前期高点，另一种是放量突破前期高点。前者表明庄家已经建仓完毕，大部分筹码已被锁定，浮动筹码极少，股价可以轻松越过前期高点。对于后一种情况来说，庄家还没有完成建仓，大部分筹码还未被锁定，需要通过放出巨大成交量，使前期被套筹码解套并落入庄家囊中，才能实现有效突破。必须明确的是，轻松冲过前期高点，一般是上升浪的腰部，而放量突破前期高点是上升浪的底部。

通常来说，当巨量冲过前期高点时，应及时跟进。出现几天的温和放量并超过前期高点时，也应积极买入，后市利润一定可观。

采用此方法交易时应注意以下几点。

（1）这里所说的巨量，是指半年或更长时间内出现的较大成交量。

（2）冲破前期高点阻力位时，可以是单根放巨量的大阳线，也可以是温和放量的几根中阳线。总之，在冲过前期高点时，要有成交量的配合。

（3）如果股价冲过前期高点后成交量萎缩，应小心庄家利用拉高来派发筹码。当股价很快又跌回前期高点之下时，应止损出局。

（4）离现在时间越近的前期高点阻力越大，越远的阻力越小。股价以前受阻次数越多或阻力越大的高点，突破该阻力位后的看涨意义越大。

（5）一旦确认股价有效突破前期高点，应果断跟进，一般其后上涨速度较快。上涨过程中的偶有回抽也是买入的时机。

（6）最佳的买点是在回抽确认突破有效时。

图 7-7 展示的是永太科技（002326）的股价走势。该股股价小幅上涨后回落洗盘，形成一个小高点。之后放量突破这个小高点，经回抽确认有效后，股价出现一波快速上涨行情。后来股价再次回落整理，又产生一个阶段性高点。不久股价放量突破该高点，经回抽确认有效后，同样出现一波快速上涨行情。交易者可在回抽确认时买入，均会有不错的收获。

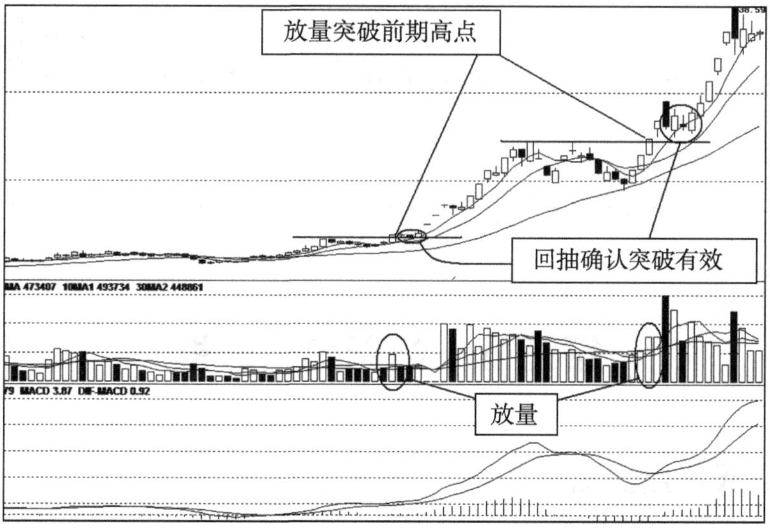

图 7-7

八、涨升大于前量时买入

当股价从顶部跌入到低价区后，庄家开始大力收集低廉筹码，此时成交量会急剧放大。一旦成交量超过前期顶部成交量，说明股价上升已具备充分的动能，日后股价冲过前期顶部是不成问题的。交易者可在此时买入，也可在股价冲过前期顶部的瞬间买入。

采用此方法交易时应注意以下几点。

（1）股价上升初期出现这种走势，买入信号有效。

（2）股价冲过前期顶部后，应注意是冲过近期顶部，同时还要设定止损位。如果股价冲过前期顶部不久又跌破该位置，应及时止损。

（3）放量时如果有均线、K 线等技术支持时，可靠性更大。

图 7–8 展示的是新光药业（300519）的股价走势。股价见底后出现一波反弹行情，成交量有所放大，之后回落缩量整理，盘面形成一个阶段性高点。调整之后，2018 年 4 月 27 日股价收出涨停大阳线，次日股价继续收涨，成交量放大，且明显大于前期顶部区域的成交量，说明筹码出现移动，庄家做多意愿强烈。此时投资者应大胆买入，之后股价走出一波上涨行情。

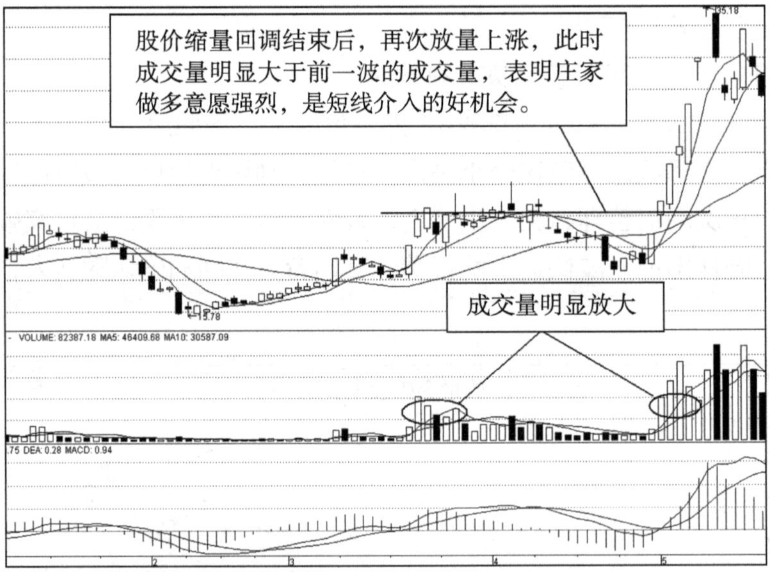

图 7–8

第三节 判断卖出时机

一、高位出现天量后卖出

股谚说“天量天价”。“天量”是指某一个时间单位（比如日、周）内的成交量为近期最大成交量。“天价”是指某一个时间单位（比如日、周）的价格为近期最高价格。

高位出现天量，大多是庄家大量派发筹码所致，股价下跌就在眼前，如果不及时清仓离场，有可能将前一段的胜利果实化为乌有。

采用此方法交易时应注意以下几点。

（1）出现天量时，股价必须处于相对高位。相对高位的确认方法，可以根据该股历史走势来判断。

（2）必须是近一段时间内最大的成交量。

（3）有的个股放巨量之后，股价仍然快速上涨，但成交量出现减小，呈“价涨量缩”的走势。这类个股的最佳卖点不是放量当天，而是放量之后出现“价涨量缩”背离走势时离场，这就是所谓的“先放量后背离”卖出原则。

图 7–9 展示的是弘业股份（600128）的股价走势。该股在 2018 年 11 月 2 日启动后，连拉 8 个涨停板，短期涨幅较大。之后在高位出现大幅震荡，连续 4 个交易日成交量大幅放大，日均换手率达到 36.04%，属于近几年来的“天量天价”现象。11 月 19 日股价冲高回落后，第二天盘面急转直下，股价以跌停报收，此后股价快速下跌，盘面呈倒 V 形快速下跌走势。

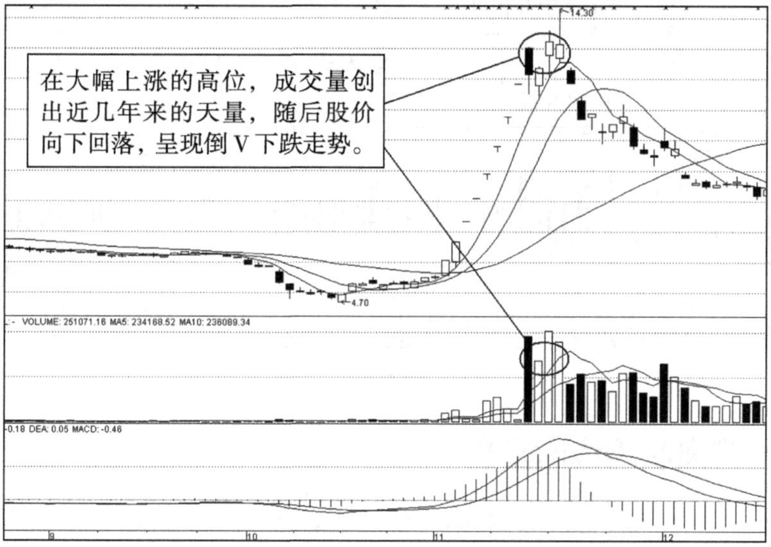

图 7–9

二、高位放巨量收大阴时卖出

股价经过短期连续上涨或大幅上涨后，高位出现一根巨量或放量大阴线，为短线卖出信号。这种走势表明有庄家资金出逃，是量价背离的表现，应该加倍小心。其卖出信号的准确度，可通过周线图的位置高低来进一步判断。

采用此方法交易时应注意以下几点。

（1）上升行情必须是持续了较长时间，股价距反弹行情启动点 30% 以上，距波段行情启动点 80% 以上，大级别行情超过一两倍涨幅该信号才有效。

（2）要注意两种行情的高位概念：其一，波段行情的高位是从本轮行情的启动点计算；其二，反弹行情的高位是从反弹点计算，其前期高点附近往往是反弹行情的高位。

（3）高位成交量巨大时，K 线形态可以辅助判断。其一，K 线收长阴线，股价大跌，表明庄家出货态度坚决。其二，K 线收长阳线，股价大涨，表明庄家正在强势拉高出货。其三，K 线出现大阴大阳包容，是较强烈的顶部信号。

图 7–10 展示的是中科信息（300678）的股价走势，这是典型的持续多日冲高走势的例子。该股经过第一波上涨之后，在 2017 年 8 月 11 日开板整理，然后展开第二波大幅拉高行情。9 月 4 日出现第二次调整走势，在高位收出一根十字星线，随后出现拉升动作。在最后的拉高过程中，庄家对倒出货手法表现得非常明显。经过放量拉高后在高位收出大阴线，之后股价进入中期调整走势。

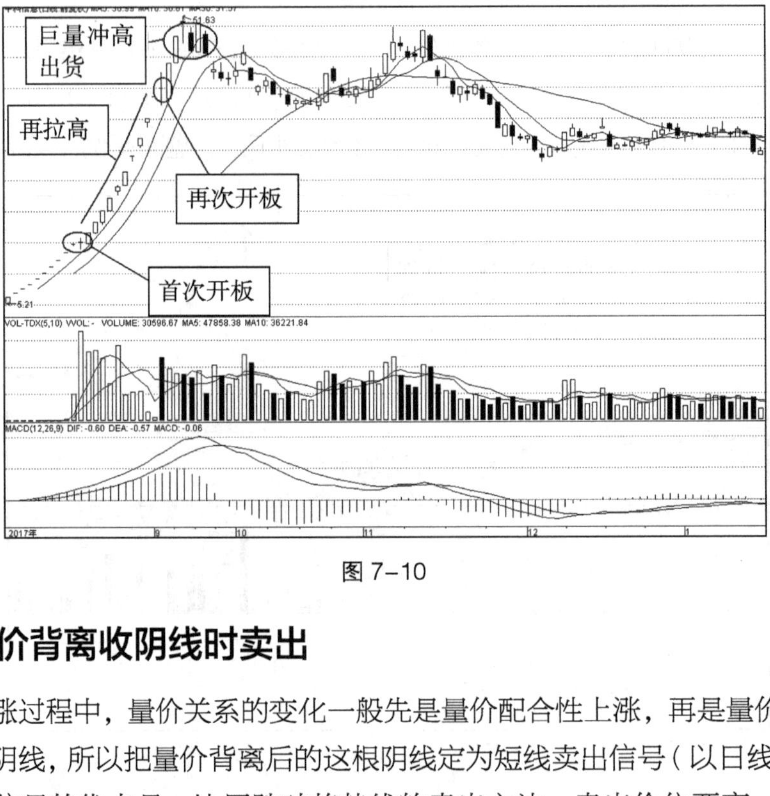

图 7–10

三、高位量价背离收阴线时卖出

在股价上涨过程中，量价关系的变化一般先是量价配合性上涨，再是量价背离性上涨，之后出现一根阴线，所以把量价背离后的这根阴线定为短线卖出信号（以日线收盘后判断）。

这个卖出信号的优点是：比用跌破趋势线的卖出方法，卖出价位要高一些，且准确率也比背离卖点准确度高。因为有的个股会出现连续几天的背离性上涨（连续阳线），之后再出现一根阴线，所以不能刚刚出现背离就卖出。

采用此方法交易时应注意以下几点。

（1）在上涨趋势的任何时期出现波段性上涨行情，大多会存在这种量价背离的短线卖点。研判时可以与周线图表结合起来分析，会使这个卖点信号更为准确。

（2）阶段性量价背离后出现阴线，可以理解为短线卖出信号，这要比单纯的连续性和间断性量价背离阴线信号准确度高一些。

（3）阶段性量价背离和顶背离可以理解为中线卖出信号。顶背离是指目前股价超过前期短期头部，而重要的技术指标（如 MACD、RSI）低于前期顶部相对应的高点。判断顶部背离时，MACD 用得较多，一般以 MACD 死叉来确定顶背离成立。在出现死叉之前，如果股价一直上涨，会打破顶背离状态，尤其是在大牛市中，所以顶背离也要辩证地看待。量价背离也是一样。

需要注意的是，量价背离以及顶背离，研判依据都是对比股价实体高点，不是最高点（上影线）的对比。不过一般建议大家不要刻意地等到出现顶背离时再卖出，因为有的股票可能不出现顶背离状态。

图 7-11 展示的是富煌钢构（002743）的股价走势。该股在先期下跌过程中，成交量十分低迷，交投极度清淡，股价严重超卖。2017 年 8 月 10 日，庄家发动一波自救行情，成交量急剧放大，形成强势上攻势头。股价连拉 3 个涨停后，由于庄家出货态度坚决，股价并没有出现持续上涨行情，而是在反弹高位放量震荡，出现放量滞涨现象，这显然是庄家在大盘暴跌时做秀。庄家通过大幅放量来吸引市场注意，引诱散户跟风买入，以此实现自己减仓的目的。反弹行情很快结束，股价再度形成回落走势。此时出现的快速放量是典型的反弹自救行情，投资者应逢高离场。

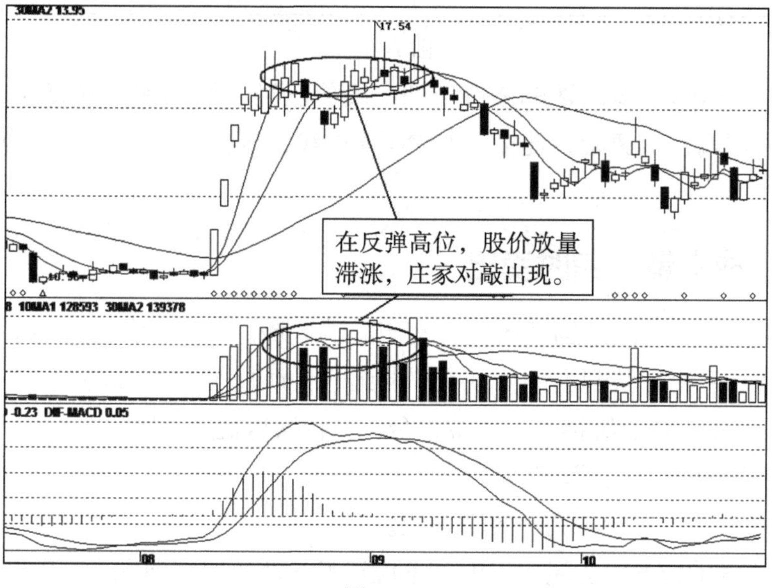

图 7-11

从这个例子可以总结出几点，不管多好的股票，不管有多少利好传闻，只要在高位出现放量滞涨走势，一定要先退出观望。即使个别股票存在高位换庄的可能，也应当在放量完毕后视其后期走势来决定是否跟进。如果是换庄，紧接着就应该无量拉升，脱离庄家的成本区，何况高位换庄的情况很罕见，还是不把它考虑在内为好。为了安全起见，凡遇上这种情况就先退出，不要见放量就追了。此外，万一当时追进去，过两天被套的话，应当果断斩仓，千万别心存幻想，即使以后有反弹也不要等。

图 7–12 展示的是鸿特精密（现名派生科技，300176）的股价走势。该股日线图显示，高位收出量价背离的阴线，给出了短线出局信号。这也预示着这轮上涨行情完结，此后几天可以寻找高点出局。需要注意的是，目前仍是阶段性的量价配合，中线也可以等出现阶段性量价背离的阴线出局。

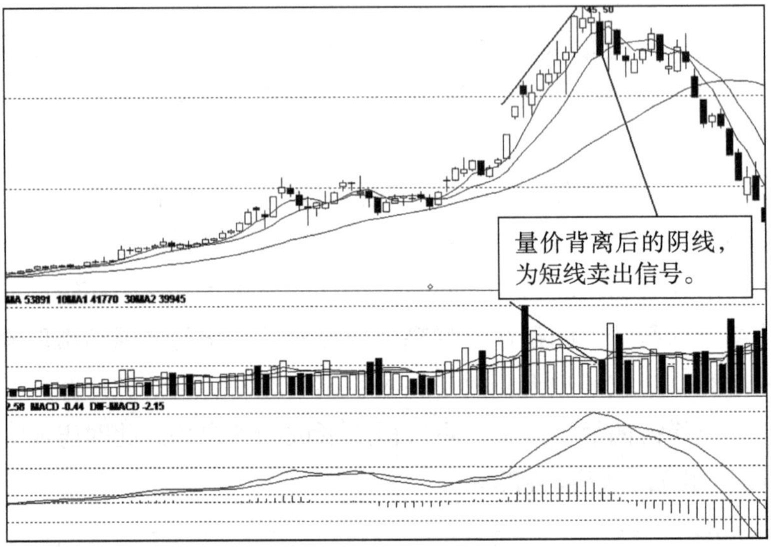

图 7–12

从周线图看，这是上涨后期的波段行情，股价已经大幅上涨，远离 30 周均线，乖离率偏大，存在中期调整的风险，比如回抽 30 周均线，这样将使得这个卖点的准确度大大提高。

四、高位整理成交量萎缩时卖出

股价经过大幅拉升，已经到了可以获利出局的区域。随后股价出现平台窄幅整理，此时介入的交易者几乎没有获利空间，成交量萎缩也说明庄家的推高动力正在消失。不久，已完成出货的庄家不再精心维持这一高位平台，一轮跌势就此开始。

采用此方法交易时应注意以下几点。

（1）快速拉升后，股价应有一定的升幅。

（2）平台整理的幅度不应过大，时间不应过长，成交量较前期上升时有明显萎缩。

（3）在平台整理时择高退出，股价向下突破平台整理区域时要坚决离场。

图 7–13 展示的是尤夫股份（现名 *ST 尤夫，002427）的股价走势。庄家成功完成建仓计划后出现一波飙升行情，随后股价在高位进行平台整理，成交量与前期相比大幅萎缩。这种走势说明庄家继续推高股价的动力渐渐减弱，疑似高位震荡出货。散户应在这个平台择高退出，这个平台也给了散户足够多的卖出时间。如果这时交易者还心存幻想，或来不及卖出，那么股价向下突破平台整理区域时，就不要再犹豫了。

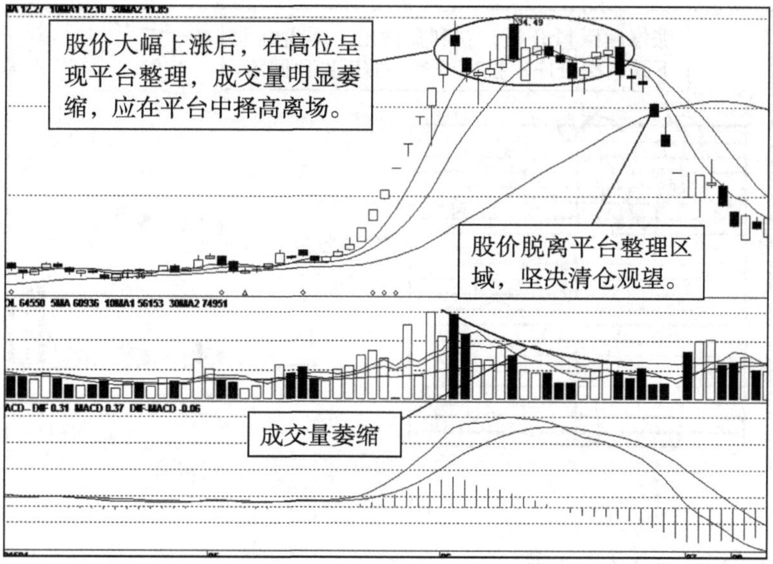

图 7-13

五、巨量打开涨停时卖出

在涨跌停板制度下，成交量与股价的关系是：涨停量小，继续涨；跌停量小，继续跌。个股在涨停时没有成交量，是因为卖方惜售，不愿以此价抛出，所以才没有成交量。第二天，饥渴的买方会追买，推动股价继续上涨。如果当日出现涨停且成交量放大，说明卖方抛出意愿强烈，买方无力坚守阵地，买卖双方力量发生变化，股价有可能下跌。短线交易者应在成交量放大、涨停不能维持封盘时第一时间卖出。

采用此方法交易时应注意以下几点。

（1）涨停位置应处于相对高位，特别是一些历史阻力位。

（2）涨停中途被打开次数越多，打开时间越久，成交量越大，反转下跌的可能性越大。

（3）注意庄家假买真卖行为。为了达到暗中出货的目的，庄家常会以大买单挂在涨停位，造成买方追涨的假象。当众多交易者以涨停价追买时，庄家便撤走买单，反手打出卖单，使追涨资金全部成交。当买盘消耗得差不多时，庄家故伎重演，再次诱使散户追入。如此反复操作，庄家可以达到高位顺利出货的目的。判断涨停板的真假，应观察是否存在频繁挂单撤单行为，涨停是否经常被打开，当日成交量是否很大，据此做出自己的判断。

图 7-14 展示的是光洋股份（002708）的股价走势。该股庄家完成洗盘整理后，走出一波飙升行情，股价连拉 9 个涨停，庄家获利非常丰厚。2018 年 11 月 21 日，股价跳空高开 8.05%，盘中秒停。10:13 巨量砸开封板，随后股价快速回落。虽然午盘再次封板，但盘中筹码已经出现松动，于是再次开板回落，当天收跌 -1.34%，在高位形成大阴线。这种盘面说明庄家已无心炒高股价，于是在尾市偷袭出货。第二天虽然继续封涨停，但明显是诱多行为，庄家出货意图暴露无遗，投资者应尽快获利了结。

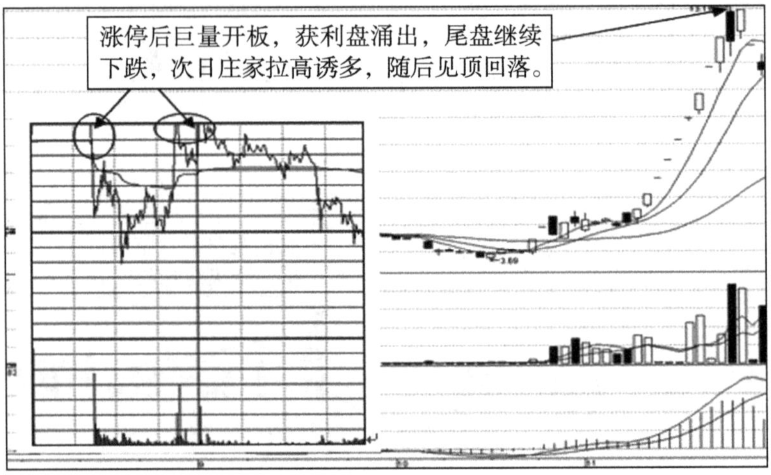

图 7-14

六、股价多次冲高不过时卖出

前期高点往往会成为未来股价上涨的重要阻力位。如果股价能有效突破前期高点，证明上升动力充足，股价创新高不成问题。如果冲高不过，则说明股价上升动力不足。如果多次冲高不过，说明股价上升动力严重不足，上方压力过大，同时也反映多数人不看好后市，股价下跌指日可待。

采用此方法交易时应注意以下几点。

（1）在股价上冲前期高点时，得不到成交量的配合。

（2）短线可以在每次冲高不过时作为卖出时机，特别是第三次冲高不过时，应坚决卖出。

图 7-15 展示的是宏辉果蔬（603336）的股价走势。该股在 2018 年 3 月出现一波拉升行情，随后股价出现回落调整，形成一个显著的高点，该高点对后市股价上涨构成重大阻力。当股价回落到 30 日均线附近时，得到技术支撑开始回升，成交量保持较高水平。

6 月份虽然刷新了 4 月 9 日的高点，但技术上并没有达到突破的要求，随后股价出现震荡走势，该位置又对股价构成新的压力。7 月初出现同样的盘面走势，也没有形成有效突破。这些现象都说明股价突破无效，或者庄家不愿意向上突破。在股价突破无功而返后，7 月 26 日向下破位回落。投资者遇到多次冲高突破无果后，应及时离场观望。

七、高位无量空涨时卖出

成交量是股价上涨的原动力。成交量不足，意味着买方不再看好后市，股价将不可避免地出现回落或反转。

股价经过一轮涨升后，买方力量已经消耗殆尽，没有能力将股价推向更高。由于惯性作用，股价仍有可能顺势上涨，成交量却不能配合放大，于是就会造成无量空涨的现象。无量空涨说明买方已经不看好后市，涨势不能持久，股价很快就会回落。发现股价在高位出现无量空涨时，短线交易者应逢高卖出。

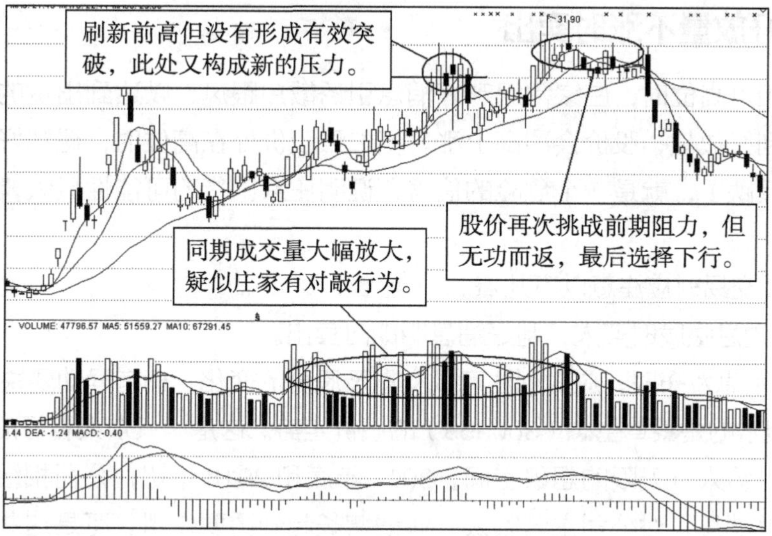

图 7-15

采用此方法交易时应注意以下几点。

（1）确认股价所处的位置已在高位，可根据该股历史走势和累计上涨幅度进行判断。

（2）无量空涨的幅度不应过大，时间不应过长。

（3）可结合分时成交情况来综合判断。

图 7-16 展示的是全通教育（300359）的股价走势。该股庄家实力非常强大，控盘后大幅炒高股价，累计涨幅超过 9 倍。在快速拉升行情中，出现明显的无量空涨现象。这种盘面一方面说明庄家控盘程度高，可以随心所欲地拉升股价。另一方面也反映散户参与的积极性不高，对三四百元的股价有疑问。由于这两方面因素的影响，导致股价无量空涨。对于这种走势，短线一是不要追涨，二是出现滞涨信号时卖出。在高位收出一根带长上影线的流星线，这是一个明显的离场信号。

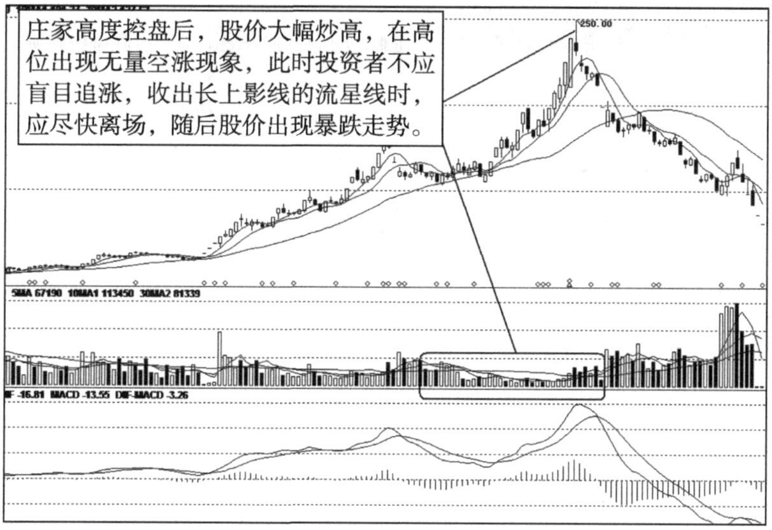

图 7-16

八、高位利好放量不涨时卖出

当股价在相对高位时，庄家常用利好消息引诱散户跟风，以达到出货的目的。一般情况下，遇个股利好放量，股价会冲高上涨。但如果股价处在高位时，遇利好放量股价不涨或微涨（甚至反跌），就是一个危险的信号，说明庄家出货的可能性极大，短线交易者应抓紧时机卖出。

采用此方法交易时应注意以下几点。

（1）利好消息朦胧时买入，利好消息明朗时卖出。

（2）利好消息发布时，应时刻注意成交量及股价的变化，稍有异动要快速做出反应。

图 7–17 展示的是蒙草生态（300355）的股价走势。这是一只众人看好的环保概念股，具有多重题材，给人以无限的想象空间。2017 年底和 2018 年初，公司相继发布签订多项重大合同的利好消息，对公司主营收入、业绩增长起到重要作用。可是这些利好消息并没有使股价出现上涨，仅仅略做上冲动作甚至微跌，接下来就是逐波走跌，股价重心不断下移。可见庄家对这些利好不屑一顾。这时散户应引起注意，既然庄家都不想炒高股价，散户也应该离场观望。

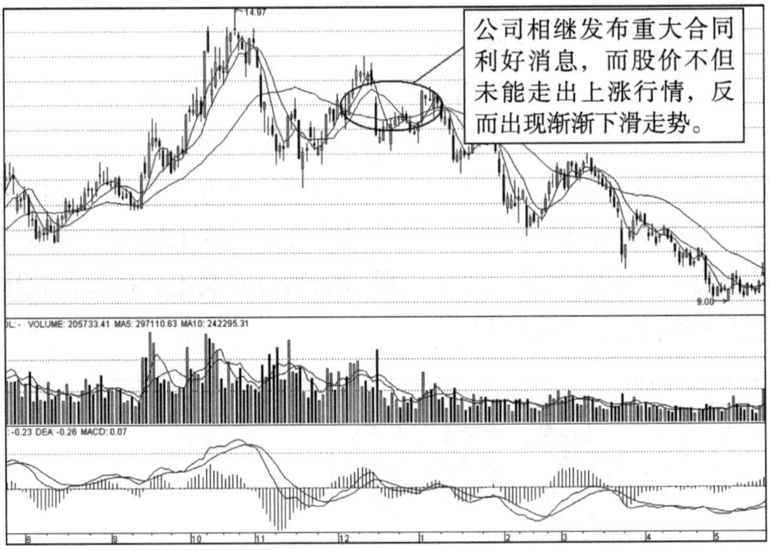

图 7–17

第八章　依据均线炒短线

第一节　均线买卖法则

在证券技术分析中，美国证券技术分析大师葛兰碧对股价与移动平均线的关系进行了细致的分析，提出了移动平均线八大买卖法则，其中买入、卖出信号各 4 个。这八大买卖法则在证券技术分析领域颇具权威性，在股市分析中一直沿用至今，经久不衰。无论对机构操盘手还是一般散户来说，该买卖法则都具有很强的指导意义。如图 8–1 所示。

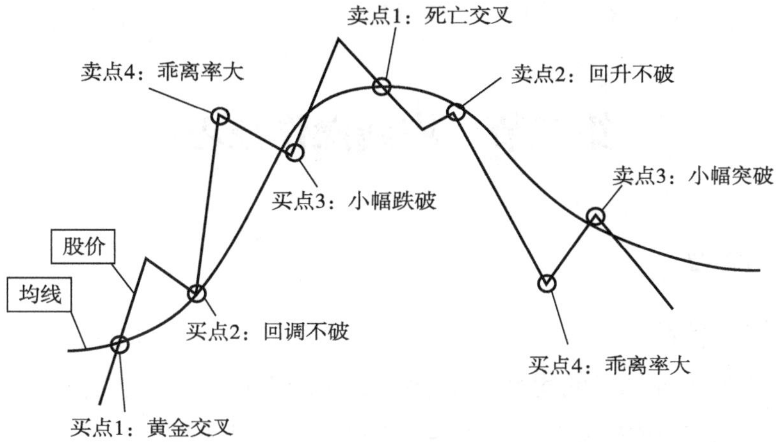

图 8–1

一、均线买进法则

（1）盘底买入。股价由下向上穿过均线并继续向上运行，为买入信号。均线由下降通道渐渐走平，股价从均线下部向上突破均线，形成黄金交叉，并带动均线上移，此为买进的典型信号。如图 8–1 中买点 1。

（2）探底买入。股价跌至均线附近但不死叉，随后掉头向上，为买入信号。股价一直在均线之上运行，说明仍为涨势，是买入信号。如图 8–1 中买点 2。

（3）回档买入。股价跌破均线，但很快重返均线之上，为买入信号。股价与均线有“价先线后”的关系，在均线持续缓慢上升过程中，股价一时跌破均线，不久即返回到均线之上，说明市场仍处于强势，此跌破为假动作，是买入信号。如图 8–1 中买点 3。

（4）反弹买入。股价大幅下跌并远离均线，为买入信号。股价大幅下挫，跌破均线且继续远离均线，随着乖离率（BIAS）不断增大，有向均线回归的可能，此时可以买进做反弹。如图 8–1 中买点 4。

二、均线卖出法则

（1）盘头卖出。股价从上而下跌破均线并继续向下，为卖出信号。均线在高位由上升趋势渐渐走平或拐头向下，股价由上向下跌破均线，形成死亡交叉，表明市场抛压较重，此时应卖出股票。如图 8–1 中卖点 1。

（2）遇阻卖出。股价上升到均线附近又掉头向下，为卖出信号。股价一直在均线之下运行，说明市场空头气氛浓烈，为卖出信号。如图 8–1 中卖点 2。

（3）反弹卖出。股价向上小幅突破均线后，很快又回到均线之下，为卖出信号。均线缓缓向下压，股价在其下运行，构成下降通道。股价上穿均线后重回均线之下，说明市场弱势依旧，此突破为假动作，应尽快卖出。如图 8–1 中卖点 3。

（4）回落卖出。股价大幅上涨且远离均线，为卖出信号。股价涨势过猛，突破后继续远离均线，随着乖离率增大，有向均线回归的可能，此时应卖出股票。如图 8–1 中卖点 4。

第二节　均线操作技巧

一、均线买入技巧

1. 金叉买入信号

短期均线由下向上穿越长期均线，长期均线向上移动，称为金叉信号。金叉信号可以积极做多。两线交叉的角度越陡峭，买入信号越强烈；角度越平坦，买入信号越微弱。

5 日均线与 10 日均线金叉为短线买入点，此时买入虽然风险较大，但进货成本较低，一旦股价持续升势，短线获利较丰厚。10 日均线与 30 日均线金叉为中长线买入点，虽然此时买入风险小一些，但由于进货成本较高，获利空间相对较小。对于这两个买点，交易者可以根据自己的操盘风格和风险承受能力进行选择。

图 8–2 展示的是九鼎投资（600053）的股价走势。该股见顶后一路走低，庄家在低位吸纳了大量筹码。2018 年 10 月 30 日，股价向上突破均线系统，此前几日 5 日均线已经向上金叉 10 日均线，4 个交易日后再次金叉 30 日均线，然后 10 日均线也向上金叉 30 日均线，30 日均线由原来的下行状态渐渐转为上行，均线系统呈现多头排列，显示盘面已经转为强势。此时投资者可以逢低大胆做多，随后该股出现大幅上涨行情。

需要注意的是，金叉买入信号有强弱之分，可靠性也有高低之别。通常来说，周期长的两条均线金叉，要比周期短的两条均线金叉强势，反映出的做多信号也相对比较可靠。比如，5 日均线与 10 日均线金叉时买进，比 10 日均线与 30 日均线金叉时买进的安全性要差一些。

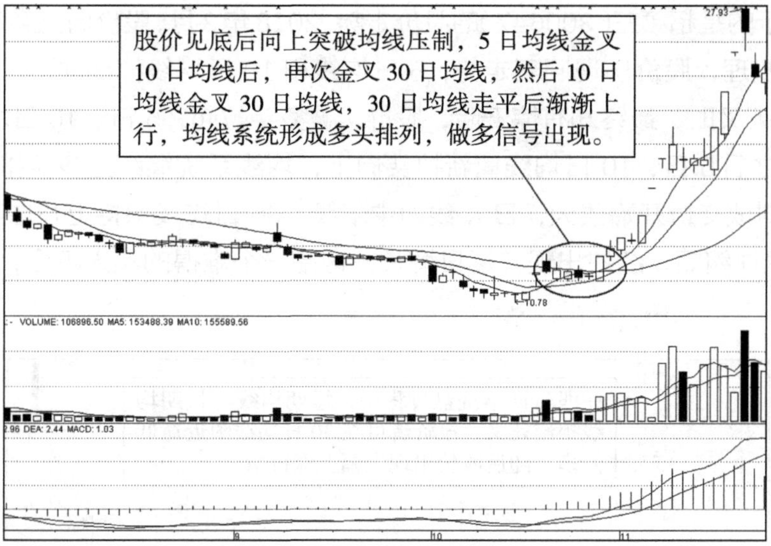

图 8–2

此外，金叉信号与长期均线运行的方向也有关。比如均线金叉时，如果长期均线向上移动，其买入信号较可靠。如果长期均线平走，其买入信号较一般。如果长期均线向下，其买入信号的可靠性较差。

2. 拒绝死叉信号

股价经过一轮上涨后，庄家为了日后更好地拉升和派发，会主动进行回调洗盘整理，此时股价出现回落走势。当 5 日均线即将与 10 日均线形成死叉时却擦肩而过，转而掉头扬升，如同“蜻蜓点水”。同时成交量再度放大，日 K 线收出阳线，30 日均线走势坚挺，表明洗盘即告结束，将要展开新一轮主升浪行情，是短线买入机会。

或者，由于庄家洗盘比较彻底，5 日均线掉头向下与 10 日均线构成死叉，但拒绝与 30 日均线死叉。大约 3~5 个交易日（一般不超过 7 个交易日，否则不宜用此法判定）后再次与 10 日均线发生金叉，10 日均线和 30 日均线保持向上走势，成交量同步放大，也是理想的买入信号。

再或者，由于庄家加大洗盘力度，5 日均线和 10 日均线构成死叉后，继续向下与 30 日均线形成死叉，但股价跌幅不大。5 日均线和 10 日均线在 30 日均线下方维持一段时间的整理后，不久 5 日均线再次与 10 日均线发生金叉，之后继续向上，成功穿过 30 日均线，30 日均线保持向上走势。这种走势使前面的死叉信号成为一个空头陷阱，与拒绝死叉信号具有同样的效果。此时如果成交量同步放大，也是理想的买入信号。

以上三种现象都表明庄家洗盘结束，即将进入主升浪行情，是理想的短线买入信号。具体操作方法是买在 5 日均线之上，在股价缩量回调到上升的 10 日、30 日、60 日均线时，获得均线支撑并企稳，之后股价上穿 5 日均线时是短线买入点。5 日均线之上买入，既安全又能缩短参加调整的时间，而股价上穿 5 日均线是短线上涨的启动点。这个交易原则的操作要点是：中期均线一定要上行；回调要缩量；获得均线支撑并企稳。

图8-3展示的是超频三(300647)的股价走势。2018年3月,股价向上突破均线系统后,庄家开始洗盘整理,股价出现回落走势,5日均线和10日均线掉头向下。当两线即将与30日均线构成死叉时,最终却有惊无险,股价又被多头拉起,5日、10日均线与30日均线拒绝死叉。之后5日、10日均线重新掉头向上,均线系统继续呈多头排列,形似“蜻蜓点水”。此时成交量开始放大,日K线为中阳线,30日均线保持上升态势,MACD中的BAR指标绿柱缩短、红柱出现并逐日增长,这是一个难得的买入机会,其后股价出现持续走高行情。

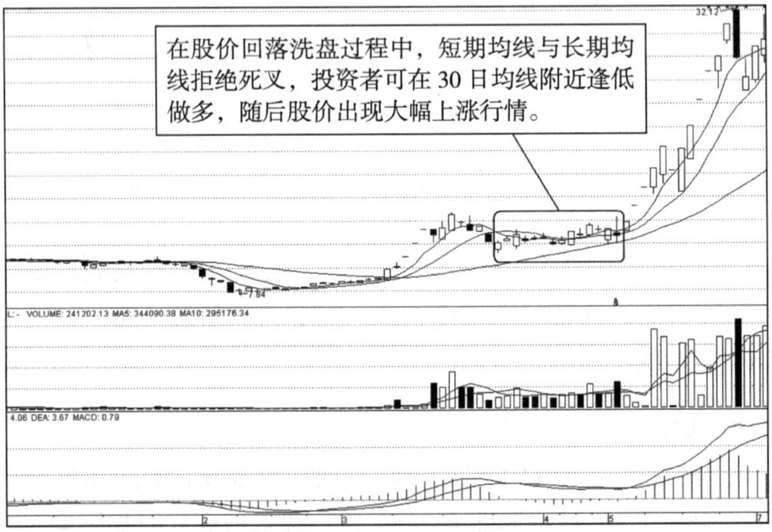

图 8-3

3. 均线向上突破信号

个股经过一波强烈拉升后,开始回落整理。弱庄股的回落往往表现为一泻千里,有的甚至从哪里来又回到哪里去。强庄股则往往显示出极强的抗跌性,要么在高位平台整理,要么在高位箱体整理,待时机成熟,庄家会再掀狂澜。

对于散户来说,过早介入,需要熬相当长的时间,信心不足者最终会被庄家甩下。等到股价启动时再介入,由于股价涨升太快,要么犹豫不决痛失良机,要么追涨杀入使成本大增。事实上,选择5日、10日、30日均线黏合后形成突破时介入,不失为一个大好时机。

(1)低位黏合向上突破信号。股价经过一轮下跌后,在低位出现盘整走势。庄家进场建仓或压箱顶吸纳廉价筹码,使5日、10日、30日均线在底部黏合在一起(黏合越紧,黏合时间越长,后市爆发力越大)。如果某一天5日均线摆脱黏合开始向上发散,10日、30日均线尾随其后也跟着向上运行,均线系统形成多头排列,同时成交量持续放大,表明一个中级大底基本出现。这时可以及时跟进,做一波中级行情。

图8-4展示的是华锋股份(002806)的股价走势。该股在低位长时间维持横盘走势,5日、10日、30日均线在底部几乎黏合成一条线,时间长达1个多月。2018年4月17日,

股价放量向上突破盘整区域，5 日均线脱离黏合状态，出现明显的向上走势。当日成交量放大，MACD 指标向上发散。随后 10 日、30 日均线向上发散，预示短期股价将继续上行，此时应择机介入。

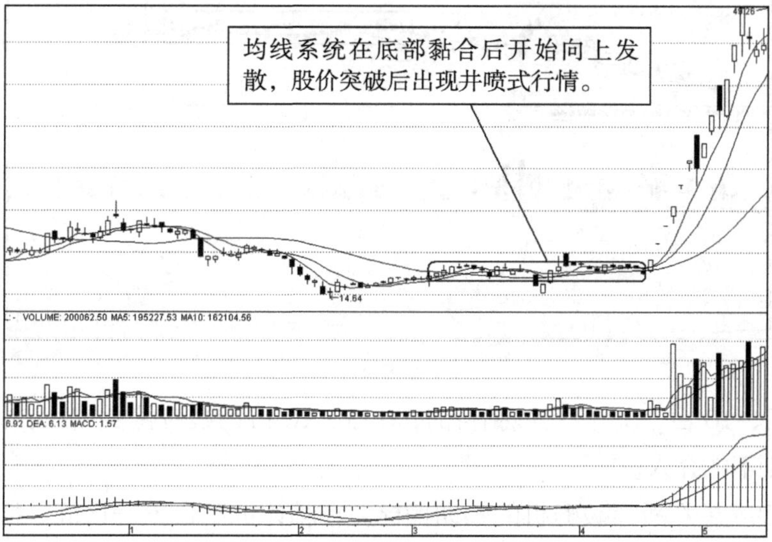

图 8-4

（2）中途黏合向上突破信号。行情经过一轮涨升后，庄家开始震仓洗盘，股价震荡回调或出现横盘走势。此时 5 日、10 日、30 日均线在中位黏合在一起（黏合越紧，黏合时间越长，后市爆发力越大），呈水平横盘或略向上趋势。

不久，5 日均线脱离 10 日、30 日均线向上运行，10 日、30 日均线也随之向上，均线系统出现多头排列。同时成交量持续放大，MACD 中的 BAR 绿柱缩小或红柱增长，表明第二轮拉升行情即将开始。如果未赶上第一轮拉升，这时可以积极跟进，成功地做一轮短线行情。

图 8-5 展示的是航天中汇（现名航天通信，600677）的股价走势。该股经过一波小幅上涨后，庄家在相对高位构筑整理平台，使意志不坚定的交易者误以为庄家出货而纷纷离场。期间 5 日、10 日、30 日均线进入黏合状态，持续时间长达 1 个多月。不久庄家洗盘结束，开始发力上攻，均线向多头发散。当日成交量大于 5 日均量，日 K 线收阳线，MACD 指标黏合后向上发散，BAR 指标红柱加长，此时形成理想的买入点。从此该股进入新一轮上涨行情，股价出现翻倍走势，给交易者带来一份丰收的回报。

利用中短期均线判断强庄股突破时，要把握以下几点。

第一，5 日、10 日、30 日均线是判断强庄股整理结束后向上突破最好的三条均线，以 20 日均线替代 10 日或 30 日均线亦可。由于庄家上一波拉升较为凌厉，因此回落整理时间往往持续较长，一般均在两个月以上。在回落过程中，三条均线黏合应视为无效黏合，股价突破时机并不成熟。只有经过两个月以上的整理，三条均线黏合后开始向上突破时，才是介入的良机。

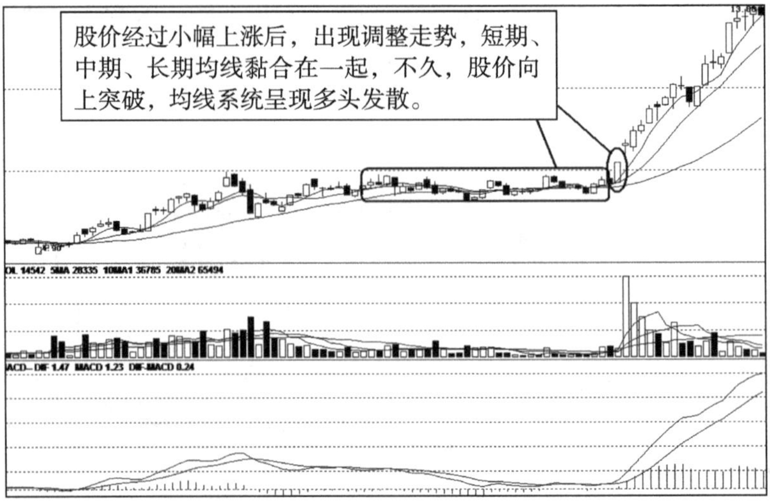

图 8-5

第二，5 日、10 日、30 日均线黏合时，5 日、10 日均线应掉头向上，并与 30 日均线形成金叉，否则不能介入。

第三，换手率是判断突破时机的辅助指标。在箱体或平台整理区间，换手率至少应达到 80%，换手率达到 100% 以上突破成功的概率更大。

第四，有的庄家在 5 日、10 日、30 日三条均线黏合时，会控制股价先向下突破，造成庄家出货的假象，构筑空头陷阱，随后翻身向上突破，使股价连创新高。

4. 均线向上发散信号

（1）首次交叉后向上发散。均线系统中的短期均线、中期均线、长期均线从向下发散状态逐渐收敛，之后转为向上发散状态。这种情况若出现在下跌后期，则是买进信号，后市看涨。向上发散的角度越大，后市上涨的潜力就越大。向上发散若得到成交量的支持，则信号的可靠性更强。

图 8-6 展示的是中科曙光（603019）的股价走势。该股经过长时间的调整后企稳回升，股价小幅反弹后，再次回落到前期低点附近获得支撑，此时均线系统渐渐收敛。2017 年 8 月中旬，短期均线向上交叉中期、长期均线后继续向上发散，形成多头排列，盘面由空头市场转为多头市场，这时可以逢低积极做多。

（2）再次交叉后向上发散。该情形出现在涨势中途，均线系统曾出现过一次向上发散（可以是黏合发散，也可以是交叉向上发散）。不久，向上发散的均线又逐渐开始收敛，短期均线、中期均线、长期均线收敛后再次向上发散，这是很好的买进信号，后市继续看涨。距离上一次向上发散的时间越长，继续上涨的潜力越大。

图 8-7 展示的是国元证券（000728）的股价走势。股价见底后庄家入驻，进行了长时间的筑底工作，均线系统从空头发散慢慢开始收敛，之后交叉向上并出现多头发散。后来股价回落整理，多头发散的均线系统渐渐收敛。洗盘整理结束后，均线系统再次向上多头发散，从此展开主升浪行情。

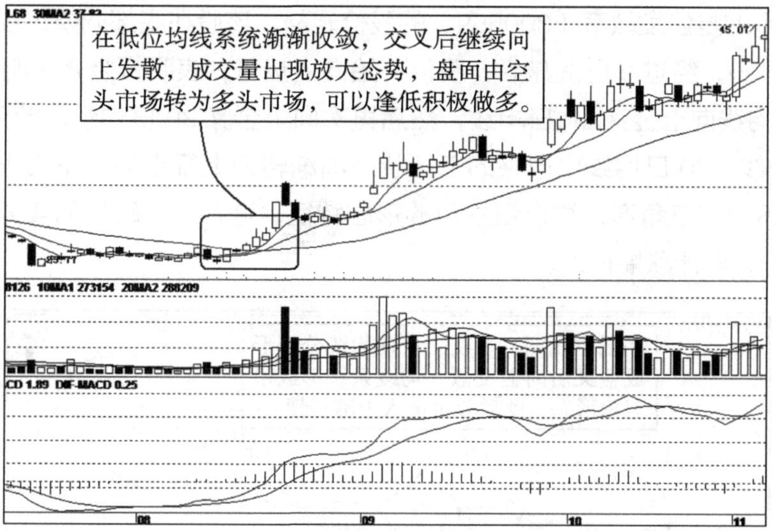

图 8–6

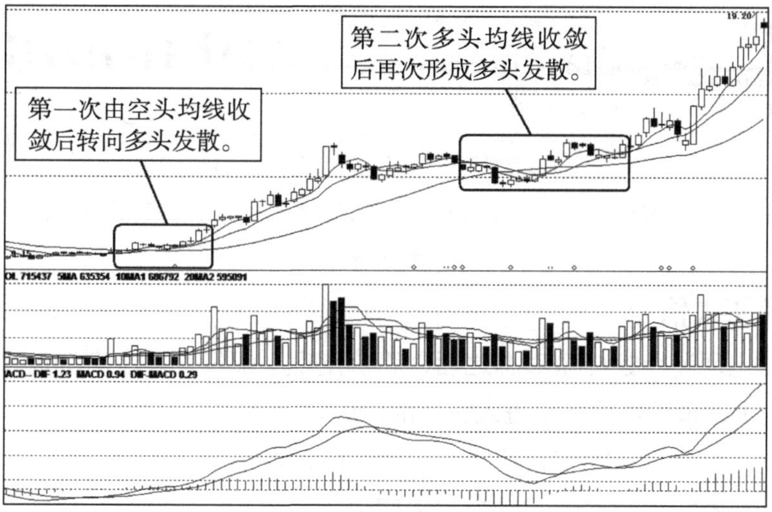

图 8–7

这种走势是庄家与散户进行的一场游戏。当庄家开始拉升股价，促使均线向上发散时，散户会跟风买入。拉升一段距离后，庄家就会把股价打压下来，促使一些短线交易者出逃。等到大量筹码回到庄家手中后，敢跟庄家玩的交易者少了，这时庄家就会让均线再次向上发散，股价随后进入主升浪行情。可见，均线再次向上发散是跟着庄家做多、搭顺风船的一个极好机会。

5. 银三角买入信号

股价经过一轮下跌调整后在底部企稳，接盘力量增大，股价开始转势向上。短期均线先后金叉中期均线和长期均线，随后中期均线也金叉长期均线，此时长期均线呈上升趋势。通过一系列的交叉，在均线系统中会形成一个尖头向上的不规则三角形，这个三角形称为银三角，是一个较好的买入信号。

图 8–8 展示的是佳发教育（300559）的股价走势。该股在底部调整过程中，主力吸纳了大量的低价筹码，经过打压洗盘后，股价开始向上运行，表明资金介入明显。2018 年 2 月 14 日，5 日均线向上金叉 10 日均线，然后再次向上金叉 30 日均线。随后 10 日均线向上金叉 30 日均线，30 日均线由原来的下行状态渐渐转为上行走势。在均线图表上形成一个尖头向上的不规则三角形，符合银三角的形态特征，这是一个较好的买入点。其后，该股强劲向上攀升，累计涨幅较大。

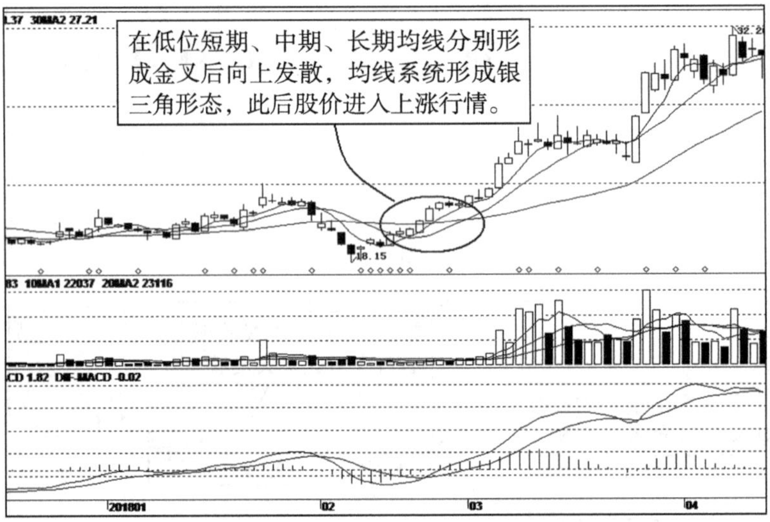

图 8–8

6. 金三角买入信号

在底部区域出现一个银三角形态之后，股价出现小幅攀升。庄家洗盘换手或调整后，股价再次发力向上，预示行情即将进入主升浪阶段。

此时，短期均线金叉中期和长期均线，随后中期均线金叉长期均线，此时长期均线呈上升趋势，在均线系统中再次形成一个尖头向上的不规则三角形。在银三角后面出现的尖头向上三角形称为金三角，为介入信号。如果回调确认成功，应大胆加仓买入，短期获利概率极大。

图 8–9 展示的是明家科技（现名佳云科技，300242）的股价走势。该股股价见底后渐渐向上回升，2013 年 10 月，在底部出现一个尖头向上的银三角形态。不久，庄家为了高位更好地炒作和撤退，便进行洗盘调整，股价出现回落走势。

2014 年 1 月，股价在前期低点附近获得强大支撑，随后又形成一个向上的三角形态，即 5 日均线金叉 10 日、30 日均线后，10 日均线又金叉 30 日均线，此时 30 日均线呈上升趋势，从而构成一个理想的买入点。其后该股进入牛市上涨行情。

需要注意的是，银三角和金三角从图形特征上来说并没有什么区别，其不同之处在于出现的时间有先有后，位置有高有低。习惯上把先出现的尖头朝上的不规则三角形称为银三角，把后出现的尖头朝上的不规则三角形称为金三角。通常来说，金三角的位置要高于

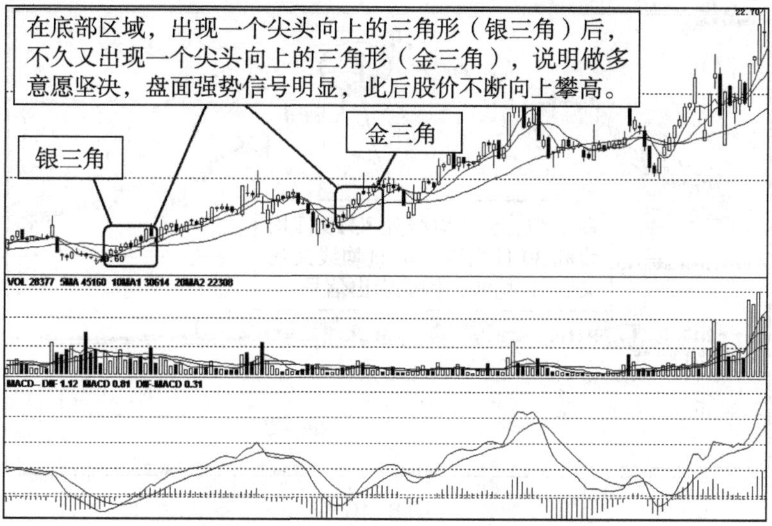

图 8-9

银三角，但有时也可能平于或略低于银三角。从时间上来说，它们相隔时间越长，金三角的含金量越高。

从技术角度而言，金三角买进信号的可靠性要比银三角高，其原因是，金三角的出现既是对银三角做多信号的再一次确认，又说明多方有了前一次的上攻经验后，这次准备得更加充分，成功概率自然会更大一些。根据经验分析，在银三角处买入股票，日后成功与失败之比为 7:3。在金三角处买入股票，日后成功与失败之比为 8:2。

二、均线卖出技巧

在股市中，买点很重要，但卖点更重要，因为卖点是兑现盈利或停止亏损的最终手段。要保住胜利果实，应该讲究卖出技巧。

下面介绍一些依据均线短线卖出的技术。

1. 死叉卖出信号

短期均线由上向下穿越长期均线，长期均线向下移动，称为死叉信号，死叉信号后市看跌。两线交叉的角度越陡峭，卖出信号越强烈；角度越平坦，卖出信号越弱小。中期均线下穿长期均线形成的死叉信号，强度要大于短期均线与长期均线形成的死叉信号，而后者的信号强度又大于短期均线下穿中期均线形成的死叉。

图 8-10 展示的是绿庭投资（600695）的股价走势。该股经过大幅炒作后，庄家获利非常丰厚，在高位不断派发获利筹码，从而导致股价渐渐走低。2018 年 3 月 14 日，5 日均线向下死叉 10 日均线，不久又向下死叉 30 日均线。3 月 21 日，10 日均线向下死叉 30 日均线。这种走势说明股价在高位遭到重大压力，是多头获利了结的信号，从此股价进入弱势调整走势。

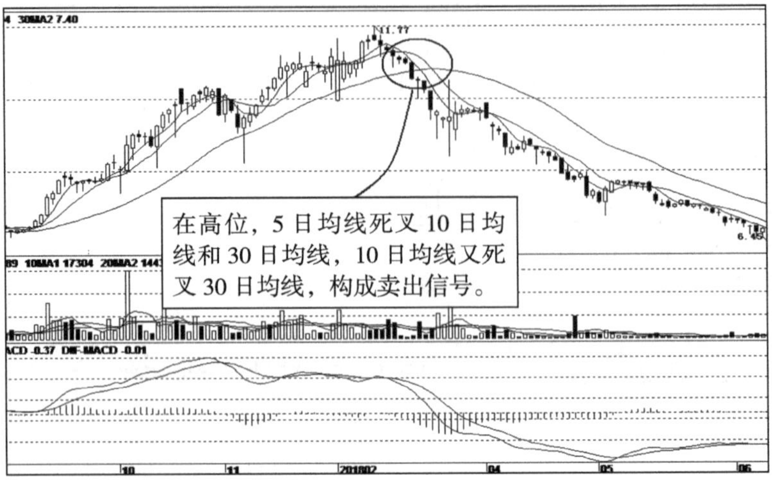

图 8-10

需要注意的是，不同的死叉卖出信号也有强弱之分，可靠性也有高低之别。通常来说，时间长的两条均线死叉，要比时间短的两条均线死叉信号强，提示的做空信号也相对比较可靠。比如，5 日均线与 10 日均线死叉时卖出，比 10 日均线与 30 日均线死叉时卖出的可靠性要差一些。

此外，死叉信号与长期均线运行的方向也有关。比如均线死叉时，如果长期均线向下移动，其卖出信号较可靠；如果长期均线平走，其卖出信号一般；如果长期均线向上移动，其卖出信号的可靠性较差。

2. 拒绝金叉信号

股价见顶后出现小幅下跌，由于庄家没有完成出货目标，会再度将股价拉起。当 5 日均线即将与 10 日均线形成金叉时却擦肩而过，拒绝金叉，随后 5 日均线反转掉头下行，10 日、30 日均线继续走弱。此时无论成交量放大与否，也不论日 K 线收阴收阳，均表明反弹或自救行情即告结束，后市将再陷跌势，应是卖出机会。

或者，由于反弹行情力度比较大，5 日均线掉头向上与 10 日均线形成金叉，但很快（大约 3~5 个交易日）5 日均线再次与 10 日均线发生死叉，10 日均线和 30 日均线继续保持向下走势。此时不论成交量放大与否，也是理想的卖出信号。

再或者，由于庄家发动强大的反弹行情，5 日均线和 10 日均线形成金叉后，继续向上与 30 日均线形成金叉，但股价涨幅不大。5 日、10 日均线在 30 日均线上方维持一段时间后，不久 5 日均线再次与 10 日均线发生死叉，继续向下有效击穿 30 日均线，30 日均线维持向下走势，使前面的金叉信号成为一个多头陷阱，与拒绝金叉信号具有同样的效果。此时不论成交量放大与否，也是理想的卖出信号。

以上三种走势都表明庄家出货态度坚决，反弹行情结束，即将出现新一轮跌势。技术派分析人士认为，如果 K 线触及短期均线（5 日、10 日均线）并在均线下方收阴线，当日股价下跌，预示股价受到短期压力，后市仍将走低。若 K 线与短期均线距离过大，则说明短期获利筹码增多，股价上涨有压力。如果 K 线触及短期均线并在其上方收阳线，说明股价受到短期均线支撑，后市上涨的可能性较大。若 K 线拉大与短期均线的距离，则可能会有反弹出现。

同样，在上涨或下跌的时候，K 线触及中期（30 日、60 日均线）或长期均线（半年线或年线）时，均线都会产生支撑或阻力作用，这时也是中短线操作的买卖点。

图 8-11 展示的是海德股份（000567）的股价走势。该股反弹结束后继续下跌，2018 年 5 月下旬出现几天的小幅反弹走势。当 5 日均线和 10 日均线即将与 30 日均线形成金叉时，5 日均线却反转向下，均线系统拒绝金叉，30 日均线持续下行。这种盘面现象说明市场没有真正企稳，股价只是弱势反弹或技术修复，投资者应在 30 日均线附近离场。

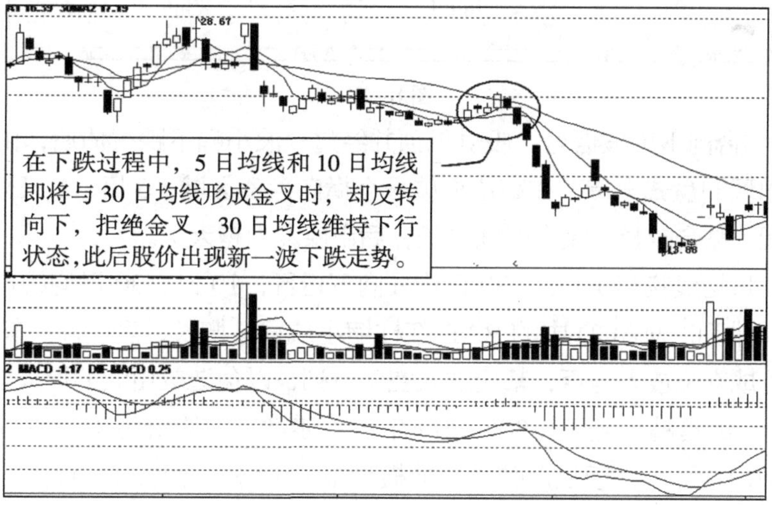

图 8-11

3. 均线向下突破信号

（1）高位黏合向下突破信号。股价经过大幅炒作后，庄家在高位形成出货区域，使 5 日、10 日、30 日均线在高位黏合在一起（黏合越紧，黏合时间越长，则后期下跌力度越大）。庄家基本完成出货任务后，股价向下运行，5 日均线摆脱黏合开始向下，10 日、30 日均线尾随其后跟着向下，均线系统出现空头排列，这表明中短期下跌行情即将产生。此时不论成交量是否放大，都是一个见顶信号，应及时获利了结。

图 8-12 展示的是中兴通讯（000063）的股价走势。该股庄家大幅炒高股价后，维持高位震荡走势，目的是使手中的筹码卖个好价钱。均线系统在高位走平后形成黏合状态，此时庄家不断向外派发筹码。

当庄家基本完成派发任务后，2018 年 1 月 29 日，一根接近跌停的大阴线向下破位，黏合在一起的均线系统开始向下发散，均线系统出现空头排列，股价出现较大的下跌走势。实盘操作中，当均线系统在高位出现黏合状态时，一定要提高警惕，加强风险防范。一旦高位被套，可能一时难以脱身。

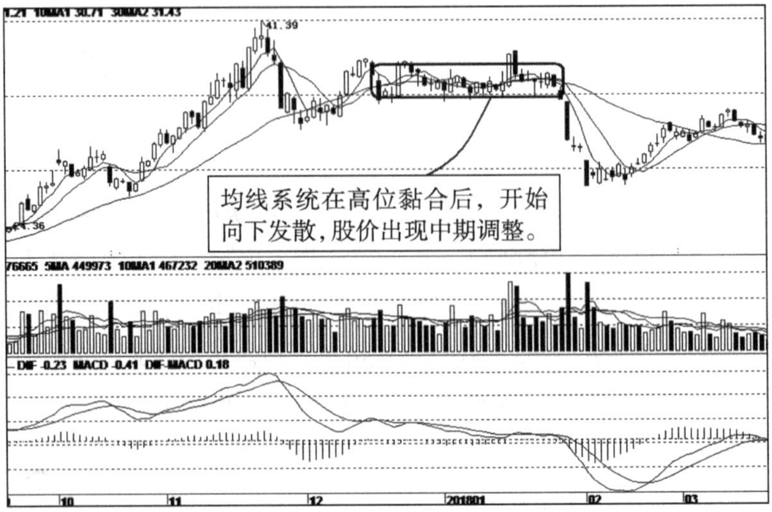

图 8-12

（2）中途黏合向下突破信号。股价见顶并经过一波小幅下跌行情后，由于庄家没有顺利撤退，于是出现护盘式出货，在高位形成一个横向盘整区域，5 日、10 日、30 日均线在高位黏合在一起（黏合越紧，黏合时间越长，后市爆发力越大）。

如果某日 5 日均线脱离 10 日、30 日均线向下运行，10 日、30 日均线也随之向下，均线系统出现空头排列。MACD 中的 BAR 红柱缩小或绿柱增长，表明新一轮跌势行情即将产生，此时无论成交量放大与否，都应加入空头行列，以免造成更大的损失。

图 8-13 展示的是精伦电子（600355）的股价走势。在股价见顶回落过程中，由于庄家未能顺利完成出货计划，于是反弹后形成横盘整理走势。此时，5 日、10 日、30 日均线几乎黏合在一起，持续时间长达一个多月。2018 年 2 月 1 日，股价向下破位，脱离平台整理区域，均线系统呈现向下空头发散状态。此后股价出现大幅跳水走势，跌幅超出预料之外。

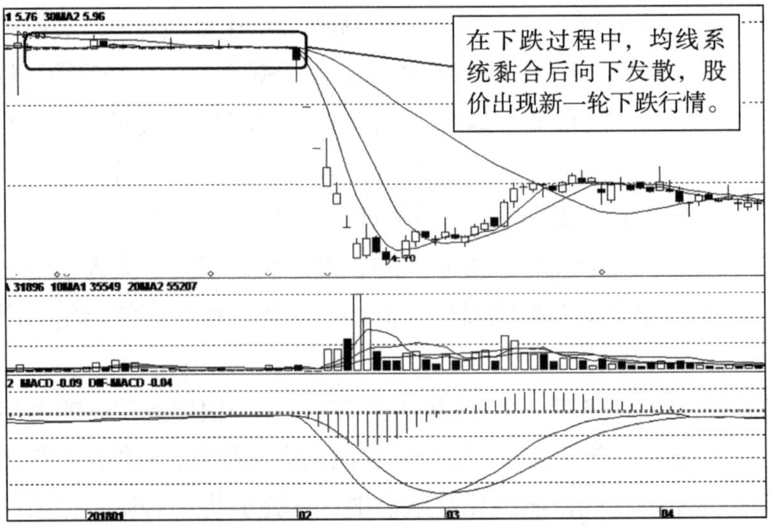

图 8-13

4. 均线向下发散信号

（1）首次交叉后向下发散。均线系统中短期、中期、长期均线从向上发散状态逐渐收敛，之后转变为向下发散状态。这种情况若出现在涨势后期，则是卖出信号，后市看跌。向下发散的角度越大，后市下跌的力度越大。交易者遇此信号时应及时做空，一旦形成向下发散，常会出现较大跌幅。

图 8-14 展示的是鲁西化工（000830）的股价走势。该股经过大幅炒作后，主力获利非常丰厚，高位兑现获利筹码是当务之急，因此股价在高位形成震荡盘整走势。2018 年 3 月，均线系统由原先的多头发散状态渐渐收敛后，转为空头向下发散状态，股价由多头市场转为空头市场，后市股价理应看跌。

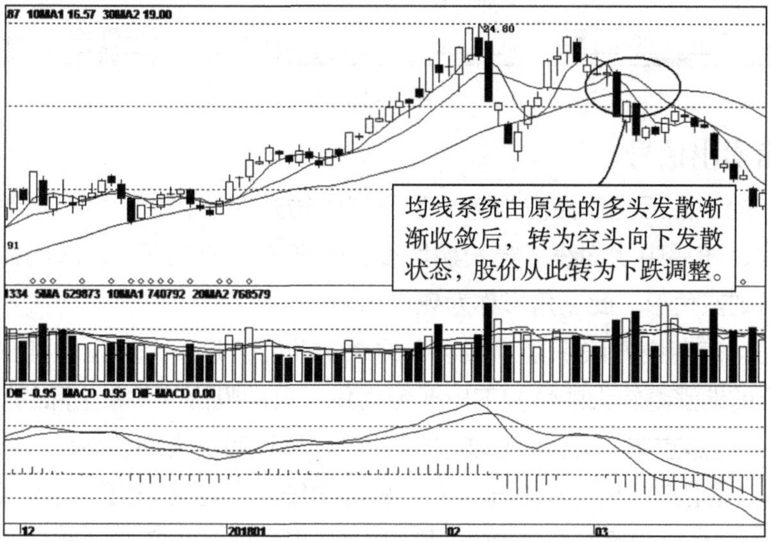

图 8-14

（2）再次交叉后向下发散。该情形出现在跌势中途，均线系统曾出现过一次向下发散（可以是黏合发散，也可以是交叉向下发散）。不久，向下发散的均线又逐渐收敛，短期、中期、长期均线收敛后再次向下发散，这是很好的卖出信号，后市继续看跌。一般来说，第一次向下发散时卖出成功率最高，越到后面，成功概率越小。

图 8-15 展示的是大亚圣象（000910）的股价走势。庄家将股价拉高后在高位出货，股价渐渐回落。2018 年 2 月，均线系统由多头发散转向空头发散，股价也出现一定幅度的下跌。

经过一段时间的下跌调整后，股价有所企稳，庄家对技术形态进行修复，空头发散的均线系统渐渐收敛。但因长期均线的下压，2018 年 3 月下旬，均线系统再次出现空头发散，从而引发新一轮下跌行情。见到均线再次向下发散信号时，投资者还是及时退出观望为好。

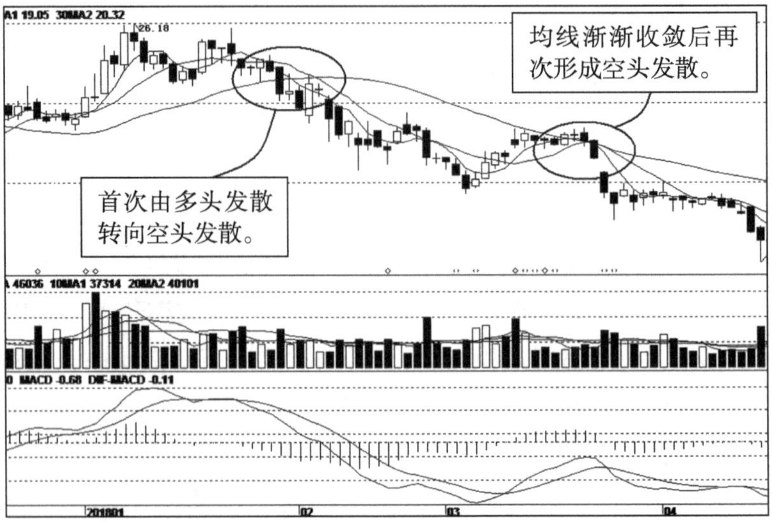

图 8-15

5. 死亡角卖出信号

股价经过一轮上涨后出现滞涨走势，股价开始转升为跌。之后短期均线由上向下穿过中期、长期均线，随后中期均线下穿长期均线，长期均线随之下行，从而在顶部形成一个尖头向下的不规则三角形，此三角形称为死亡角。

出现死亡角，表明空方已积累了相当大的杀跌动能，是一个典型的卖出信号。根据经验分析，在股价前期涨幅较大的情况下出现死亡角，日后股价下跌和上涨的比例为 8:2。

图 8-16 展示的是京东方 A（000725）的股价走势。该股被大幅炒高后，由于获利盘涌出，股价开始出现向下回落走势。2018 年 1 月，5 日均线向下死叉 10 日均线，随后又死叉 30 日均线。几天后，10 日均线又死叉 30 日均线，30 日均线从上行状态转为下行，从而构成一个尖头向下的不规则三角形，这个三角形就是一个死亡角。

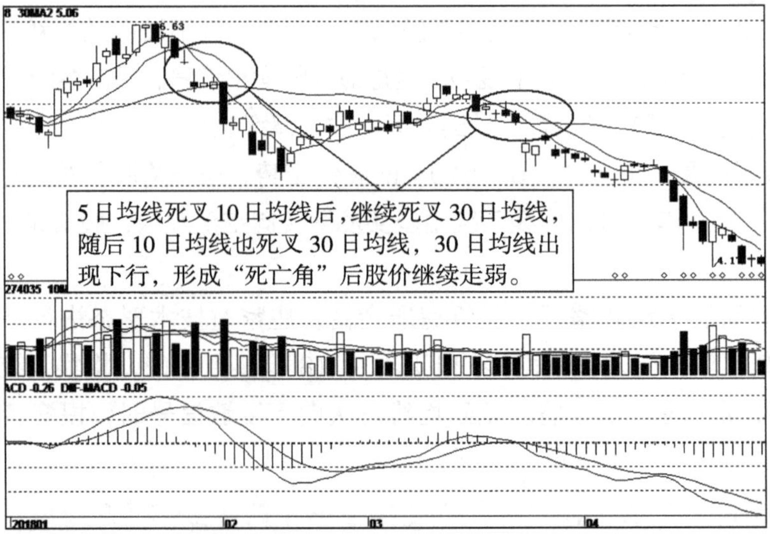

图 8-16

这种走势表明空方已积累了相当大的杀跌能量，后市将出现一波下跌行情，此时应尽快逢高离场观望。此后股价经过修复性反弹，2018 年 3 月再次出现“死亡角”形态，盘面弱势特征得到进一步验证，股价从此出现中期下跌走势。

第三节　单根均线操作技巧

一、暴力线——5 日均线

5 日均线是短线操作中最常用的一条均线，也是许多强势股的重要参照指标。股价沿 5 日均线上涨而不跌破，显示盘面走势很强劲。走势强劲的股票应该继续持有，不能因短期有较大涨幅而恐高，或因担心盈利缩水而提前落袋为安。但如果短期获利较大，可以部分或全部止盈。

在主升浪的初期调整走势中时，股价一般会跌破 5 日均线，但没有跌破 10 日均线，表明股价较为强势，可以持有不动，当然卖出股票也不能算错。中途出现第二次调整时，没有跌破 5 日均线，仍属于强势调整，应坚定持有。上涨末期出现第三次调整时，应谨防出现阶段性顶部。

需要说明的是，短线操作并非只能持股几天，并不是盈利几个点必须卖出，要看盘面强弱而定。如果股价一直没有跌破 5 日均线，可以一路持有，跌破可以减仓。

股价上涨一段时间后，出现如下信号时，可以考虑卖出（按如下顺序分析操作，可以确保利润不会大幅缩水）。

（1）K 线出现见顶信号，如长上影线、十字星、吊颈线、乌云盖顶等。

（2）高位涨停后收出大阴线。

（3）股价跌破 10 日均线。

（4）5 日和 10 日均线出现死叉。

图 8–17 展示的是方大炭素（600516）的股价走势。该股庄家完成建仓计划后进入上升趋势，股价贴着 5 日均线强势上行，中途调整时基本不破 5 日均线。即使破了 5 日均线，也不破 10 日均线，盘面走势非常强势，成交量持续放大，市场做多热情高涨，股价节节拔高。投资者可以在 5 日或 10 日均线附近跟进，并坚定持股待涨，直到 2017 年 8 月 4 日在高位出现放量冲高回落的大阴线时离场。

这里还有一种超短线操作技巧。

股价贴着 5 日均线上涨途中，K 线始终踏在 5 日均线上，如果某日涨幅大于 5%，但没有涨停（重要），第二日无论平开或高开（没有涨停的情况下），都会有一个回抽 5 日均线的动作（最迟不会迟于第三日）。第一日大涨之时卖出的不要后悔，第二日绝对不可追高买入，然后再于 5 日均线处挂单买回来，其间差价约 3%，是最好的降低成本方法。

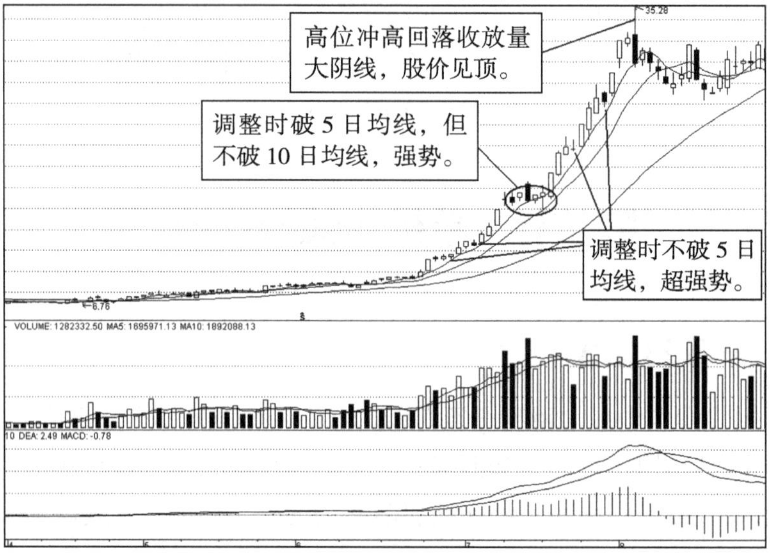

图 8-17

如果第二日仍然没有回抽 5 日均线（挂单没有成交），不要紧，第三日必然还要回来。不过第三日回抽 5 日均线时存在三种风险：一是价位较高；二是可能横盘；三是买进就跌。对于第三日回抽时挂单买入，一定要认真观察，不然会短线被套，当然也有可能买后就涨。如涨幅过大可以套现，买后涨得不多则无大忧。

在升势途中，无论股价是洗盘还是上涨，这种操作方法都能保证平平稳稳获利，急跌途中也会最大限度地减少损失。

二、纪律线——10 日均线

短线操作应指定一条均线作为纪律线：均线之上可以继续持有，均线之下最好卖出休息。10 日均线就是短线操作的纪律线，股价有效跌破纪律线，就是跌破了最后的防线，必须卖出清仓。

从短线角度来说，股价沿 10 日均线上涨，中间可能会出现若干次震荡洗盘，股价跌破 5 日均线。但洗盘的低点往往就在 10 日均线附近，一般不会跌破 10 日均线。即使偶尔跌破，也会在一两天里返回到 10 日均线之上。

10 日均线一般都呈一定角度的斜率上行，基本上没有太大的起伏。5 日均线则在 10 日均线之上向上弯曲延伸。有时 5 日均线甚至会与 10 日均线形成死叉现象，此时只要 10 日均线保持上行，可以继续持股不动。当股价拉升较快时，5 日和 10 日这两条均线的距离会拉得较远，其后股价的拉升速度放缓或振荡频率加大，会使两条均线开始拉近。

只要股价未能有效击穿 10 日均线，10 日均线仍保持上升势头，就没必要考虑抛出股票。下托的均线周期越短，盘面走势越强劲，有些超级强势股甚至以 3 日均线为支撑向上攻击。不过过快的攻击速度会使能量消耗得过快，获利盘短时间内积累过多，后期拉升能力会受到影响。在这种走势中，除非庄家采取极端手段进行洗盘，否则一旦股价跌破下托线，行情将会很快结束。其卖出方法可以参考前述 5 日均线的要点操作。

图 8–18 展示的是劲拓股份（300400）的股价走势。该股进入上升通道后，虽然出现多次调整走势，但股价始终沿着 10 日均线坚挺上行，5 日均线在 10 日均线之上弯曲向上延伸。5 日均线曾经一度与 10 日均线出现死叉，但 10 日均线依然保持上行，短线可以不必为此担心，一路坚定持股。直到在高位收出涨停大阴线时，出现第一卖点，此时没有卖出的交易者，可以在随后再次收出长上影线流星线时卖出，此为第二卖点。

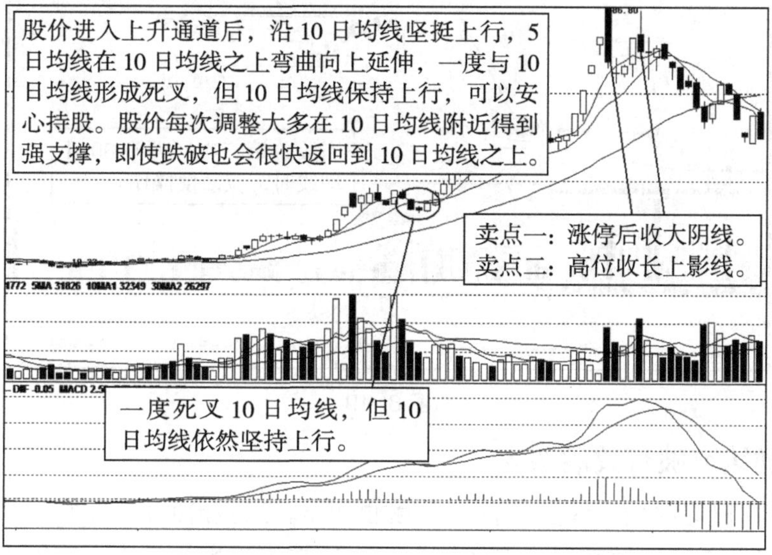

图 8–18

三、生命线——30 日均线

30 日均线是一条神奇的生命线，在实盘分析中十分重要。股价上升时它是一条支撑线，股价下挫后反弹时，它又是一条阻力线。如果个股在下调后企稳，向上反弹时冲击 30 日均线明显有压力，成交量也没有配合放大，在冲击 30 日均线时留下较长的上影线（表明上档阻力强），那么交易者可以及时减磅。相反，如果个股上攻 30 日均线时有较大的成交量支持，股价冲过 30 日均线后可以再看几天。也就是说，在个股于 30 日均线附近震荡时，是交易者进行差价操作的好时机。

1. 在 30 日均线处买入

根据长期实盘观察，30 日均线是目前大部分黑马股拉升时的重要生命线。一旦股价有效突破 30 日均线，往往意味着中期上涨行情开始。

30 日均线买入条件如下。

（1）30 日均线由走平转为向上运行。

（2）股价第一次突破 30 日均线后，回抽时应大胆买入。第二次回抽确认时，可以买入。第三次回抽 30 日均线就很危险了，这就是所谓的“再一再二不能再三”。

图 8-19 展示的是京天利（300399）的股价走势。该股经过充分整理后，股价再次向上突破，30 日均线由平走转为向上运行，意味着中期上涨行情开始。之后股价第一次回调到 30 日均线附近时，可以大胆买入。再次回调时，还可以买入。但当出现第三次回调时，均线的支撑力度将减弱甚至无支撑作用，此时就不要买入了。

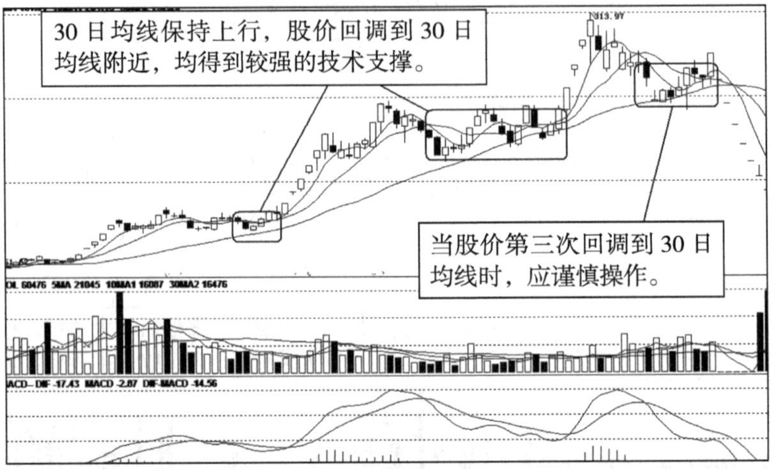

图 8-19

2. 回抽确认突破有效后买入

股价突破 30 日均线后，大多会有一个回抽动作。当股价回调到 30 日均线附近受到支撑时，是中短线一个较好的买点。据此操作时，注意不要提前介入，因为有些个股会跌破 30 日均线。只要跌破之后能在 3 日内拉回，可以确认 30 日均线对股价支撑有效。回升并在 30 日均线之上收一根阳线后，可以认为在 30 日均线之上企稳。第二天如收出一根阴线，可以理解为再次确认 30 日均线支撑有效性。第三天收阳线或不创新低时，才是最佳介入点，上穿 5 日均线是加仓点。大多数个股都有这种走势，大家在实盘中要多加留意。

股价回抽 30 日均线的买入条件如下。

（1）30 日均线或趋势线一定要上行。如果 30 日均线是向下移动，则大多是反弹行情，要结合其他方面综合分析。

（2）回抽要缩量，回抽结束后上行时再放量。

（3）获得 30 日均线支撑并企稳。

图 8-20 展示的是必创科技（300667）的股价走势。该股庄家完成建仓计划后，股价于 2018 年 3 月初向上突破下行的 30 日均线，然后开始对 30 日均线支撑是否有效进行回抽确认，股价小幅回落。在回落过程中，成交量出现萎缩，说明抛压不大。30 日均线缓缓上移，支持股价走高。3 月 26 日，股价放量涨停，意味着回抽确认结束，30 日均线突破有效。此时投资者应积极介入做多，随后股价连续出现多个涨停。

3. 在 30 日均线处卖出

如果股价有效跌破 30 日均线的支撑，往往意味着上涨行情终结，应做卖出操作。向下突破

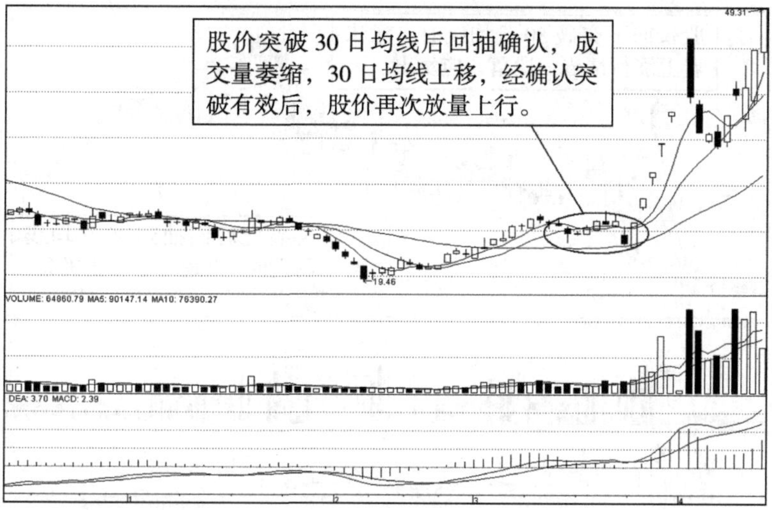

图 8-20

之后，当股价向上回抽（或跌势中的反弹行情）到30日均线附近时，也是一个较好的短线离场机会。许多走长牛行情的个股，其股价走势呈现平台整理后再上一个台阶的特征，而这种平台整理的末端，经常出现在股价与30日均线黏合之时，这时可以根据突破方向决定买卖决策。

30日均线的卖出条件如下。

（1）短期5日和10日均线已经形成死叉。

（2）30日均线从上行状态渐渐转为水平或下行状态。

（3）股价回抽时，在30日均线附近受阻，无力返回到均线上方。

图 8-21 展示的是新疆浩源（002700）的股价走势。该股经过快速上涨后，开始缓慢向上推升，显示庄家做多意愿已经消退。2018年11月26日，股价向下有效击穿30日均线的支撑，此时应选择卖出。此后几个交易日里，股价多次回抽30日均线，但30日均线已由原来的支撑作用转化为现在的压力作用，对股价上涨构成反压，股价无力站稳在30日均线之上，之后渐渐向下回落，这时也是一个较好的离场机会。

四、多空线——60日均线

60日均线是一条相当重要的均线，是中长期多空双方的分水岭，也是大趋势出现逆转的标志。

60日均线由下降转为走平再转为上升，表明该股中期下跌趋势已经得到遏制，此时以中线投资眼光介入的交易者已有获利。短线交易者在60日均线安全可靠的大背景下，可以选择合适的买卖点进行操作。

股价上穿并站稳60日均线，对个股而言具有相当重要的意义。上升的60日均线对股价有支撑作用，股价上穿60日均线需成交量有效放大的配合，突破60日均线后一般会出现回抽确认。只要能确认支撑有效，至少都会有一波上涨行情，上涨高度视成交量、阻力位和阻力强弱而定。

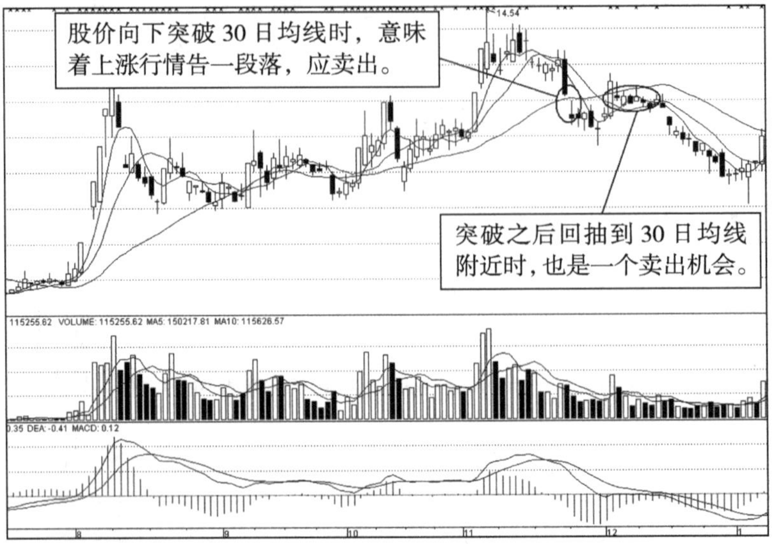

图 8-21

图 8-22 展示的是迪威视讯（现名迪威讯，300167）的股价走势。股价向上突破 60 日均线的压力后，60 日均线由下降转为走平再转为上升，说明中长线市场渐渐走强。股价大趋势向好的情况下，可以选择短线机会，让资金快速放大，可以在股价缩量回调到 60 日均线附近时介入，中短线结合操作收益更丰。

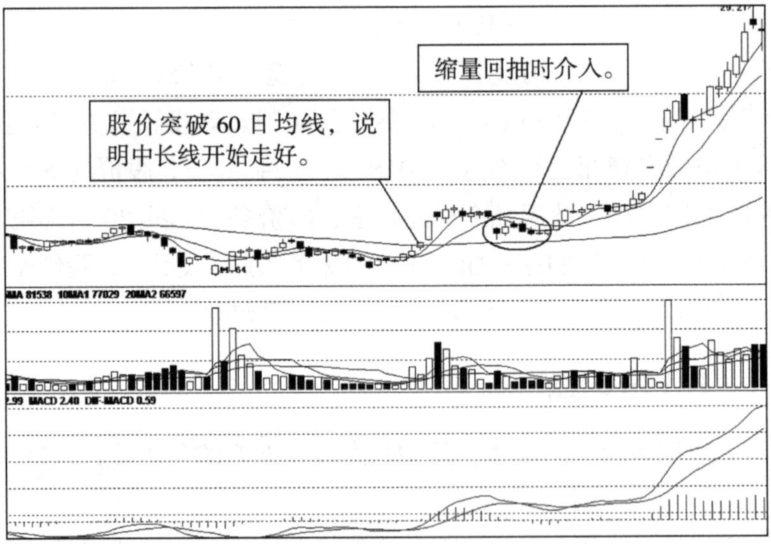

图 8-22

第九章　依据 K 线炒短线

第一节　异动 K 线

实盘操作中，经常出现一些引人关注的异动 K 线，如突然出现的大阳线、大阴线、长上下影线或大幅跳空开盘的 K 线。不少交易者看不明白其中的市场含义，这里讲述几种常见异动 K 线的短线操盘技巧。

一、暴力 K 线——大阳线

1. 超越大阳线

超越大阳线，就是后面的大阳线超越了前面的大阴线，是一个短线买入信号。

股价处于上升趋势中（有时也出现在中长期底部），因短线累积的获利盘较多，所以股价在获利盘的冲击下步入调整，日 K 线表现为阴阳交错，阴多阳少。

经过连续几日震荡下挫之后，某一日股价以大阴线击穿了上升以来对股价有较强支撑作用的 10 日或者 30 日均线，似乎寓示中长期上升趋势已被破坏，股价将陷入漫长的调整期。但是次日股价出现了戏剧性转折，在跳高开盘后，股价逐步攀升，最终以大阳线（常常是光头大阳线或涨停大阳线）报收，同时伴有放大的成交量相配合。

另外，大阳线收盘价高于阴线的开盘价，这就是所谓的“超越大阳线”。出现此信号，意味着庄家已经成功地将信心不坚定的短线跟风者清理出局，上档抛压大大减轻。之后多方再度全面控制大局，展开新的一轮上涨行情。

图 9–1 展示的是通光线缆（300265）的股价走势。该股筑底成功后，庄家发力向上突破底部盘区，均线系统随之向上发散，之后对突破的有效性进行回抽确认。2018 年 9 月 10 日，股价回落到 30 日均线附近，当天收出一根跌幅超过 5 个点的大阴线。

第二天，一根光头光脚的涨停大阳线拔地而起，收盘价超越了下跌大阴线的开盘价，构成“超越大阳线”形态买入信号。这种走势表明股价突破底部盘区有效，同时也得到 30 日均线的支撑。遇到这种盘面走势时，投资者应积极跟进做多，此后股价出现快速上涨。

遇到超越大阳线时，应注意以下几点。

（1）出现超越大阳线信号当天，成交量不可放得太大，否则可信度不高。

（2）出现信号当天，股价若封住涨停，可在第一时间排队抢筹。

（3）在出现信号的当天收盘前买进，随后几天若股价出现小幅震荡，可不必理会，只要收市价不破 5 日均线，都可放心持有。

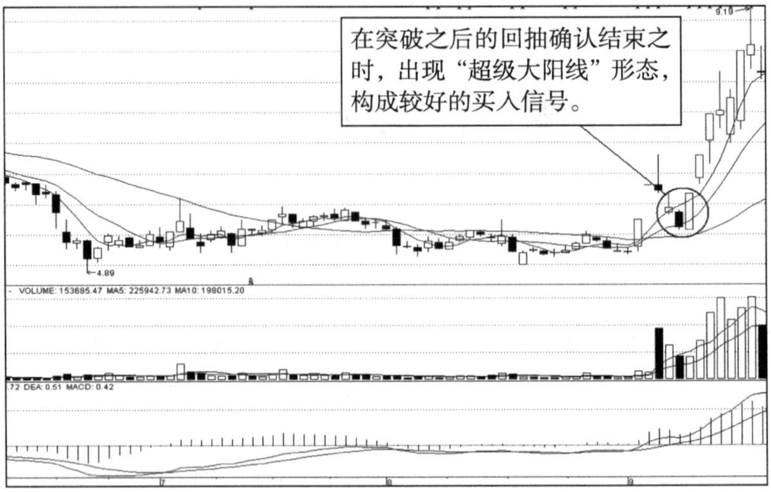

图 9-1

（4）如果出现在涨升末期，宜快进快出，获利达 10% 以上时离场，不可恋战，以免高位套牢。

2. 一针穿三线

一针穿三线就是一根大阳线同时穿过短期（5 日均线）、中期（10 日均线）、长期（30 日均线）三条均线，为强烈的底部单日反转信号。

股价开盘后几乎没有回抽动作，呈单边上涨走势，最终收于最高价或次高价，上下影线很短或没有，光头光脚的大阳线给人以巨大的想象空间。

该形态的技术意义是，市场经过一段时间的争夺战后，多空双方势均力敌，市场归于平稳，双方在一个相对平衡的格局里运行。但平静往往是在酝酿一轮更大的行情，时机一旦成熟，巨大的力量就会朝一个方向喷薄而出，势不可挡，市场轰动效应十分明显，因此具有强烈的看涨意义。

一针穿三线的形态要求如下。

一是收盘价大大高于开盘价，为大阳线。

二是阳线实体部分较长，股价实际涨幅较大。

三是没有上下影线，或上下影线很短。

四是这根大阳线成功向上穿过三条均线。

这种形态大多出现在以下几个阶段里。

（1）股价较长时间处于阴跌行情中，势道十分疲弱，但跌势有所收敛，短期、中期、长期均线十分靠近。此时股价突然放量向上，有力穿过三条均线，表明跌势被扭转，市场迎来转机。

（2）股价经过深幅下跌后，在底部较长时间的盘整走势中，成交量持续低迷，交投沉寂，短期、中期、长期均线逐渐接近。此时股价突然放量上行，成功穿越三条均线的压制，表明庄家吸货宣告结束，市场将迎来上涨行情。

（3）股价长时间处于牛皮盘整市道中，上升速率缓慢，短期、中期、长期均线比较接近。经过一两天的短暂回调后，股价放量向上穿越三条均线，表明市场将进入加速上涨行情。

（4）股价经过一段小幅上涨后，庄家开始洗盘换手，市场进入强势调整，短期、中期、长期均线从上行走势转为平行走势。此时股价突然再次放量向上突破整理格局，表明洗盘换手结束，市场将进入新一轮涨势或主升段行情。

当市场出现上述盘面现象时，均为一针穿三线形态，为短线比较好的买入点。

图 9-2 展示的是德美化工（002054）的股价走势。股价经过大幅调整后企稳盘整，庄家在底部吸纳了大量筹码。2018 年 11 月 5 日，一根光头光脚的涨停大阳线，成功向上穿过了 5 日、10 日、30 日均线，形成看涨的一针穿三线形态，从而开启一波拉升行情。从盘中可以看出成交量积极放大，表明盘局被打破，市场将迎来上涨行情，是短线入场的良机。

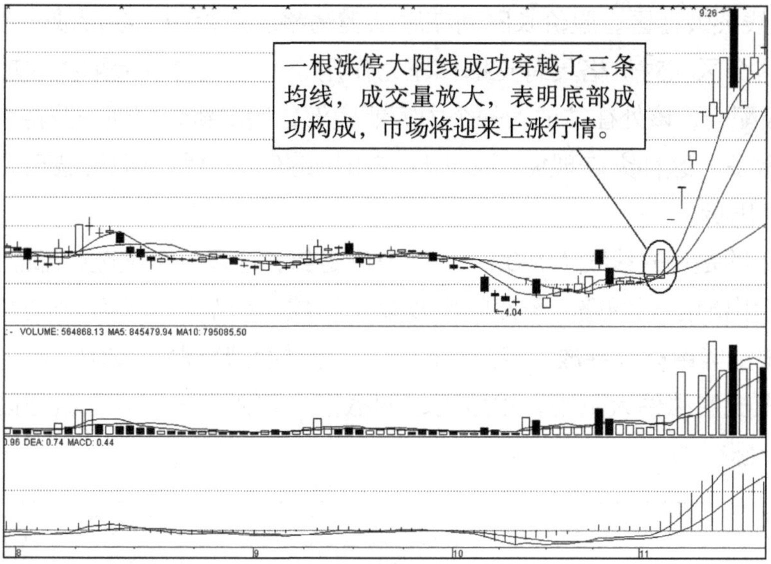

图 9-2

实盘操作中遇到这种形态时，应掌握以下技术要点。

（1）一针穿三线形态吞没的日 K 线数量越多，其反转的市场意义越大。第二天股价持续向纵深发展，技术含义更强烈。

（2）顺大势而行的一针穿三线形态可以顺势操作。逆大势而行的一针穿三线形态可靠性不高，短线尽量不参与为好。

（3）成交量保持活跃状态，无论是向上突破还是向下突破，一针穿三线形态通常都伴有较大的成交量，放大的成交量让人感到势不可挡。如果是一两天的脉冲式放量，或出现顶天立地的单天放量，信号可靠性不高，虚假的可能性极大。

（4）股价成功突破一个重要的技术位置，如压力位或支撑位、趋势线、前期成交密集区、整数点位等，可以积极参与多空博弈。

（5）一针穿三线形态应以实体 K 线作为分析依据。如果仅仅是上下影线部分穿过三条均线，收盘时没有站稳，则没有实质性技术意义。光头光脚的一针穿三线形态技术分析意义更大，后市涨跌力度与 K 线的长度成正比。

3. 突破大阳线

在股价长期运行过程中，可能会形成某些具有重要意义的位置，但这些位置不可能长期存在下去，迟早有一天要被突破的。当大阳线成功向上跨越或脱离这些重要位置时，说明市场出现向上突破走势，股价蓄势整理结束，后市将有可能出现一段升势行情，此时可以中短线积极做多。

能够称为突破的技术位置有很多，比如均线、趋势线（通道）、技术整理形态、成交密集区、黄金分割线、整数点位和时间之窗等。笔者在这里就大阳线突破盘区（成交密集区）、均线和技术形态这三种盘面现象作一些分析，其他突破信号大家可以在实盘中自行总结分析。

（1）大阳线突破盘区。股价长时间在底部震荡整理过程中，会形成一个盘整区域或成交密集区域，这个区域对价格具有支撑和压力作用。一旦股价以大阳线成功向上突破该区域，成交量积极配合，该处往往成为一个中短期底部，后市将会出现一波持续的上涨行情，此时可以积极做多。这种突破现象可以出现在市场的任一阶段，但突破高位盘整区域时，要防止庄家拉高出货。

图 9–3 展示的是通光线缆（300265）的股价走势，这是一个突破底部盘整区域的例子。股价反弹结束后出现回落调整，震荡幅度收窄，形成一个盘区。在整个调整过程中，成交量大幅萎缩，做空能量充分释放。经过近两个多月的横盘整理后，2018 年 12 月 25 日，该股突然收出一根放量涨停大阳线。拔地而起的涨停大阳线突破了底部盘整区域，随后股价出现一波快速上涨行情。

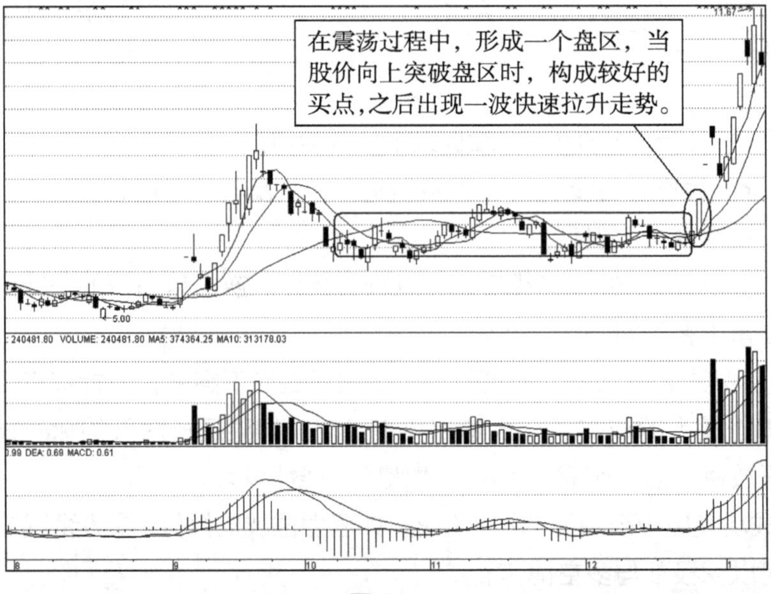

图 9–3

从图中可以看出，经过长时间的下跌调整后，股价已经处于历史底部区域。从成交量上分析，想出局的人基本已经退出了，持股不动的人大多属于看多一族，因此后市下跌空间已被封杀。出现大阳线之前，股价经过充分的筑底，底部基础构筑扎实，一旦股价脱离该区域，此处就会成为中长期底部。出现大阳线之后，成交量明显放大，显示买盘积极，做多热情高涨，说明股价成功脱离底部区域。因此这根大阳线是底部突破性标志，交易者可以积极跟进做多。

震荡盘整行情中很难赚到钱，因为这时没有一个明显的趋势性行情，什么时候结束盘整，很难从均线系统或其他技术分析中找到答案。盘整时均线形成纠缠状态，整个走势上去下来，下来上去，反复震荡，反复纠缠，刚刚金叉又下来了，刚刚死叉又上来了，用均线系统没有办法判断和操作。

要结束这种盘整走势，必须有强大的做多力量才能打破僵局，大阳线突破盘局就是一个标志性信号。掌握了这种 K 线后，就读懂了盘口语言和庄家意图，随后的操作也就得心应手了。

（2）大阳线突破均线。当大阳线向上突破均线时，股价由均线下方转到均线上方，预示股价下跌或调整结束，后市将出现上涨行情，因此是一个看涨信号。

这种情况通常出现在三种位置：一是出现在下跌趋势后期，大阳线向上突破下行的均线。二是出现在上升趋势途中，股价洗盘调整结束后，大阳线向上突破上行的均线。三是出现在横盘整理过程中，大阳线向上突破水平移动的均线。

根据均线周期长短，大阳线突破包括突破短期、中期和长期均线三种情况。在此笔者仅就大阳线突破 30 日均线为例进行分析，对其他情况的均线突破，交易者可以根据这个思路自行研判总结。

图 9-4 展示的是特发信息（000070）的股价走势。这个例子出现在洗盘调整结束后，大阳线向上突破了上行的 30 日均线。股价经过一轮快速下跌后企稳回升，形成新的上升通道，均线系统呈多头排列。不久庄家开始洗盘，进入整理走势，股价向下回落到 30 日均线之下，成交量出现明显的萎缩。

经过短暂的整理后，2019 年 1 月 2 日，一根放量涨停大阳线拔地而起，突破了 30 日均线的压制，股价重新回到 30 日均线之上，预示洗盘调整结束，后市将展开新的上涨行情，因此这是一个买入信号。随后股价连续涨停，出现一波加速上涨行情，短期获利非常丰厚。

在大阳线突破之前，该股股价已经有了小幅上涨。庄家为了日后更好地拉高出货，展开了洗盘调整走势。从图中可以看出，在股价回调时，成交量呈现萎缩状态，说明浮动筹码不多。在大阳线突破之前，股价运行在上升趋势中，均线系统保持多头排列状态，这根大阳线为股价的上涨起到了推波助澜的作用。同时，在大阳线突破后的第二天，股价继续强势上涨，说明突破力度比较大，多头气势比较旺盛，因此做多信号非常强烈。

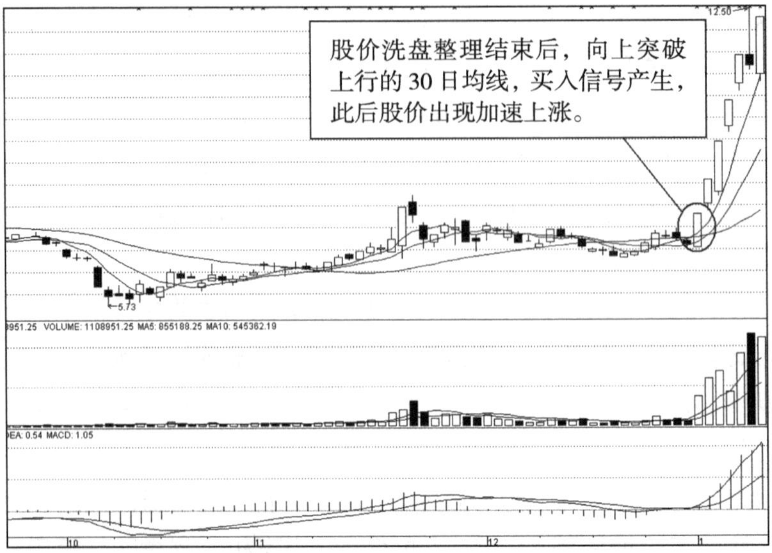

图 9-4

（3）大阳线突破技术形态。在股价长期运行过程中，可能会形成某些技术形态，如常见的双重底（顶）、头肩形、圆弧形、三角形、楔形或旗形等。一旦股价以大阳线成功突破这些技术形态，说明技术形态构筑完毕，股价将沿着突破的方向继续运行，至少达到“最小量度”升幅，因此是一个较好的短线买入信号。

图 9-5 展示的是国电南自（600268）的股价走势。从该股 2018 年 10 月至 2019 年 1 月的走势中可以看出，当股价再次下探到前期低点时，得到了前低的支撑，构成第一个买点。1 月 3 日股价放量涨停，突破双重底颈线的压力位，构成第二个买点。股价突破之后，出现了三连板。可见，在股价突破颈线时，是一个非常好的加仓买入点。

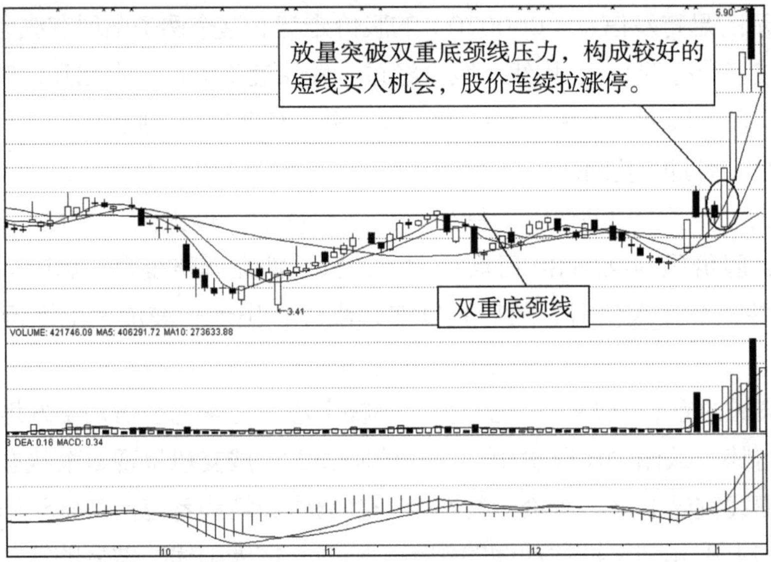

图 9-5

4. 洗盘后的大阳线

洗盘就是庄家运用种种手法，驱逐场内散户离场，吸引场外散户进场，使流动筹码成功实现换手，以提高市场平均持仓成本，达到顺利拉升和派发的目的。洗盘结束后，股价将出现上涨行情，交易者抓住洗盘结束后的买入点，就是抓住了大行情的起涨点，所以掌握洗盘结束后大阳线的一些技术要点非常重要。

洗盘结束后的大阳线有几个特征：出现在涨势中；股价重心向上，回调一般不会跌破大阳线开盘价；成交量可大可小，但不会出现巨量；起到空中加油的作用，进一步拓展股价上升空间。

图 9–6 展示的是正海生物（300653）的股价走势。该股经过庄家打压构筑空头陷阱后，盘面渐渐企稳回升。当股价回升到前期盘区附近时，庄家主动展开洗盘整理，以释放上方套牢盘，从而使股价出现回落走势。当股价触及 30 日均线时得到较强支撑，显示有抄底资金入场。股价在 2018 年 3 月 26 日向上拉起，收出一根放量涨停大阳线，说明洗盘整理结束，此时构成较好的短线买入信号。

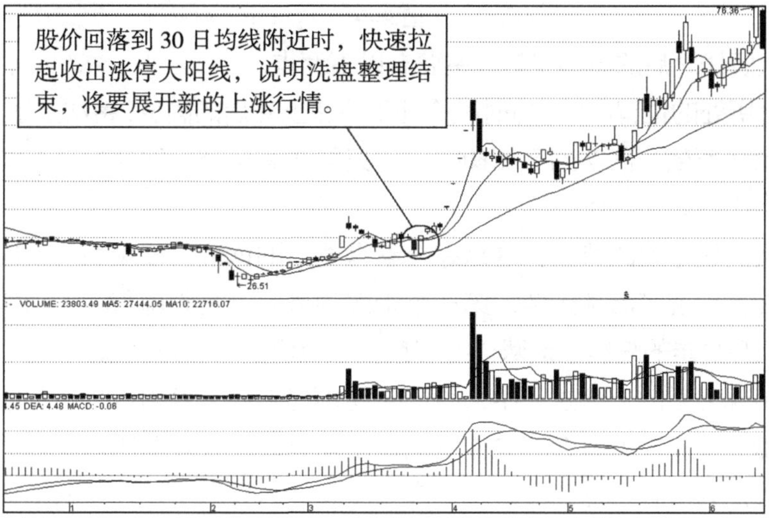

图 9–6

二、恐怖 K 线——大阴线

1. 大阴线杀跌

股价经过大幅炒作或持续反弹后，庄家获利十分丰厚，盘中堆积了大量获利筹码，这时逢高出货是庄家必然的选择。高位一旦出现下跌大阴线，则意味着行情涨势结束，交易者应获利了结，尽快离场。

图 9–7 展示的是群兴玩具（002575）的股价走势。该股股价经过大幅爆炒后，短期涨幅十分惊人，庄家获利丰厚。2018 年 11 月 14 日，高价区域出现一根接近跌停的大阴线，预示股价有见顶的迹象。但庄家操盘手法非常高明，为了使自己顺利出货，不久又推动股

价回升到该大阴线附近，此时继续遭到获利盘的抛压。11 月 30 日，股价再次在高位收出一根大阴线，疑似构筑双重顶形态，此后股价步入调整走势。

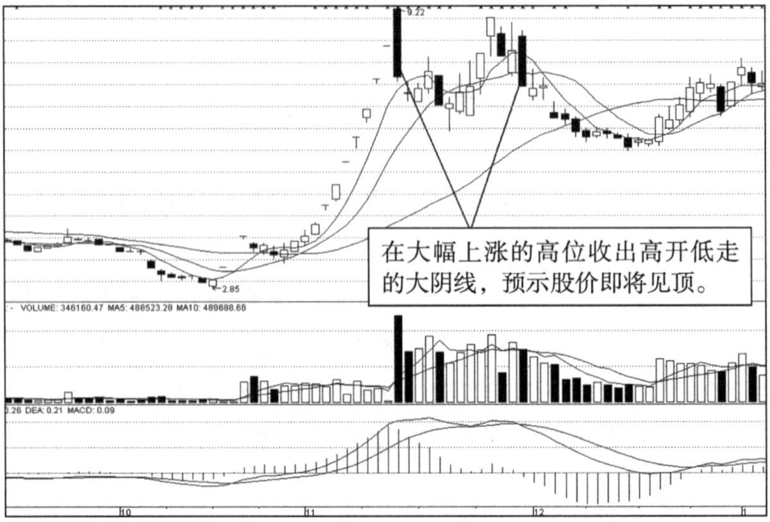

图 9–7

判断这种大阴线之后的市场走势，主要有以下两点。

一是看股价所处的位置高低。当时股价处于快速上涨后的高位，每次上涨都可能是诱多，或是多头涨后余波所致。落实到具体操作上，只能逢高出逃。即使当日没能退出，次日冲高回落时也该跑了。

二是分析大阴线出现的背景，这是综合看盘能力的体现。该股高位收出第一根大阴线的前两天，盘面就出现了滞涨走势。第一个走弱的迹象就是收出带长下影线的阳线，第二个迹象是收出低开高走的阳线，这两个细节都说明股价上涨压力加重。

在大阴线出现之后的上涨过程中，股价未能创出新高，表明这是庄家的诱多动作。如果真是一波上涨行情，庄家就会一鼓作气地拉出新高，不会在此制造更多的悬念。随后股价再次下跌，收出大阴线，这时股价转势应当没有什么疑问了。理智的交易者此时应当把握住最后的出局机会，否则就会被套其中。

实盘操作中，交易者遇到高位大阴线时，应把握以下技术要点。

（1）分析当时股价所处的位置。如果是在股价运行到市场高位时出现大阴线，一定要注意谨防庄家出货。一旦后市股价走软，就要果断卖出。那么如何量化股价的高低呢？通常牛市上涨行情持续时间长达 3 个月以上，累计涨幅超过 1 倍甚至几倍，就可以认定为高价区域。

（2）出现大阴线之后，如果第二天股价继续走弱，就要果断卖出。当股价跌破 10 日均线的支撑时，要无条件卖出，哪怕出现亏损也要斩仓出局。如果出现这种走势后的第二天股价继续强势上行，但当股价冲击到前期高点时受阻，也要立即卖出，对后市不要心存侥幸。

（3）当股价持续上升一段时间后，市场上的获利筹码越来越多，获利盘抛压就会不断增加，此时股价上涨将会遇到相反的力量。物极必反，滞涨回落，这时就会形成头部，交易者应尽快离场。

2. 一针穿三线

一根大阴线同时向下击穿短期（5日均线）、中期（10日均线）、长期（30日均线）三条均线的支撑，为强烈的顶部单日反转信号，短线应及时离场。

股价开盘后几乎没有反弹动作，股价呈单边下跌走势，最终收于最低价或次低位，K线上下影线很短或没有上下影线。光头光脚的大阴线更具有看空意义。大阴线是股价从三条均线之上转为三条均线之下的转折点，也是均线系统由多头排列转为空头排列的关键反转日。

辨认一针穿三线的形态法则如下。

（1）收盘价大大低于开盘价，为大阴线。

（2）阴线实体部分较长，股价实际跌幅较大。

（3）没有上下影线，或上下影线很短。

（4）大阴线成功向下击穿三条均线。

图9–8展示的是奋达科技（002681）的股价走势。该股股价经过大幅上涨后，在高位形成盘头走势，市场出现平衡状态，短期、中期、长期三条均线逐渐接近，并呈横向胶着走势。之后三次出现一针下穿三线的形态，表明头部形态已经形成，市场将结束上涨行情。每次出现一针穿三线信号，都是短线离场的机会。

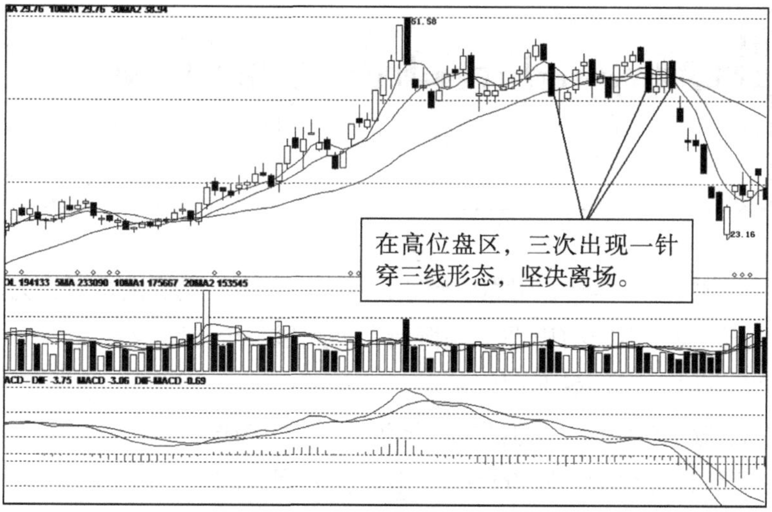

图9–8

3. 突破大阴线

突破是指股价脱离或穿越某一个有重要技术意义的位置，朝着突破方向继续运行一段时间，所以是一个强烈的短线卖出信号。在市场中，能够称为突破的技术位置有很多，比如均线、趋势线（通道）、技术整理形态、成交密集区、黄金分割线、整数点位和时间之窗等。这里仅就大阴线突破盘区、均线和技术形态这三种盘面现象做些探讨，其他的突破信号大家可在实盘中自行总结。

（1）大阴线突破盘区。股价在高位经过长时间的震荡，往往会形成一个盘整区域或成交密集区域。大阴线一旦成功向下突破这个盘区，该位置很容易形成阶段性顶部，后市股价可能出现一波持续的下跌行情，此时应及时卖出股票。

图 9–9 展示的是长江投资（600119）的股价走势，这是大阴线向下突破中位盘整区域的例子。股价下跌一段时间后，在中位形成横盘整理走势，庄家在震荡过程中继续出货。当庄家在此区域兑现了大量的获利筹码后，2018 年 1 月 31 日收出一根下跌大阴线，这根大阴线向下突破了平台调整区域，随后几个交易日股价继续下跌，进一步加强了空头气氛。之后，该位置成为后市股价反弹的一个重要阻力区，4 月 9 日，股价回升到该位置时受阻回落，股价继续走低。

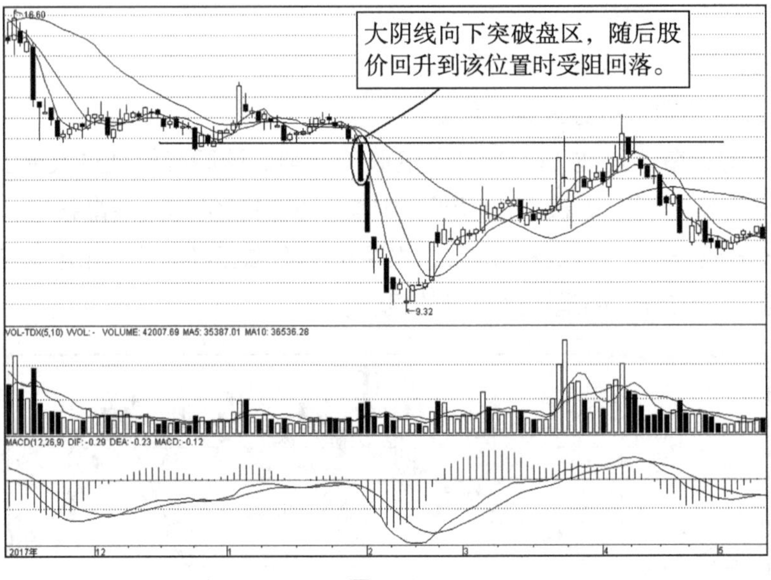

图 9–9

（2）大阴线突破均线。当大阴线由上向下突破均线时，股价由均线上方转到均线下方，预示股价涨势将要结束，后市将出现下跌行情，因此是一个看跌信号。

这种情况通常有以下三种盘面现象。

一是出现在上涨趋势后期，大阴线向下突破上行的均线。

二是出现在下跌趋势途中，股价反弹结束后，大阴线向下突破下行的均线。

三是出现在横盘整理过程中，大阴线向下突破水平移动的均线。

根据均线周期长短，包括大阴线突破短期均线、中期均线和长期均线三种类型。在此仅就大阴线突破 30 日均线为例进行分析。对于其他类型的突破走势，大家可以根据这里提供的思路自行研判总结。

图 9–10 展示的是重庆啤酒（600132）的股价走势。这个例子出现在上涨趋势的后期，

大阴线向下突破上行的均线系统。该股见底后逐波上涨，均线系统呈多头排列，股价累计涨幅较大，做多能量得到较好的释放。不久，在高位出现横向震荡整理走势，股价上涨遇到了一定的压力。

2018 年 6 月 11 日，一根大阴线向下突破了 30 日均线，预示上涨行情告一段落。随后 5 日均线死叉 10 日均线，30 日均线渐渐转为走平，这说明已经形成短期头部。7 月下旬股价反弹到该位置附近时遇阻回落，在形态上构筑了一个双重顶，此后股价渐渐下行。

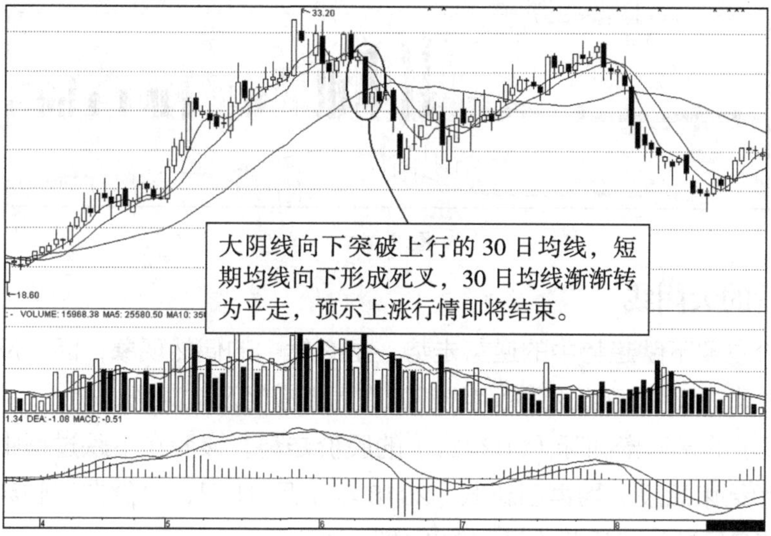

图 9-10

从图中可以看出，在大阴线突破之前，股价已经有了比较大的涨幅，落袋为安的思想渐趋形成，这样就加重了股价上涨的阻力。盘面上，股价在高位出现横向震荡整理走势，说明股价已经出现滞涨，这就催生了大阴线的出现。此时交易者应引起警觉，一旦大阴线形成，应赶快出局。遇到这样的突破走势时，交易者应在大阴线当天出局，或者在回抽确认突破有效时，在 30 日均线附近逢高离场。

（3）大阴线突破技术形态。在股价长期运行过程中，可能会形成某些技术形态，如常见的双重底（顶）、头肩形、圆弧形、三角形、楔形或旗形等。一旦大阴线成功突破这些技术形态，说明技术形态构筑成功，股价将沿着突破的方向继续运行，至少达到“最小量度”跌幅，因此是一个卖出信号。

图 9-11 展示的是宝德股份（300023）的股价走势。该股股价经过长时间的下跌调整后，2018 年 9 月 11 日出现一波有力度的快速反弹行情，然后在高位进入震荡走势，短线获利筹码纷纷退出。在震荡过程中形成一个双重顶形态，说明股价上涨遇到较大的压力，因此是一个看跌形态。股价在双重顶颈线位盘整了 3 个交易日后，一根大阴线向下脱离双重顶形态的颈线，从此，一个看跌形态加强了股价的下跌气氛，此后股价步入了长时间的下跌调整走势。

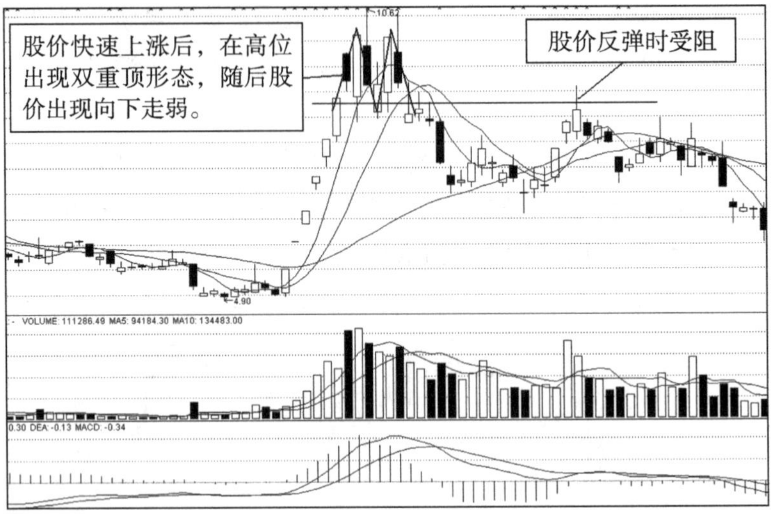

图 9-11

4. 反弹后的大阴线

反弹是股价主要下跌趋势中的逆势走势，是必然中的偶然现象，因此反弹结束后，股价仍将继续下跌。在反弹高点出现大阴线时，交易者应当及时离场。

图 9-12 展示的是亚泰国际（002811）的股价走势。该股在下跌过程中出现多次小幅反弹，每次反弹结束后股价均再创新低。2018 年 1 月 31 日，股价向下脱离盘区，再次出现大幅跳水，该盘区成为日后股价反弹的重要阻力区。

4 月 9 日，股价反弹到该位置附近时遇到巨大的抛盘，多方勉强拉高收涨。可是第二天股价大幅回落，收出下跌大阴线，抹去了前一天大阳线的全部涨幅。此时刚刚形成的多头信心又遭到毁灭性打击，股价重新回落走弱，从而形成一个反弹高点，该高点成为今后股价上涨的阻力位。5 月 14 日，股价再次反弹到该位置附近时，同样遇到了重大阻力，再次以上冲失败告终，此后股价转入震荡下跌走势。

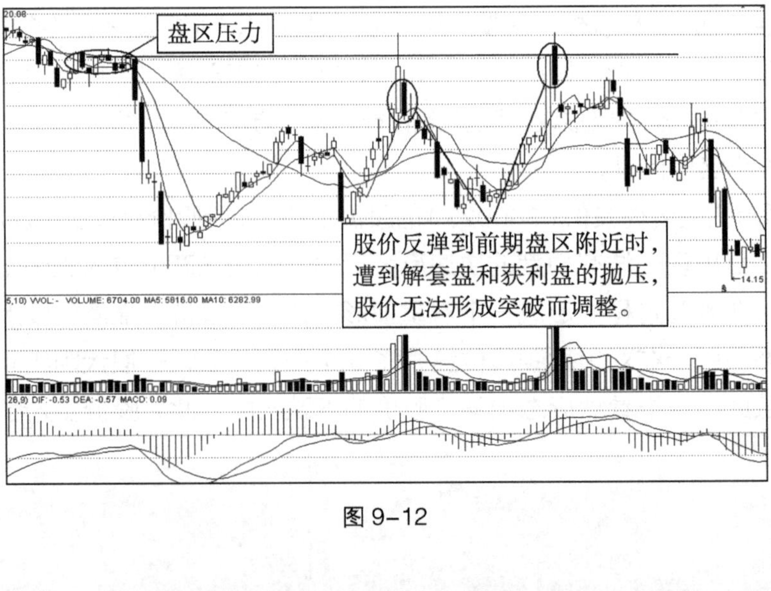

图 9-12

第二节　双日 K 线组合

双日 K 线组合分析是将连续两个交易日的 K 线组合在一起进行分析研判，这比单日 K 线分析可靠得多。这里讲解几种典型的双日 K 线组合在短线行情中的操盘技巧。

一、乌云盖顶

乌云盖顶形态为顶部反转信号，预示股价可能会见顶回落，为强烈的卖出信号。一旦在高位出现乌云盖顶形态，应以果断离场为主。散户应该对这一形态有所了解和把握，凡在高位出现乌云盖顶形态，第二天又继续收阴时，应坚决卖出股票，回避股价回调。

图 9-13 展示的是复旦复华（600624）的股价走势。经过一波持续的快速拉高行情后，该股 2018 年 11 月 16 日继续顺势小幅冲高，但未能保持强势走高态势，盘中渐渐向下滑落，吃掉了前面阳线实体的一大半，一片“乌云”覆盖在涨势的顶部，在高位形成了乌云盖顶形态。

这种形态说明多空双方意见出现分歧，多方继续上攻的势头有所减弱，而空方向下打压的势头有所加强。第二天股价继续下跌，全天几乎没有像样的反弹走势，从而进一步强化了乌云盖顶形态的有效性。此时没有来得及在高位退出的投资者应把握机会离场。

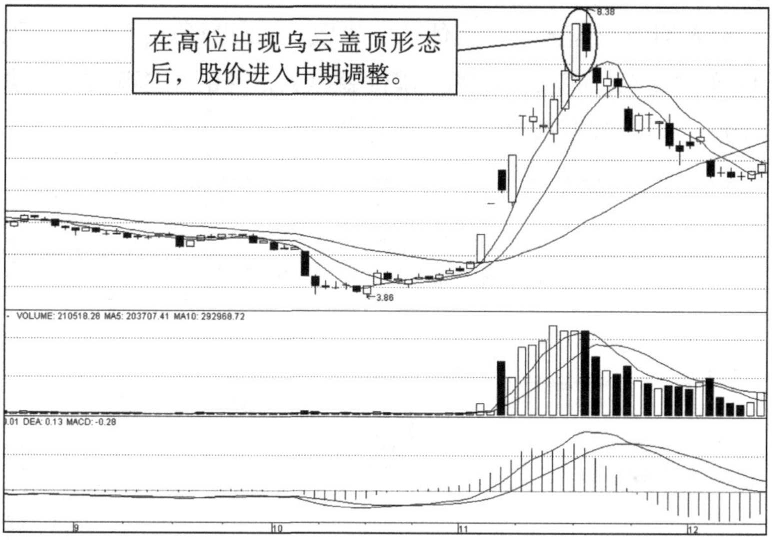

图 9-13

实盘操作中，分析乌云盖顶形态有以下关键几点。

（1）第二根 K 线应高开于第一根 K 线的最高价之上，但收盘价大幅回落，深入到第一根 K 线实体部分一半以下，否则分析意义不大。第二根 K 线实体深入第一根 K 线实体越多，说明市况见顶回落的可能性越大。

（2）第二根 K 线在开市阶段曾经向上突破明显的阻力位，之后掉头向下，说明多头上攻乏力，大势见顶的迹象已经显露。

（3）第二根 K 线开盘初段的成交量也是很重要的指标，成交量越大，表示其中潜伏的交易者越多，市势转向的可能性越大。

二、曙光初现

股价经过很长一段时间的下跌之后，空方量能已经得到了比较充分的释放，股价也已经没有下跌空间了，此时盘面上出现了十分强烈的转势信号。在某两个交易日里，前一个交易日收出一根大阴线或是中阴线，延续原来的下跌势头。后一个交易日股价跳空低开，进一步加强了下跌的气势，市场却迎来了报复性反弹，收出一根截然相反的大阳线或中阳线，且阳线大幅深入到前一根阴线实体的中部以上，说明原先由空方控制的局面即将成为过去，早晨的阳光已经普照大地。

随后盘面一扫阴霾之气，后市股价走势迎来一片艳阳天，该形态从而成为一个潜在的底部反转形态。阳线穿入阴线实体的幅度越大，反转信号越强，所以这样的 K 线组合形态看涨意义十分强烈。

图 9–14 展示的是中海达（300177）的股价走势。在底部调整过程中，2018 年 3 月 23 日该股收出一根跌停大阴线，加强了市场做空气氛。第二天受空头气氛影响股价跳空低开，可是很快股价就涨了上来，不仅回到了前一天的收盘价附近，而且还变本加厉地向上大大超越了这个水平，深入到前一天大阴线实体的一半以上，说明多头气势十分强盛。一般而言，阳线深入到大阴线实体越深，底部反转的可能性就越大。这时一些观望者也加入多头行列，进一步推动股价上涨，因此该形态是一个看涨形态。

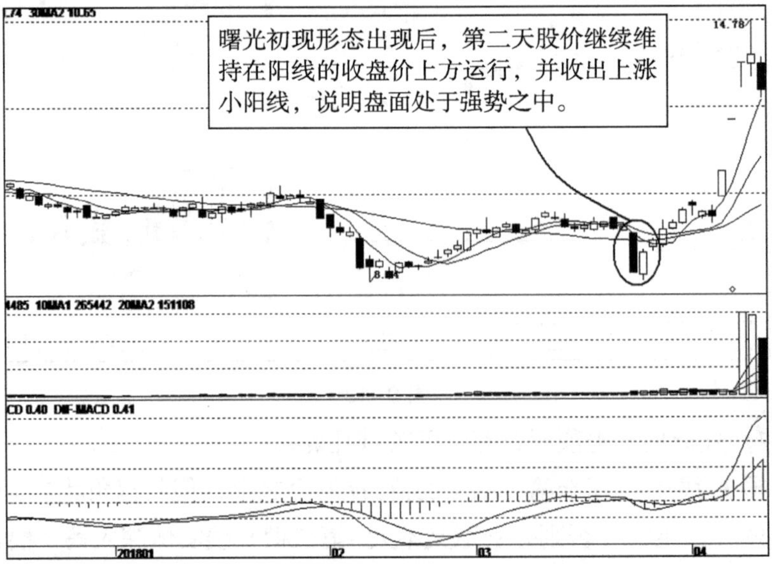

图 9–14

曙光初现形态通常出现在股价下跌趋势的末端。如果股价已经有了很大的跌幅（跌去了 50% 以上），一旦出现这样的组合形态，就预示着前面整个下跌趋势可能戛然而止，股价从此出现止跌回升走势。

从实盘情形来看，出现曙光初现形态的时候，应当有比较大的成交量配合，这样才是比较可靠的底部反转信号。如果成交量不但没有相应放大，反而出现萎缩，该形态就值得怀疑了，这样的态势通常表明此时并不一定是股价见底信号，还有可能进一步下跌。这时出现的曙光初现形态，有可能是庄家为了坐庄目的制造的多头陷阱。

三、包容线

包容线主要由两根实体颜色相反的阴阳 K 线组成，大多出现在市场转折点位，有分析意义的包容线多发生在底部和顶部。根据其颜色不同，可以分为阳包容线和阴包容线两种。阳包容线也叫破脚穿头线，为利好形态；阴包容线也叫穿头破脚线，为利淡形态。

1. 阳包容线

阳包容线出现在市场下跌末期。先出现一根实体相对较小的阴线，第二天股价低开，先跌破第一天阴线实体的低位部分，之后呈急促反弹走势，股价突破第一天阴线实体的最高价收盘，形成一根大阳线，阳线实体两头都超过阴线实体，将第一天的阴线实体全部吞没。

简单地说，就是在两根 K 线组合中，右边的阳线完全吃掉左边的阴线，第二根阳线的最低价低于第一根阴线的最低价，最高价则高于第一根阴线的最高价，这就叫阳包容线。这种形态代表空头趋势结束，行情反转向上，因此阳包容线是空转多的底部反转信号。

图 9–15 展示的是必创科技（300667）的股价走势。股价见底后步入盘升行情，盘升过程中庄家采用边拉升边洗盘边整理的方式将股价不断推高。当股价回升到前期盘区附近时，庄家主动展开洗盘整理走势。2018 年 3 月 23 日，一根接近跌停的大阴线向下击穿了整理小平台，第二天一根涨停大阳线将股价向上拉起，收复了前一天阴线的全部失地，形成阳包容线形态，成交量也开始明显放大。这种走势说明洗盘整理结束，从此股价出现了飙升行情。

其实，该股阳包容线形态中前面的大阴线并不可怕，其理由是：一是股价距离前低位置不远，杀跌空间不大。二是杀跌动能不足，没有恐慌盘涌出，这一点从较小的成交量上就能看出来。三是 30 日均线的支撑非常有力，支持股价走高，这一点非常关键。

如果这种形态出现在一轮下跌趋势之后，且股价已经反复震荡筑底，或者市场下跌的速度已经有所减缓时，那么阳包容形态就具有一定的市场含义，预示股价即将进入反转上涨。

操作策略上，交易者应该选择时机进场操作。如果第二天股价开盘后能够继续走强的话，那么在当天的震荡当中，交易者可以在股价震荡回落时选择买进，此时是一个较佳的买入时机。如果第二天股价走势不是那么强劲的话，股价很可能会震荡几天再反转。此时交易者可以趁股价震荡时逐步买进，或者等股价震荡结束后开始走强时进场。

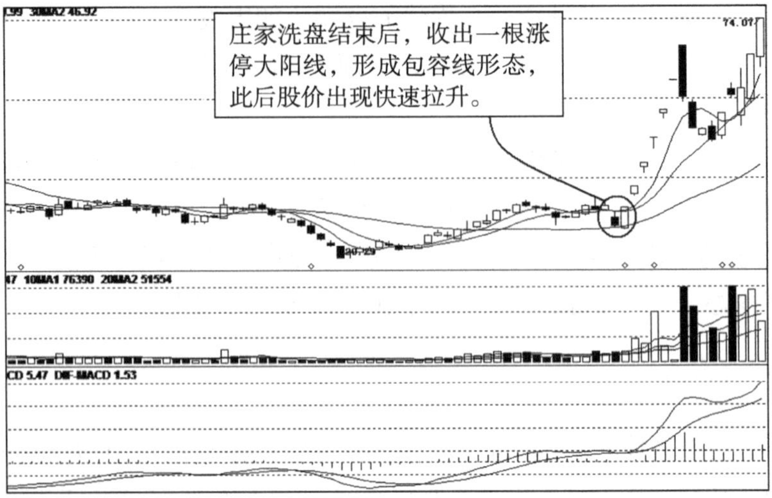

图 9–15

2. 阴包容线

阴包容线形态的形成过程与阳包容形态正好相反。股价经过一段时期的上涨后，突然以一根大阴线向下滑落，包容覆盖了左边的阳 K 线。第二天股价虽创新高，但高位承接乏力，遇到抛压打击，显示上升势头已经遭到破坏，应视为上涨波段结束的信号。

阴包容线是一种极为强烈的顶部反转信号，不仅信号十分明显，而且暗示其力度非常强劲。出现阴包容线后，紧接着连续出现大阴线的话，那么这种情形预示后市是大跌行情。这时的成交量大小并不十分重要，但其 K 线的长短以及吃掉左边阳 K 线数量的多寡，可以用来衡量后市下跌力度的大小。

图 9–16 展示的是德新交运（603032）的股价走势。该股见底后逐波上涨，短期股价累积涨幅超过 2 倍，庄家获利丰厚。2018 年 11 月 6 日，股价小幅高开后震荡走高，但高位做多热情不足，随后出现快速回落走势。当天股价收于前一天阳线的开盘价之下，吞没了前一天的阳线实体部分，从而形成阴包容形态，预示后市股价即将见顶。

由于庄家在顶部位置没有顺利完成出货计划，第二天股价再次被拉起，并封于涨停板。这本该是多头扳回一局，但接着 11 月 8 日股价跳空高开 2.88% 后，未能延续强势上涨势头，随后出现逐波回落走势，当天收出接近跌停的大阴线，再次形成阴包容形态。前后两个阴包容形态，进一步强化了顶部结构，说明市场很可能进入反转下跌走势，因此是一个较好的逢高卖出信号。

如果这种形态出现在一轮上涨趋势之后，且股价已经出现震荡盘头的走势，或者是市场上涨速度明显减缓，那么此时出现阴包容形态，就具有一定的市场含义，预示股价即将反转下跌。

在操作策略上，交易者应该选择时机离场。如果下一交易日股价开盘后直接下跌，那么在当天的震荡当中，交易者可以在股价震荡冲高时逢高离场。如果第二天股价没有直接下跌，很可能会先震荡几天再下跌，此时交易者可以趁股价震荡时逐步卖出。

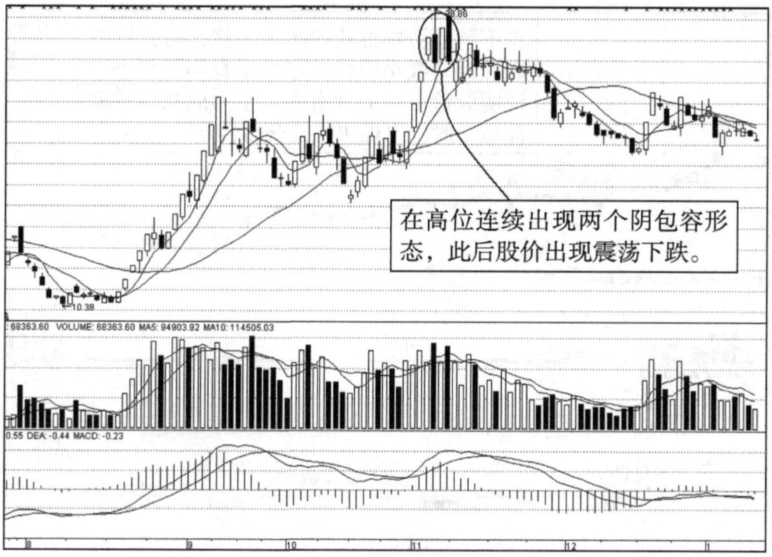

图 9–16

四、孕育线

1. 底部孕育线

在明显的下跌趋势中，出现一根大阴线会强化利空气氛。但第二天股价高开，反映下跌力度放缓中仍有买盘吸纳。但买盘明显显得非常谨慎，未见大幅抢筹使股价急升，故收盘时仍收在前一日大阴线实体范围内，犹如母亲怀有身孕一样，形成利多的底部孕育线。

细心观察此形态，相对于包容形态中的破脚穿头只有一点不同，破脚穿头中的第一根 K 线实体较短，第二天的 K 线实体较长。底部孕育线刚好相反，第一根 K 线实体较长，第二根 K 线实体较短。阳孕育线可合并为带长下影线的阴线或锤头线。

图 9–17 展示的是天华超净（300390）的股价走势。2018 年 2 月 6 日，股价延续下跌趋势，再次收出一根大阴线，大有加速下跌之势。可是第二天高开于大阴线实体之内，全天在前一天的大阴线实体之内运行，股价小幅走高。这样一根小阳线被前面的大阴线怀抱，从而形成孕育阳线形态，这说明股价下跌动力已经不足。之后经过一段时间的筑底，股价出现一波快速拉升行情。

2. 顶部孕育线

顶部孕育线与底部孕育线正好相反。在上涨趋势末期，大阳线后的第二天股价低开，反映上涨力度放缓，有卖盘抛售。虽然当天未见股价大幅下跌，但利空的顶部信号已初露端倪。

图 9–18 展示的是恒立实业（000622）的股价走势。在股价大幅上涨后的 2018 年 11 月 19 日，高位收出一个孕育阴线形态，说明上涨动力渐渐减弱，此时短线交易者应引起警觉，逢高退出是上策。次日股价冲高回落收出放量大阴线，顶部形态确立无疑。

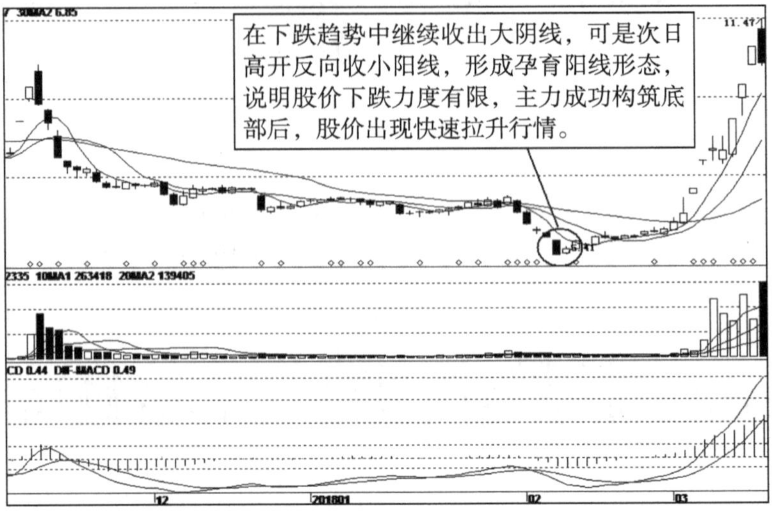

图 9–17

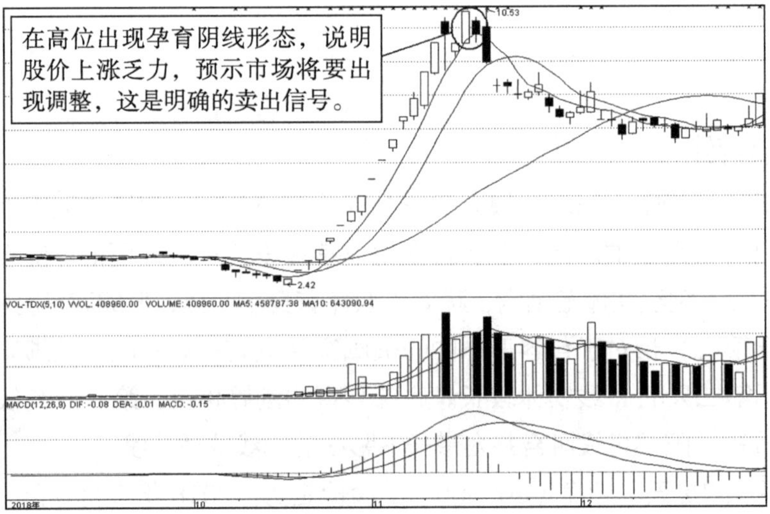

图 9–18

孕育线揭示了股价在其前后走势健康情况的明显反差。如果是在牛市行情中出现的话，前面的涨势表明市场本来充满了活力，但是后面小实体的出现则反映出市场犹豫不定。这说明牛市方向的推动力正在衰落，因此市场走势有可能发生反转。

相反，如果这种形态出现在跌势中，前面的跌势反映市场抛售压力沉重。但是随着后面一根小实体的出现，又表明市场徘徊不定。这根小实体起到了一个警示信号的作用，说明卖方力量正在衰竭。此时出现这种形态，可能会构成市场跌势的反转。

一般来说，孕育线出现在头部或底部区域时，预示着接下来的走势与行情先前的方向相反。也就是说在波段循环到高点出现孕育线时，表明市场会孕育出新下跌行情。在波段循环到低点时出现孕育线，表明市场会孕育出新的上涨行情。但是底部出现这种孕育线形态时，其行情的复苏通常非常缓慢，毕竟孕育中的“小生命”还要一天天地长大，不可能一夜之间长大成人，这也是将这种 K 线形态命名为孕育线的道理。

第三节　三日 K 线组合

一、早晨之星

早晨之星形态意味着下跌行情即告结束，市场开始见底回升。第一天因为受到前期下跌走势的影响，由于恐慌性抛盘从而形成一根大阴线。第二根十字星表明下跌动能衰竭，低位抛压减轻，在图形上形成星线的主体部分。这个星线可以是阳线，也可以是阴线。第三根阳线拔地而起，收复了第一天阴线的大部分失地，表明下跌势头被成功扭转，确认筑底成功，市场发出看涨信号。

实盘操作中，遇到早晨之星形态时，应掌握以下技术要点。

（1）第二根十字星与第一根大阴线之间有一个小小的向下跳空缺口，第三根阳线应小幅高开，这样可以加强早晨之星的形态效力。

（2）第三根阳线要求插入到第一根阴线实体的一半以上。通常来说，插入越深，看涨意义越大。如果全部吞没第一根大阴线，则看涨信号更强烈。

（3）第三根阳线的成交量要明显放大，超过第一根阴线和第二根星线的成交量三成以上，代表股价反弹时买盘积极，更有利后市见底回升。

（4）早晨之星形态出现在前期低点附近时，其反转上涨的意义更大。

（5）早晨之星形态出现在长期下跌的末期、暴跌之后、回调洗盘结束之时，其准确率较高。

（6）早晨之星形态如果出现在横向整理区域，虽然是看涨信号，但实盘效果不佳，容易出现失败走势。

图 9–19 展示的是移为通信（300590）的股价走势。该股经过大幅下跌后，2018 年 2 月 8 日形成早晨之星形态。该形态出现在市势久跌之后的低位，一根十字星犹如一颗启明星，随后出现有力上升的大阳线，表明漫漫长夜已经过去，市势迎来希望的曙光。超跌后的早晨之星形态是市势反转上升的转折点，遇到这种形态时，投资者应积极关注。

这种形态的前提是发生在股价大幅下跌后的低位。前面一根 K 线的下影线很长，并伴随较大的成交量，则表明有买盘介入。大阳线上涨过程中要有成交量的配合，且当天收盘在前面阴线实体的一半以上，如能全部吞没前面的阴线，则效果更佳。

将这种形态与支撑位结合起来分析，可靠性更高。如果股价下跌遇到重要支撑位时出现这种形态，则看涨意义更强。遇到这种形态时，不妨先把它当作超跌反弹行情看待，然后静观其变。如能继续走强，则可以确认为底部，这时可以加大仓位。

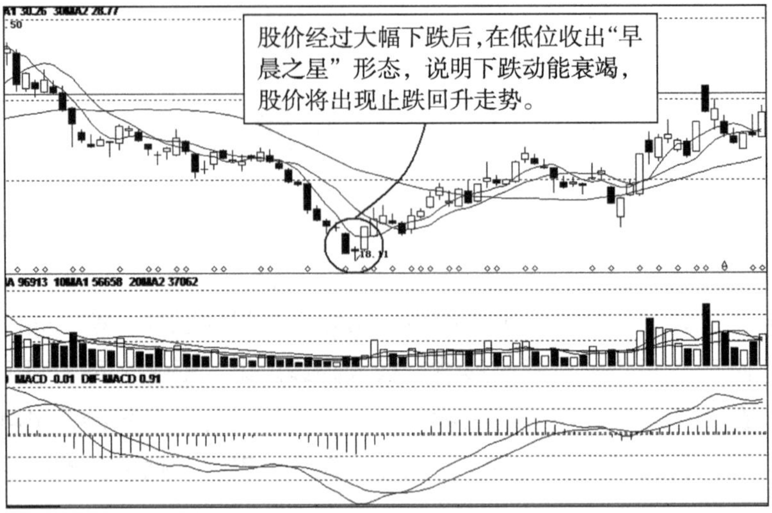

图 9-19

二、黄昏之星

黄昏之星形态意味着涨升行情结束，市场开始见顶回落。第一根阳线是因为受到前期上涨走势的影响，由于跟风盘不断介入而形成一根大阳线。第二根十字星 K 线表明上涨动能衰竭，在图形上形成星线的主体部分，这根星线可以是阳线，也可以是阴线。第三根阴线倒挂而下，并且吞没了第一天阳线的大半部分，表明股价上涨势头受到抑制，市场发出看跌信号，顶部信号产生。

实盘操作中，遇到黄昏之星形态时，应掌握以下技术要点。

（1）第二根十字星 K 线与第一根阳线之间有一个小小的向上跳空缺口，第三根阴线应小幅低开，这样可以加强黄昏之星的效力。

（2）第三根大阴线的收盘价深入到第一根大阳线的实体内，超过第一根阳线的一半以上，则有助于加强形态的效力。通常插入越深，看跌意义越大。如果全部吞没第一根大阳线，则看跌意义更强烈。

（3）在黄昏之星形态中，若第三根大阴线的成交量较第一根阳线为大，代表股价在下跌时抛盘较多，后市见顶下跌的力度会更强。

（4）黄昏之星形态出现在前期高点附近，其反转下跌的意义更大。

（5）黄昏之星形态出现在长期上涨行情的末期、暴涨之后、超跌反弹结束之时，其准确率较高。

（6）黄昏之星形态出现在横向整理区域，虽然是看跌信号，但实盘效果不佳。

图 9-20 展示的是冠豪高新（600433）的股价走势。该股经过大幅炒作后，股价累计涨幅超过 5 倍（复权价）。在高位收出一根大阴线后，股价出现持续的下跌行情。

从图中可以看出，出现大阴线的前一天，股价收出一根滞涨的十字星 K 线。在星线之前却是一根上涨大阳线，这样就构成一个黄昏之星形态。在高位出现这种形态，意味着上涨行情即告结束，市场开始见顶回落。

前面的大阳线是因为受到前期股价持续上涨的影响，投机气氛过于狂热所致。十字星表明上涨动能衰竭，高位缺乏接盘，而卖盘不断增加，经过一天的多空争夺，最终以十字星收盘。后面的这根大阴线巩固了十字星的争夺成果，且基本吞没了前面的大阳线实体，表明上涨势头终结，市场发出看跌信号。此后股价出现震荡下跌行情。

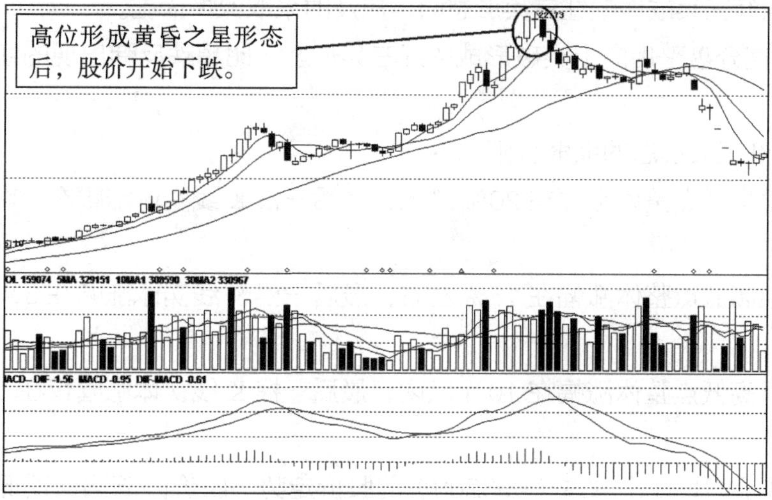

图 9-20

这种形态有效的前提是出现在股价大幅上涨后的高位，中间一根 K 线的上影线越长，表明卖盘越重。在下跌过程中若出现成交量放大现象，说明庄家在对倒出货。当天收盘收在前面大阳线实体的一半以上，如果全部吞没前面的大阳线，则看跌效果更强烈。

将这种形态与压力位结合起来进行综合分析效果更佳。股价上涨遇到重要压力位时出现这种形态，则看跌意义更强。遇到这种形态时，应离场观望。一旦股价跌破 10 日均线，应果断清仓。

三、红三兵

红三兵是K线组合中的重要形态之一，由三根上涨阳线组成。底部出现一根上涨阳线后，再连续出现两根实体大致相当的阳线，后一根阳线的开盘价处于前一根阳线的实体之内或与前一日 K 线收盘价持平，当日收于最高价或次高价，上下影线均比较短，呈梯状稳步向上攀升的态势。红三兵是一个普遍看涨的转势信号。

实盘操作中，遇到红三兵形态时，应掌握以下技术要点。

（1）第二日及第三日的开盘价可以在前一日实体之内的任何部分，但如果开盘价在前一日实体的中间部分，呈梯形上升，则利好效力更强。

（2）红三兵形态一般出现在市场见底回升的初期，因而回升幅度不大，上涨速度缓慢，但走势相当稳健。此阶段逢低建仓相当容易，并且风险不大。

（3）三根阳线的成交量比较平均，与前期缓慢下跌时的成交量基本持平，显示买盘力量具有持续性，能够进一步确认升势。在随后的突破飙升阶段，成交量会成倍放大。红三兵形态通常预示着市场见底，之后产生“井喷”式上升行情的机会比较大。

（4）如果红三兵形态的阳线实体过长，短期技术指标显示有超买迹象，要谨防短线技术回调。

（5）上涨趋势持续一段时间后，在高位出现红三兵形态，要谨防出现多头陷阱。在高位出现前方受阻红三兵或停顿红三兵形态时，应及时采取保护措施。

（6）经过充分盘整后向上突破形成的红三兵形态，比超跌反弹出现的红三兵形态可靠得多。

（7）确认红三兵形态的强弱法则如下。

第一，如果高低点整体涨幅在20%以上，最后一根K线实体涨幅在5%以上，说明股价走势极强。

第二，如果高低点整体涨幅在15%左右，最后一根K线实体涨幅在3%左右，说明股价涨势呈中性。

第三，如果高低点整体涨幅在10%以内，最后一根K线实体涨幅仅在1%左右，说明股价涨势偏弱。

图9-21展示的是江山欧派（603208）的股价走势。股价回落到前期低点附近时，庄家构筑了一个空头陷阱，然后渐渐企稳盘整。2018年10月30日，多头开始向上攻击，连收三根中阴线，形成红三兵形态，同时股价向上突破了均线系统的压力。第四天股价继续强攻，收出涨停大阳线，红三兵形态得到进一步巩固和强化，说明股价成功见底，投资者可在回调时大胆介入。

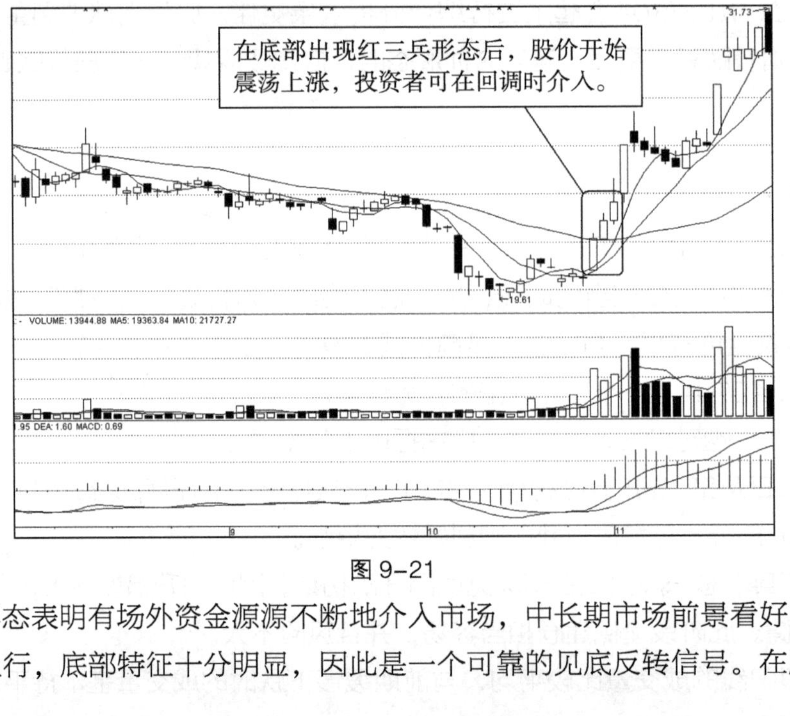

图9-21

红三兵形态表明有场外资金源源不断地介入市场，中长期市场前景看好。入场资金推动股价稳步上行，底部特征十分明显，因此是一个可靠的见底反转信号。在股价下跌趋势中出现红三兵形态，标志股价即将见底反转。如果在股价已经有一定涨幅的市道中出现红三兵形态，则表示股价将加速上涨；如果在股价横盘后出现红三兵，则是股价启动的前奏。

四、黑三鸦

黑三鸦形态由三根下跌阴线构成，阴线实体大小相近，呈阶梯状下跌走势，每日的开盘价均在前一日阴线实体内，但开盘后即下挫形成阴线，收盘价向下跌落。三根阴线有秩序地呈下台阶走势，是一个普遍看跌的转势信号。

实盘操作中遇到黑三鸦形态时，应掌握以下技术要点。

（1）第二日及第三日的开盘价可以在前一日实体之内的任何部分，但如果开盘价在前一日实体的中间部分成梯形下降，利空效力更强。

（2）出现黑三鸦形态之前，股价已经有了一段涨幅，多方持续上攻明显体力不支，因此黑三鸦形态一般出现在市场见顶回落的初期。虽然此时还没有形成巨大的市场恐慌，但对技术形态造成的破坏极强，有大厦将倾的忧虑。

（3）黑三鸦形态看跌信号的强度和真实性受成交量的影响很大。如果此时成交量放大，其看跌作用更强。若是成交量温和放大，表明市场杀跌能量开始有节制地释放，随后有可能出现加速放量下滑之虞。

（4）持续的下跌走势可能导致技术指标出现超卖，经过短暂的弱势反弹修复后，市场将再现跌势，因而常常演变为下跌三法走势。

（5）形态的第一天开盘价位置，最好在前一天阳线实体的最高价下方，这样可以加强黑三鸦形态的空头走势效力。

（6）经过充分盘整后向下突破形成的黑三鸦形态，比技术回调时出现的黑三鸦形态可靠得多。在大幅下跌后的低位出现黑三鸦形态时，应谨防形成空头陷阱，此时不应盲目杀跌。

图 9–22 展示的是号百控股（600640）的股价走势。该股经过几波较大的快速上涨行情后，多方力量得到较好的发挥，盘中堆积了大量的获利筹码，落袋为安的思想渐渐加强，所以股价继续上涨遇到明显的阻力。

2013 年 10 月 15 日开始，市场连收三根阴线，在高位形成一个标准的黑三鸦形态，表明股价上涨势头遭到打压，多方持股信心出现动摇。随后经过两天的技术性回抽，再次出现跌停大阴线，从此股价步入中长期调整走势。

从图中可以看出以下几点。

第一，该股累计涨幅已经超过 4 倍，黑三鸦形态出现在股价大幅上涨后的高位，这时交易者应引起高度警惕。

第二，出现黑三鸦形态之前，曾经有两天出现高开低走的阴线，形成镊子顶或平顶形态的 K 线组合，此时已显露顶部征兆。随后一根涨停大阳线似乎重振了多头士气，这根大阳线本应是一个攻击性形态，可是随后的三根大阴线完全浇灭了上涨势头。

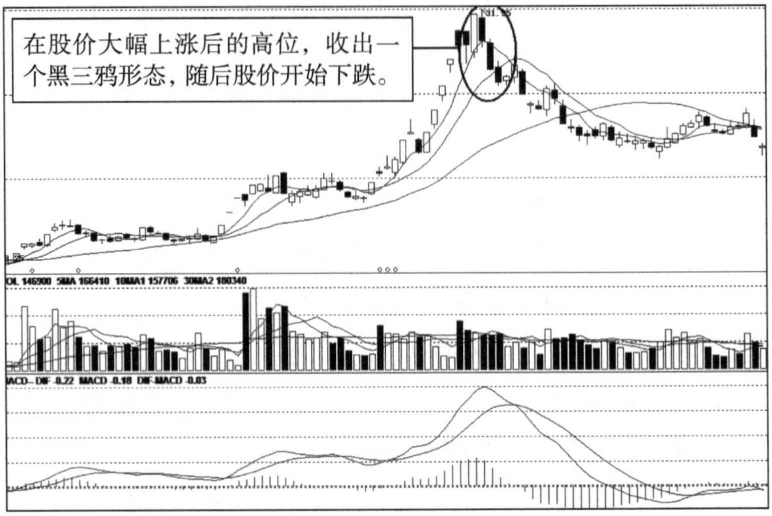

图 9-22

第三，出现黑三鸦形态之后，股价仅仅出现小幅的回抽确认走势，随后再收大阴线，头部形态得到确认。交易者应逢高离场，不要错误地认为这是回调洗盘走势。即使是洗盘整理，也要等待洗盘结束后再度走强时重新介入。

从黑三鸦形态的形成过程可以看出，买方的能量有了明显的衰退，并且在股价回落的过程中有场内资金悄悄离场，使得股价出现了持续回落。在这种情况下，一旦买盘不能及时出来反击的话，就会引发大量的获利盘回吐，这样一来后市必将下跌。该形态虽然下跌并不十分凶猛，但对技术形态的破坏力极强，头部特征初露端倪，因此是一个可靠的见顶转势信号。如果在股价经过大幅上涨的高位区域出现这种形态，那么往往预示着庄家出货。

第十章　依据指标炒短线

第一节　RSI 指标短线操作技巧

RSI 指标是通过比较一段时间内收盘价的涨跌变化情况来分析测量多空双方买卖力量的强弱程度，从而判断未来市场走势的一种技术指标。RSI 指标能够测量股价的相对强弱，根据“择强汰弱”的原则，为交易者过滤弱势股，选择强势股，因此用它来研判主升浪具有重要意义。

RSI 指标的两条曲线交叉频繁，有时很难辨认，常常导致判断失误。导致失误的一个重要原因，就是对交叉信号的产生和终结不甚了解。许多散户只知道短期 RSI 指标金叉和死叉，却不知道交叉信号的产生和终结原理及交叉信号是否有效。

根据多年的实盘经验，这里以强势信号的产生和终结为例，向读者介绍如何看待 RSI 指标中一个完整信号的产生与终结，这样可以帮助大家更好地把握一波主升浪行情。

一、交叉信号的产生和终结

RSI 指标一个完整强势信号的产生，应当从弱势区金叉后向上运行到强势区为一个强势信号的形成，提示一轮上涨行情产生。信号在强势区域持续一段时间后（此时股价不断上涨），从强势区死叉后向下运行到弱势区为一个强势信号终结，提示一轮上涨行情结束，同时又产生一个弱势信号。

RSI 指标的图形特征为：6 日 RSI 线从 20 线以下向上金叉 12 日 RSI 线后，分别成功穿过 50 线强弱分界线。在强势区域运行一段时间以后，6 日 RSI 线从 80 线以上向下死叉 12 日 RSI 线，之后分别成功击穿 50 线强弱分界线。信号如此生生灭灭，周而复始地循环；股市如此涨涨跌跌，短线不断在震荡中运行。

一个信号从产生到终结的持续时间长短不一。有的持续几天就结束，如反弹行情、庄家自救行情、受消息影响产生的震荡行情等；有的持续几周甚至几个月，如大牛股、长庄股、强庄股的趋势性上涨行情等。在信号持续期间，会产生许许多多疑似买卖信号的图形，但中间的图形信号对判断行情走势没有实质性指导意义，交易者可以不必理会（许多失误发生在此）。只有在信号生成和终结时出现的图形，才具有实质性指导意义。因此把握住信号的生成和终结，就能够掌握市场的买点和卖点。如果是短线技术高手，可以在信号持续期间根据顺势操作的原则进行一些短线操作，如此操作也会收益颇丰。

在一轮行情中，可能只出现一个完整的强势信号，也可能出现多个完整的强势信号。如在洗盘过程中，可以先将强势信号终结，也可以将强势信号持续到最后。一个信号终结之后，不一定立即产生一个相反意义的信号，还可能出现无意义信号，如盘整行情。同时，产生的一个信号也可能属于无意义的信号。

图 10–1 展示的是海航创新（600555）的股价走势。该股见顶后出现长时间的大幅调整，庄家完成了低位建仓计划后，股价展开一波主升浪行情。从 RSI 指标可以看出，在低位产生一个多头信号后，股价出现强势上涨。中途调整时出现疑似行情结束信号，但 RSI 指标很快返回到 50 中轴线之上运行，直到最后有效击穿 50 中轴线，才出现一个终结信号。

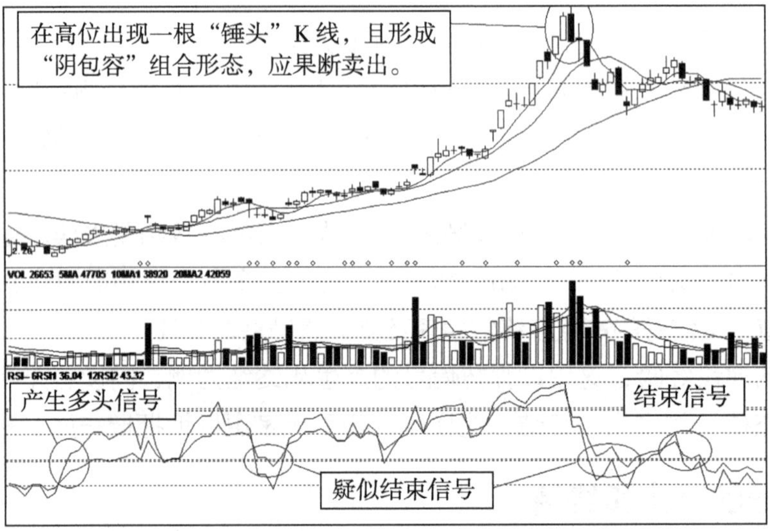

图 10–1

图 10–2 展示的是金卡智能（300349）的股价走势。该股洗盘调整结束后进入上升通道，形成一波主升浪行情。RSI 指标同步出现一个多头信号，之后股价震荡上升。不久 K 线在高位构筑一个黄昏之星形态，此时应退出或减仓。随后股价遇 30 日均线的支撑出现反弹，但反弹力度有限，此时应做出清仓操作。随后 RSI 指标出现终结信号，股价进入中期调整走势。

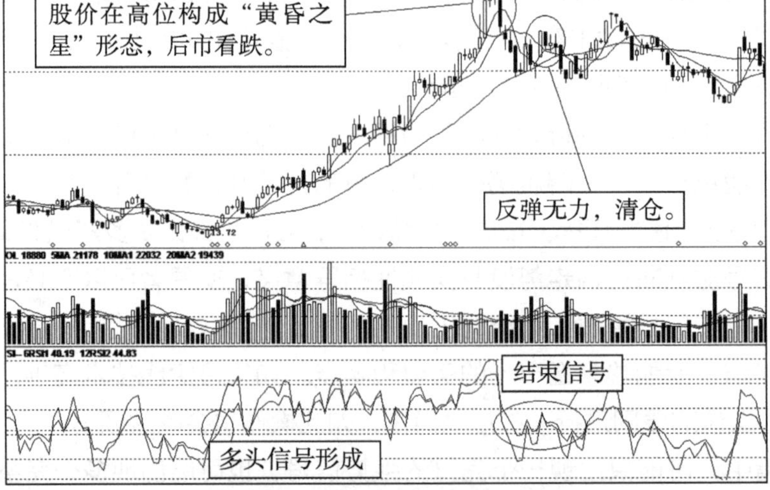

图 10–2

二、交叉信号的确认方法

实盘操作中，如何确认 RSI 指标交叉信号是否有效以及信号是否在持续，这是一个技术难题。经典的确认方法如下。

在信号生成时，6 日 RSI 线在低位（20 线以下）与 12 日 RSI 线金叉后上行（其金叉点在 20 线左右更佳），并成功突破 50 强弱分界线（经确认有效）到达强势区域（6 日 RSI 线在 80 线以上为佳）。RSI 线金叉后在 50 线下方盘旋下行，没有突破 50 线或突破后很快返回到 50 线之下也不行，尤其是 12 日 RSI 线必须突破 50 线，6 日 RSI 线到达 80 线以上才可靠。

在信号持续时，12 日 RSI 线在强势区盘稳；6 日 RSI 线回调时不能有效跌破 50 线，即使跌破也要很快拉起；6 日 RSI 线回调时拒绝死叉 12 日 RSI 线，则市场更加强劲。

在信号终结时，6 日 RSI 线在高位（80 线以上）与 12 日 RSI 线死叉后向下（其死叉点在 80 线左右更佳），并成功穿过 50 强弱分界线（经确认有效）到达弱势区域（6 日 RSI 线在 30 线以下为佳）。如果 RSI 线触及 50 线后反身上行，并在强势区盘旋，无论位置高低，都说明强势状态还没有结束。或者 RSI 线没有成功下穿 50 线或下穿 50 线后很快拉起，也表明行情仍然处于强势之中，交易者可以一路持股，直到信号终结。

图 10–3 展示的是岳阳兴长（000819）的股价走势。从图中可以看出，该股 RSI 交叉信号产生和结束的确认方法以及有效信号持续时的盘面现象。当 RSI 指标得到确认后，短线就可以大胆进出了。

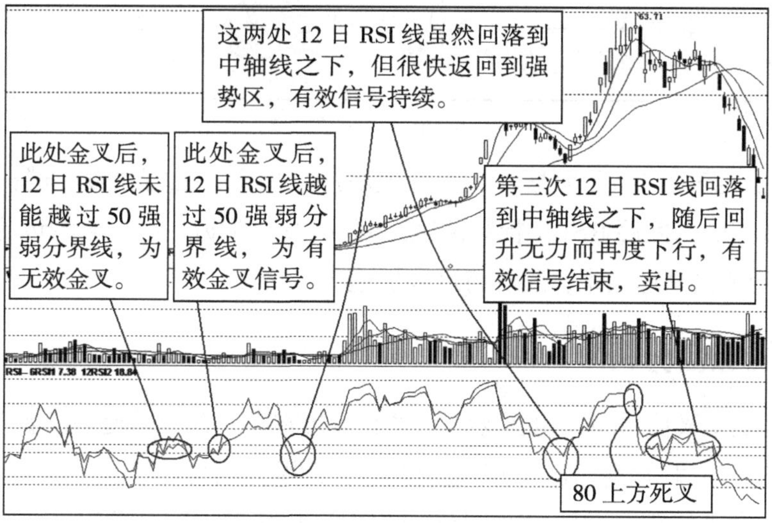

图 10–3

三、50 强弱分界线的运用技巧

一般来说，当 RSI 指标向上突破 50 强弱分界线时为强势特征，当 RSI 指标向下突破 50 强弱分界线时为弱势特征，这一点容易辨认。技术难点在于突破后的运行趋势及突破后的有效确认，因为仅仅是 RSI 线越过 50 强弱分界线还不行，还必须要求持续向突破方向运行才能有力，或维持在 50 强弱分界线上方运行，信号可靠性才高。

RSI 指标的突破角度必须有力，太平缓了没有力气，信号的可信性较差。RSI 指标突破后很快返回到突破前这一边的，信号的可信性更差。股价回调时不能越过 50 强弱分界线为佳。如果不能越过 50 强弱分界线，反映突破无效或突破无力，甚至是假突破，后市走势值得怀疑。

RSI 指标突破 50 强弱分界线后，在突破的这一边运行一段时间，然后 RSI 指标返回到突破前的这一边，经短暂运行后再次到达突破的这一边，表明洗盘或反弹结束，股价将出现新一轮涨升行情或新一轮下跌走势。

图 10-4 展示的是德奥通航（现名 *ST 德奥，002260）的股价走势。从图中可以看出，RSI 突破 50 线后，没有持续向突破方向上行，运行角度过于平缓，显示庄家对拉升股价力不从心，后市只能回落。

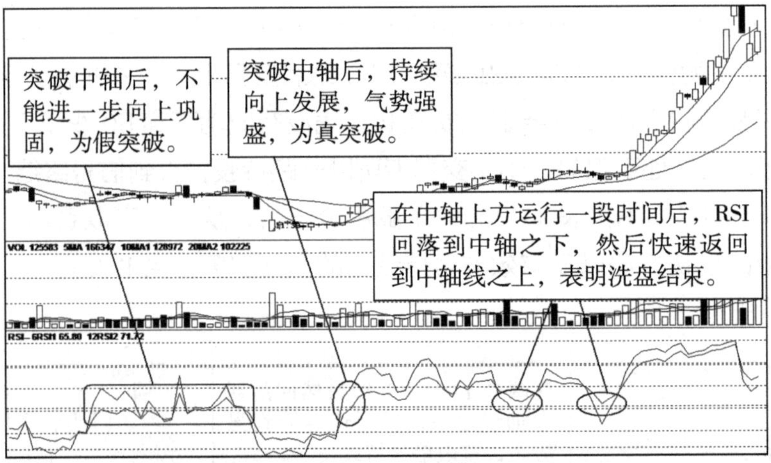

图 10-4

之后的突破走势就与前面明显不同，突破后持续上行，上行角度陡峭，气势旺盛，证明这是一次有效突破。此后 RSI 指标曾两度回落到 50 线附近，经短暂的运行后快速返回到 50 线之上，说明洗盘整理结束，股价将进入加速上涨阶段。

四、结合均线综合分析

RSI 指标出现交叉信号时，也要观察均线的运行方向。在一轮趋势行情中，RSI 指标信号与均线同向的，信号可信度高；与均线逆向的，为疑似信号。

股价在均线之上特别是 30 日均线上方运行时，RSI 指标的金叉信号准确率较高，此时 RSI 指标的顶部信号准确率较差。

股价在均线之下特别是 30 日均线下方运行时，RSI 指标的底部形态信号准确率较差，而见顶信号的准确率较高。30 日均线平行运行时，RSI 指标的所有信号均较差，应结合其他因素综合分析。

图 10-5 展示的是天润曲轴（002283）的股价走势。从图中可以看出，均线系统呈多头排列，30 日均线向上，RSI 指标在强势区运行。此时如果 RSI 指标金叉，则是同向信号，可靠性较高；如果 RSI 指标死叉，则是逆向信号，可靠性差。每一次 RSI 指标金叉时，都是一个较好的短线买入信号，每次死叉都是一次洗盘信号。

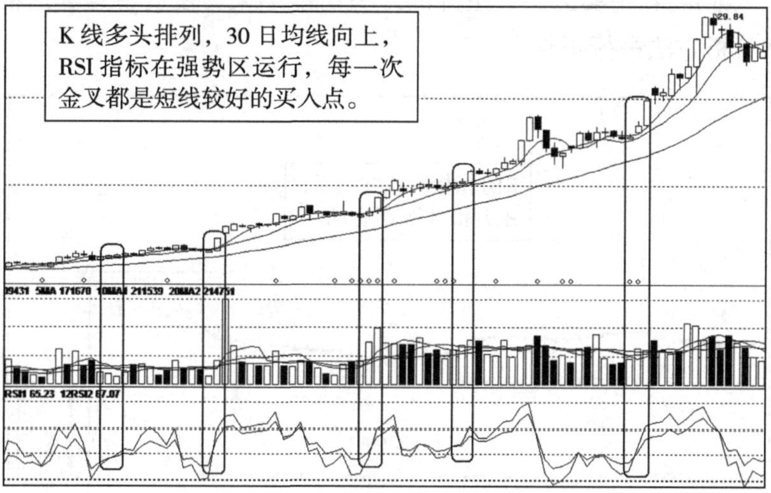

图 10-5

第二节 KDJ 指标短线操作技巧

KDJ 指标的最大特点就是吸取了动量指标、相对强弱指标和移动平均线这三大技术指标的优点，能够非常有效地发出短线买卖信号。该指标在实盘操作中应用非常广泛，尤其是可以作为短线投机操作的重要利器。

在捕捉主升浪时，可关注该指标的两个信号。

一、日线 KDJ 短线操作技巧

1. 钝化信号

由于 KDJ 指标的数值恒定在 0~100 的区间波动，这就有可能产生一种特殊的现象——钝化。也就是说，KDJ 指标的数值已经到顶，无法超越 100 线（或已经躺底，无法低于 0 线），而此时行情依然在激烈地变化着，这必然会给依据 KDJ 指标判别行情带来盲区。这种现象多发生在超强或超弱行情中，交易者应谨慎操作，防止过早买入或过早卖出，造成不必要的损失。

在主升浪行情中，当 KDJ 指标反复在高位钝化，股价却依然强势上涨时，此时不要以为 KDJ 指标到顶而贸然出局，可以坚定持股，最大限度地获取主升浪带来的利润。等到 KDJ 指标跌入超卖区时，要警惕主升浪即将结束。

图 10–6 展示的是东方通信（600776）的股价走势。2018 年 10 月 19 日，该股 KDJ 指标值在 20 左右金叉后，一路向上到达超买区，然后出现高位钝化。11 月下旬出现一次洗盘整理过程，之后股价继续上行，KDJ 指标再次在高位出现钝化。可是此时主升浪行情才刚刚启动，如果按照钝化卖出的原则操作，就会损失后面的一大截利润，所以此时应坚定持股。KDJ 指标回落到超卖区后，主升浪才有可能结束。投资者遇到这种情况时，也可以采用其他技术分析方法进行研判。

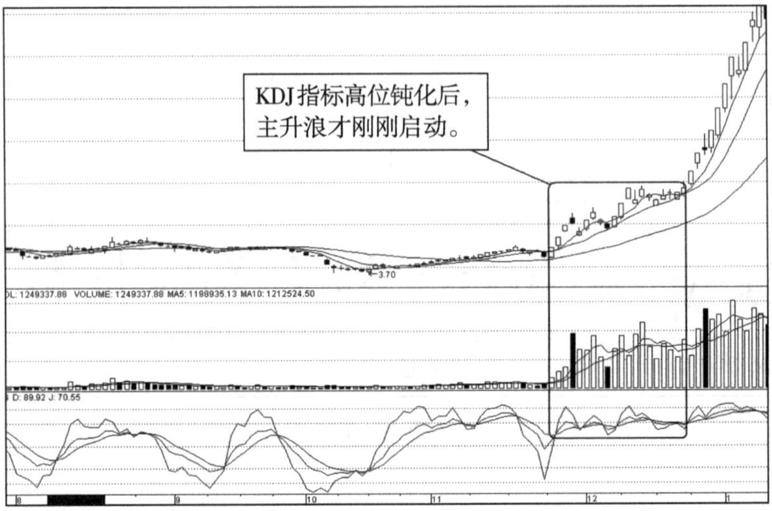

图 10–6

2. 洗盘信号

KDJ 指标从底部金叉向上，股价从低位启动出现小幅上涨，KDJ 指标快速进入强势区。由于庄家洗盘手法怪异，J 线、K 线快速回调跌破 D 线形成死叉，D 线基本维持原来的向上趋势或小幅回落到 50 线左右。在 3~5 个交易日内，J 线、K 线再次快速金叉 D 线（第二次金叉），D 线持续上行，在图形上出现一个萝卜坑形态，说明股价洗盘结束，进入主升浪阶段。实际操作中，第二次金叉介入的意义比第一次金叉更大，具有更大的上涨空间。通常大牛股、大黑马启动前会出现这种图形，交易者可在实盘中加以验证。

图 10–7 展示的是诚迈科技（300598）的股价走势。该股庄家完成建仓计划后，开始向上运行，KDJ 指标低位金叉后到达强势区。2018 年 3 月，庄家进行洗盘换手，股价出现小幅回落，KDJ 指标快速形成死叉，J 线、K 线在 D 线之下短暂停留后，3 月 21 日再次向上快速穿过 D 线形成金叉，在指标图形中形成一个萝卜坑形态。这种形态标志着洗盘整理结束，之后出现一波主升浪行情。

3. 背离信号

KDJ 中的 K、D 两线在低位底背离后再次金叉，是绝对的买入信号。K、D 线底背离后的上升行情，比没有底背离、只是超卖后的上升力度要强。应用周线 KDJ 指标时要记住：严重超卖的反弹，底部背离上涨会更强劲。

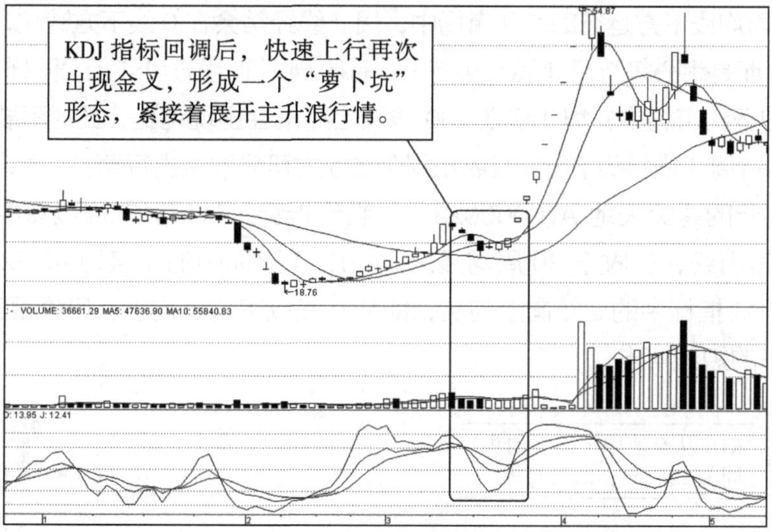

图 10-7

图 10-8 展示的是中航电测（300114）的股价走势。股价经过快速大幅下跌后，KDJ 指标与股价呈现底背离形态，说明股价短期严重超卖。不久 KDJ 指标在低位形成金叉，这是非常好的短线买入时机，随后股价大幅反弹。

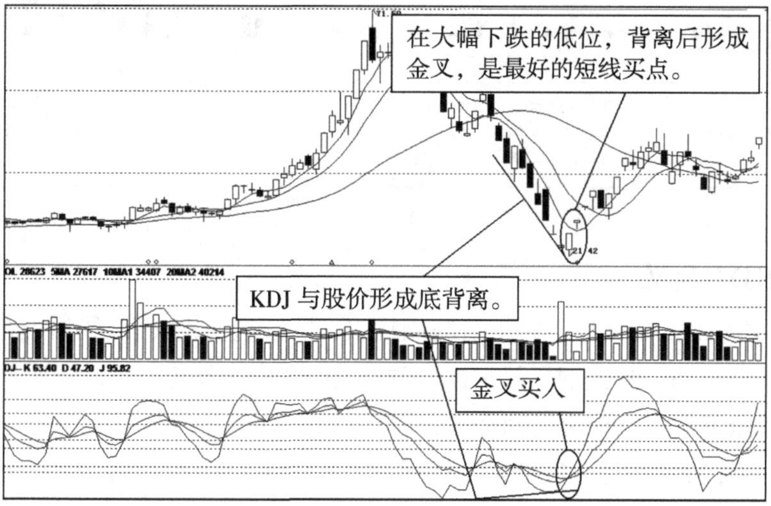

图 10-8

二、周线 KDJ 短线操作技巧

1. J 线应用技巧

被许多人忽视的周 KDJ 中，J 线对股价的反应最为敏感，而且较为准确，应该充分重视。

周 J 线在 0 线以下勾头向上且收周阳 K 线时，可分批买入，股价在 30 周均线上方运行的多头市场中更是如此。同样，周 J 线上行到 100 线以上后勾头向下，同时收周阴 K 线时，要警惕顶部出现，应先行减磅。股价在 30 周均线下方运行的空头市场更是如此。

股价在 30 周均线下方运行的空头市场中，周 J 线经常会在 0 线下方钝化，此时不要马上采取买入行动，而是耐心等待周 J 线勾头向上，且收周阳 K 线方可买入。同样，股价在 30 周均线上方运行的多头市场中，周 J 线在 100 线以上经常会出现钝化，此时不要马上采取卖出行动，要耐心等待周 J 线勾头下行，且收出周阴 K 线方可采取卖出行动。

图 10–9 展示的是深天地 A（000023）的股价走势。从该股的周线图中可以看出，图中这根周 K 线为阴线，但收于 30 周均线之上，KDJ 指标中的 J 值为 –0.52。下一周 K 线收为周阳线，KDJ 指标中的 J 线向上勾头，即从 0 线以下勾头向上，股价得到 30 周均线的支撑，构成较好的短线买点。

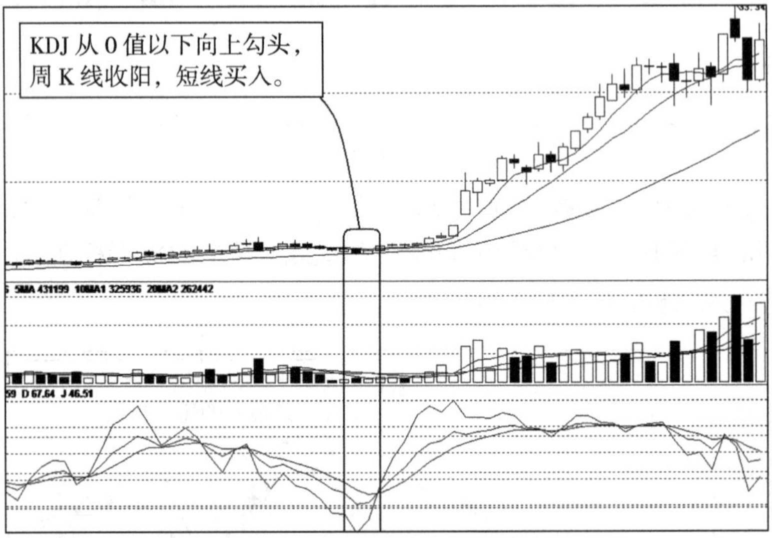

图 10–9

2. 周线 KDJ 金叉

周线 KDJ 中的 J 线在 0 线下方上行与周线 K、D 线金叉时（20 线附近金叉更好），一般会产生一波中级行情。若此时日线 KDJ 指标也出现低位金叉，要果断买入。若日线 KDJ 死叉，则要等指标调整后出现金叉时介入，以免短线套牢。

通常金叉之后，周线 J 线一般都会上行到 100 线以上，强势市场还会在 100 线以上钝化。期间也会有周阴 K 线出现，但这只是上升行情中的调整。周 J 线这一特征为研判波段性底部提供了量化依据。

图 10–10 展示的是梅雁吉祥（600868）的股价走势。J 线在低位钝化一段时间以后，从 0 线以下开始向上运行。图中标示的这一周，J 线在 20 线附近金叉 K、D 线，金叉之后 J 线上行到 100 线以上，构成短线买入信号。此后 J 线一路上行到 100 线以上，股价也出现强势上涨，此时短线交易者可以坚定地持股做多。

3. 周线 KDJ 死叉

周线 KDJ 中的 J 线在 100 线之上向下与周线 K、D 线死叉后（80 线附近更好），一般

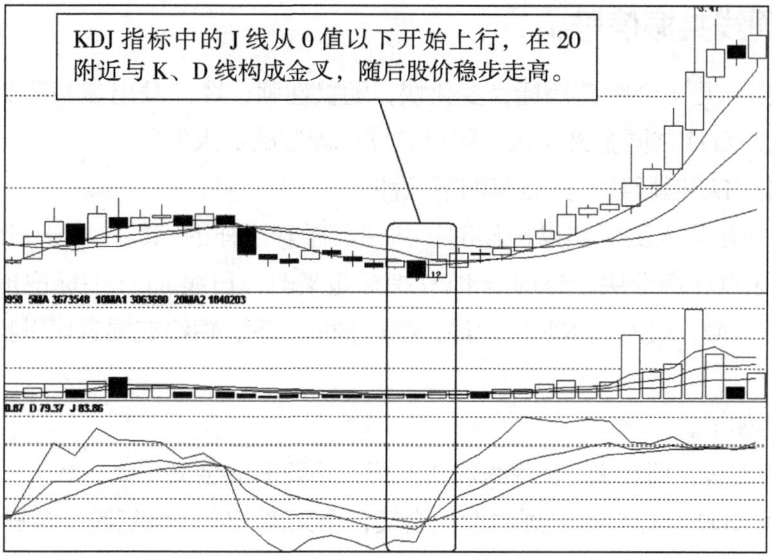

图 10-10

会发生一波中级调整行情。若此时日线 KDJ 也在高位死叉，要果断卖出。若日线 KDJ 金叉，表明行情只是短线反弹，待日线 KDJ 也死叉时，要果断卖出。

通常周线 KDJ 死叉之后，周线 J 线一般都会下行到 0 线以下，弱势市场还会在 0 线下方钝化。其间也会出现周阳 K 线，但这只是下跌行情中的反弹。周 J 线这一特征为研判波段性顶部提供了量化依据。

图 10-11 展示的是中国交建（601800）的股价走势。该股经过两波幅度较大的上涨行情后，股价上涨遇到强大压力，周线 KDJ 指标中的 J 线在 100 线之上向下回落，与 K、D 线死叉，构成卖出信号。从此股价震荡走低，J 线下行到 0 以下，股价弱势盘整。实盘操作中，当周线 KDJ 指标形成死叉时，应及时逢高离场。

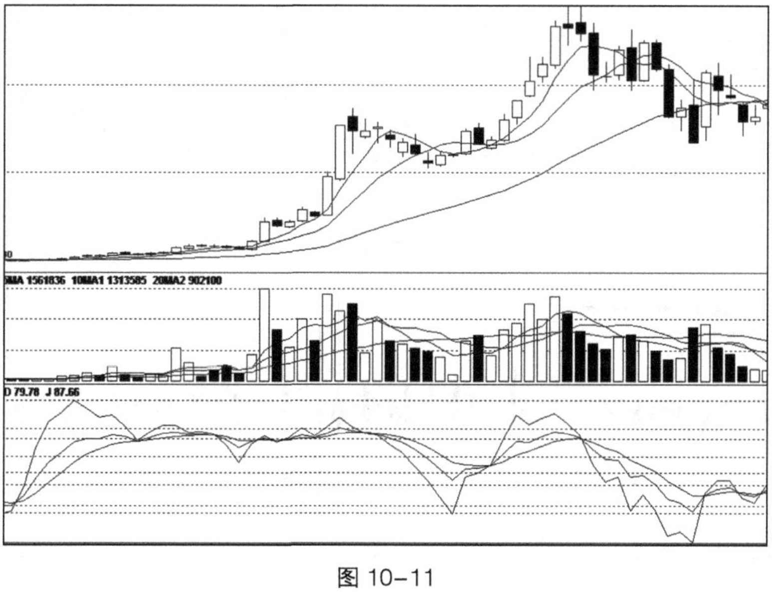

图 10-11

三、日线与周线共振信号

日线 KDJ 指标是一个敏感指标，变化快，随机性强，经常发出虚假的买卖信号。运用周线 KDJ 与日线 KDJ 共同金叉买入，可以过滤掉虚假的买入信号。

日线与周线 KDJ 指标共振买点有如下几种。

（1）打提前量买入法。实盘操作时，往往会碰到这样的问题：由于日线 KDJ 指标的变化速度比周线 KDJ 指标快，当周线 KDJ 指标金叉时，日线 KDJ 指标已提前几天金叉，股价也上升了一大截，买入成本明显抬高。在这种情况下，短线交易者可以打提前量买入，以求降低成本。

买入的条件如下。

第一，收周阳线，周线 K、J 两线勾头上行，将要形成金叉。

第二，日线 KDJ 指标在这一周内发生金叉，金叉当天收放量阳线。若日线 KDJ 金叉当天成交量大于 5 日均量更好。

（2）周线 KDJ 指标刚金叉，日线 KDJ 指标也金叉，此时可以大胆买入。

（3）周线 K、D 两线将要死叉却拒绝死叉买入法。

买入的条件如下。

第一，周线 KDJ 指标金叉后，股价回档收周阴线，然后重新放量上行。

第二，周线 K、D 两线将要死叉，但没有真正发生死叉，K 线重新张口上行。

第三，日线 KDJ 指标在这一周内金叉。用此方法买入股票，可以捕捉到快速强劲的上升行情。

图 10-12 和图 10-13 分别展示的是桂东电力（600310）的日线和周线走势。该股周线 KDJ 指标形成金叉后，因庄家洗盘股价回落。当周线 KDJ 指标即将形成死叉时，却拒绝死叉，日线 KDJ 指标却在这一期间形成金叉。日线与周线 KDJ 指标出现共振信号，此时可以在日线 KDJ 金叉当天买入（周线已经勾头向上，拒绝死叉）。随后股价出现快速上涨。

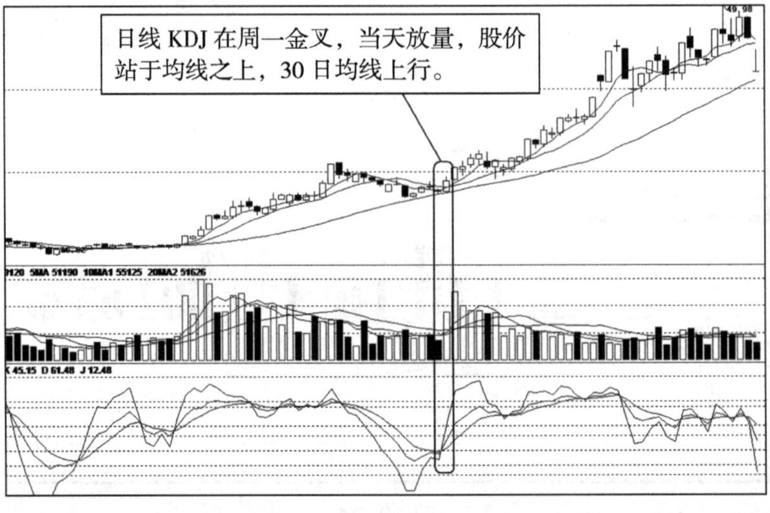

图 10-12

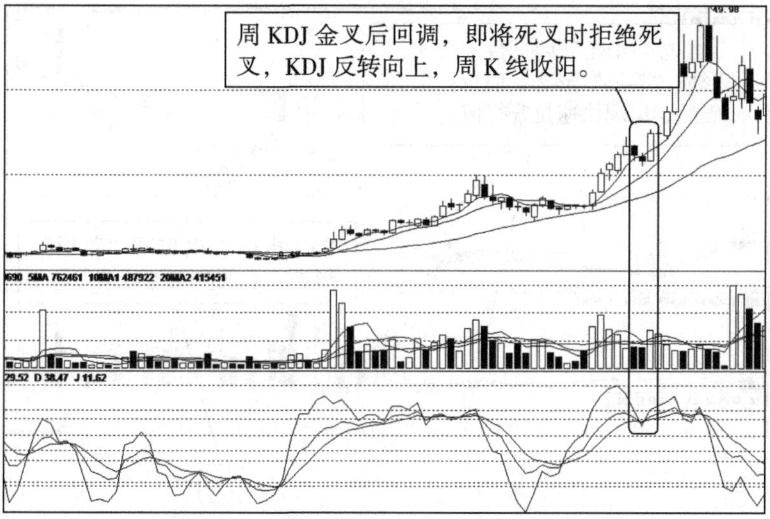

图 10-13

第三节 DMI 指标短线操作技巧

动向指标（DMI）被认为是最有效、最可靠的技术指标，在证券市场中的应用经久不衰，交易者一向将其作为重要指标与其他指标一起使用。该指标是探求价格在上升和下跌过程中买卖双方力量的“均衡点”，以及价格在双方互动下波动循环过程的一种技术分析指标，其最大特点就是能够准确地告诉交易者未来行情的变化趋势。用它来捕捉主升浪，有两个信号效果非常好。

一、菱形上涨信号

股价在底部区域盘整或小幅上涨后，+DI 在 –DI 之上运行，突然 +DI 由上向下、–DI 由下向上快速形成死叉，但这时 ADX 和 ADXR 仍然向上延伸或走平，其值在 40 左右。在 4~8 个交易日之间，+DI 再次金叉 –DI，在图形上留下一个菱形形态，这时应立即买入。这种现象多为庄家洗盘所为，多数大牛股在启动前都会出现这种现象，遇到这种信号可以积极做多。

图 10–14 展示的是九典制药（300705）的股价走势。在底部长时间的调整过程中，庄家吸纳了大量低价筹码，股价渐渐企稳回升。2018 年 3 月 15 日，+DI 由上而下，–DI 由下而上，两线快速形成死叉，这时 ADX 和 ADXR 的值在 30 左右，处于走平状态。

两线死叉后，+DI 在 –DI 之下仅仅运行了两个交易日，+DI 再度金叉 –DI，在图形上形成一个标准的菱形形态。此时 ADX 和 ADXR 也转为上升走势，从而形成最佳买入点。

两线死叉后，+DI 在 –DI 之下仅仅运行了两个交易日，+DI 再度金叉 –DI，在图形上形成一个标准的菱形形态。此时 ADX 和 ADXR 也转为上升走势，从而形成最佳买入点。

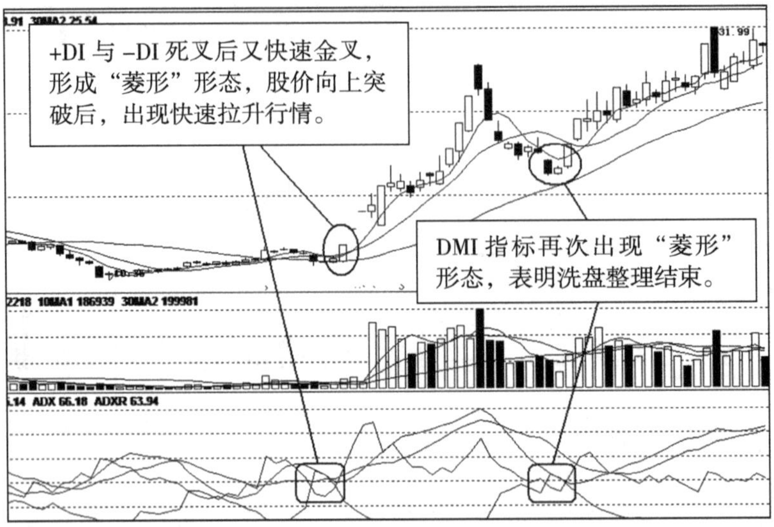

图 10-14

经过一波拉升后，庄家展开洗盘整理，股价出现回落。4 月 20 日，+DI 与 -DI 形成死叉，但死叉后 +DI 与 -DI 又快速出现金叉，DMI 指标出现菱形形态。这种情况表明庄家洗盘整理结束，构成新的买入信号，随后股价向上震荡走高。

二、菱形下跌信号

在一轮跌势行情中，+DI 由下向上、-DI 由上向下快速形成金叉。这时 ADX 和 ADXR 仍然向下延伸或走平，其值在 40 左右。在 3~5 个交易日内，+DI 再次死叉 -DI，在图形上留下一个菱形形态。这个形态的杀伤力很大，应立即卖出。

这种现象表明反弹行情宣告结束，股价将步入新一轮跌势。此时的反弹大多为庄家出货形成的多头陷阱，投资者遇到 DMI 指标这种菱形形态时，应坚决卖出。

图 10-15 展示的是南通科技（现名中航高科，600862）的股价走势。股价见顶回落后，出现箱体震荡走势，+DI 与 -DI 形成金叉，ADX 和 ADXR 开始走平。+DI 在 -DI 之上仅仅运行了 4 个交易日，之后 +DI 就快速向下死叉 -DI，在图形上形成一个典型的菱形形态。此时 ADX 和 ADXR 也转为上升走势，产生明显的出货信号。此后，该股经过 14 个交易日，股价从 10.08 元下降到 4.12 元，短期跌幅接近 60%。

三、拒绝死叉信号

股价经过一轮小幅上涨后，庄家为了清洗浮筹，向下打压股价，+DI 开始回落，-DI 开始上冲。当两线即将发生死叉时，却出乎意料地各自朝相反的方向运行，+DI 与 -DI 拒绝死叉，ADX 或 ADXR 的值在 40 左右，此为买入信号。

或者由于庄家洗盘力度较大，+DI 与 -DI 已经发生死叉，但 -DI 向下触及 ADX 和 ADXR 后，得到强大支撑再度向上回升，表明多方力量强大，为买入信号。这种现象表明庄家洗盘换手结束，后市可能迎来主升浪行情，此时可以积极介入做多。

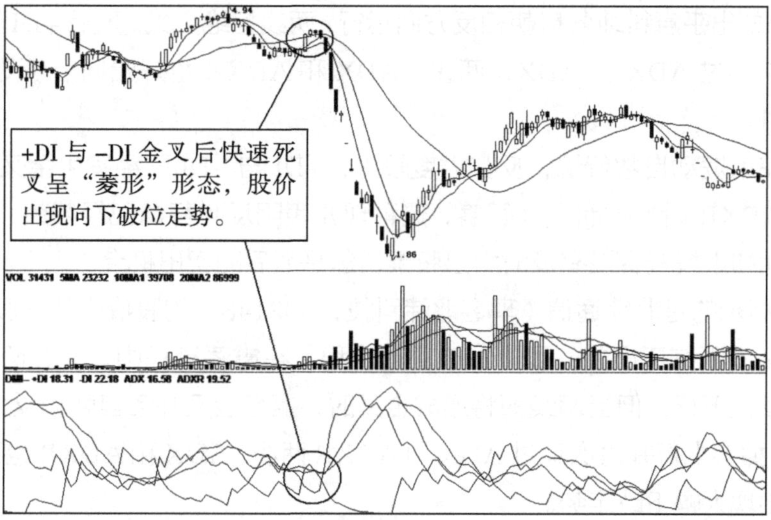

图 10–15

图 10–16 展示的是晓程科技（300139）的股价走势。该股在底部经过长时间的整理后，股价渐渐企稳上行。+DI 在 –DI 之上运行，ADX 和 ADXR 向上发展，表明市场渐渐进入强势。不久庄家开始洗盘整理，+DI 渐渐下行、–DI 缓缓爬高。

2018 年 6 月 12 日，当两线即将形成死叉时，却各自朝相反的方向运行，+DI 与 –DI 拒绝死叉。+DI 向上运行，–DI 向下走低，ADX 和 ADXR 继续向上爬高，呈现单一的向上运行态势，表明洗盘整理结束，构成较好的买入点。此后，在 20 个交易日里股价涨幅超过 1 倍。

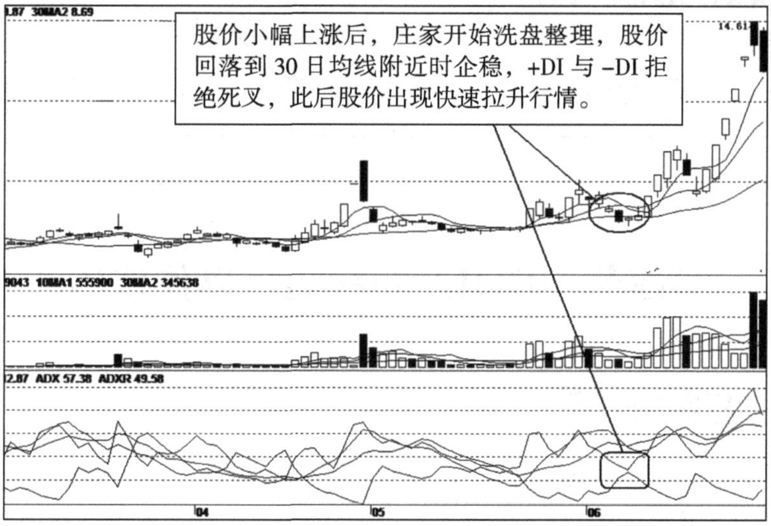

图 10–16

四、拒绝金叉信号

股价经过小幅下跌后，+DI 在 –DI 之下缓缓向上抬升，–DI 慢慢向下移动。当两线即将形成金叉时，却出乎意料地各自朝相反方向运行，两线拒绝金叉。随后+DI转头下行，–DI掉头上行并再次穿过ADX和ADXR两线，ADX和ADXR也开始向上移动，随后股价出现新的下跌走势。

或者由于庄家发动自救行情，反弹力度较大，+DI与–DI已经发生金叉，但+DI上冲触及ADX和ADXR后失败而再度回落。这种现象表明反弹行情已经结束，股价将出现新一轮跌势。前期如果投资者没有及时卖出股票，这是最后的卖出机会。

图10–17展示的是北纬通信（现名北纬科技，002148）的股价走势。股价见顶后一路下跌，由于庄家不断打压出货，股价很难真正企稳。在震荡过程中，曾经两次出现+DI缓缓抬升，–DI慢慢下移，但当两线即将形成金叉时，拒绝金叉并各自朝相反方向运行。+DI转头下行，–DI掉头上行并再次穿过ADX和ADXR两线，ADX和ADXR也开始向上移动，此后股价再次出现大幅下跌走势。

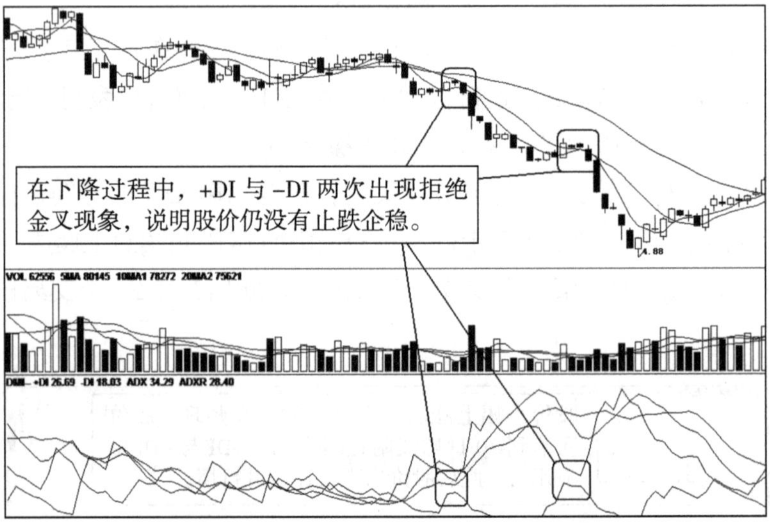

图 10–17

第四节　BOLL指标短线操作技巧

一、BOLL指标突破信号

布林指标可以提示支撑和压力位置，显示超买超卖情况，具有通道功能。在短线实盘操作时，该指标具有较好的信号指示功能。

股价长时间横盘整理，布林指标的上轨线和下轨线会逐渐收紧。两线之间的距离越来越小，差值接近10时，表明行情将要出现变盘，激烈的价格波动随时有可能产生。随着成交量逐渐放大，股价突然出现急速上涨，此时布林指标的上轨线会急速向上运行，同时下轨线向下运行，这样布林指标上下轨线之间就形成了一个类似张口的喇叭形态。此时若股价连续穿越上轨线，则表示股价短期有一定的升幅。

张口喇叭形态是股价经过长时间的低位横盘筑底后，面临向上变盘时出现的一种走势。布林指标的上下轨线出现方向截然相反而力度很大的走势，预示多方力量逐渐强大，空方力量逐渐衰竭，股价短期将出现大幅拉升行情。

这种形态一般要求具备两个条件：一是股价要经过长时间的横盘整理。整理时间越长，上下轨线之间的距离越小，则未来突破的力度和上涨幅度越大。二是在布林通道开口的关键位置，无论涨跌都要求有明显放大的成交量，否则为疑似突破信号。

图 10–18 展示的是美联新材（300586）的股价走势。该股在低位出现较长时间的横盘整理走势，布林通道收窄多时，上轨线、中轨线和下轨线十分接近，上下轨线差值低于 10%。同期的 5 日、10 日、30 日三条均线相互缠绕在一起，呈黏合状态。这时投资者应密切关注盘面变化（但不必过早介入），因为此时已是箭在弦上，一旦出现向上突破的走势，就应立即采取买入行动。

2018 年 2 月 6 日，庄家向下制造一个空头陷阱后，第二天开始向上拉高股价，连续出现两根“一”字线和一根“T”字线，布林通道迅速张开口，均线系统向上发散，股价向上突破的信号已经明确，一轮升势行情来临，此时投资者可以不惜追涨杀入做多。可见，布林通道收窄是暴风雨前的宁静，是黑马股启动的信号，布林通道开口放大是最佳买入时机。想让资金翻倍，就应骑上这样的骏马！

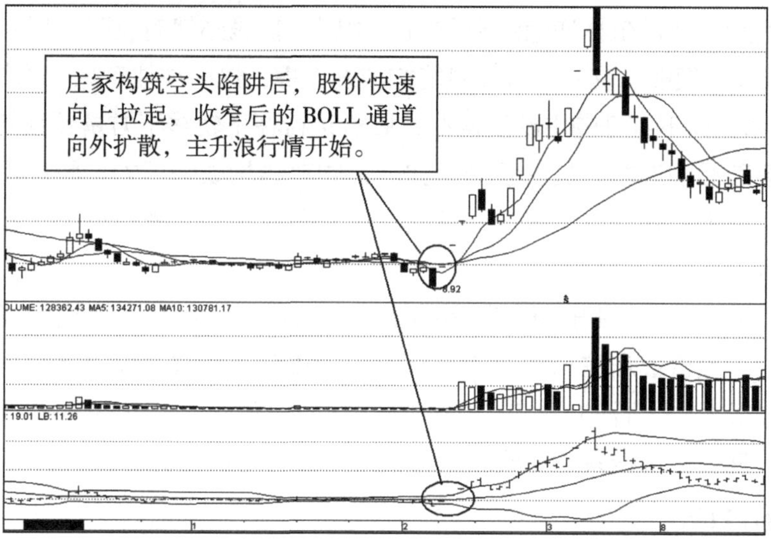

图 10–18

二、BOLL 指标的压力和支撑

布林指标是一个很神奇的指标，其上轨线、中轨线、下轨线每条轨道，在不同的时候会构成不同的压力位、支撑位，需要注意其弱、强、超强三种力度。在使用布林指标时，应把握以下几个方面的情况。

1. BOLL 通道变轨

（1）在向上的窄轨通道中，股价运行在布林窄轨的上轨线和中轨线之间，这时上轨线构成弱压力，中轨线构成弱支撑，而下轨线构成强支撑。所以向下转折时会有震荡反弹，股价很难从上轨线附近直接跌穿下轨线。通常趋势是从上轨线跌到下轨线，然后反弹到中轨线附近，再次下跌击穿下轨线，此时布林通道口打开，下跌趋势形成。对于向上运行的窄轨，当股价突破上轨线时，通道张口打开，往往意味着主升浪开始。

（2）在向下的窄轨通道中，股价运行在布林窄轨的中轨线和下轨线之间，这时中轨线构成弱压力，下轨线构成弱支撑，而上轨线构成强压力。对于运行在窄轨下跌通道的个股来说，股价很难从下轨线附近直接上穿上轨线，通常趋势的反转是从下轨线上攻到上轨线，然后回踩至中轨线附近，再次上攻击穿上轨线，此时布林通道口打开，上升趋势形成。对于向下运行的窄轨，当股价击穿下轨线，通道张口打开，往往意味着主跌浪开始。

2. 宽轨开口情况

（1）对于张口向上打开的主升浪行情，股价运行在上轨线上方，是超强的攻击形态，往往是主升浪刚突破后的形态。其后股价回落，中轨线构成强支撑；股价再次向上，上轨线构成强压力。一个完好的主升浪上升通道就是大开口形态，股价运行于中轨线和上轨线之间。

（2）对于大张口向上并出现顶背离的情况，股价回落后，中轨线构成弱支撑，下轨线构成超强支撑，股价很难在布林通道收口前直接击穿下轨线。如果下跌力量很强，但当时布林通道张口很大，并且布林通道没有收口，触到下轨线必然有反弹，反弹时，中轨线构成强压力；如果反弹很弱，其后下轨线只能构成弱支撑，这时往往意味着趋势反转。

（3）对于张口向下打开的主跌浪情况，股价运行在下轨线下方是超强的下跌形态，往往是主跌浪刚突破后的形态。其后股价反弹时，中轨线构成强压力；股价再次向下，下轨线构成强支撑。一个完好的主跌浪下跌通道，就是布林通道大张口形态，股价运行于中轨线和下轨线之间。

（4）对于向下大张口并出现底背离的情况，股价反弹后，中轨线构成弱压力，上轨线构成超强压力，股价很难在布林通道收口前直接攻穿上轨线。如果上攻力度很强，但当时布林通道张口很大，并且没有收口，触到上轨线必然有回落，回落时，中轨线构成强支撑；如果回落很小，其后上轨线只能构成弱压力，这时往往意味着趋势反转。

3. 宽轨缩口情况

（1）无论布林通道张口向上或向下，上轨线、下轨线只能构成弱压力、弱支撑，中轨线不构成支撑和压力，此时向上或向下发生行情的概率都较大。

（2）股价运行在上轨线之上，是超强攻击形态；运行在中轨线和上轨线之间，是上升通道形态；运行在下轨线和中轨线之间，是下跌通道形态；运行在下轨线下方，是超强下跌形态。

4. 用 BOLL 指标把握主升浪

布林指标在判断很多形态上有自己独特的优势，比如判断股价的支撑位和压力位、主升浪和主跌浪、顶背离和底背离以及反转形态等。

这里分析一下发生主升浪的几种情况。

（1）股价横盘震荡或缓慢上行，布林通道呈现平行窄轨，股价运行在布林通道的中轨线和上轨线之间，某日股价突然跌破中轨线，但在下轨线处获得支撑。震荡数日后，股价上攻突破中轨线并触及上轨线，遇到压力回踩中轨线时企稳，此时股价向上突破上轨线并发生大行情的概率非常大。这是经典的挖坑启动形态，也是经典的向上突破形态。

图 10–19 展示的是亚威股份（002559）的股价走势。该股见底后缓缓上行，布林通道呈现为窄轨，股价运行于中轨线和上轨线之间。期间股价几次跌破中轨线弱支撑，形成窄幅震荡走势。之后向上拉起，穿越中轨线弱压力，接近上轨线附近。不久股价放量涨停，布林通道上轨线被突破，张口迅速打开，由此主升浪展开。

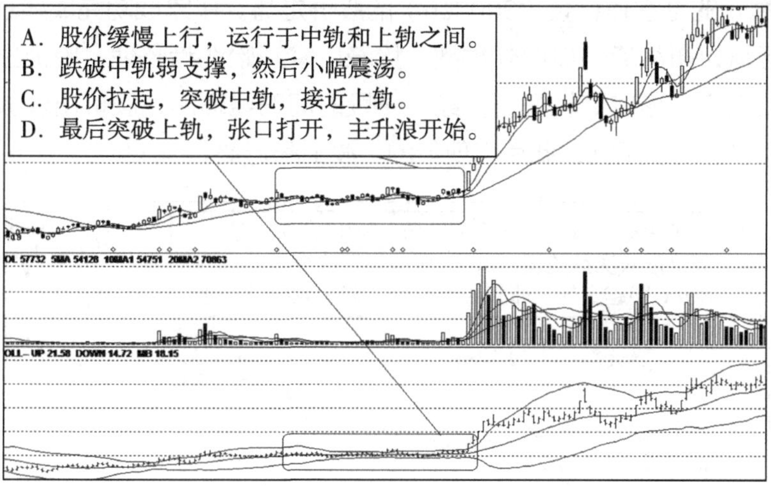

图 10–19

（2）股价横盘震荡或缓慢上行，布林通道呈现平行窄轨，股价运行在布林通道的中轨线和上轨线之间。某日股价突然加速上涨，突破上轨线的压力，布林通道的张口也呈打开的态势，此时出现加速上涨的概率较大。这是经典的加速上涨形态。

图 10–20 展示的是同大股份（300321）的股价走势。该股见底后渐渐向上盘升，布林通道长时间处于窄轨状态。股价在中轨线和上轨线之间运行，多次试图向上突破上轨线压制均未果。后来股价放量上涨，突破布林通道上轨线的压制，张口向外扩散，之后出现一波加速上涨行情。

（3）股价先是出现一波大涨行情，布林通道口也呈打开状态。随后股价出现洗盘整理，布林通道口渐渐收缩，股价围绕中轨线震荡，多数时间处于中轨线和上轨线之间。经过一段时间的整理后，股价开始放量上涨，突破布林通道上轨线的压制，此时有可能出现新一轮主升浪行情。这是经典的逐浪上涨形态。

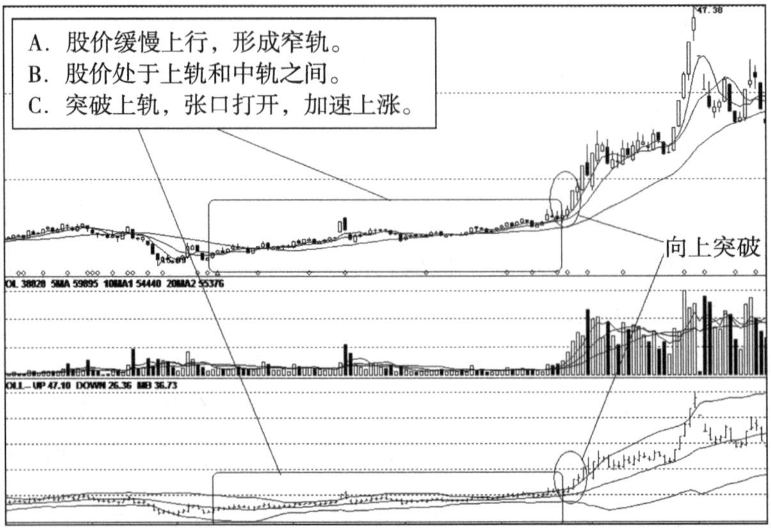

图 10-20

图 10-21 展示的是掌趣科技（300315）的股价走势。庄家成功完成建仓计划后，股价快速脱离底部区域，布林通道口向外扩散。接着庄家开始洗盘整理，股价出现震荡走势，布林通道口开始缩窄，形成窄轨通道。经过一段时间的整理后，股价出现放量上涨走势，布林通道向上突破上轨线压制，此后出现新的一波上涨行情。

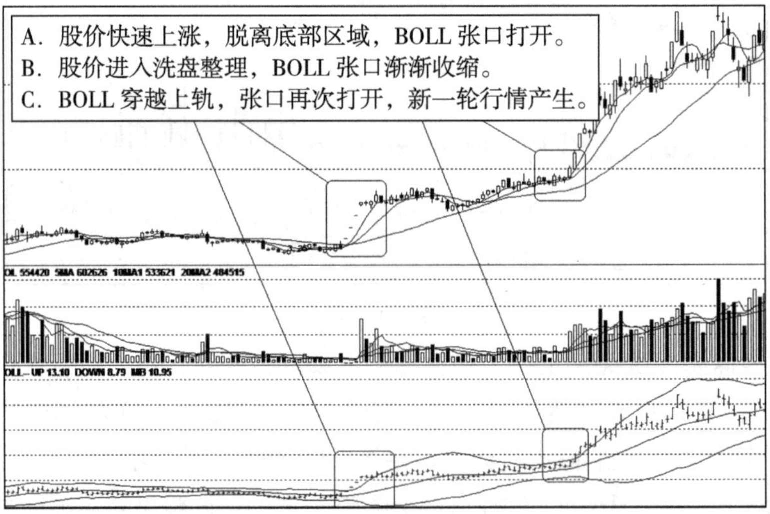

图 10-21

（4）对于上述三种刚进入加速上涨的个股，在首次从尖顶回落到中轨线附近时，往往是一个较好的买入机会，其后至少有一次上攻机会，这是短线操作非常有效的技巧。如果上攻力度强，能够再次攻击上轨线，则会继续保持上升通道的完整性，此后回落到中轨线时仍可再次买入；如果上攻力度弱，股价与通道构成背离，则需及时出局。这是做上升通道中强势股的方法，也是超短线操作的一大法宝，在盘升类个股中使用效果非常好。

图 10-22 展示的是长江投资（600119）的股价走势。股价之前运行在一个缓慢的上升通道之中，之后股价出现加速上涨，布林通道变宽。随后股价每次回落到中轨线附近，都是一个较好的买点，股价到达上轨线附近也是短线减仓的高点。当股价上攻力度减弱时，应及时退出观望。

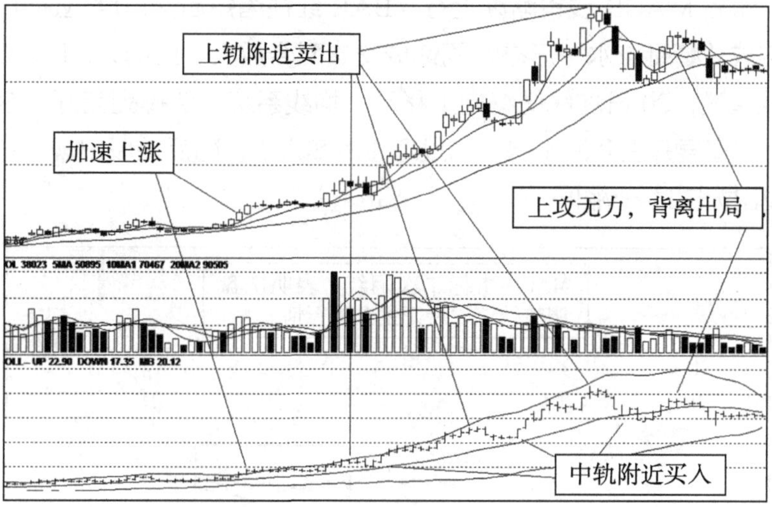

图 10-22

第五节　MACD 指标短线操作技巧

一、MACD 二次翻红

在选股尤其是选择强势股方面，指标能起到非常重要的作用。如果运用得好，可以成功捕捉到上涨行情主升浪的起涨点。

用 MACD 捕捉主升浪的方法如下。

股价走势满足“MACD 指标连续二次翻红”的股票，往往会有非常好的上涨行情。当 MACD 指标第一次出现红柱后，还没等红柱缩短至变绿时便又再次放大其红柱，这是利用 MACD 指标选股的关键。

如果一只股票的走势符合这一原则，同时又符合以下四个条件，意味着该股出现大幅上涨的可能性非常大。

（1）30 日均线由下跌转为走平或翘头向上，5 日、10 日、30 日均线刚刚形成多头排列。

（2）日 K 线刚刚上穿 30 日均线，或在 30 日均线上方运行。

（3）MACD 指标第一次翻红的红柱越短越好，在 0 轴附近最好。

（4）成交量由萎缩逐渐放大，当日成交量大于 5 日平均量。

特别需要说明的是，买入后成交量必须连续放大，MACD 指标中的 DIF 值必须连续递增。如果不符合这两个条件，就要及时出场。

图 10–23 展示的是超频三（300647）的股价走势。该股经过长时间的下跌调整，在低位企稳回升。股价经过一波拉高后，庄家开始洗盘整理。2018 年 3 月 29 日，DIF 线回落与MACD线发生死叉，但没有出现持续下滑走势。6月5日，DIF线反转向上穿越MACD线，继续向上攀升，随后 MACD 线也渐渐上行。BAR 红柱缩短后又再度迅速伸长，MACD 出现二次翻红，构成“蜻蜓点水”形态，同期成交量配合放大。此时，5 日、10 日均线在 30 日均线上方形成金叉，30 日均线继续向上移动，均线系统多头排列完好。这表明庄家洗盘换手已经结束，有望展开主升浪走势，构成理想的买入点。随后该股出现一波主升浪行情，在 12 个交易日里拉出 11 个涨停。

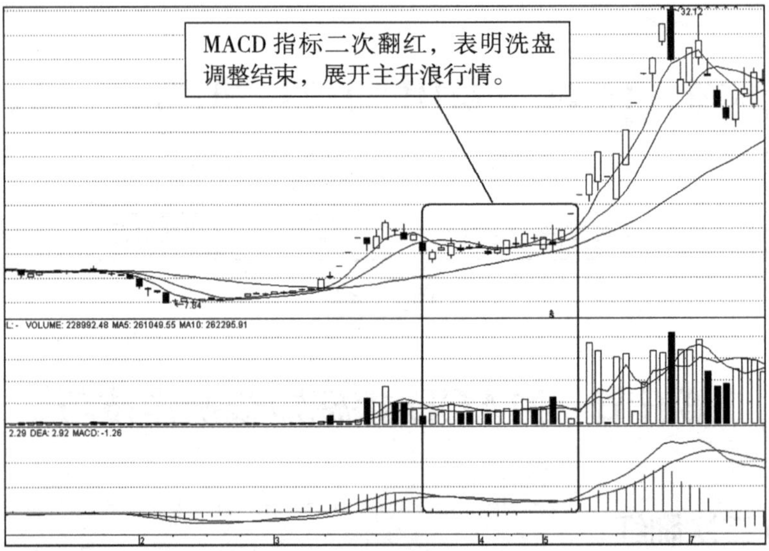

图 10–23

在实盘操作中，经常发现 DIF 线和 MACD 线靠得很近或黏合在一起，两条指标线越近（其差值几乎为零），黏合时间越长，距离 0 轴越近，后市突破的力度越大。某日一旦 DIF 线向上脱离 MACD 线，两线向上发散，BAR 指标红柱增长，均线系统向多头转变，可以大胆买入，一般收益都很丰厚。

注意：MACD 指标出现黏合后，应重点关注，但不能过早做出买卖决定，因为后市仍然存在向上或向下突破的可能，待方向明朗后再果断做出买卖决定为宜。

这种信号如果出现在筑底阶段，多为庄家吸货所致，后市具有一定的投资价值，交易者应多加关注。如果在盘头阶段或反弹行情中出现，多为庄家出货所致，后市会有一定的跌幅，交易者应多加防范。

若在上涨过程中出现这种现象，多为庄家洗盘整理走势。一旦指标线向上发散，说明洗盘结束，后市将出现新一轮升势。若在反弹过程中出现这种现象，说明上方抛压较重，一旦指标线向下发散，后市将出现新的下跌走势。

图 10–24 展示的是三钢闽光（002110）的股价走势。该股有强庄入驻其中，庄家在底部长时间吸纳低价筹码，股价呈现筑底走势，此时 MACD 在 0 轴附近形成黏合状态。2017 年 7 月 7 日，股价放量向上脱离盘整区域。DIF 线脱离 MACD 线向上抬头，两线向上发散，BAR 指标红柱增长。此时，5 日均线与 10 日均线在 30 日均线上方黏合后向上跃起，30 日均线缓缓上行，均线系统呈多头排列，形成较好的买入点。此后股价出现快速拉升行情，短期涨幅较大。

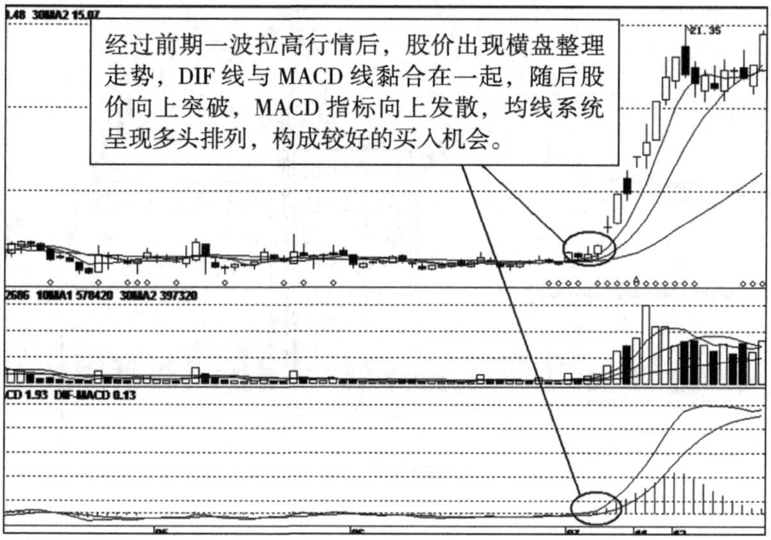

图 10–24

二、MACD 红绿柱研判法则

MACD 红绿柱的研判精华就八个字：买小卖小，缩头缩脚。小指的是红绿柱堆，缩头缩脚是指红绿柱长短。当股价一波比一波高时，红柱堆反而一堆比一堆小，说明产生了顶背离现象，应该及时卖出。当股价一波比一波低时，绿柱堆反而一堆比一堆小，说明产生了底背离，应该买进。短线应在绿柱堆一根比一根短时买进，也就是说缩脚时买进。当红柱堆一根比一根短时，俗称缩头，应卖出。

这里的“大”和“小”是指 MACD 中的大绿柱、小绿柱和大红柱、小红柱。利用这种方法操作时，可以不考虑图中的 DIF 和 MACD 两条曲线，只关注红绿柱的变化。

MACD 红绿柱的应用法则如下。

（1）从 MACD 指标可以看出，红柱和绿柱不可能无限制地放大，同时也不可能无限制地缩小。

（2）红柱放到最大为波段顶部，绿柱放到最大为波段底部。

（3）红柱和绿柱一般放大到第 5~6 根时见到波段顶部或低部，这时注意抛出或买入。

（4）红柱由最大开始缩小时出局，绿柱由最大开始缩小时进场。

（5）一般来说，红柱缩小将会出现绿柱。同理，绿柱缩小会出现红柱，中间的这个过程就是一个波段。也就是说，从绿柱放大到最大到红柱放大到最大为一个完整的上升波段。同样，从红柱放大到最大到绿柱放大到最大为一个完整的下跌波段。

图 10–25 展示的是中国嘉陵（现名 *ST 嘉陵，600877）的股价走势。从该股走势图中可以看出，MACD 指标中的 BAR 柱状线从绿柱放大到最大到红柱放大到最大时，为一个完整的上升波段。同样，BAR 柱状线从红柱放大到最大到绿柱放大到最大时，为一个完整的下跌波段。投资者可以根据此信号的变化寻找波段的高点和低点进行短线操作。

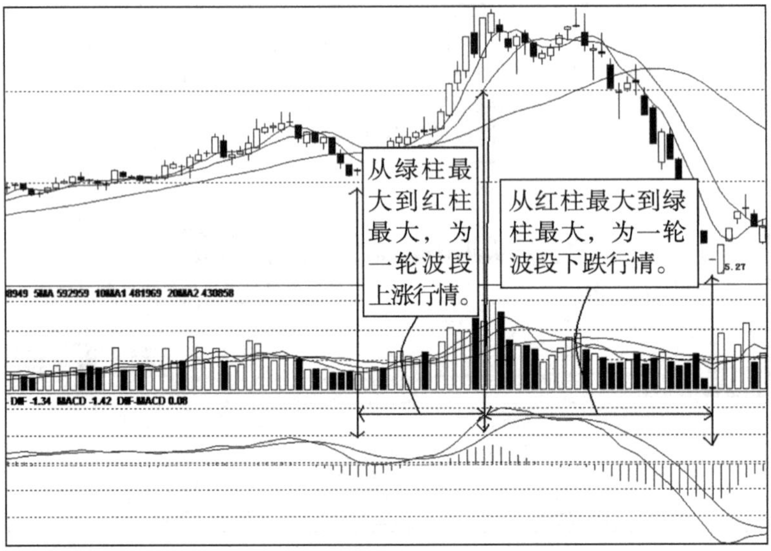

图 10–25

三、MACD 背离研判法则

1. 底背离信号

底背离一般出现在股价低档位置。当股价的低点比前一次的低点低，而 MACD 指标的低点比前一次低点高，也就是说 MACD 指标认为股价下跌有非理性成分，不会再持续地大幅下跌，就形成底背离走势。底背离暗示股价即将反转上涨，是开始建仓的买入信号。底背离所处的位置越低，形成的时间越久，其信号越可靠。如果出现在股价大幅下跌后的低位区域，其信号的准确性较高。

图 10–26 展示的是九鼎投资（600053）的股价走势。在股价运行过程中，股价一波比一波低，不断创出调整新低，市场显得极度疲软。然而，同期的 MACD 指标不但未能随着股价相应地创出新低点，反而呈现上升走势。MACD 指标与股价形成底背离走势，暗示股价离底部已经不远了，可以入市建仓。

2018 年 10 月 30 日，股价见底后反转向上，放量突破，出现一波快速拉升行情，从而证实了底背离信号的可靠性。投资者在实盘中遇到这种走势时，可以在突破时积极介入做多。

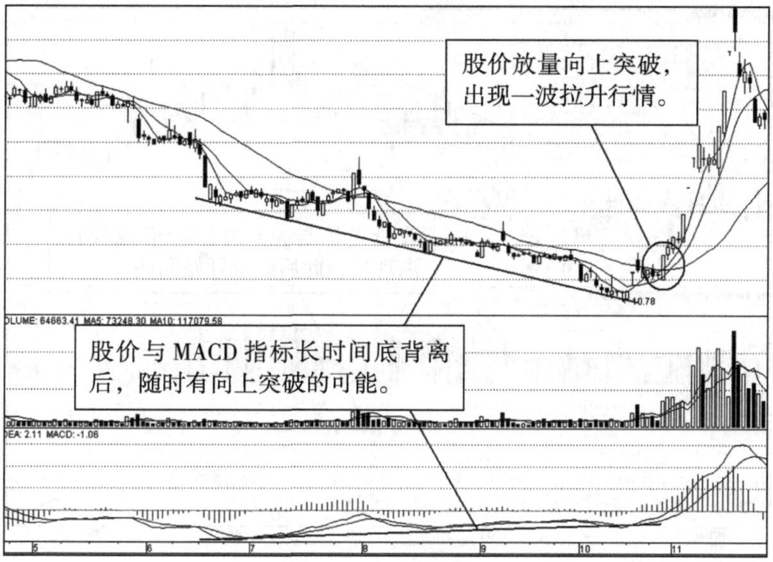

图 10-26

2. 顶背离信号

运用 MACD 指标时，经常会遇到股价走势与指标走势背离的现象。当股价的高点比前一次的高点高，而指标的高点却比前一次的高点低，换言之，就是当指标处于高位并形成一峰比一峰低的两个或两个以上峰点，此时股价对应的却是一峰比一峰高，就出现了顶背离现象。顶背离表示 MACD 指标怀疑股价的上涨是外强中干，暗示股价很快会反转下跌。

顶背离信号是股价在高位即将反转下跌的信号，表明股价短期内即将下跌，是比较强烈的卖出信号。顶背离所处的位置越高，形成的时间越长，其信号越可靠。如果出现在股价大幅上涨后的高位区域，其信号的准确性较高。

在实盘操作中，顶背离信号比底背离信号的可靠性要高。通常在高位出现一次顶背离信号，即可确认趋势反转。低位出现底背离信号，往往需要几次反复确认，行情才会发生反转。

图 10-27 展示的是中科曙光（603019）的股价走势。该股在 2018 年 2 月—6 月的运行过程中，股价一波一波地强劲上扬，不断创出近期新的高点。但是同期 MACD 指标并未随之创出新高点，反而一个高点比一个高点向下走低，两者形成顶背离走势。

这种情况表明，股价上涨有庄家刻意拉抬诱多的成分，是一种虚张声势表现，也反映股价上涨已到尽头，显现出头部特征。随后该股股价迅速脱离顶部区域，出现大幅下跌走势。

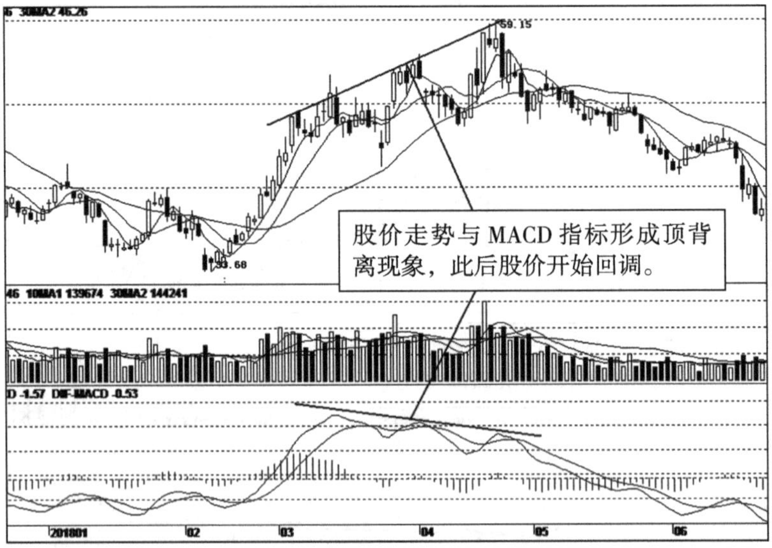
30MA2 46.26
50.15
33.68
10MA1 139674 30MA2 144241
D -1.57 DIF-MACD -0.53
股价走势与 MACD 指标形成顶背离现象，此后股价开始回调。
201801
02
03
04
05
06

图 10-27

第十一章　依据趋势线炒短线

第一节　判断买入时机

一、向上突破下降趋势线时买入

股价下跌过程中，一个高点比一个高点低，将其中两个高点用直线连接起来，就构成一条下降趋势线。下降趋势线反映股价处于下跌趋势，对股价起到压力作用。

根据股价下跌时间长短，下降趋势可以分为长期下降趋势、中期下降趋势、短期下降趋势。长期趋势时间跨度在 6 个月以上，中期趋势为 1~6 个月，短期趋势一般在 1 个月以内。

不管是长期、中期还是短期下降趋势，如果股价向上突破下降趋势线，都是买入时机。但对于短线交易者来说，应把股价向上突破短期下降趋势线当作买入时机。

在中期下跌趋势中，股价主要以下跌为主，高点和低点都不断下移。当股价下跌一段时间后，往往会产生反弹。如果股价向上突破短期下降趋势线，便是短线买入时机。

在中期上涨趋势中，股价主要以上涨为主，高点和低点都不断抬高。但有时股价急速上升一段之后，会进入短期下调整理走势，这时股价会受到一条短期下降趋势线的压制。当股价向上突破这条短期下降趋势线时，说明短期调整结束，股价将进入新的上升阶段，此时也成为中期上升趋势中的一个新的买入时机。

在中期横盘整理趋势中，股价在一定的价格范围内波动，时而上升，时而下跌。如果波动空间较大且有一定差价，短线交易者可在股价突破短期下降趋势线时买入。

利用此方法时应注意以下几点。

（1）短期趋势的持续时间在 1 个月以内。

（2）股价对趋势线的突破一般以收盘价为准，向上突破时必须有大成交量的支持，否则可能为假突破。理论上认为，股价突破趋势线的幅度应超过 3%，且连续 3 天突破趋势线，才能认为是有效突破。

（3）在中期下跌趋势中抢反弹，应快进快出，并且要设立明确的止损位。在中期上升趋势中，应以持股为主，即使卖出，也应是部分或暂时的。当调整结束，特别是股价向上突破短期下降趋势线时，应及时补仓。

图 11–1 展示的是九鼎投资（600053）的股价走势。该股见顶后逐波下行，股价一波比一波低，不断创出调整新低。将多个反弹高点连接成一条直线，就形成一条中期下降趋势线。这条下降趋势线压制股价不断向下走低。2018 年 10 月 30 日，股价放量拉高，一根

涨停大阳线向上突破这条下降趋势线。这说明中期调整结束，股价将出现一波拉升行情，此时可以逢低介入。

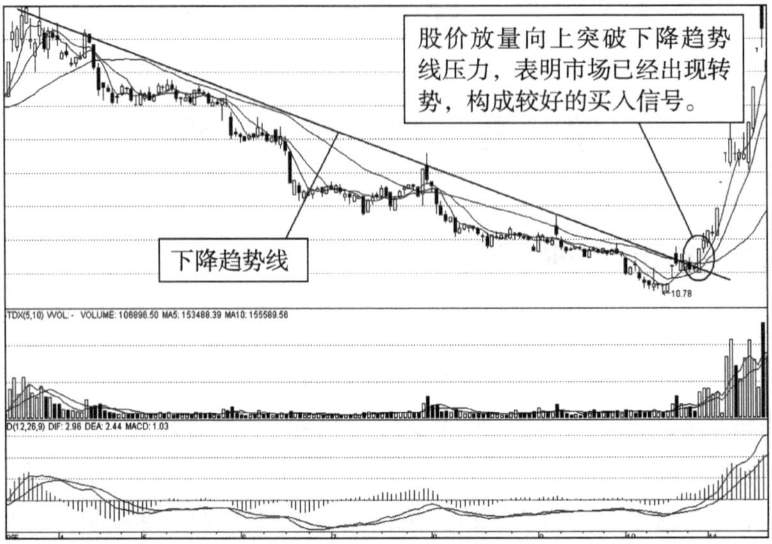

图 11–1

二、回调不破上升趋势线时买入

在中期上升趋势中，股价的低点和高点都在不断上移。将两个低点用直线连接起来，便形成一条上升趋势线，它将成为股价回档时的支撑。股价每次回调至该线不跌破并且止跌回升时，便是上升趋势中的短线买入时机。

利用此方法做短线操作时，应注意以下几点。

（1）股价回调至上升趋势线附近时，成交量应呈现缩量状态，否则上升趋势线难以支撑股价。

（2）股价企稳回升时，应得到成交量的支持。

（3）实际操作时，应根据情况变化适时修正上升趋势线。

图 11–2 展示的是天健集团（000090）的股价走势。该股见底后步入上涨行情，将两个回调低点连接成一条直线，就形成一条上升趋势线，它对股价回调具有支撑作用。当股价多次回落到该趋势线附近时，均受到支撑而出现不同力度的回升走势，因此上升趋势线附近是短线操作一个较好的买入机会。

三、向上突破下降通道上轨线时买入

在股价下跌过程中，高点和低点不断下移，连接两个高点的直线称为下降趋势线。通过两高点之间的低点做一条平行线，两直线间的区域称为下降通道。下降趋势线也叫下降通道上轨线或压力线，与下降趋势线平行的直线，也叫下降通道的下轨线或支撑线。

一般来说，在下跌过程中，股价跌至下降通道下轨线会受到支撑而反弹，反弹至下

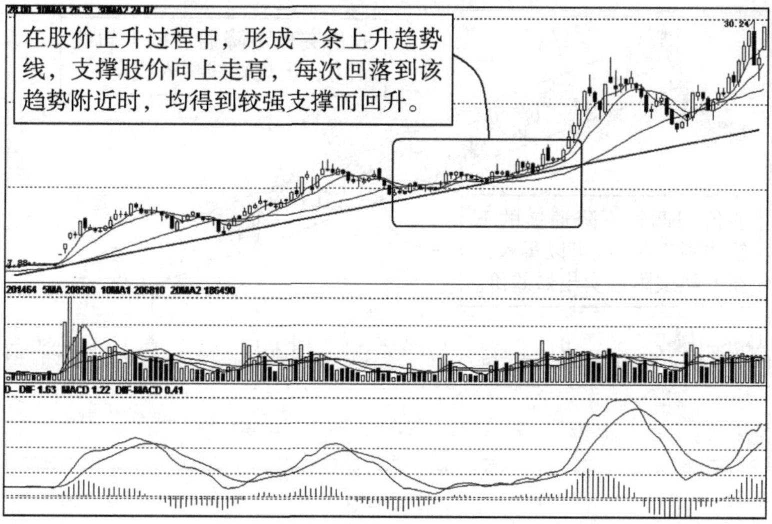

图 11-2

降通道上轨线时又会遇阻回落。当股价放量向上突破下降通道上轨线时，便宣告下降趋势结束，上升趋势开始，因此向上突破下降通道上轨线是重要的买入时机。

利用此方法交易时应注意以下几点。

（1）下降通道实际上是下降趋势线分析的延续和补充，但在实际操作中比下降趋势线具有更强的可靠性和实用性。

（2）成交量是衡量突破是否有效的重要指标。股价向上突破下降通道时，成交量应该放大，否则突破的可靠性降低，或者股价突破下降通道上轨线后也难以上涨，有可能会横向运行。

（3）短线操作可以把股价在下降通道下轨线获得支撑时当作买入时机。

图 11-3 展示的是东阿阿胶（000423）的股价走势。股价反弹结束后逐波下跌，形成一条下降通道。不久股价放量向上突破下降通道上轨线，此后股价一举扭转下跌势头。短线可以在股价突破或回抽时买入，短线高手还可以在股价回落到下轨线附近时买入，在上轨线附近卖出，短线滚动操作。

四、向上突破上升通道上轨线时买入

在上涨过程中，股价高点和低点不断上移，连接两低点的直线称为上升趋势线。通过两低点之间的高点做一条平行线，两直线间的区域称为上升通道。上升趋势线也叫上升通道的下轨线或支撑线，与上升趋势线平行的直线，也叫上升通道上轨线或压力线。

在上升趋势末期，如遇庄家大幅拉抬，股价将会放量向上突破上升通道上轨线的压力，出现加速上涨现象，短时间内升幅非常可观，把握得当可以获得丰厚利润。在上升趋势中，股价放量突破上升通道上轨线时是短线买入时机。

利用此方法交易时应注意以下几点。

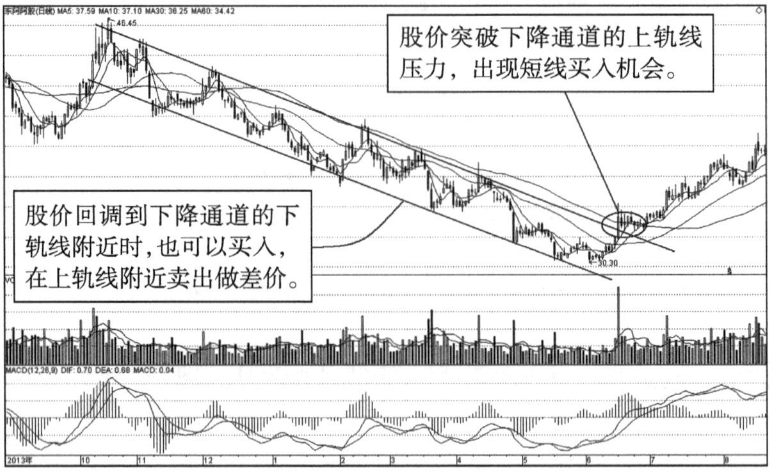

图 11-3

（1）股价向上突破上升通道上轨线时，如果成交量配合放大，可以视为有效突破，应大胆买入，后市会有较大涨幅，否则应继续观望。

（2）股价向上突破上升通道上轨线，通常是股价加速上涨和上升趋势末期的信号，持续时间一般不会太长，股价迟早还会跌回通道之内甚至更低。

（3）股价向上突破上升通道上轨线时买入，如很快又跌回上轨线之内，应止损出局，虽然突破后偶有回调，但也不应收盘在上轨线之下。

（4）在上升通道中，股价每次回落到下轨线获得支撑时，也是短线买入时机。

图 11-4 展示的是方大炭素（600516）的股价走势。该股成功探明底部后向上盘升，形成一条缓慢的上升通道。2017 年 6 月 23 日，股价放量向上突破上升通道上轨线，此后股价出现加速上涨。

在上升趋势中，多头占据市场优势，一旦上轨线被成功突破，往往会出现加速上涨行情，短线交易者可在突破或回抽时买入。

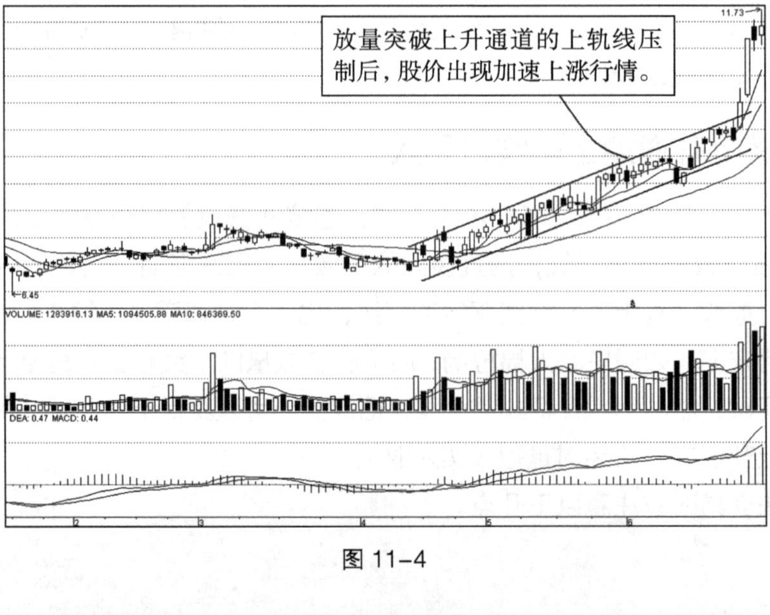

图 11-4

五、向上突破水平压力线时买入

股价长时间横向运行，每次上冲到某一个价位都会受阻回调。把若干个高点连接起来，便形成一条水平的压力线。当股价放量向上突破这条水平压力线时，为买进信号。

利用此方法交易时应注意以下几点。

（1）股价向上突破水平压力线时，如果成交量未配合放大，有可能突破后不久即跌回压力线之下，此时应及时止损。

（2）股价长时间在该水平线之上运行，是庄家高度控盘的表现，交易者只能适量参与。

图 11–5 展示的是卫宁健康（300253）的股价走势。该股反弹结束后，再次回落到前期低点附近，之后形成横向震荡整理走势。将震荡中的几个高点连接在一起，就形成一条水平趋势线，这条趋势线对股价上涨构成较大的压制作用。2018 年 1 月 24 日，股价收出一根放量上涨大阳线，突破了水平趋势线的压制，随后股价出现了强劲的盘升行情。

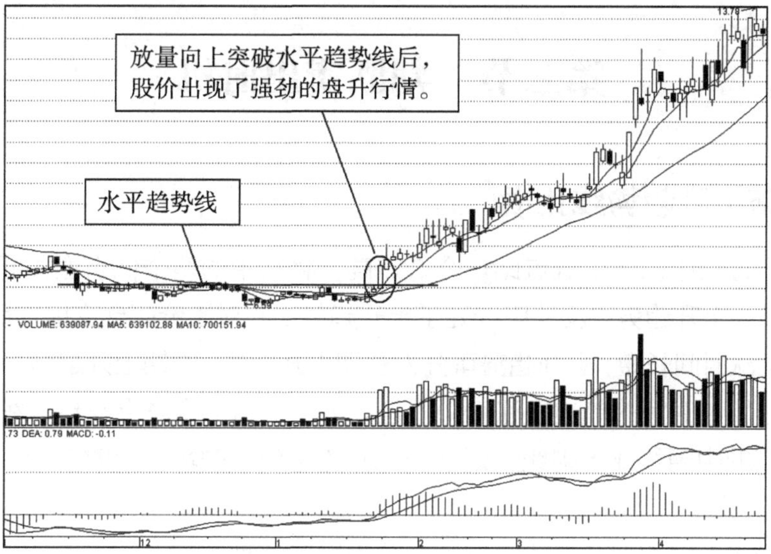

图 11–5

六、股价回落至水平支撑线时买入

股价长时间横向运行，每次跌落到一个价位都受到支撑，随后止跌反弹。把若干个低点连接起来，便形成一条水平支撑线。如果低点与高点之间有足够大的差价，短线交易者可以在股价接近水平支撑线止跌后买入。

图 11–6 展示的是中通客车（000957）的股价走势。该股小幅上涨后，在相对高位出现震荡走势，震荡过程中形成一条水平趋势线。不久，股价放量向上突破水平趋势线，这条压力线转化为支撑线，对股价起到阻挡下跌的作用。此后，当股价回落到这条支撑线附近时都得到支撑，之后向上回升，此时是短线交易者较好的买入机会。

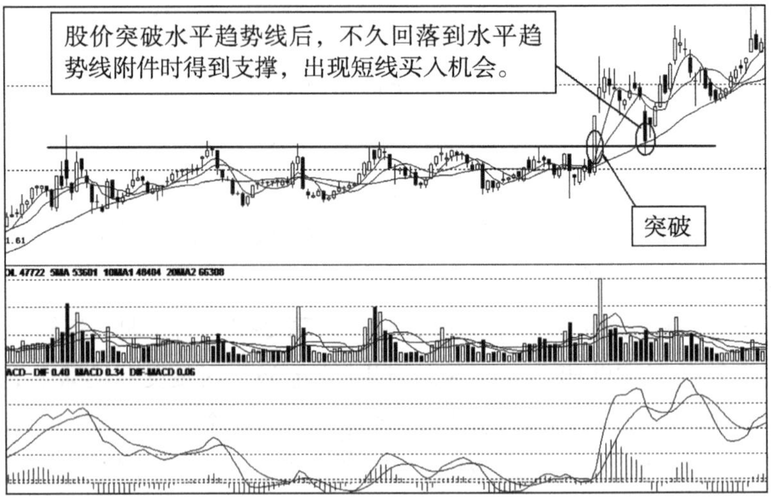

图 11-6

第二节　判断卖出时机

一、向下突破上升趋势线止损

在股价上涨过程中，一个低点比一个低点高，将其中的两个低点连接起来，就构成了一条上升趋势线。上升趋势线反映股价处于上升趋势，并对股价起到支撑作用。

根据股价上涨时间长短，上升趋势可分为长期上升趋势、中期上升趋势、短期上升趋势。

当股价经过较长时间的单边上涨后，一旦股价从上向下跌破上升趋势线，日 K 线通常收出一根有力度的中阴线或大阴线，则表明上涨趋势已被破坏。此时无论有无大成交量的支持，短线都应离场。

在实盘操作中，短期上升趋势线可以区分为以下三种情况：一是中期上升趋势中出现的短期上升趋势；二是中期下跌趋势中股价反弹时形成的短期上升趋势；三是中期横向趋势中出现的短期上升趋势。

在中期上升趋势中，股价以上升为主，低点与高点不断上移。但股价上升一段后，往往会产生回调。如果股价回调时向下跌破短期上升趋势线，应立即止损。

在中期下跌趋势中，股价以下跌为主，低点与高点不断下移。但股价下跌一段时间之后，往往会出现反弹。这种反弹就是股价中期下跌途中出现的短期上升趋势，此时股价就会受到一条短期上升趋势线的支撑。当股价跌破该短期上升趋势线时，说明短期反弹结束，股价将进入新一轮下跌，此时是短线抢反弹的卖出时机。

在中期横盘整理趋势中，股价在一定的价格范围上下震荡。如果股价震荡空间较大，就会形成众多短期上升趋势与短期下降趋势。当股价每次跌破短期上升趋势线时，便是短线卖出时机。

利用此方法交易时应注意以下几点。

（1）短期上升趋势的时间一般不应超过 4 周。

（2）只要股价跌破上升趋势线，就应该立即离场。

（3）股价跌破上升趋势线，成交量同步放大，则加深跌势，即使没有成交量的配合，股价也会自然滑落。

图 11–7 展示的是百洋股份（002696）的股价走势。2018 年 2 月，该股回落到前期低点附近时企稳上行，股价逐波向上走高，从而形成一条上升趋势线。2018 年 6 月 13 日，一根下跌大阴线向下突破这条上升趋势线，意味着上升行情告一段落，短线交易者应尽快离场，随后股价继续下跌。

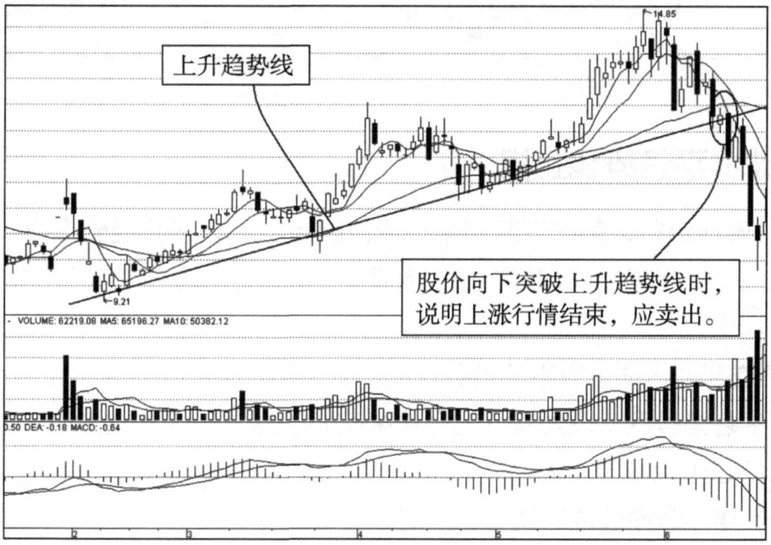

图 11–7

二、反弹至中期下降趋势线时卖出

在中期下降趋势中，股价每次反弹至中期下降趋势线附近，大多会受到压制。如果股价不能突破这条阻力线，势必会再度下跌。在中期下降趋势中短线抢反弹时，应把股价靠近中期下降趋势线时作为卖出时机。

利用此方法交易时应注意以下几点。

（1）不必等到股价触及下降趋势线才卖出，反弹行情结束得快，短线操作应适当提前获利了结。

（2）在下跌趋势中抢反弹时，如果股价反弹失败，重新下跌，应立即止损了结。

图 11–8 展示的是众泰汽车（000980）的股价走势。从该股的走势图中可以看出，股价反弹结束后，从 2017 年 11 月开始逐波下跌。将多个高点连接成一条直线，就形成一条清晰的下降趋势线，这条趋势线对股价上涨构成较大的压力。当股价反弹到该趋势线附近时，不论是否向上突破，短线交易者都应先卖出股票。如果出现向上突破走势，那么可以重新择低介入。

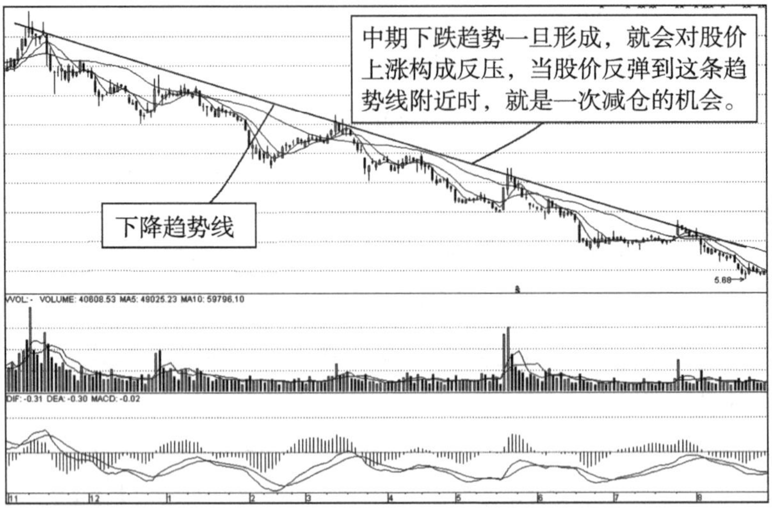

图 11-8

三、向下跌破水平趋势线止损

股价长时间横向运行，每次下跌到某一价位附近时，大多会受到支撑。把若干个低点连接起来，便形成一条水平支撑（趋势）线。当股价跌破这条水平的趋势线时，视为卖出信号，短线操作应及时止损。

利用此方法交易时应注意以下几点。

（1）此水平趋势线既可以是股价上升途中回调时形成的水平支撑线，也可以是股价下跌途中形成的水平支撑线。

（2）短线操作应掌握破位即离场的原则。

图 11-9 展示的是万丰奥威（002085）的股价走势。从该股的走势图中可以看出，股价见顶回落后出现横向震荡走势，其间形成一条水平趋势线，它对股价构成较强的支撑作用。一旦这条趋势线无法阻挡股价的下跌，股价往往进入下一个区间运行。

2018 年 1 月，股价出现连续阴跌，向下有效击穿了这条水平趋势线。短线交易者应当在股价向下突破时卖出股票，此后股价出现大跌。

四、在中期上升通道触及上轨线时卖出

在上升趋势中，连接两个低点的直线是上升趋势的支撑线（下轨线）。通过两个低点之间的峰顶作一条平行于上升趋势线的直线，称为上升趋势的压力线（上轨线），它们中间的区域称为上升通道。在中期上升趋势中，股价每次触及上升通道上轨线时，大多会受阻回落。短线操作应将股价触到上轨线时作为卖出时机。

利用此方法交易时应注意以下几点。

（1）短线应把股价无力抵达上升通道上轨线当作卖出点，及时获利止盈。

（2）短线应把股价向下跌破上升通道下轨线当作止损点，及时离场观望。

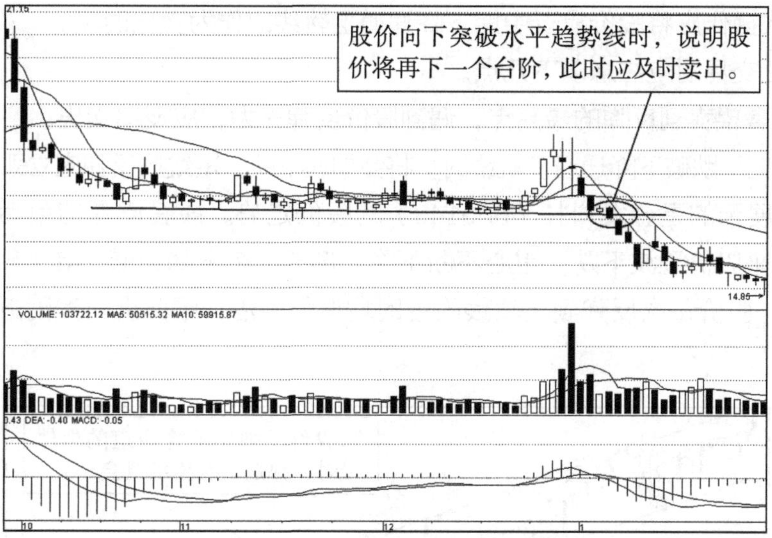

图 11-9

图 11-10 展示的是裕兴股份（300305）的股价走势。从该股 2018 年 10 月至 2019 年 1 月的走势图中可以看出，股价在上升通道中缓慢向上攀高，上升通道上轨线对股价具有一定的压力作用，股价每次反弹到上轨线附近时，均出现回落调整走势，此时投资者应选择减仓操作。

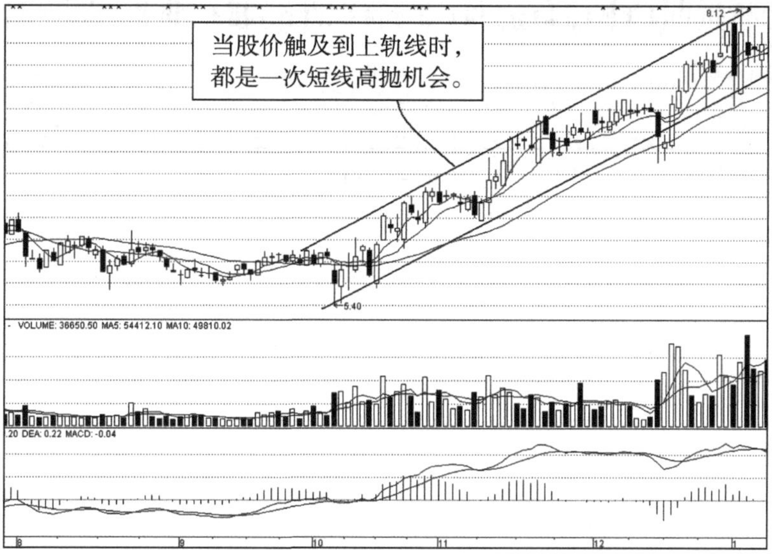

图 11-10

五、在中期下降通道反弹到上轨线时卖出

在下跌趋势中，连接两个高点的直线是下降趋势的压力线（上轨线）。通过两个高点之间的低点作一条平行于下降趋势线的直线，称为下降趋势的支撑线（下轨线），它们中间的区域称为下降通道。在下跌趋势中，股价每次反弹至上轨线附近时，大多会受阻回落，

继续下跌。短线操作应将股价靠近中期下降通道上轨线时作为卖出时机。

利用此方法交易时应注意以下几点。

（1）不应奢望卖到反弹的最高点，遇到股价反弹无力，应及早卖出。

（2）股价向下跌破下降通道下轨线时，将会加速下跌，短线抢反弹应立即止损。

图 11-11 展示的是金发科技（600143）的股价走势。该股反弹结束后再次下跌，从 2018 年 2 月以来股价逐波下跌，重心不断下降，形成一个下降通道。其上轨线对股价上涨构成较大压力，股价每次反弹到上轨线附近时均遇阻回落，因此上轨线附近是短线交易卖出的点位。

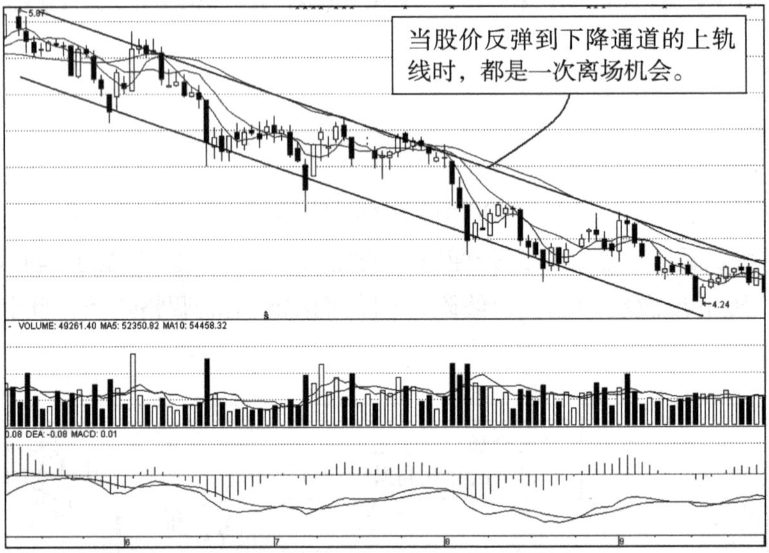

图 11-11

第十二章　依据形态炒短线

第一节　底部形态

一、双重底短线操作技巧

双重底形态的技术意义，是预示一轮下跌行情将告一段落，股价在完成形态之后，将进入一轮上涨行情。

股价持续下跌到低点，令仍坚守其中的持股者因股价太低而惜售，而持币者因股价连创新低，认为已经具备投资价值，于是开始在低位尝试性买入建仓，股价因此获得支撑而止跌反弹。

当股价反弹至某一价位时，距离低点出现了一段价差，这时低档买进者短线获利了结，原先套牢者借反弹套现。在短线获利回吐及解套盘斩仓的双重压力下，股价再一次下探。

当股价回到前次低点附近时，市场上更多的交易者对后市充满信心，不但原先出手承接的人继续加码，还有更多的人加入买进的行列。越来越多的买盘涌入，使多空双方力量发生了重大转变，股价随后出现第二次涨升，并突破前次反弹的高点，成功扭转股价长期下跌的趋势，一波多头上涨行情由此展开。

双重底是一个底部反转信号。当出现该形态时，说明股价跌势已告终结，一波较大的升势行情即将展开，因而双重底构筑完成是积极的买入信号。

双重底形态的买入信号有以下三种。

（1）买点一：当股价第二次回落到前期低点附近时，通常会受到买盘的支撑，股价可能在此处再次反弹回升。也就是说二次探底不破，可以考虑买入建仓。

（2）买点二：当股价完成右底并放量突破颈线时，是积极的买进信号。股价突破颈线后，将加速脱离底部形态，此时应立即买入。

（3）买点三：股价突破颈线后，有时并不立即上升，而是在颈线附近对形态的突破加以回抽确认。只要股价在颈线位之上获得企稳，则回抽时可以放心买入，形态有效突破的可能性很大。

图 12–1 展示的是实达集团（600734）的股价走势。从该股 2018 年 9 月至 2019 年 1 月的走势中可以看出，当股价再次下探到前期低点附近时，构成第一个买点。然后股价跳空高开高走，成交量放大，突破双重底颈线时，构成第二个买点。股价突破之后进行回抽确认，在颈线位附近得到有效的技术支撑，再次形成买点，即第三个买点。此时不妨加仓介入，随后股价短线快速拉升。

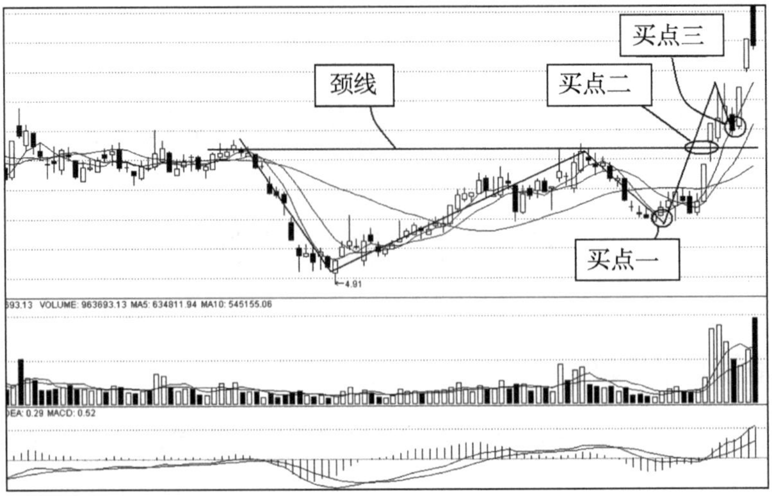

图 12-1

也有人认为，双重底的三次买入时机如下。

一是在股价加速下跌时抢反弹。

二是当股价反弹后下跌至前次低点附近时，也即二次探底不破，可分批建仓。

三是放量突破颈线位或突破颈线位后明显缩量回抽成功时，是最佳的加仓和买入时机。

两者稍有差异，效果如何，见仁见智。

图 12-2 展示的是风范股份（601700）的股价走势。从该股走势中可以看出，股价快速下跌时试探性介入，此为第一个买点。当股价反弹结束后，再次回落到前期低点附近时介入，此为第二个买点。2018 年 12 月 27 日，当股价向上突破双重底的颈线时，此为第三个买点，之后股价出现主升浪行情。三次买入机会因个股不同、庄家不同有所区别，实盘中应灵活运用。

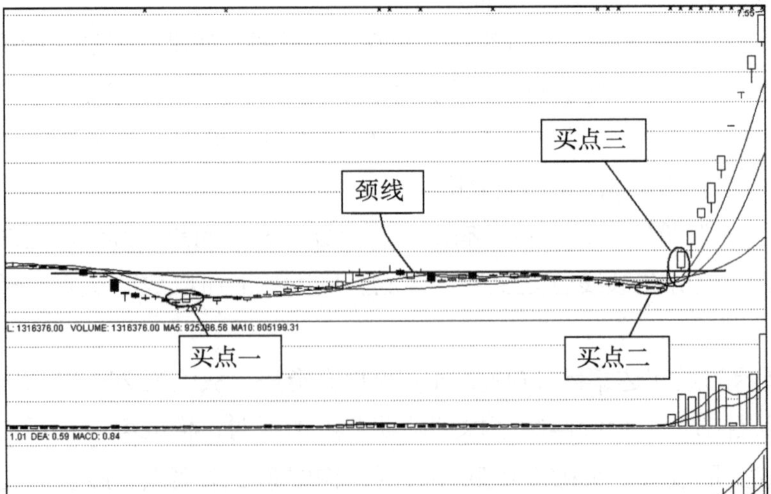

图 12-2

二、头肩底短线操作技巧

头肩底是典型的底部技术形态，在实盘中具有十分重要的技术意义。头肩底形态意味着股价运行趋势将由下跌转为上升，是积极的买入信号。

当股价触及前期低点时，多头稍作抵抗，随后股价便应声跌破，再次创出新低点。不过在这最悲观的时刻，出现了一股更强大的买盘力量，将股价奋力拉起，形成另一个低点。向上拉升时突破了前一次的低点，且上涨到上波反弹的高点附近。

这时市场心理开始出现分歧。经过剧烈震荡之后，股价还是宣告向下。一般散户历经数度惊魂，信心已经丧失殆尽，纷纷杀出。不料低档冒出极大的接手买盘，将抛售的筹码一网打进，股价也第三次出现强劲挺升，并且顺利超越了前两次反弹的高点。从此市场告别悲观行情，展开了多头走势。

头肩底形态表示一个长期下跌趋势已经发生逆转，股价下跌已经明显受到买盘的支撑。股价在长期下跌之后初次盘稳，虽然再次下探创出新低，但成交量已明显减少，且快速掉头回升。第三次回落在新低点之上便受到支撑，反映出后市看好的力量正在底部积极接盘，并逐步改变市场过去向淡的趋势。当股价成功突破颈线阻力位时，说明多方已经消化了空方的力量，今后一段时间多头将占据市场主导地位。

头肩底形态通常有三次买入时机。

（1）第一买点：在第三个低点（右肩）出现并开始回升时买入。也就是说，无论是否成为头肩底形态，也不管成交量大小如何，当第三次下跌后出现反弹，收盘价处于疑似左肩的低点价格附近时，即视为初步买入信号，不必等待是否会出现右肩。在股价到达左肩低点附近时提前买入，此为第一个买入点。

（2）第二买点：当股价向上突破颈线时，此为第二个买点，亦为最强烈的买入信号。虽然此处股价与最低点相比已有一定的升幅，但升势只是刚刚开始，后市仍具有较大的上升空间。

（3）第三买点：股价突破颈线后，回抽确认突破有效时买入。

图 12–3 展示的是必创科技（300667）的股价走势。从该股走势图可以看出，2018 年 3 月 23 日，当股价下跌到左肩低点附近时可以试探性介入，此为第一买点。当股价随着成交量的放大向上突破颈线时，可以加仓介入，此为第二买点。如果出现回抽确认走势，则可以重仓介入，构成第三买点。该股向上突破后，没有出现回抽确认走势，而是直接进入主升浪行情，所以在第一买点和第二买点介入是可行的操作方法，否则容易错失一只牛股。

三、潜伏底短线操作技巧

潜伏底与圆形底相似。股价经过长期的下跌后已经跌无可跌，同时交易者暂时也找不到买入的理由，于是多空双方形成平衡，致使股价在一个极其狭窄的区间里横向波动，成

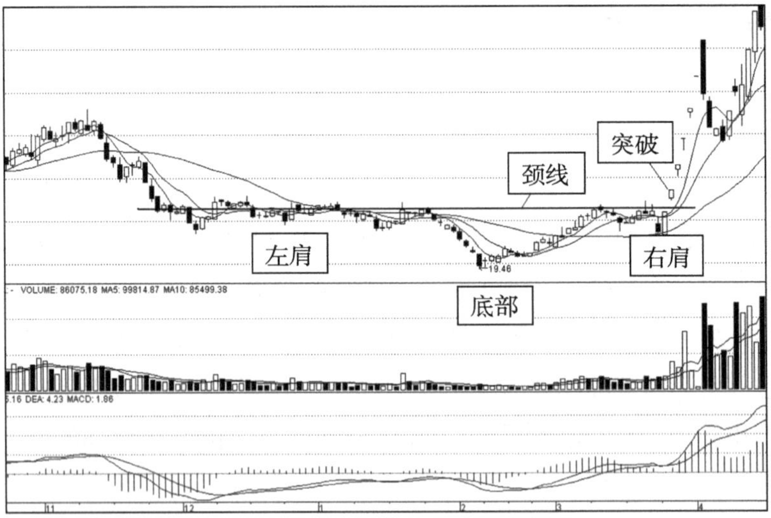

图 12-3

交量也萎缩至极点。K 线图上表现为小阴小阳线交错，反映出庄家正在耐心地收集筹码。经过一段时间的均衡后，在利好消息的刺激和庄家的积极拉升下，股价脱离底部区域，价格大幅上涨，成交量也随之放大，上升行情迅速展开，因此就构成了潜伏底形态。

潜伏底形态大多出现在市场清淡之时及一些股本较小的冷门股上。由于这些股票流通量小，公司也不注重宣传，发展前景模糊，结果受到交易者的忽视，稀少的买卖使股票供求十分平衡。持股者不想卖，持币者不想买，于是股价就在一个狭窄的区域里胶着，既没有上升趋势，也没有下跌迹象，盘面表现令人感到沉闷，这就是所谓的“黎明前的黑暗”。最后，股价慢慢脱离底部区域，市场步入上升趋势。

在潜伏底形态中，战略性交易者可以悄悄买入，耐心等待股价上涨。遇到潜伏底形态向上突破时，应积极跟进做多，上升潜力大而风险小。

潜伏底形态的买入时机如下。

（1）潜伏底形成时间一般较长，至少需要一个月以上，事实上长达半年至一年的潜伏底也很常见。在股价窄幅震荡时，成交量非常低迷，过早买入，等待的时间太长。只有当成交量激增，股价上扬摆脱底部时，才是最佳的买入时机。通常底部形成的时间愈长，庄家收集到的筹码愈多，未来上升阻力愈小，升幅愈大。该形态没有最小量度升幅用于预测股价上涨目标。

（2）在股价窄幅波动，成交量仍然低迷时，不要随意预测市场将会突破而盲目买入。当成交量激增，股价上扬摆脱潜伏底时，方可大胆吸纳。此时买入价会比筑底时买入为高，但由于突破信号明确，追进风险相对较小。基于潜伏底缺乏最小量度升幅供参考，因此买进后宜采用不断提高止盈位的方法进行操作。

（3）原先确认的潜伏底，在突破后又跌回平台区域甚至跌破前期低价，表明这有可能仅是下跌途中的整理而非潜伏底，应止损出局。

（4）潜伏底往往是在股市极度低迷之时，或一些不被市场和交易者关注的冷门股形成的中长期底部，买入风险小但收益十分可观。

图 12-4 展示的是卫宁健康（300253）的股价走势。该股反弹结束后，再次回落到前期低点附近，之后横向窄幅盘整，时间长达两个多月。股价接近水平运行，成交量大幅萎缩，形成潜伏底形态，表明庄家在此期间大量吸纳低价筹码。2018 年 1 月 24 日，一根放量上涨的大阳线使股价脱离了底部盘区的牵制，随后出现一波强劲的盘升行情。

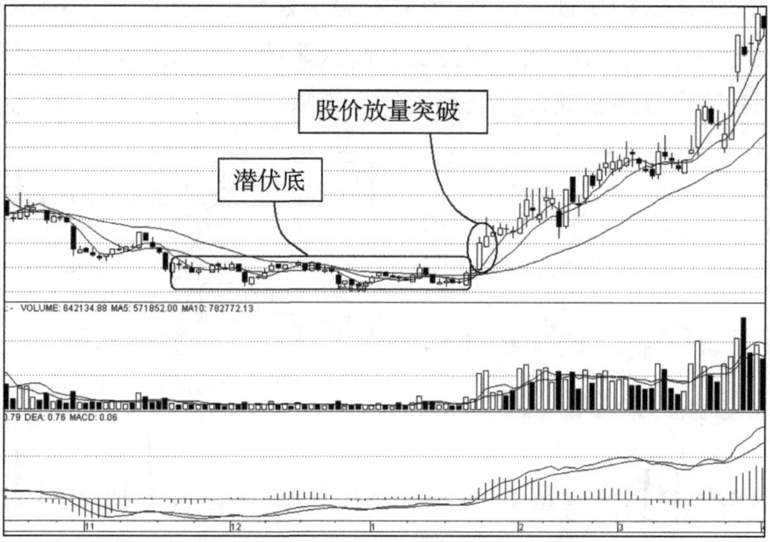

图 12-4

四、岛形底短线操作技巧

底部岛形反转是一种力度非常强大的底部反转形态，伴随着跳空缺口的出现，股价一般会出现大幅的上涨行情。

岛形反转形成的时间一般较短，通常在一两个星期内完成，有时在两三个交易日甚至单个交易日就完成岛形反转，而且成交十分活跃。在前期的运行中，股价先形成一个下跌竭尽性缺口。其后的反向运动中，再形成一个向上突破性缺口，中间出现一个孤岛，这种形态是明显的股价转势信号。岛形也有其变体，即仅有左边或右边一个缺口（其实这是普通的缺口）。

在熊市后期，股价出现向下跳空缺口，这时丧失信心的交易者在最黑暗的时刻会平仓出逃，没能坚持到黎明来临的时候。但当市场抛售的力量消耗殆尽之后，股价反而跌不下去了，于是买盘踊跃介入，推动股价走高。这可谓是一个悲喜交集的时刻，斩仓者落入了空头陷阱，但由于市场反转后又是快速上升的，连回补的机会都没有，交易者不得不挂高价买入，从而进一步推动股价上涨。底部岛形反转是一个大势转暖的买进信号。

岛形底的买入时机如下。

（1）底部岛形形成之前，股价已经有了一定的跌幅，这样反转的力度比较大。一旦岛形形态成立，应积极买入。

（2）有两个基本对称的跳空缺口近日未被回补，缺口空间越大，技术分析意义越强，买入信号越可靠。

（3）岛形底形成后，股价会快速脱离底部区域，应积极买入。

（4）向上的突破性缺口具有较强的支撑作用，股价回抽到缺口附近时，可以积极买入。

图 12-5 展示的是太极集团（600129）的股价走势。股价经过小幅反弹后，形成较长时间的盘整走势。之后股价收出一根光头光脚大阴线，第二天股价跳空低开低走，留下一个当日没有回补的向下跳空缺口。此后股价在该缺口下方运行了十多个交易日。

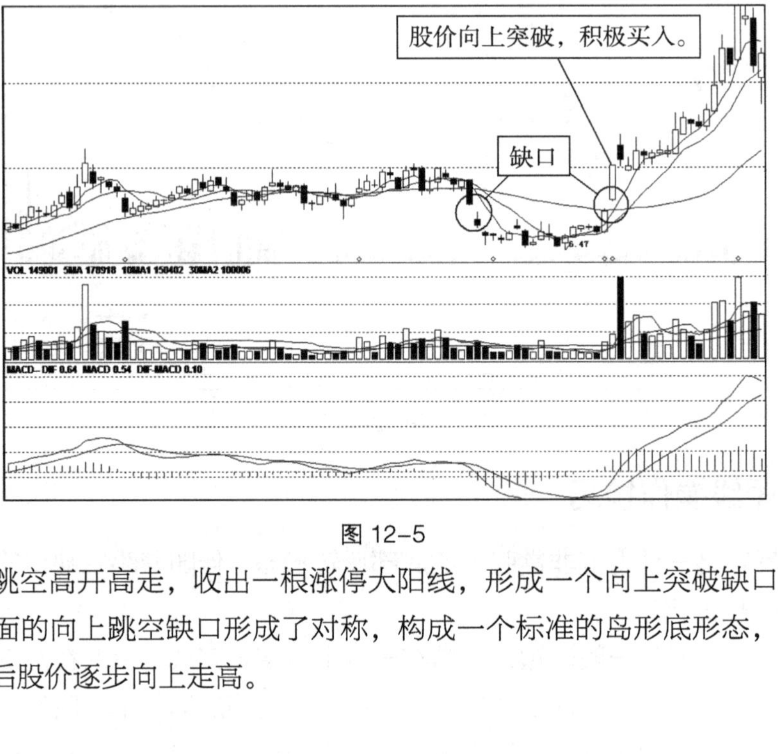

图 12-5

不久股价跳空高开高走，收出一根涨停大阳线，形成一个向上突破缺口。前面的向下跳空缺口与后面的向上跳空缺口形成了对称，构成一个标准的岛形底形态，是一个较好的买入信号。此后股价逐步向上走高。

第二节　顶部形态

一、双重顶短线操作技巧

双重顶形态作为一种典型的头部 K 线反转组合形态，预示着一轮上升行情终结。股价在完成形态之后，将进入一轮跌势。

股价持续上升为交易者带来了丰厚的利润，盘中积累了大量的获利筹码，获利筹友回吐压力促使股价下跌。当股价跌到某一水平时，吸引了一批短线投机者的兴趣。同时，一些在高位获利了结的交易者，也会在低位再次回补。在买盘的推动下，股价企稳回升。

由于此时股价已处于相对高位，利润空间比较有限，因而交易者的追涨热情不是很高，同时目标利润也不会过高，因此在前期高位附近，会受到短线获利盘及高位套牢盘的双重打压，随后股价再次下跌。

股价两次冲高受阻，市场信心产生动摇，股价回落得不到买盘的支撑，加上不断有筹码抛售，股价进一步下跌，并跌破了上一次回落时的低点（颈线位），显示突破有效，双重顶形态便告成立。

双重顶形态一般出现在长期上涨趋势的顶部，股价回落幅度通常会大于形态的最小量度跌幅。出现这种形态的股票，已不再适宜介入，应以出货为主。

双重顶形态的卖出信号有以下几种。

（1）卖点一：当股价第二次反弹到前期高点，出现滞涨回落迹象时，可以考虑卖出观望。也就是说，第二次上升不能突破前期高点时，应做离场操作。

（2）卖点二：股价由高点冲高回落并突破颈线支撑位时，是明显的卖出信号。有效突破为下跌幅度在 3% 以上，并持续 3 天时间，此时应立即卖出。

（3）卖点三：股价突破颈线后，有时并不立即出现下跌，而是在颈线附近对形态的突破加以回抽确认。回抽幅度通常不会超过形态一半的位置，此时是最后的逃命时机。

图 12–6 展示的是城投控股（600649）的股价走势。从该股走势中可以看出，股价反弹到前期高点附近时，遇到明显的抛压，股价无力向上突破前期高点，此时构成第一个卖点。之后股价回调时，得不到前期低点的有效支撑，向下突破双重顶颈线，此时形成第二个卖点。再之后股价出现反弹，但反弹到颈线位时再次回落，说明股价向下突破有效，此为最后的卖点。随后股价出现中期调整走势。

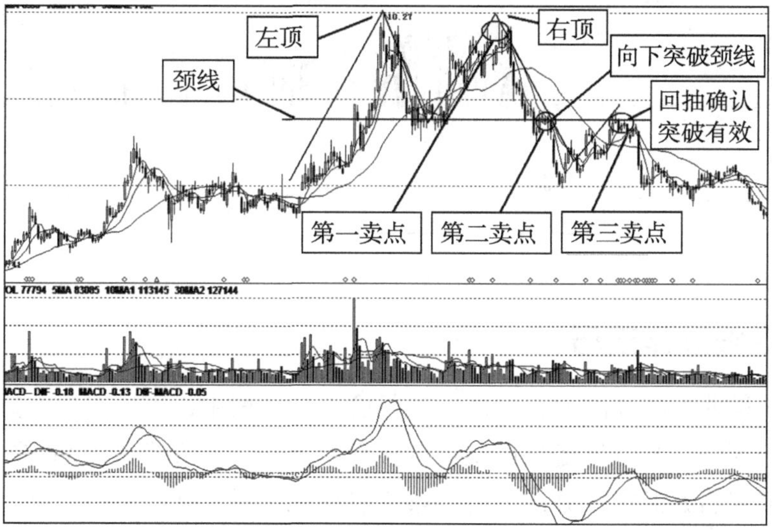

图 12–6

对于这种走势，就庄股而言，因为庄家持筹较多，一次性出不完货，又不愿意在太低的价位出货，所以需要分两次大规模出货。由于此时市场投机气氛还没有完全散去，股价出现的下跌走势被散户看成回落调整，因此第二次用少量资金就能拉高股价，诱使不少散户跟风追高。第二次出货，庄家将出尽手中的筹码，故到后期股价向下跌破颈线后，股价会进入中长期调整走势。

也有人认为，双重顶的三次卖出时机如下。

一是在股价加速上涨时逢高减仓。

二是当股价反弹到前期高点附近时卖出。

三是股价突破颈线位或突破颈线位后回抽确认成功时是最佳卖出时机。

两者有所差异，效果如何，因人而异。

图 12–7 展示的是北方稀土（600111）的股价走势。从该股 2017 年 7 月—9 月的走势中可以看出，股价经过快速上涨后，盘中堆积了大量的获利筹码，此时应逢高减仓或退出，形成第一个卖点。股价经小幅回调后再次上涨，但未能创出新高，此时形成第二个卖点。不久股价回调到颈线位附近，因得不到有效的技术支撑，最终向下突破颈线，此时为最后的出货机会。

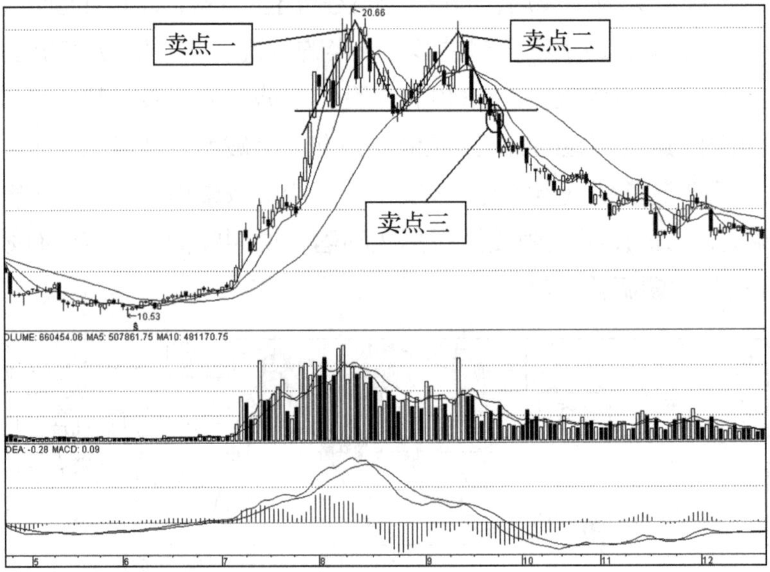

图 12–7

二、头肩顶短线操作技巧

头肩顶是一种典型的顶部反转形态。在股价上涨过程中，市场前景看好，交易者热情高涨，成交十分活跃，股价伴随着成交量的放大而上升。股价经过短期的冲高后回落，但仍有大部分交易者看好后市，并趁股价调整之机继续买进。此时股价反弹上升，并且超越上次的高点。

表面上看，股价的上涨表现出乐观的一面。但从成交量的变化来看，成交的热情已大不如前，反映出多头势力正在减弱，股价表现为涨升乏力，交易者信心开始受挫。那些对前景没有信心和错过了上次高点卖出的人，或是在前次回落低点短线买入的人在高位获利回吐，于是股价在头部再次回落。

股价第三次上升，力度已经明显减弱，后市看淡已基本为市场认同，庄家难以再度激发市场人气。此时买盘的承接力度十分弱小，成交量通常大幅萎缩，股价表现疲软，无法穿越头部高位。随着股价的再次回落，一举跌破颈线位的支撑，大级别的下跌行情随即出现。

头肩顶形态通常有三次卖出时机。

（1）第一卖点：股价到达左肩的高点时，可能会遇到强大的阻力，因此当股价第三次上升到颈线的平行线附近时，有可能见顶回落，此为第一个卖出点。

（2）第二卖点：股价向下跌破颈线时，此为明显的突破信号，应立即卖出。虽然此时与最高价相比，股价已经回落了相当的幅度，但跌势只是刚刚开始，后市仍会有较大的跌幅。

（3）第三卖点：股价运行到颈线附近或跌破颈线时并不立即下跌，通常会形成回抽。回抽的高点会受制于颈线，此时是最后的逃命机会，先前没有及时出货的交易者此时应斩仓离场。

图 12–8 展示的是杭萧钢构（600477）2017 年 8 月—10 月的股价走势。从图中可以看出，当股价回升到左肩高点附近时，遇到强大压力而无法继续上涨，此时应逢高退出。当股价向下突破颈线支撑时，如果先前没有退出，此时又是一个较好的卖点。在股价回抽确认突破有效后，应清仓出场观望，随后股价出现较大幅度的下跌行情。

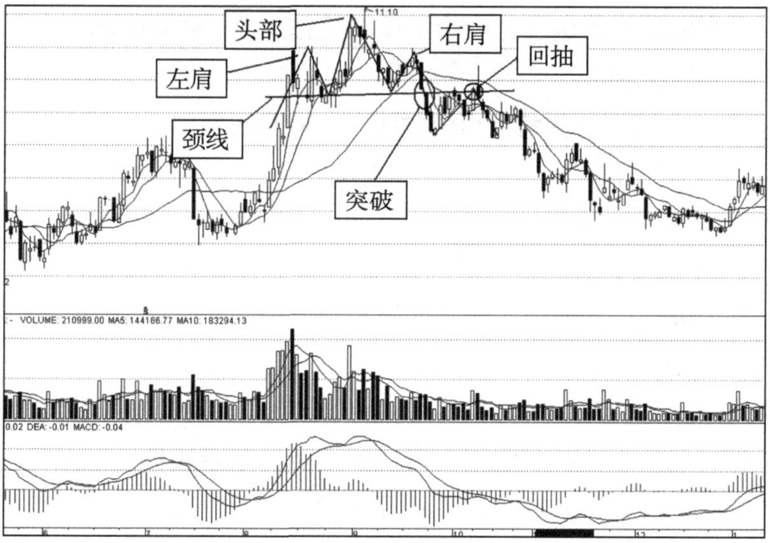

图 12–8

一般来说，短线交易者以右肩形成时出货为佳，头部出货当然最佳，但有可能在本不是头肩顶形态时少赚差价。中长线投资者应以大头肩顶形成、股价有效跌破颈线时出货为最后时机。如果预见到头肩顶即将形成，仍以左肩出货为佳。在形态已经形成，股价跌破颈线后又一次反弹至颈线附近时，为最后的清仓机会。

三、潜伏顶短线操作技巧

股价经过长期的上涨后形成盘头走势，多空双方达到平衡，致使股价长时间在一个极其狭窄的区间波动，形成又长又平的震荡区间，这充分反映出庄家正在耐心地派发筹码。此时成交量萎缩至极点，在 K 线图上表现为小阴小阳线交错的水平形状。

之后在利空消息的刺激和庄家的打压下，股价向下突破，脱离顶部区域，成交量也随之放大。随后股价大幅下跌，构成了潜伏顶形态。

潜伏顶是一种顶部反转形态。形成潜伏顶必须依赖一个根本要点，即极度乐观的市场气氛。潜伏顶可以出现在大、中、小行情的局部高点，形成短期或长期顶部，图形大小决定了作用的大小。

潜伏顶的成交量较少，突破时成交量放大，且突破方向是向下的。它一般出现在绩优股走势中，原因是这类股票持有者的心态比较稳定，不会轻易改变看法。相反，投机性强的垃圾股很少走出这种形态，因为持股者没有什么持股信心，一旦出现风吹草动，就会先行一步逃跑。

一旦形成潜伏顶，股价向下脱离顶部区域，通常会出现中长期调整走势，而且较长一段时间内对股价形成巨大压力，因此具有强烈的看空意义。

潜伏顶形态的卖出时机如下。

（1）形成潜伏顶过程中，由于横向盘整的时间较长，筹码比较稳定，一旦正式向下跌破后，股价下跌的空间也会比较大，可在出现放量下跌的现象时予以卖出。通常顶部形成的时间越长，庄家派发的筹码越多，股价下跌的支撑越小，跌幅越大，但该形态没有最小量度跌幅用于预测下跌目标位。

（2）当股价向下突破调整平台低点或颈线时，应及时卖出。

（3）股价向下突破后，有时会出现回抽确认走势。当回抽确认突破有效时，在股价掉头向下时应坚决卖出。

（4）在潜伏顶形态中，原则上不提倡买入操作。但原先确认的潜伏顶，突破后不久又涨回到平台区域甚至突破前期高点，表明该形态有可能只是上涨途中的一次整理，并非潜伏顶形态，此时应适量介入。

图 12–9 展示的是亚星客车（600213）的股价走势。该股成功见底后，股价大幅上涨，累计涨幅超过 2 倍。之后股价在高位出现潜伏顶走势，暗示股价上涨遇到一定的压力。随着一根大阴线向下脱离潜伏顶形态，此时应及时卖出观望。无论后市是否具有继续上涨的潜力，起码股价将进入一个调整周期，后市如何演变，请交易者跟踪检验。

四、岛形顶短线操作技巧

在牛市后期，本来已是最后的上涨冲刺行情，但市场仍然会利用最后一股力量拉出向上跳空缺口。之后股价在缺口上方进行一日或多日的震荡盘整，显示盘面无力形成流利的

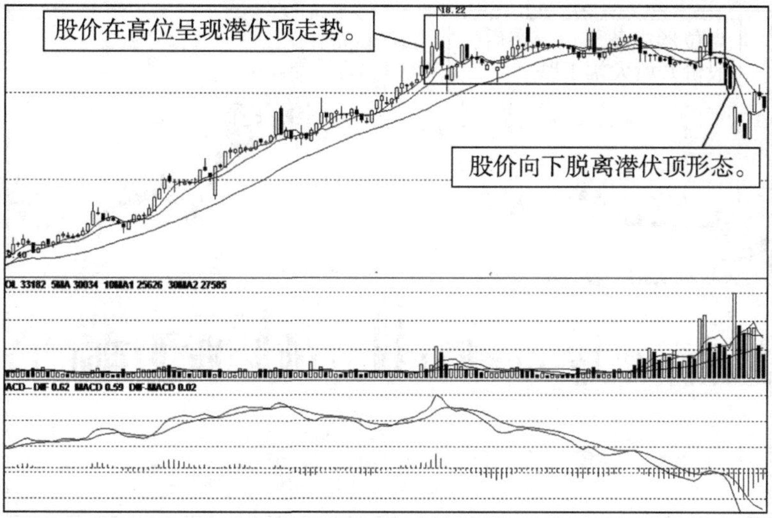

图 12-9

上涨走势。最终股价被迫选择跳空而下，在 K 线图上产生一个向下跳空缺口，切断与缺口上方 K 线的联系，将一大批跟进的交易者遗弃在这个孤岛上。随后套牢者纷纷砍仓自救，使下跌势头进一步加剧，因此岛形顶是一个强烈的顶部反转信号。

一般来说，顶部岛形反转发生在一些重要的市场顶部区域，一旦该反转形态成立，那么新趋势的强度会表现得相当强大，市场沿新趋势运行的时间也会相当长。从岛形顶的构成上可以看到，该形态具有破旧立新的味道，即它包括了一个衰竭性缺口和一个突破性缺口。也就是说，原来的升势衰竭，新生跌势开始。由于岛形反转在形态之内有相当多的套牢盘，因此岛形反转突破后的下跌走势会十分剧烈。在岛形顶出现突破时，交易者应果断做出卖出决定，否则机会稍纵即逝。

岛形顶形态的卖出时机如下。

（1）顶部岛形形成之前，股价已经有了一定的涨幅，这样反转力度才会大。一旦岛形形态成立，应果断卖出。

（2）岛形顶有两个基本对称的跳空缺口，并且近日未被回补。缺口空间越大，技术意义越强，卖出信号越可靠。

（3）顶部岛形反转形态虽然不注重成交量的大小，但当日的跳空下跌应有较大的成交量出现，这样能更加确认顶部的形成，卖出信号更加强烈。

（4）形成顶部岛形形态后，股价会快速脱离头部区域，此时应及时抛空离场。

图 12-10 展示的是瑞茂通（600180）的股价走势。在股价大幅上涨后的高位形成一个向上的跳空缺口，大有加速上涨之势。但庄家操盘 手法诡异，向上跳空之后没有继续上涨，而是反手做空，连续出现“一”字形跌停。前后两个跳空缺口形成对称，构成岛形顶反转形态。此时应及时抛空，此后股价不断创出新低。

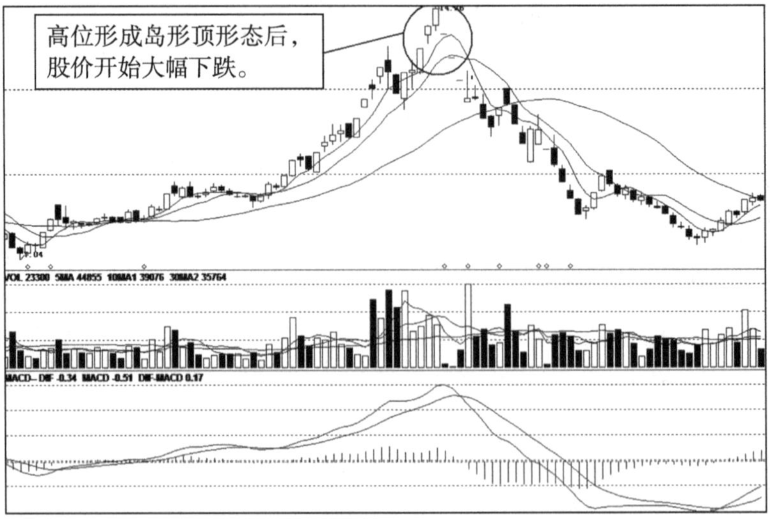

图 12-10

第三节　整理形态

一、对称三角形短线操作技巧

在股市技术形态分析中，三角形具有极为神奇的技术分析效果，给人以神秘的感觉。三角形属于持续整理形态，可以分为对称三角形和直角三角形两种，直角三角形又可以分为上升三角形和下跌三角形，这两种形态均属于收敛性三角形。此外，还有一种扩散性三角形，这种形态属于反转整理形态。

在对称三角形形成过程中，股价变动幅度逐渐收窄，每个高点均较前一个高点略低，而每个低点则较上一个低点略高。将上下至少两个高点或低点连成直线，即形成一条向下倾斜的直线（即阻力线）和一条向上倾斜的直线（即支撑线），两条直线的角度接近对称。

对称三角形一般出现在多头或空头行情的中段整理之中，因而它是一个较为重要的持续整理形态。一个完整的对称三角形，至少要有四个转折点（因为每条趋势线要有两点来确定），但为了更加突出支撑和压力作用，一般会采用六个转折点。

对称三角形只是原有趋势运动途中的休整阶段，所以持续的时间不应太长。持续时间太长，保持原有趋势的能力就会下降。一般来说突破上下两条直线的包围，继续沿原有方向运行的时间要尽量早些，股价越靠近三角形顶端，三角形突破后的作用就越不明显，对买卖操作的信号意义就越弱。

从对称三角形的结构可以看出，股价每次上涨时的高点一个比一个低，每次下跌时的低点一个比一个高，最后运行到一定的位置时，震荡幅度日趋积压的股价终将出现突破。

根据对称三角形的性质，通常朝原有方向突破的可能性比较大。也就是说，在涨势中出现对称三角形，向上突破的可能性较大；在跌势中出现对称三角形，向下突破的可能性居多。

1. 对称三角形的买入信号

（1）在上升趋势中，股价经过反复震荡，放量突破向下倾斜的趋势线阻力时，是积极的买入信号。

（2）在上升趋势中，股价突破对称三角形后，上方的趋势线变为支撑线，支撑线上方附近是一个较好的买进点位。

（3）当股价突破形态顶部阻力后，不久再度回落到顶部边线附近时，只要前一次突破成交量明显放大，则突破有效的可能性较大，此时只要股价不重新回到形态之内，可以加仓买进。

（4）短线高手可以以对称三角形的上下边线作为买卖参考点位进行高抛低吸操作。向上倾斜的底边线具有较强的支撑作用，股价回落到这条趋势线附近时，是一个较好的买入时机。

图 12–11 展示的是广汇汽车（600297）的股价走势。在上升趋势中，该股出现一波快速上涨行情，然后进入震荡整理，时间超过两个月，成交量逐步减小。在整理过程中，后一个高点低于前一个高点，而后一个低点高于前一个低点，从而形成一个对称三角形整理形态。在对称三角形整理末期，一根放量涨停大阳线向上突破，出现一个理想的买入信号，从此股价不断向上攀高。在盘升过程中，出现一个同样的小型对称三角形，之后股价再次走高。

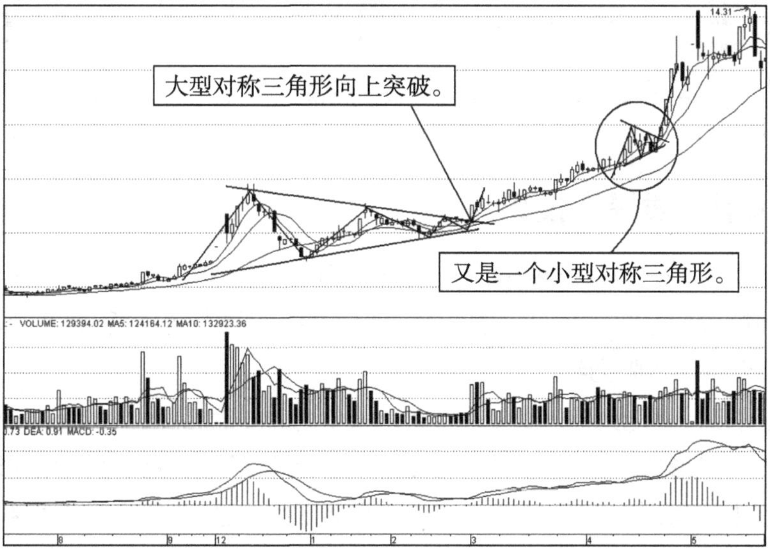

图 12–11

2. 对称三角形的卖出信号

（1）在下跌趋势中，当股价经过反复震荡并跌破底部上倾趋势线的支撑时，无论成交量是否放大，都可视为有效跌破，此时应立即卖出观望。

（2）在下跌趋势中，有时股价向下突破后不一定立即下跌，而是在突破点附近略作回抽确认。若回抽确认有效，此时是最后的卖出时机。

（3）股价无量向上突破，或突破力度很弱，成为假突破的可能性较大。

（4）短线技术高手可以以对称三角形上下边线作为买卖参考点位进行高抛低吸操作。向下倾斜的上边线具有较强的压力作用，股价反弹到这条趋势线附近时，是一个较好的卖出时机。

图 12–12 展示的是亚星客车（600213）的股价走势。在下跌趋势中，股价经过一波反弹后出现震荡整理，每次反弹高点不断下移，而每次回落低点不断抬高，从而形成对称三角形整理形态。不久股价向下突破对称三角形的底边线，此时应及时卖出观望，随后股价进入弱势调整。

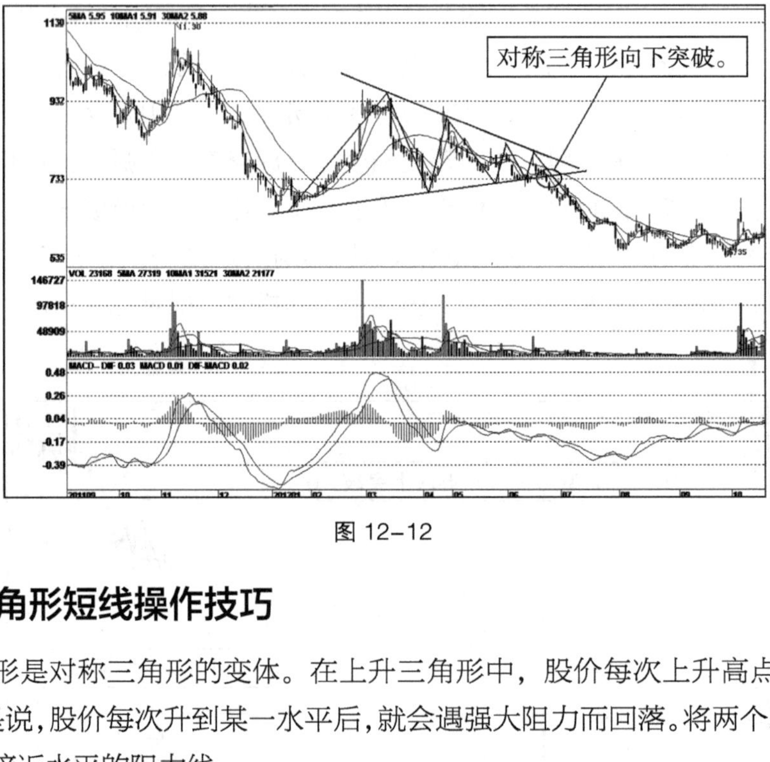

图 12–12

二、上升三角形短线操作技巧

上升三角形是对称三角形的变体。在上升三角形中，股价每次上升高点基本在同一个水平线。也就是说，股价每次升到某一水平后，就会遇强大阻力而回落。将两个以上高点连接，可以画出一条接近水平的阻力线。

股价每次下跌时，都出现较强的承接盘，股价每次未跌至上次低点即出现反弹。将两个以上低点连接，就形成一条向上倾斜的支撑线。上升三角形是一种看涨形态，大多出现在股价上涨过程中，有时也充当顶部形态。简单地说，上升三角形的上边线是水平直线，下边线是一条向上倾斜的直线。

上升三角形显示买卖双方在该范围的较量基本达到平衡，股价在一个区域内展开震荡。由于卖方不看好后市，却又不愿意过分打压出货，因而卖方在某一特定价位进行抛售，于是股价每升到理想的水平时即抛出。因为在同一价格抛售，所以就形成了一条接近水平的压力线。

此时多头力量不断增强，市场购买意愿旺盛，未待股价回落到上次回落低点，便急不可待地购买，因此形成一条向右上方倾斜的支撑线。另外，也有可能是庄家有计划的市场行为，有意把股价暂时压住，以达到逢低吸纳的目的。

最终，由于卖方并未将股价进一步打低，而市场买气越加旺盛，通常会形成强烈的上攻走势。尤其是在上升过程中，经过短线震荡整理后，多头最终占据优势，形成向上突破走势。

1. 上升三角形买入信号

（1）股价经过多次上下反复震荡，基本形成上升三角形。当股价再次运行到形态的顶部水平阻力线位置，此时成交量积极放大，形态有被突破的可能，突破点即为积极的买入点。

（2）在上升趋势中，股价突破上升三角形后，上边的趋势线变为支撑线，应是一次极佳的买进时机。

（3）有时候股价形成突破后，短期内仍有可能回落到顶部阻力线附近，此时可能只是对形态突破的回抽确认。当回抽确认突破有效时，应加码买进。

（4）在上升三角形中，向上倾斜的底边线具有较强的支撑作用。股价回落到这条趋势线附近时，也是一个较好的买入时机。

图 12–13 展示的是绿地控股（600606）的股价走势。股价见底后逐波走高，然后在高位出现震荡整理走势，其上升高点基本处于 18.50 元附近，说明股价在这一区域遇到一定的阻力，从而形成一条接近水平的阻力线。股价每次下跌时都遇到较强的承接盘，回调低点不断向上抬高，从而形成一条向上倾斜的支撑线。

在上涨过程中形成这种上升三角形形态，说明后市股价仍具有走高潜力，因而可以重点关注。不久股价放量涨停，收出一根涨停大阳线，成功突破上升三角形上边线的压制，此时是一个买入信号。

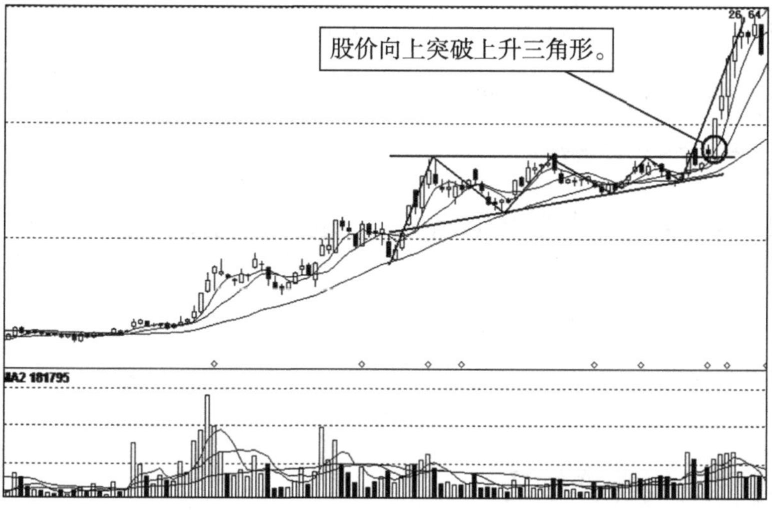

图 12–13

2. 上升三角形卖出信号

（1）一般来说，股价出现上升三角形时，交易者应积极寻找买入时机。喜欢做差价的短线交易者，可以在股价反弹到水平阻力线附近时短线卖出，此时只要成交量不明显放大，股价仍有可能回落到形态之内。有时股价呈现突破形态，但成交量并未积极放大配合（涨停板惜售除外），一般来说假突破的可能较大，可暂时离场观望，但在减仓或出货后要注意回补。

（2）如果股价向下跌破三角形的下限，成交量并不太大，其后数天内股价虽仍在下跌，但成交量突然大幅增加，意味着跌势已经确定，日后如果有反弹，均是短线卖出点。

（3）上升三角形配合增加的成交量向上完成突破后，在股价涨到预测高点的最小量度涨幅时应予以卖出。

（4）股价配合成交量向上突破上升三角形的当天或第二天，如未出现中长阳线上升，将会影响信号的可靠性。出现这种现象时，应对突破后的股价保持密切跟踪，以便提前做好卖出或买入的准备。

图 12–14 展示的是大恒科技（600288）的股价走势。该股经过大幅炒作后，庄家获利十分丰厚，兑现获利筹码已成当务之急。在庄家的控盘下，股价在高位出现震荡走势，形成一个标准的上升三角形。通常出现在上升过程中的上升三角形，其后市具有看涨意义，因而这个上升三角形被不少交易者看好。可是股价后市走势完全相反，出现了向下突破，成为上升三角形失败形态。

从该股的分析可以得出结论，在评估上升三角形时，还要结合股价所处的位置高低进行分析。对已经炒高了的个股，上升三角形演变为顶部形态的概率较高。

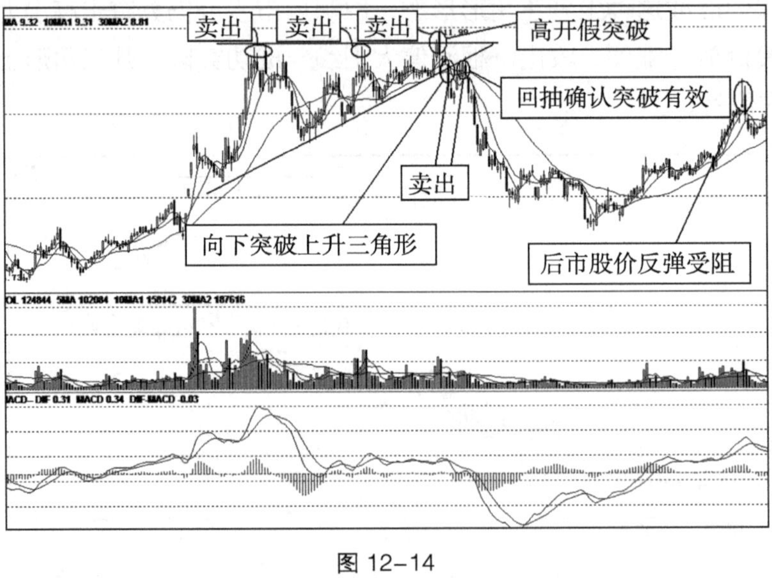

图 12–14

三、下降三角形短线操作技巧

下降三角形也是对称三角形的一种变形体，它与上升三角形相反，是一种看跌形态，一般多出现在下跌趋势中。

在下跌过程中，股价在某一特定位置受到多头的顽强抵抗，股价每次回落到该点位时就开始反弹，形成一个水平底部支撑。但由于市场抛售力量不断增强，股价的反弹显得越来越乏力，呈现一波比一波低的走势，最终股价将打破底部支撑，继续向下运行。简单地说，就是下降三角形的下边线是水平直线，上边线是一条向下倾斜的直线。

下降三角形同样是多空双方在某一价格区域争夺的表现。买方虽然看好后市，但又不愿意过分追高，只是在股价回落到某一特定点位时才出手承接，于是在底部形成一条水平的支撑线。但在这段时间的较量中，空头比多头表现得更为积极，同时由于股价的底部未能逐步抬高，反弹的力度越来越小，因而市场人气受挫，抛压盘越来越重，买盘承接力度不足，多头最后弃守，股价最终向下突破。

下降三角形多出现在下跌过程中，是一种普遍的看跌形态，股价的下跌动能较大。

1. 下降三角形卖出信号

（1）当股价在下跌过程中出现下降三角形，且向下突破形态的底部支撑时，即使没有成交量的放大，也可以视为有效突破，应立即卖出观望。

（2）股价每次反弹到下降三角形上边线时，均是较好的卖出机会。

（3）当股价向下突破形态之后，未必立即出现下跌，通常会在支撑线附近作短暂的回抽。只要回抽时成交量不显著放大，一般只是作为对形态突破的确认，上涨力度十分有限，此时是仍未出货的交易者的逃命良机。

（4）股价向下跌破三角形的下限时，如果成交量并未放大，其后数天内股价虽仍在下跌，但成交量突然大幅增加，意味着跌势已经确定，日后如果有反弹均是卖出点。

图 12–15 展示的是中新药业（600329）的股价走势。该股完成顶部结构后，向下脱离头部区域，然后出现震荡整理走势，在震荡过程中形成下降三角形整理形态。2018 年 9 月 10 日，一根大阴线向下突破下降三角形下边线，股价出现新一波下跌走势，此时应及时卖出观望。

2. 下降三角形买入信号

（1）当股价在下跌过程中首次止跌反弹，并再次回落到反弹点附近时，通常会遇到一定的买盘支撑。此时只要有成交量放大配合，一般都会形成一定幅度的反弹。如果下降三角形形态初步形成，由于反弹力度会越来越弱，操作上应注意短线获利了结，千万不可恋战。

（2）有时下降三角形也会演变成底部形态。如果股价向上突破下降三角形阻力线，同时成交量大增，此时可以积极跟进。

（3）股价向下突破三角形的当天或第二天，如未出现中长阴线下跌时，将会影响信号的有效性。如果出现这种现象时，应对后期走势予以修正，并提前做好买入的准备。

图 12–16 展示的是西水股份（600291）的股价走势。该股经过一波快速上涨后，在高位出现调整走势。在震荡过程中，形成一个下降三角形整理形态。一般而言，这个形态可

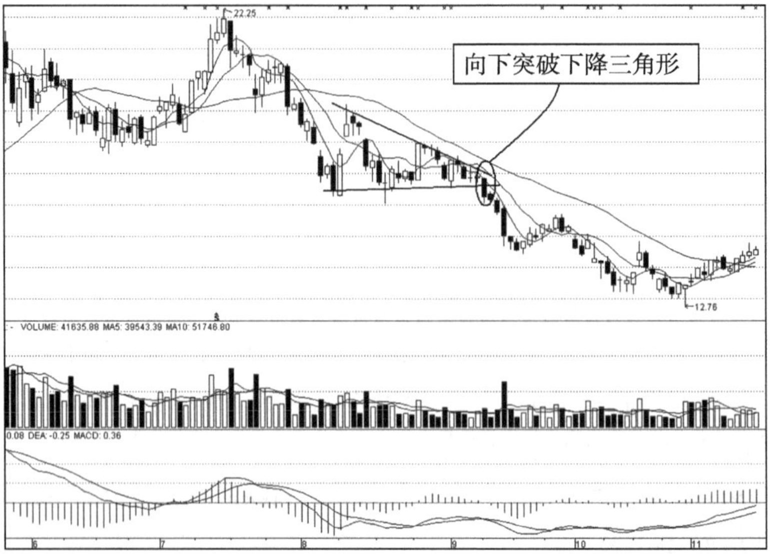

图 12-15

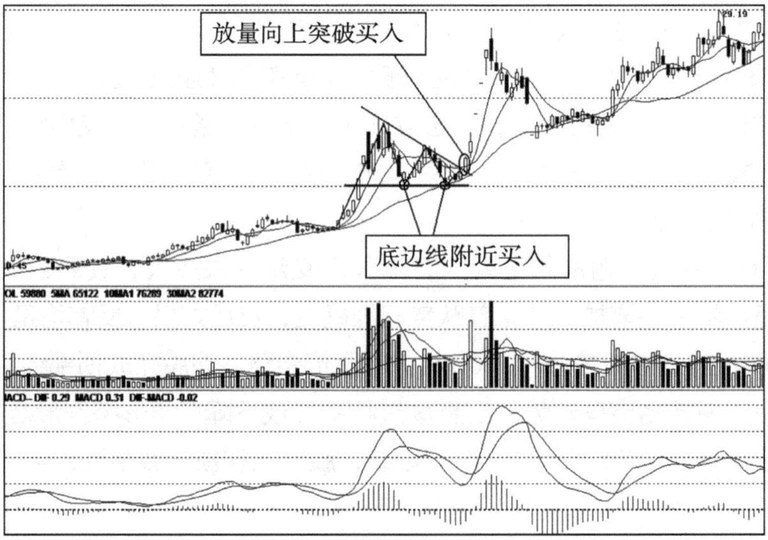

图 12-16

以看作是上涨行情的终结，应作为卖出信号。可是股价在下降三角形下边线获得企稳后，股价放量向上突破，出现一个难得的买入信号。

通过盘面分析可以发现，该股前期出现温和放量，说明有庄家资金入场。在股价回调时成交量萎缩，说明下跌动能不足。另外，30 日均线处于上行状态，支撑股价向上走高，因此在上升过程中出现下降三角形，容易演变为失败形态。对这种走势，交易者不必过于恐慌，等待有效突破时再行决策。

四、上升旗形短线操作技巧

上升旗形是最可靠的整理形态。股价经过一轮急拉后，出现多转空走势，空头暂时将股价逐渐压低，跌幅却不大。最后多头力挽狂澜，使股价向上突破，产生新一轮上升行情。

上升旗形的显著特点是旗杆向上而旗面向下，其旗面由两条上限与下限呈下倾的平行线构成，因而将向下倾斜的旗形称为上升旗形。

上升旗形经常出现在急速拉升的中途，是一种持续整理形态，很少在行情的顶部出现。由于旗形走势急涨缓跌，存在许多变数，因此也暗示着行情末端来临。

在上升旗形中，先前股价在成交量积极配合下呈现直线上升，创出短期内新高。随后获利盘回吐，上升趋势受阻，股价开始下跌。此时交易者对后市仍抱有较大的希望，回档时勇于接盘，使股价无法进一步下探。同时成交量明显萎缩，显示卖方势力正在逐步减弱。经过一段时间的整理之后，多头突然发动强劲攻势，股价在成交量突然放大的配合下对形态进行突破，随后进入快速拉升阶段。

1. 上升旗形买入信号

（1）上升旗形是一种典型的持续整理形态，当股价放量向上突破上升旗形上边线时，是最佳的买入时机。

（2）如果是短线高手，可以在旗面的下限线附近轻仓买入，在上限线附近卖出，做一段短线差价。但这种方法适合中型以上旗形，小旗形因震荡幅度较小，操作难度较大。

（3）当股价配合增加的成交量向上突破上升旗形上限线时，出现第一个买入点。另外，在增加的成交量配合下，股价向上突破上升旗形后，大多会在这个旗形的高价附近短暂停留，以消化浮动筹码，此为第二个买入点。

图 12–17 展示的是三联虹普（300384）的股价走势。从该股走势图中可以看出，股价脱离底部后出现一波快速上涨行情，形成旗杆。然后进入强势调整走势，形成旗面。股价回调幅度不到旗杆的一半。之后股价放量向上突破旗面的上边线，这是一个较好的买入信号，短线高手还可以在旗面的上下边线做差价。

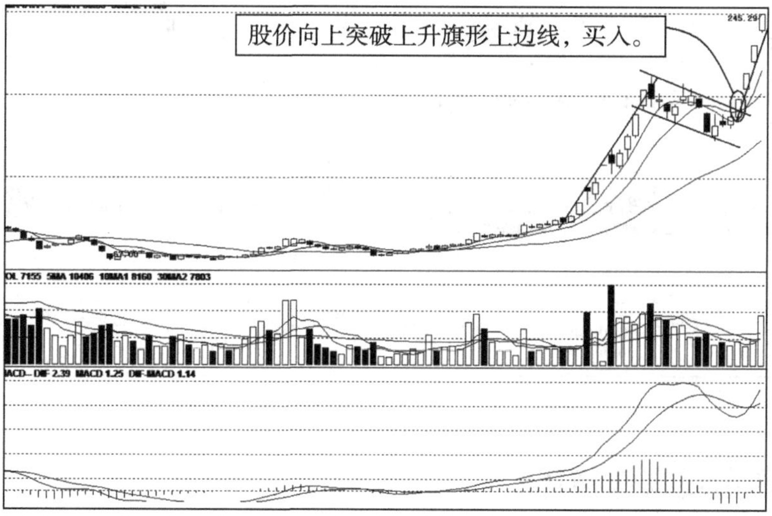

图 12–17

2. 上升旗形卖出信号

（1）上升旗形一般出现在急速上涨之后，因此当上涨速度放缓时，可以先行择高抛出，等待回落时逢低再次介入，这样可以做短线差价。

（2）股价弹升到旗面上边线附近时，可以短线卖出。

（3）当股价配合增加的成交量跌破上升旗形下限线时，表明上升旗形失败，为第一个卖出点。另外，股价在增加的成交量配合下向下跌破上升旗形后，大多会在上升旗形的低价附近短暂停留，此为部分多头抢短线反弹所致，此为第二个卖出点，亦称为多头的逃命线。

图 12-18 展示的是雷科防务（002413）的股价走势。股价见底后出现一波快速反弹行情，股价连拉 5 个涨停板，形成旗杆。反弹结束后，股价慢慢回落，成交量逐步萎缩，形成旗面。但股价下跌调整到旗杆的一半位置附近，仍然毫无止跌迹象，一路滑落，导致上升旗形失败，股价重新回到起涨点位置。

从该股的走势图分析，旗形整理持续的时间过长，会使原来的上升势头减弱，上攻的能力明显下降。同时，旗形调整的幅度过大，超过了旗杆幅度的一半，后市上升期望值将下降。实盘操作时，当股价下调到旗竿一半位置时，交易者应当引起注意。如果股价继续下滑，则应放弃对上升旗形的预测。

上升旗形一旦成为失败形态，很容易演变为倒 V 形形态，或陷入较长时间的盘整走势，这就是一个很好的例子。

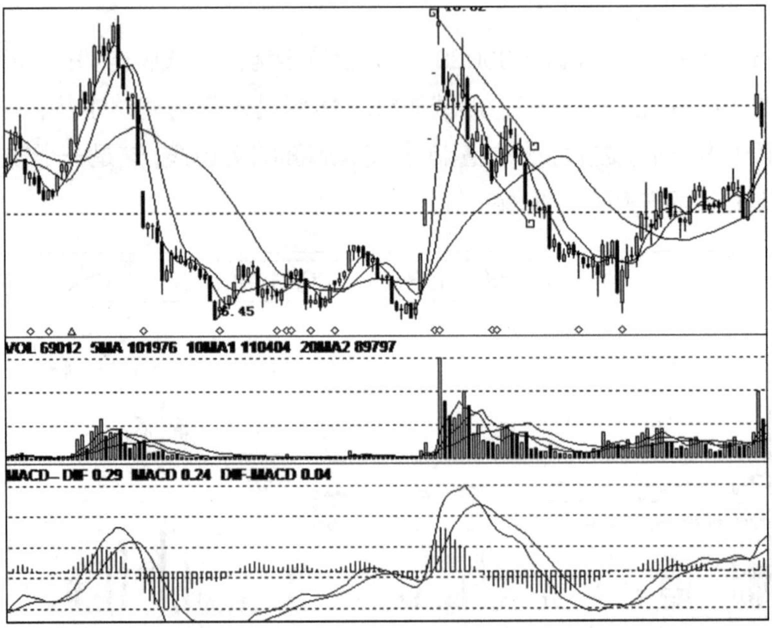

图 12-18

五、下降旗形短线操作技巧

在整理过程中，股价经过一轮急跌后，空头释放了大量的能量，多头趁机介入，将股价逐渐盘高，涨幅却不大。最后空头再次宣泄，股价向下突破，产生新一轮下跌行情。下降旗形的显著特点是旗杆向下而旗面向上，其旗面是由两条上限线与下限线上倾的平行线构成的，因而将向上倾斜的旗形称为下降旗形。

下降旗形经常出现在急速下跌的中途，是一种持续整理形态，而且通常暗示行情末端来临。下降旗形中，股价呈直线下跌，成交量持续放大，市场空头气氛浓厚。在跌到某一价位之后，股价受到支撑，多头有了喘息的机会。由于股价超跌反弹，因而上升并未受到太大的抛压。在成交量逐步缩小的情况下，股价出现小幅反弹，大多只是技术上的一个超跌反弹，多方无法扭转下跌的趋势。不久，强大的空头势力再次爆发，引发行情急速下跌。

1. 下降旗形卖出信号

（1）下降旗形是一种典型的持续整理形态，当股价向下突破下降旗形时，应果断卖出。

（2）当股价反弹到旗杆一半左右的位置，盘面出现滞涨迹象时，应及时卖出。若是短线技术高手，可以在旗面的上限线附近减仓，在下限线附近补仓，以摊低持仓成本。

（3）当股价配合增加的成交量向下跌破旗形下限线时，为第一个卖出点。另外，在增加的成交量配合下，股价向下跌破下降旗形后，大多会在旗形的低价附近短暂停留，以确认突破是否有效，此为第二个卖出点，亦称为多头的逃命线。

图 12–19 展示的是宁波联合（600051）的股价走势。该股反弹结束后，股价出现新一波快速下跌，形成旗杆。企稳整理形成旗面，期间成交量大幅萎缩，说明多方信心锐减。不久股价向下突破下降旗形的下边线支撑，构成卖出信号，此后股价再次出现急跌。

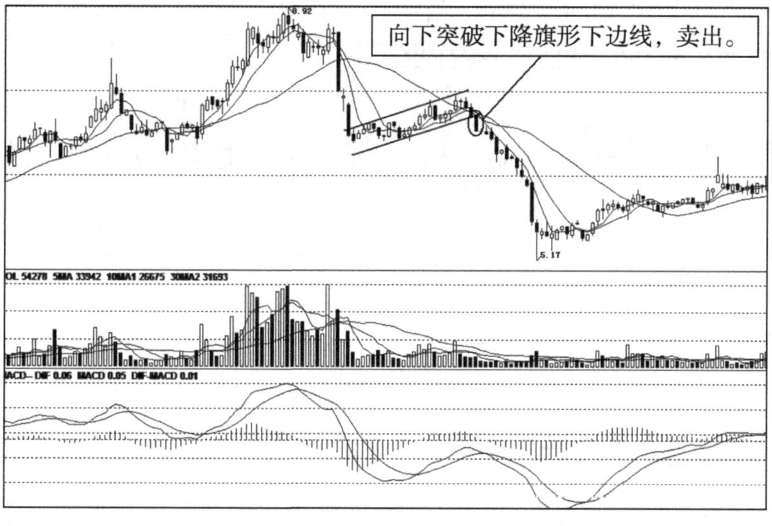

图 12–19

2. 下降旗形买入信号

（1）下降旗形一般出现在急速下跌之后，因此当下跌速度放缓时，可以在急跌时逢低吸纳，等待反弹时择高卖出，在其间做短线差价。

（2）如果是短线高手，可以在旗面的下限线附近轻仓买入，在上限线附近卖出，做一段短线差价。但这种方法适合中型以上旗形，小型旗形因震荡幅度较小，操作难度较大。

（3）股价向上突破旗形的上限线时，意味着下降旗形构筑失败，应及时买入。

图 12-20 展示的是新能泰山（现名 *ST 新能，000720）的股价走势。股价先是出现一波急促的快速下跌，市场空头气氛弥漫，多头信心遭到挫伤。股价超跌后出现技术性反弹以修复走势，形成下降旗形整理形态，预示股价后市难有起色。股价经过一段时间的整理后，聚集了一定的多头力量，股价出现向上突破走势。此时毕竟还处于弱势市场之中，股价并没有形成持续的上升行情，不久股价开始回落，形成盘整走势。

从该股走势图分析，下降旗形整理持续时间过长，原来的做空气势会渐渐减弱，同时做多能量增强。另外，下降旗形的反弹幅度超过了旗杆幅度的一半，表明空方遭到极大的抵制，若后市没有重大利空消息的影响，股价很难再次创出市场新低。但毕竟多方士气受到重挫，后市形成持续上升的难度非常大，出现盘整走势的可能性大于上涨的可能性，因此这种走势是短线高手高抛低吸的好机会。

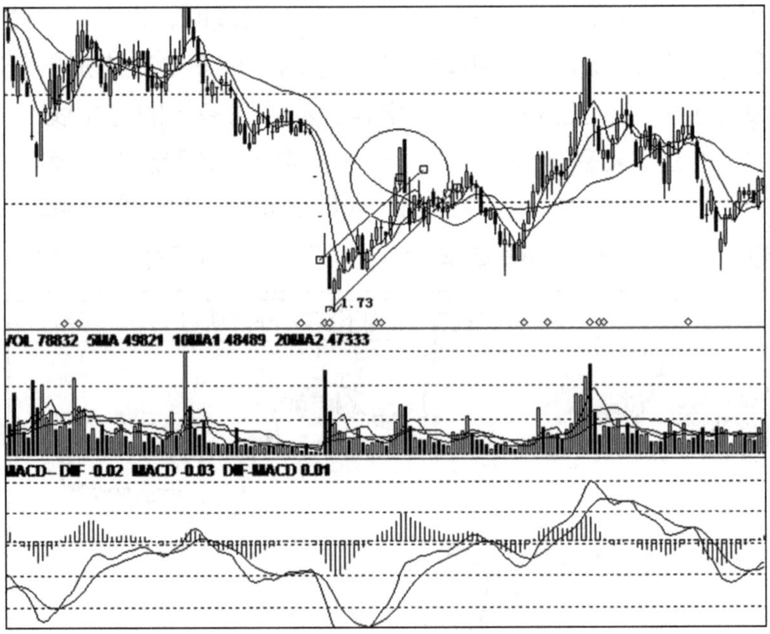

图 12-20

六、上升楔形短线操作技巧

一般来说，楔形形态的发展方向与股价的趋势方向相反。也就是说，上升趋势中的楔形形态是向下的，而下降趋势中的楔形形态是向上的。或者说，向下的楔形形态后市看涨，向上的楔形形态后市看跌。

上升楔形的形成过程是这样的：股价经过一段下跌后，市场出现强烈的技术反弹。股价反弹到一定的高点后又掉头下行，但回落低点较前次低点为高。随后的反弹创出新高点，即比上次反弹点位高，形成后浪高于前浪之势，但高点的比率明显缩小，表明升势逐渐减弱。

由于市场仍有交易者积极承接，每次股价由高点调整下来时，未及跌到上次低点时已获支撑而反弹。把短期高点和短期低点分别相连，形成两条同时向上倾斜的直线，就构成一个上倾的楔形。因为下面的支撑线较上面的阻力线来得陡峭，所以称该形态为上升楔形形态。

上升楔形是一个短期反弹走势，在下跌趋势中常常出现上升楔形。实质上，上升楔形是股价下跌过程中的一次反弹波，是多方遭到空方连续打击后的一次挣扎，结果往往是股价继续向下突破。

上升楔形表面看起来上方阻力与低档支撑是逐步抬高的，多头强势特征十分明显，其实并非如此。因为上升楔形较多出现在跌势中的反弹阶段，因此股价的上涨并未受到太大的抛压。随着股价的上升，市场成本相对抬高，交易者的兴趣逐渐减弱。同时，由于楔形的收敛特征，使股价每次上扬的幅度都比上一次要小，成交量亦渐渐萎缩，呈现涨升乏力的特征。当多头能量耗尽的时候，股价便开始反转下跌。

上升楔形表达的技术意义是做多意愿不足，对后市信心欠缺，表明下跌尚未见底，只是跌势中的一次技术性反弹而已。当然，如果上升楔形出现在跌势的尾声，则表示多头攻势暂时放缓，经过短暂的调整蓄势之后，多头能量再次聚集，股价有可能进入快速拉升阶段。

1. 上升楔形卖出信号

（1）股价在下跌过程中反复震荡，形成上升楔形。完成三波下调后，即到达形态的第四个转折点时，可以考虑暂时卖出观望。

（2）在股价出现向下的假突破时，先将其视为跌势先兆，已获得不少利润的持股者可以考虑减仓，以保住所获的部分收益。当股价正式跌破上升楔形的下限支撑线时，宜将手中的筹码抛空，此时无论是否亏损，都应及时离场。

（3）在股价跌破上升楔形的初段，股价可能出现反抽走势。反弹接近上升楔形的下限线时，应及时择高卖出。

图 12–21 展示的是白云山（600332）的股价走势。该股股价经过一段大幅上涨后从高位回落，之后形成一个上升楔形整理形态。股价向下突破上升楔形的下边线支撑时，构成一个卖出信号。在股价回落到前期低点附近时获得技术支撑出现反弹，当股价反弹到上升楔形交汇点延长线位置附近时遇到强大的抛压，此后股价出现新一轮下跌走势。

2. 上升楔形买入信号

（1）在股价上升过程中出现上升楔形，表明股价仍有较强的上攻动能，通常会在第四个转折点之后形成向上突破，此时仍可买入。

（2）如果在下跌尾声出现上升楔形，暗示股价有转势的可能。当股价在第四个转折点向上突破时，如果有成交量放大相配合，则形态的突破更加可信，可以考虑分批建仓。

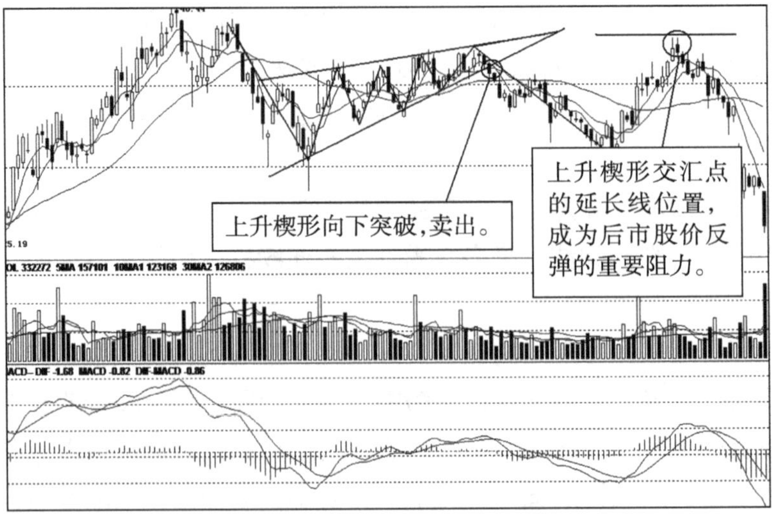

图 12-21

（3）股价向下突破上升楔形的下边线后，若在上升楔形的起涨点附近获得支撑，呈现双重底形态时，可以考虑买入。

图 12-22 展示的是通达动力（002576）的股价走势。该股经过一波快速下跌走势后，股价逐步企稳并走出向上反弹行情。在反弹过程中，股价不断创出反弹高点，而回落的低点不断向上抬高，其下限支撑线明显比上限压力线来得陡峭，形成一个上升楔形。

根据楔形理论，上升楔形是一个短期反弹走势，表明庄家做多意愿不强，后市应当看淡。但当股价运行到上升楔形末端时，股价向上突破了楔形的上边线压力，成交量持续活跃，随后走出一波亮丽的上涨行情。

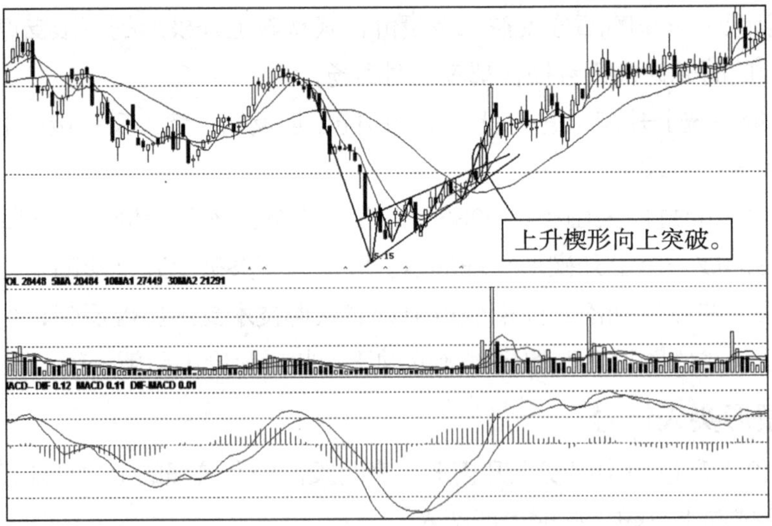

图 12-22

通过图表分析可以看出，该股的上升楔形出现在跌势尾段，股价调整幅度较大，时间较长，空头能量释放得比较充分，而多头则积累了大量的能量，股价随时都有见底上涨的可能。只要股价向上突破形态压力线，成交量出现明显放大，则可视为利好信号，这时应改变原有的看淡观点，后市有机会发展成一条上升通道，展开新的升势。

七、下降楔形短线操作技巧

下降楔形与上升楔形的分析重点恰恰相反，其技术意义是股价经过一段时间的上升后，出现了不少短线获利回吐盘。虽然下降楔形的底边线向下倾斜，似乎说明市场的承接力量不强，但下调的幅度越来越小。

新的回落浪较上一个回落浪的幅度为小，而且跌破前次低点之后，并没有出现加速下跌现象，反而出现回升走势，说明市场抛压正在减弱。抛压主要来自上升途中的获利回吐，并没有出现新的主动做空能量，所以经过清洗浮动筹码后，股价向上突破的概率大增。

下降楔形蕴含的技术意义，就是上升途中的一次正常调整，后市看涨气势浓厚。但由于此时股价正处于震荡回落走势，在一定程度上打击了市场人气，因而股价向上突破之后，并不能马上展开大幅拉升走势。市场通常先出现小幅的盘升，慢慢培养交易者的信心，然后再放量进入加速上扬阶段。

1. 下降楔形买入信号

（1）如果在下跌尾声出现下降楔形，暗示股价有转势的可能。当股价在第四个转折点形成向上突破时，若有成交量放大的配合，则形态的突破更加可信，可以考虑分批建仓。

（2）在股价突破下降楔形上限线初段时，股价有可能出现反抽走势。反弹接近下降楔形上限线时，可以择低大胆买入。

（3）当股价突破下降楔形阻力线，且成交量比平常为多，属于可靠的利好买入信号。在股价以大成交量升破下跌楔形阻力线时，应在第一时间追入买货，以返回起点为初步卖出目标。

图 12–23 展示的是华润万东（现名万东医疗，600055）的股价走势。该股成功见底后，出现一波快速上升行情，随后股价出现向下调整走势，形成一个下降楔形整理形态。后来股价放量向上突破下降楔形上边线的压制，预示股价将展开新的一轮上涨行情，因而是一个买入信号。随后股价不断向上创出新高。

2. 下降楔形卖出信号

（1）在升势行情末端出现下降楔形时，股价向上突破下降楔形的上限线后，出现滞涨时应考虑卖出观望，因为该走势通常预示涨势行情接近尾声。

（2）股价在下跌过程中出现下降楔形，通常会在第五个转折点形成向下突破，也可作为卖出信号。

（3）股价向上突破下降楔形上限线时，若得不到成交量的积极配合，可以考虑卖出观望，因为股价有重回形态之内或出现下跌的可能。

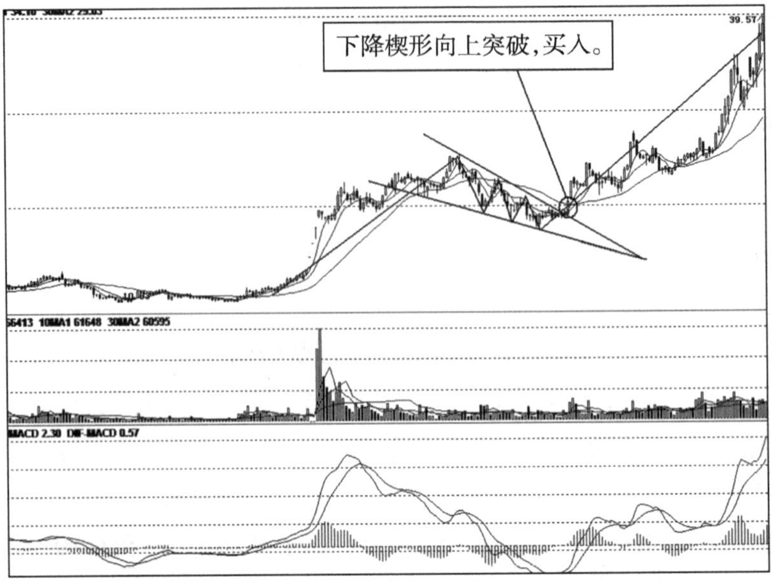

图 12-23

图 12-24 展示的是深华发 A（000020）的股价走势。该股经过长时间的下跌调整后企稳回升，股价出现两波可观的上涨行情，然后股价回落调整，成交量逐步萎缩，形成下降楔形整理走势。在上升行情中出现下降楔形时，后市通常为看涨形态，股价经过短暂的回调洗盘后，将有新的上涨行情产生。

不久股价以放量涨停的方式向上突破下降楔形的上限线，说明股价调整结束，后市将继续上涨，因此可以买入。可是当股价两次上涨到前期高点附近时，均遇到强大的压力而回落，最终无法产生持续的上涨行情。股价完成顶部形态后，转为下跌走势。

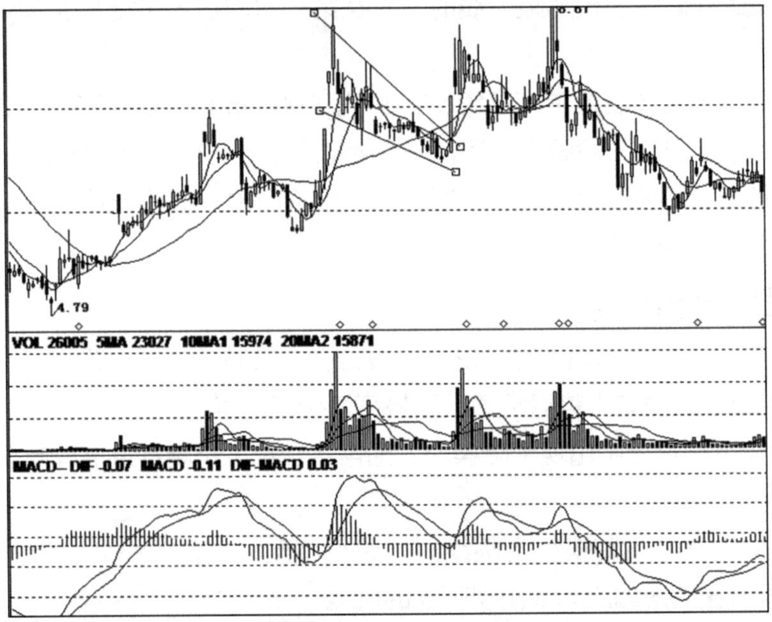

图 12-24

从该股走势图可以看出，下降楔形出现在反弹行情基本结束后的阶段性头部，后市上涨空间已经不大。此时下降楔形向上突破，将成为庄家逢高派发的操盘工具，是多头垂死挣扎的盘面反映，交易者对此不宜盲目乐观。向上突破后，该形态经常演变为双重顶或三重顶形态。

八、长方形短线操作技巧

长方形是一种典型的整理形态。股价在两条几乎平行的轨道线内上下波动，既不能向上突破阻力线，也不会向下跌破支撑线。这种震荡格局持续一段时间后，将各个短期高点和低点分别相连，就会形成长方形。

在长方形形态中，市场多空处于平衡的拉锯状态，股价向上会遭到沉重打击，向下又会获得各种支撑，致使股价陷入跌不深、涨不高的僵局中。但这种僵局总归是暂时的，其后必然会选择突破。在突破之前的震荡整理中，市场的买卖热情会逐渐下降，成交量会出现一定程度的萎缩。当市场逐渐转为平静后，突发性行情就会迅速爆发出来。

长方形形态为交易者提供了两种操作机会。

一种是在长方形震荡幅度较大的情况下，擅长短线操作的交易者可以把握箱体形态中的高点和低点，寻找短线波动机会，进行低买高卖的差价操作。也就是说，在长方形的底边线附近买入，在上边线附近卖出，获取长方形波动中的差价。

另一种是长方形的突破机会，这种方法比较适合稳健型的交易者。股价突破长方形上边线之后，往往会有一定的涨幅空间，有利于交易者获取稳定的收益。在长方形突破后实施买入操作，可以防止长方形向三重顶等反转形态演化，避免投资失误。

1. 上升过程中的买进信号

（1）股价回落到长方形底部时，短线买入。

（2）股价放量成功向上突破长方形上限线时，加仓买入。

（3）股价向上突破长方形上限线后，经回抽确认有效时，坚决买入。

图 12–25 展示的是宇通客车（600066）的股价走势。股价经过小幅上涨后，庄家开展洗盘整理走势，股价呈现横向运行，形成小箱体形态。之后股价以高开的形式向上试盘，然后再次回落到箱体内。后来股价向上突破箱体整理形态，形成明确的买入信号，之后经过回抽确认突破有效，此时可以加仓买入。

2. 下降过程中的卖出信号

（1）股价反弹到长方形上限线时，短线卖出。

（2）股价向下跌破长方形下限线时，果断卖出。

（3）股价向下跌破长方形下限线后，经回抽确认有效时，清仓出局。

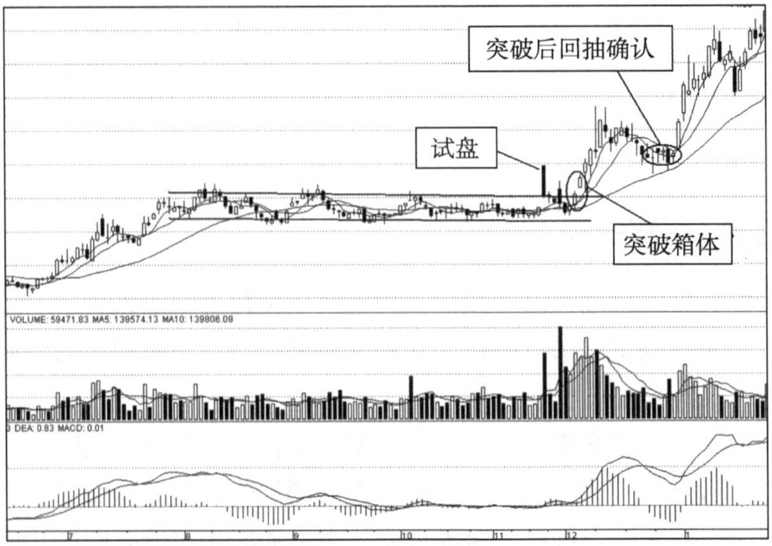

图 12-25

图 12-26 展示的是振芯科技（300101）的股价走势。股价见顶回落后形成横向震荡走势，在震荡过程中形成长方形。随后股价向下突破箱体下边线的支撑，从此进入弱势运行格局。遇到这种盘面走势时，应及时退出观望，耐心等待，待真正底部出现之后再作入场打算，以免陷入弱势盘局的尴尬之中。

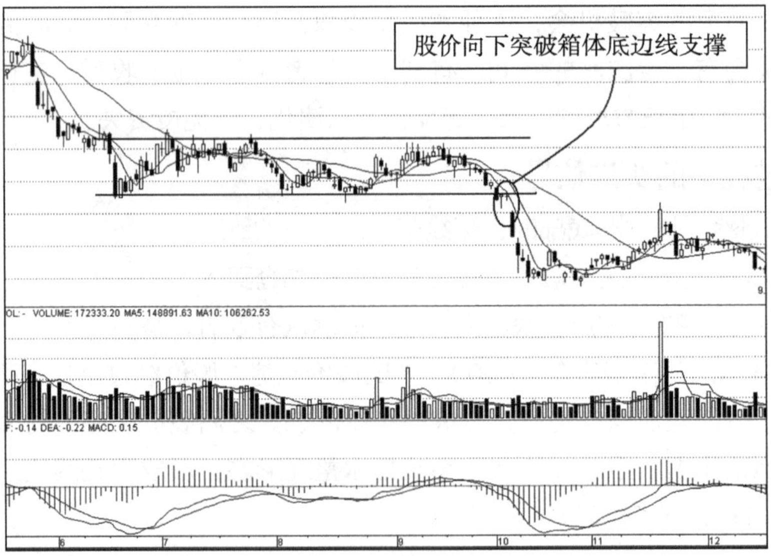

图 12-26

后记

有了一套短线操盘体系，就可以驰骋股市。交易者要抓住每个获利机会，让自己的资金快速增值。虽然短线操作很辛苦，但获利比较快。

短线有多种操作方法，很难一一言之。受市场和庄家行为影响，有些盘面现象不可能事先发现，只有在市场运行过程中，才能逐渐发觉和认识。短线操盘有一定的规律，但没有固定的操盘模式。受制于不同市况，不同个股，不同交易者的操盘风格和心理因素影响，操盘效果也各不相同，甚至千差万别。

在即时行情中，希望投资者能够活学活用本书提供的原则、技巧和方法，切不可用固定的模式生搬硬套，更不要一套方法用到老。在实盘中，交易者应不断积累经验，探索规律，了解市场，逐步形成一套适合自己的短线操盘体系。在瞬息万变的市场里，用敏锐的思维分析市场，才能融会贯通，应变自如。

学海无涯，股海无边。在学习短线操盘技能时，要紧扣即时盘面走势，从实盘中一点一滴地积累经验和技巧，这样才能领略到其中的乐趣。短线操盘需要实践检验和经验积累。熟练掌握实盘操作技巧，短线操作并不难，坚信不少读者朋友将来会成为市场中的“短线杀手”。

笔者深知没有广大读者朋友的普遍认可，就没有本书的生存空间，更不会使这些技术得以推广，所以要感谢广大读者朋友。在此还要感谢中国宇航出版社的大力支持，感谢各位编辑对本书提出的许多建设性意见。付梓之际，一并致以衷心的感谢！

在成书过程中，笔者得到了不少专家的精心指导，使本书有一个恰当的定位，能够更加符合投资者的需求，也更贴近盘面实际。书中内容虽然体现了笔者个人的观点和见解，但也融汇了其他人的一些研究成果、实盘经验、专业知识，这些内容在理论和实践中都具有很高的创造性，是十分珍贵的知识财富，在此对各位专业人士致以衷心的感谢，感谢能够慷慨地与大家分享专业知识。

股市变幻莫测，涉及的内容非常广博，尽管笔者竭尽心力，努力减少错误，仍难免有疏漏之处。敬请广大读者批评指正，多提宝贵意见，以便今后再版时改进和提高。

愿本书能为广大短线交易者的实际操作带来一点启示。如是，将深感欣慰！

麻道明

2019 年 5 月于中国楠溪江畔